豊田久著

周代史の研究

―東アジア世界における多様性の統合―

汲古叢書123

汲古書院

⿰歹可尊（西周初期）

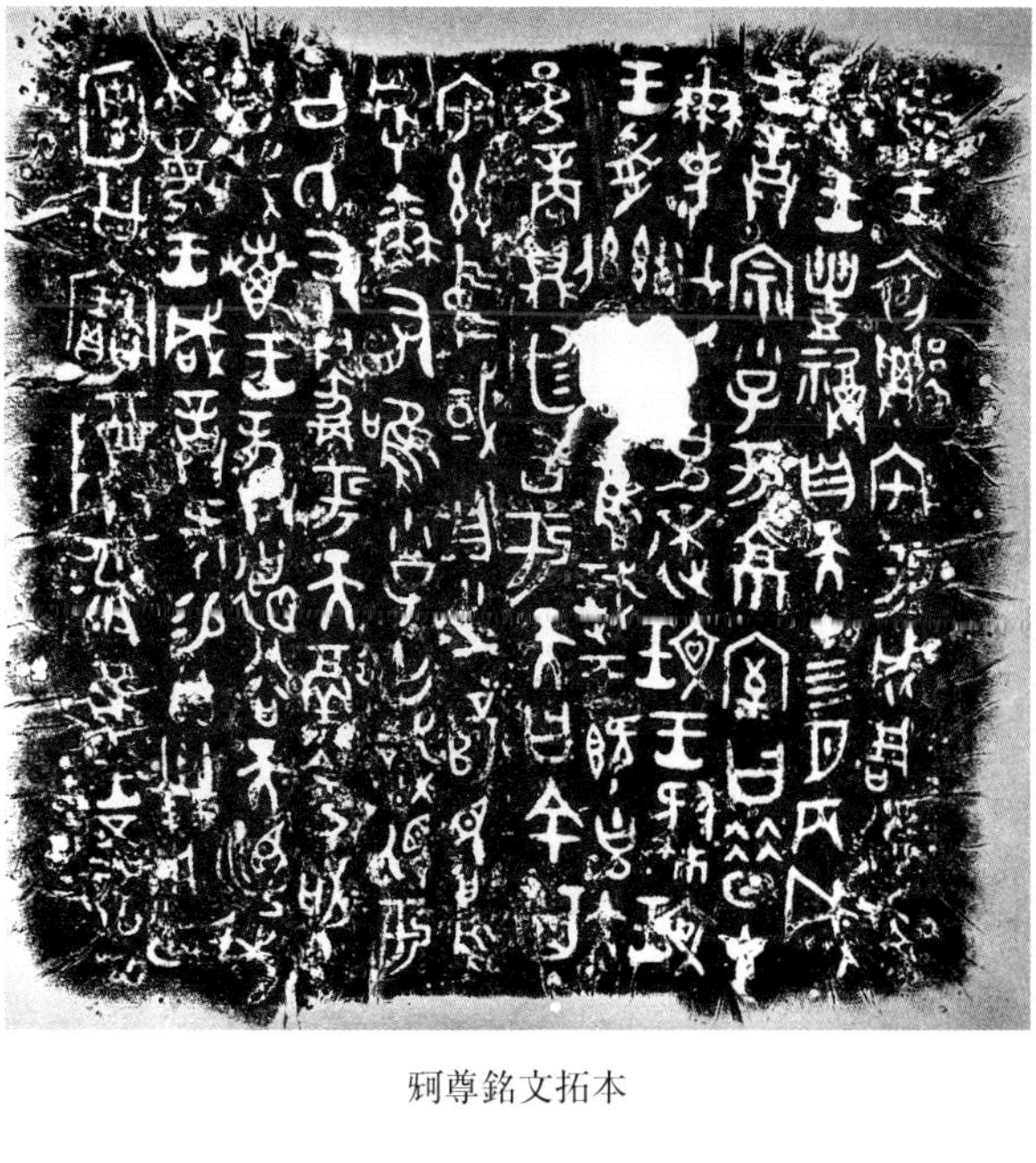

⿰歹可尊銘文拓本

史墻盤（西周中期）

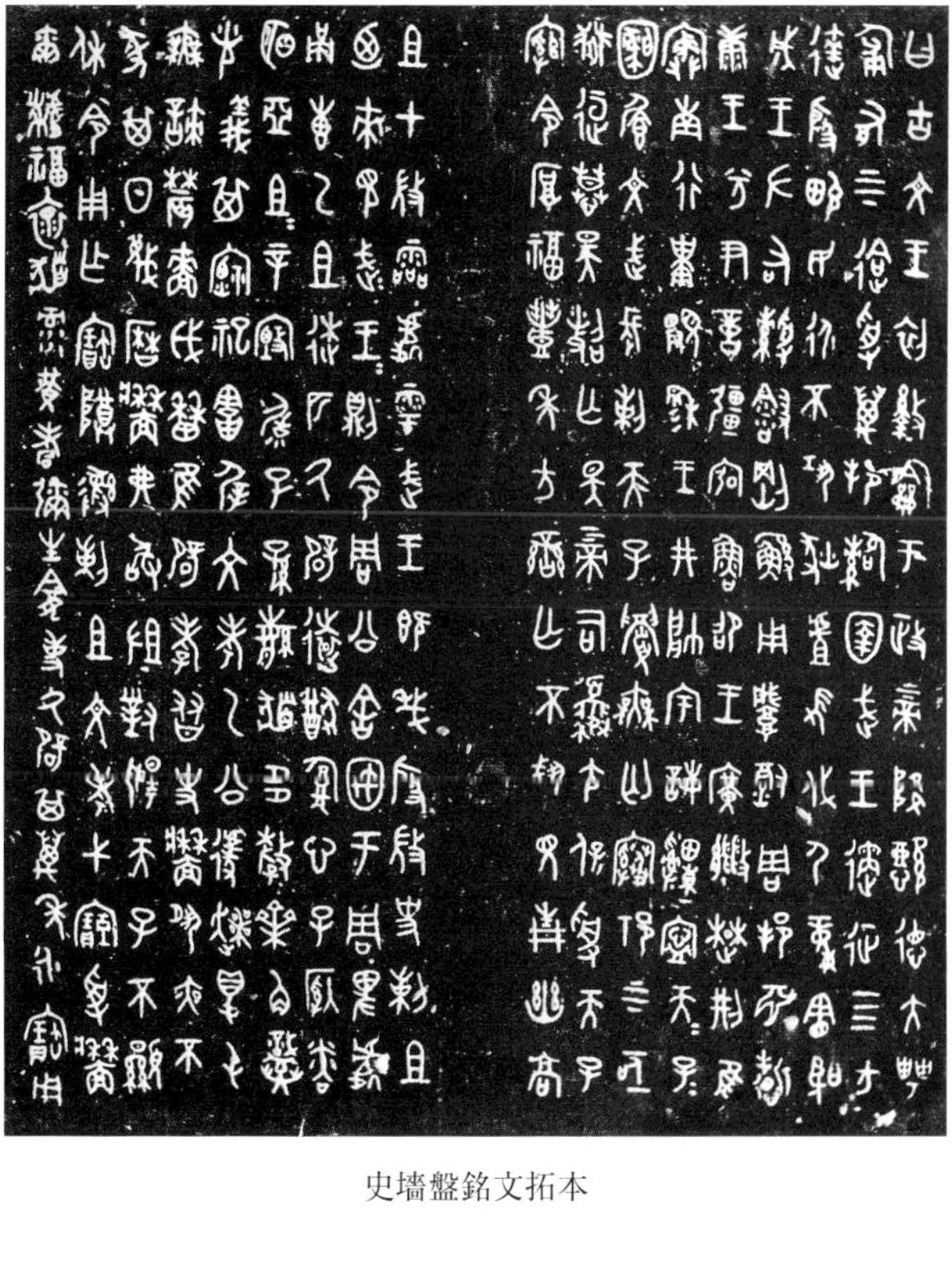

史墻盤銘文拓本

口絵の𤔲尊、𤔲尊銘文拓本は陝西省考古研究所 陝西省文物管理委員会 陝西省博物館 編『陝西出土商周青銅器』（四）文物出版社、1984年、史墻盤は同上『陝西出土商周青銅器』（二）文物出版社、1980年に依り、史墻盤銘文拓本は陝西周原考古隊 尹盛平 主編『西周微氏家族青銅器群研究』文物出版社、1992年に依った。

目　次

周代史の研究

――東アジア世界における多様性の統合――

序

従来の周代史における研究は、その国家形態を問題とする中において、邑制国家論や都市国家論、又その王朝を支える封建制や官僚制そして社会的土地所有制の問題などが、研究の主たる対象となってきた。[1] しかしそれらに比べると、その国家形態を成立せしめ、その中核にあって、多様な地域を一つにまとめて王朝というものを成り立たせている周王朝における君主自身の性格そのものの研究は、あまり盛んではなかったと思われる。これらの研究が見られるようになったのは最近のことである。

その理由としては、今日まで伝わる文献において周王朝について述べてあっても、成立年代に問題があり、後世における潤色や限られた内容をもつ編纂された『詩』、『書』等の史料の制約もあったであろう。それ故、周代の確実な同時代における史料である、近年における多くの青銅器乃至その銘文（金文）らの出土を俟って、多種多様な邦々や人々を一つにまとめる、周王朝における君主とは一体何であったのか、その君主の性格はどのようなものであつたのか、そして当時、何故王朝というものが必要とされたのかというその研究が、直接これらの史料をふまえて具体的に可能になってきたものである。

たとえば、当時において周王朝の開設における条件とされるものが述べられ、又はじめて、中心の地域を意味する後世まで続く「中国」と云う言葉が見えることで有名な、西周時代の初め、成王時代において作器されたと云われる殉尊銘（集成六〇一四）には、同時に、王朝の開設者である〝武王〟がこの黄河中流域の「中国」（「成周」、「洛邑」）の場所から「民」を治めようと告げた〝武王〟自身の祝文が載せてあった(2)。又、西周時代の中期に作器されたと思われる史墻盤銘（集成一〇一七五）には、周王朝の開設者〝文王〟と〝武王〟以来の六王の功績が、当時の解説を加えて並べてあるなど(3)、周王朝を成り立たせているその中核となる君主自身、特に周王朝成立における条件を述べた王朝開設者の性格そのものに示唆を与える貴重な銘文をもった青銅器の新たな出土を俟って、従来から注目されていた冊命形式金文に載す、王の命書にあらわれた周王朝の開設者に対する表現と共に、その分類、分析や比較などから近年殊にそれらが可能になってきたものである(4)。

又、それに伴って史料として使われるこの青銅器自身の研究においても、近年松丸道雄氏によって、作器主体や作銘主体の問題など、青銅器やその銘文がどこで誰によってどのように作られたかなど、さまざまな史料批判の問題が取りあげられるようになってきた。それは青銅器の真偽論からはじまって、これらの青銅器の詳しい製作事情において分析が加えられるようになったのも、そして青銅器銘文におけるその元になる祖本の設定らが考えられるようになったのも、やはり近年の中国各地域における大量の青銅器の出土らによってその比較や分類、分析らが可能になってきたからである。

一方、この先秦王朝である周王朝自身について、日本を含めた広く東アジア地域を考える議論の中で、かつて西嶋定生氏は、中国史の展開に伴って形成され推移する東アジア世界について、中国の〝外〟の多様な民族に積極的行動を始める以前における中国史は東アジア世界の形成と無関係であるかというと、かならずしもそうではないと述べ、なぜならやがて中国の〝外〟の多様な民族と接触し、そこに東アジア世界を形成するばあいに、その世界の政治的秩序体制を規律する論理となるものが、それ以前の中国史において、つまり東アジアにおいて成熟しつつあったからであると、およそ述べている。ここで云う中国の〝外〟における外民族との直接の接触は、主に秦の始皇帝による皇帝制度の成立後のことであり、皇帝支配体制が外延化されてからのことであるが、東アジア世界を規律する論理がそれ以前の中国史において成熟しつつあったというのは、直接には、秦王朝、漢王朝以前における、秦王朝を生み出す周王朝とかかわってくる問題であろう。又栗原朋信氏も中国における基本的な「内臣」、「外臣」の問題から、広く周王朝、秦王朝、漢王朝における国家構造の類似性を考えていた(5)。この先秦王朝である周王朝は、東アジア地域において「中国」(「成周」)を中央の地域として、早く多様な文化、風俗・習慣らをもった人々や邦々を一つに統合して成立した王朝であり、一方でその研究は、従来から云われているように秦王朝、漢王朝以後につながる歴史的展望をもつものであった。よって周王朝における君主が多様な人々や邦々を一つに統合する条件としたものは、東アジア地域における国境や文化などを超えた統合の歴史から見て、その嚆矢として重要な意味があろう。

たとえば、ここで氏らがあげる、成熟しつつある論理としての中国の〝内〟と〝外〟の区別やいわゆる封建制の問題であるが(6)、既に周王朝においても、青銅器の銘文に載す王の言葉の中にその〝内〟と〝外〟とを区別した言葉自身が早くから見えている。確かなものとしては、郭沫若が西周時代の中期において作器されたとする彔戓卣銘（両周録三三ウ～三四オ、集成五四二〇）(7)に王の言葉として異族の「淮夷」が外から「内国」に侵攻したことを述べており、王側は「中国」(「成周」)の師氏を率いてこれを迎え撃っている。これについて、この「淮夷」が侵攻した「内国」とは、研究者によって「中国」(「成周」)またその周辺の王畿の地にあてて考えられており(8)、つまりそこを王朝成立の対象領域に対する中央の地域とした、その王の直接支配の及ぶ場所を王は「内国」つまり〝内〟と呼んでいると思われる。又、西周時代の後期において作器されたとする十月敔𣪘銘（両周録九二オ、ウ、集成四三二三）にも同じく異族の「南淮夷」が「中国」(「成周」)を窺い、洛水の北などに侵攻した時(9)、同様の表現が見られ、これらの表現は共に異族との関係で記されている。

一方、この〝内〟に対する〝外〟については、西周時代の後期頃における作器とされる戎生編鐘銘（近出二七〜三四）に、[10]戎生の先祖が西周時代における中期の穆王の頃に建てられた場所を「外土」と表現し、この「外土」については、多くの研究者は王畿（「中国」またその周辺）の外の地を云うと解釈している。[11]そしてその「外土」において「蛮戎」を司り「不廷方」（不庭の国）を「幹（ただ）」すと述べている。そうすると黄河中流域にあって「中国」（「成周」）の王畿やその周辺の「内国」の場所に対して、その〝外〟のいわゆる〝外国〟にあたる領域を「外土」と考えているようであり、これらの領域においては、異族を云う「淮夷」「東夷」「南夷」とか、「蛮戎」「方蛮」や「不廷方」（不庭の国）等の言葉が当時の金文史料に用いられて出てくるのである。

そしてここにあるように、周王朝における君主は中央の場所とされる「中国」（「成周」）の〝外〟の、異族を云う「蛮戎」や「不廷方」等の住む領域を経営することこそが、それは当時の周王朝によって「四方」、「四国」（「東国」、「南国」等）とか「万邦」などとか呼ばれた領域であったが、その領域こそが周王朝成立の対象領域であったと思われる。それが、先の〝武王〟がこの中央を云う「中国」（「成周」、「洛邑」）の場所に居てここより治めようと云う「四方」（「万邦」）の「民」であり、その意味でこの〝武王〟が云う「民」とは、本来文化の違いなどを超えて多くの異族を皆含むことになろう。

このように、周王朝成立の対象領域が、「中国」（「成周」、「洛邑」）の〝外〟の「四方」、「四国」や「万邦」の領域を指していたことは、皇帝制度成立の前、先秦王朝としての周王朝というものの性格、周王朝を成り立たせているその中核となる君主自身の性格を考えるときに大きな意味をもつものである。そのことは、周王朝の開設者に対して、当時の金文史料に、一体どのように表現されていたであろうか。

一方、この周王朝における君主について、かつて安部健夫氏が天下観の成立について述べた時、西周時代において「中国」を中央の場所としてそれを取り囲む「四方」や「四国」について述べた後、一方『詩』、『書』等に見られる「王」を中軸としての「上帝」「上天」と「下民」「下土」との関係について述べている。そして、その近似する考え方として、平岡健夫氏の「天がその成立の地盤として民をもつ」を引用して、西周王朝における末期以前にあった「王」を中軸とする上とか下とか云う形容語をまだ伴わない「天」および「民」との関係が指摘されている。[12] これらは主に今日に伝わる『詩』、『書』等の史料によったものであるが、そうすると、いわばそれは周王朝における君主を中軸とする「天」「上天」と「民」「下民」らの上下面の関係と、「中国」(「成周」、「洛邑」)を中央の場所とするその「中国」と「四方」「四国」との水平面との双方の関係として見ることが出来るであろう。[13]

そうすると、氏らが特に述べていないが、『詩』、『書』等によると、周王朝において、少なくともこのいわば上下面と水平面の二つの関係の中核に、周王朝の君主がいることになるであろう。

しかし、氏らが云うようにそうであったとしても、なぜ周王朝においてこの上下面と水平面との二つのことが考えられて来たのかということは、従来、その二つを合わせて総合的に解釈されることはなかったようである。多様な文化をもった異族の〝枠〟を超え、彼らやその邦々を一つに統合してゆくために、それではこの二つのことが一体なぜ必要と考えられたとするのであろうか。これらの問題を、最も重要な同時代史料である西周青銅器における銘文(金文)らから見た場合、どのようなことが云われるのであろうか。

これらの問題は、周王朝を成り立たせている君主自身のもつ性格にその答えを見ることが出来るはずである。なぜなら、周王朝において、このいわば上下面と水平面の二つの考えを生み出して来るならその源泉は、周王朝の中核にいる君主自身のもつ性格そのものに反映しているはずであり、そこから派生するものであり、それがここに引かれるこれらの両面、「天」と「民」や、「中国」と「四方」らの語句を歴史的に生み出してくるその母胎となるはずだからである。そしてそのことは、当時の王朝というものが必要とされた理由、つまり最初期としての東アジア地域における歴史において、それが多様な文化、風俗・習慣らをもった人々や邦々を一つにまとめ統合するために、必要とされた条件その理由を考えることになり、東アジアにとっても大きな歴史的意味があるように思われる。

この周王朝における君主自身の君主たる根拠について、従来は、研究者によってそれは天命を受けたものであることが繰り返しあげられてきた。たとえば、『詩』、『書』等や西周青銅器銘文の例をあげて、周王朝の開設を述べる時には王朝の開設者として〝文王〟と〝武王〟とを並称するのが例であるとする。そしてしばしば研究者によって引かれているのが周初の康王時代における作器と考えられている長文の銘をもつ大盂鼎銘（両周録一八オ、集成二八三七）に載す王による冊命書であり、王朝の開設をそこに記されている〝文王〟、〝武王〟の受けた天命に帰するのである。又、従来からの冊命形式金文に載す王朝の開設が記された内容からもそのように解釈されてきた。(14)

しかし、先の大盂鼎銘に載す王の冊命書を丁寧に読むと、〝文王〟が天命を受けると共に、次の〝武王〟に関しては〝文王〟が興した「周邦」の君を嗣《つ》いで、王が出自する「周邦」（「王家」も含め）も問題であるが、〝武王〟自身の伐紂、いわゆる〝克殷〟による「四方の匍有」を述べているものであって、両者の功績は、少なくとも二つのものとして述べられているように思われる。又、冊命形式金文に載す王の冊命書から、周王朝の開設が記されている部分を時代順に並べて整理、比較してみると、その表現方法の移り変わりや、一方の〝武王〟の功績にあたる部分が脱落している場合があることが分かり、今我々が見ることの出来る青銅器に載せられた王の冊命書についても、歴史史料として用いる場合、史料批判として、元の祖本を設定する必要があることが想定されるのである。

そうすると、王の冊命書にあるように、当時の政治の場に出された周王朝が開設された条件としては、二人の功績を一つに合わせたものとなっており、〝文王〟乃至〝文王、武王〟の天命のみをあげる従来の考え方には疑問があろう。つまり、周王朝における開設者自身の性格を述べたところが異なっていたことについて、従来ほとんど注意が払われてこなかったように思われる。そのことは、先の『書』等を中心とした、周王朝における君主を中核として、いわば上下面と水平面との二つの関係が云われてきたことにも、この両面が王朝の開設者としての二人の功績を受け継ぐ周王朝を成立させている君主自身のもつその二つの性格の内面から映し出されたものではないか、由って来るものとしての結果ではないかという予測と自然と重なってくるのである。

しかも、歴史上、周王朝にはじまると云われるこの天命の内容それ自身、つまり周王朝における君主が、多様な文化、風俗等をもった人々や邦々を一つに統合するために、天の神から受けたとする命令の内容自身も、従来具体的に追求されてこなかった。ただ、天命を受けることが、周王朝の開設における根拠とされたものであって、天が一体何を命令したのか、その命令の具体的な内容は何であったのか、など史料が少ないこともあってほとんど研究の具体的な遡上に載せられてこなかった。

これについては、王国維が先の大盂鼎銘における王の冊命書等にある「受民、受疆土」の「受」を天より「民」と「疆土」を受けたと解したのは、その先例であろう。(15) その「民」が、先の〓尊銘の〝武王〟自身の祝文にある、「中国」から治めると云う「民」に当たるであろう。しかし、天命に対応するこのワンセットとなる「民」と「疆土」の具体的中身それ自身もあまり論じられてこなかった。これらからすると、周王朝における君主自身の性格も、天命から見てもとても曖昧であったと云わざるを得ないのである。

それ故そのことは、周王朝成立における具体的条件をも大変曖昧にしており、又それ故、周王朝における君主自身の性格をも、とても曖昧にしてきたのである。

そこで、先ず、先秦王朝である周王朝の中核を占めている君主の君主たる条件、その性格とはどのようなものであったのか。以上のような点をふまえながら考えてみたいと思う。

そしてそこから、最初期の東アジア地域において独自に生まれた、程度の差はあれ、多様な文化をもった「四方」、「四国」や「万邦」の領域に住む人々や邦々を一つに統合する条件とは一体何が考えられ、それは何故であったのか、同時代に作られた史料としての青銅器銘文等を中心として考えてみたいと思う。

注

（1）これらについては、松丸道雄「殷周国家の構造」『岩波講座・世界歴史』第四巻、岩波書店、一九七〇年、平勢隆郎「殷周時代の王と諸侯」『岩波講座・世界歴史』第三巻、岩波書店、一九九八年、松井嘉徳『周代国制の研究』汲古書院、二〇〇二年、等参照。

（2）「集成」は、中華社会科学院考古研究所編『殷周金文集成』（集成と略称、後に同じ）全十八冊、中華書局、一九八四―一九九四年。唐蘭「〓尊銘文解釈」文物一九七六年第一期、大西克也「「國」の誕生―出土資料における「或」系字の字義の変遷」郭店楚簡研究会編『楚地出土資料と中国古代文化』汲古書院、二〇〇二年、所収、等参照。

（3）陝西周原考古隊「陝西扶風庄白一号西周青銅器窖蔵発掘簡報」文物一九七八年第三期、唐蘭「略論西周微史家窖蔵銅器群的重要意義―陝西扶風新出墻盤銘文解釈―」文物一九七八年第三期、裘錫圭「史墻盤銘解釈」文物一九七八年第三期、李學勤「論史墻盤及其意義」考古学報一九七八年第二期、徐中舒「西周墻盤銘文箋釈」考古學報一九七八年第二期、等参照。

（4）松丸道雄「西周青銅器製作の背景―周金文研究・序章―」松丸道雄編『西周青銅器とその国家』東京大学出版会、一九八〇年、所収（原論文は東京大学東洋文化研究所紀要第七二冊、一九七七年、所収）、同氏「西周青銅器中の諸侯製作器について―周金文研究・序章その二―」同右（原論文は、『東洋文化』第五九号、〝特集・西周金文とその国家〟、東洋文化研究所東洋学会、東京大学出版会、一九七九年、所収）、等参照。

（5）西嶋定生「皇帝支配の成立」『岩波講座・世界歴史』第四巻、一九七〇年、八―九頁。栗原朋信「周・秦・漢の国家構造についての私見」『秦漢史の研究』吉川弘文館、一九六〇年、等参照。

（6）注（5）の西嶋氏前掲書に同じ、九頁。

（7）「両周録」は、郭沫若『両周金文辞大系図録攷釈・録』（両周録と略称、後に同じ）一九三五年。

（8）楊樹達『積微居金文説』（後に、積微居と略称）敔毀再跋、七六頁、一九五二年、白川静『金文通釈』（後に、通釈と略称）第一七輯、白鶴美術館刊、一九六七年、彔戓卣の条、二〇四頁、馬承源編『商周青銅器銘文選』（三）文物出版社、一九八八年、彔戓卣の条、一一三―一一四頁、等参照。

（9）注（8）の積微居、通釈、第二七輯、敔毀三の条、一九六九年、四七二頁、等参照。

（10）「近出」は、劉雨・盧岩『近出殷周金文集録』（近出と略称）全四冊、中華書局、二〇〇〇年。

（11）李学勤「戎生編鐘論釈」《保利蔵金》編輯委員会『保利蔵金』嶺南美術出版社、一九九九年、同論文は文物一九九九年第九期、にほぼ同じ。裘錫圭「戎生編鐘銘文考釈」、馬承源「戎生鐘銘文的探討」《保利蔵金》編輯委員会『保利蔵金』嶺南美術出版社、一九九九年、等参照。

（12）安部健夫「中国人の天下観念―政治思想史的試論―」『元代史の研究』創文社、一九七二年、四五六―四七五頁（原論文は東方文化講座第六輯、一九五六年）。平岡武夫「第三理念篇、第三章、天下的世界観」『経書の成立』全国書房、一九四六年、参照。

（13）平岡氏も、天と民と、王と官僚とがそれぞれ一つの世界を成していると、二つのものとして述べている。平岡氏前掲書、二五九―二六〇頁。

（14）赤塚忠「西周金文の展開」『定本・書道全集』一、河出書房、一九五六年、一五六頁。白川静「文武の創業と王権」通釈第四六輯、一九七七年、五頁。

（15）王国維「洛誥解」『観堂集林』（世界書局本）巻一、一九二一年成、所収。

第一章　周王朝における君主権の構造について

――「天命の膺受」者を中心に――

はじめに

今日、秦、漢王朝における、中国の皇帝制度の成立を中心とした君主権の構造について、多くの優れた研究が発表されている。(1)ところで、この秦、漢王朝における皇帝支配が成立するよりも前に、多種多様な人々の住む、後の中国と呼ばれた領域、即ち広大な「四方」(「万邦」)の領域をまがりなりにも統一していたのは周王朝である。

この、皇帝支配に立脚する秦、漢王朝を開いた君主の性格に対し、その前の先秦王朝における君主の性格を比較検討しようとする時、それがいわゆる為政者による政治的な統一体即ち〝王朝〟というものを問題にしようとするのであれば、周王朝が治める多様な「四方」(「四国」、「万邦」)における個々の邦々についてではなく、先ず、それらの邦々や人々を皆一つに秩序立てていた、中国古代史の最初期に属する周王朝そのものを問題にせねばなるまい。

確かに、この周王朝の「四方」(「四国」、「万邦」)における一封建諸侯であった秦は、東周時代(春秋・戦国時代)を経て、その一国(一家)の性格のまま他の六国を併呑し中国の〝内〟に中央集権による皇帝支配を確立したのであるが、同時に、広い視野で見るならば、単なる一国(一家)ではなく、中国の〝外〟の四方をも含めたその統括者を標榜したと理解すべきものであろう。又、そのことは、秦王朝を受け継いだ次の漢王朝についても同様である[2]。そこで、秦、漢王朝よりも前に、〝克殷〟後、〝武王〟の意志によって建設された「中国」（「成周」、「洛邑」）を「四方」における中央の場所として、「四方」（「万邦」）の経営を行なった周王朝における君主自身の性格を考えることは、周王朝から秦、漢王朝へと変遷してゆく、中国史の流れを理解する上からも重要であると思われる[3]。

又、西周時代に対して、周王室の東遷後における東周時代、即ち春秋時代以降の研究は、周王室の弱体化と「四方」の領域における諸侯国の隆盛という点をふまえて、『春秋』、『左伝』等の文献史料の性格からしても、周王朝の君主である王と諸侯との秩序関係よりも、周王朝が「四方」において配置していた個々の諸侯国内部の構造が研究の中心になっている（この時期は、一般的に、都市国家ないし邑制国家から、領土国家乃至領域国家への展開をたどる時期と考えられている）。又、それは、特に秦、漢王朝による一元的な皇帝支配の成立を生み出す先行形態の推測という点からも、又多様なそれぞれの地域性の問題からも重視されたものであった[4]。しかし、これらの広大な「四方」（「四国」、「万邦」）の領域を、政治的にも精神的にも、伝統的権威をもって皆一つに秩序立て結びつける機能を果たしていた周王室（周王朝）の存在を忘れてはなるまい。

西周時代における最も重要な史料である西周青銅器銘文は、周王朝の君主とその冊命を受けた諸侯（王畿内の臣下も含めて）との関係を中心としたものであるから、この周王朝における君主の性格をそれらによって把握し、そして次に、それを東周時代、即ち春秋時代以降の「四方」における諸侯の上に投影してみることが、周代史の研究の上からも必要なことではないかと思われる。特に、この二つを重ねてみることによって、春秋時代に入って登場する楚の成王や斉の桓公など、実際に周王朝における諸侯の邦々を南・北で集める〝侯伯〟と、南・北を合わせた「四方」における諸侯の統括者として伝統的権威を有する周王室との関係が、より明確な形をとって現われて来るのではないかと思われる。

たとえば、『春秋』左氏伝の僖公九年の条に

……夏、会于葵丘、尋盟且脩好。礼也。王使宰孔賜斉侯胙。曰天子有事文武。使孔賜伯舅胙。斉侯将下拝。……

(……夏、葵丘に会するは、盟を尋《あたた》め且つ好を脩《おさ》む。礼なり。王、宰の孔をして斉侯に胙《そ》を賜わしむ。曰く、天子に文・武を事《まつ》ること有り。孔をして伯舅に胙《そ》を賜わしむ、と。斉侯将に下りて拝せんとす。……)

とあって、同様の記事は『国語』斉語にも見られるが、周の襄王は〝葵丘の会〟において、人々の見守る中、周王朝の諸侯を集める斉の桓公に対して周王朝の開設者・〝文王、武王〟を祭った〝文・武の胙〟を賜与する有名な儀式が行われたが、その意味も、このような視点から考えられるべきものであろう。

同じことは、近年陝西省鄠県に出土した瓦書にも、「周天子」による、西方に勃興する秦の恵文君に対して

周天子使卿大夫辰来致文武之胙。

(周天子は卿大夫の辰をして、来りて文・武の胙を致《いた》さしむ。)

とあり、やはり〝文・武の胙〟の賜与が記されているが、[5]「周天子」の諸侯の邦々を集めんとする異姓の秦にとって、この周王朝の開設者・〝文王、武王〟の福禄を受けることは、政事上の一大盛典であったと思われる。

そのためにも、これらの総合的な周代史研究には、金文研究者と文献研究者の協力が必要であるのだが、それぞれに複雑な史料批判の問題をかかえていることも周知の事実である。歴史家が取り扱う史料も、歴史の推移や、又、歴史の中でうごめく人々によって作られている以上、それぞれが自分の主観をもっていることを常に忘れてはなるまい。たとえば、西周史研究の中心となる西周青銅器の銘文について云えば、従来の真偽論から、最近では作器主体、作銘主体らの問題が取り上げられるようになったのも、このためである。[6]

そこで、以上のようなことを考慮しながら、本章で、中国古代史の最初期に属する周王朝における君主について考える場合、まず問題にしたのは、そもそもこの周王朝における君主の君主たる根拠とは何か、「中国」（「成周」）を中心の場所とする、青銅器銘文に見える「方蛮」「蛮戎」とか「東夷」「淮夷」「某夷」「某戎」などの多様な異族の住む世界を一つに統合するその周王朝の君主の性格そのものである。[7]

この周王朝における君主とは何かという問題は、同一王朝内における君主の位が、一般的に云って、王朝の開設者より継承されることを考えれば、その君位継承の手続きの問題も重要であるが、この周王朝が中国史に登場した際に、何によってその君主の位が確立したとされたのか、周王朝の成立について、周王室は公的にどのように考えたのか、それがどのようにその当時具体的に史料において表現されていたのか、などのことが最初に問題にされねばなるまい。従来の解釈では、周王朝の開設者として〝文王、武王〟が周王朝を開いたことに異論はないけれども、その根拠として、西周金文や『周書』等の記述によって、天による〝文王〟乃至〝文王、武王〟の受命など、一様に「天命の膺受」だけを挙げるのみであり、[8]又、天命という天の命じたその具体的内容自身もあまり考えられてこなかった。[9]しかし、新たに出土した史墻盤銘（集成一〇一七五）等の青銅器銘文によって、本章に述べるようにその内容（前王朝の殷との関係も含め）らを解明するヒントが与えられたのである。[10]

そこで、本章では、はじめに、周王室は何をもってこの周王朝が成立したと考えたのか、同時代史料である西周青銅器銘文を中心にまずそのことについて考えてみたい。この周王朝開設の根拠としておかれたものが、後継者に踏襲されて、周王朝開設の対象領域、「四方」（「万邦」）を治める周王朝における君主としての地位の源を示していたと思われるからである。後に見るように、青銅器銘文（史墻盤銘）や王位継承儀礼（顧命）らにおいて、王朝の君主はこの〝文王〟と〝武王〟の功績を継ぎ、則《のっと》ることが強調されている。それは、又、先の〝文・武の胙〟として

も現れて来る。(11)

第一節　「天命の膺受」者と「四方の匍有」者（天子と王）について

最初に、周王朝の君主の性格、その権力・権威の来源を知るために、周王朝の開設について当時どのように述べているか見てみると、一九六三年に宝鶏に出土し、銹のために後に銘文が器の内底に発見された、西周前期、唐蘭氏等が成王時代における作器とする𣧑尊銘（集成六〇一四）に(12)

隹王初遷宅于成周。……王誥宗小子于京室曰、昔在爾𣧑公氏、克逨玟王、肆玟王受茲大令。隹珷王既克大邑商、則廷告于天曰、余其宅茲中国、自之乂民。……

（惟《こ》れ王初めて成周に遷宅す。……王、宗小子に京室に誥《つ》げて曰く、昔、爾《なんじ》・𣧑の公氏に在りては、克《よ》く玟王を逨《たす》け、肆《ここ》に玟王は茲《こ》の大令を受く。惟《こ》れ珷王は既にして大邑商に克《か》ち、則ち天に廷告して曰く、余は其れ茲《こ》の中国に宅《お》りて、之自《これよ》り民を乂《おさ》めん、と。……）

とある。

又、同じく西周前期、郭沫若が両周攷釈において「本鼎乃康王時器、下小盂鼎言『用牲啻周王・□王・成王』、其時代自明」として、康王時代における作器とする、道光の初めに眉懸に出土した大盂鼎銘（両周録一八オ、集成二八三七）に(13)

隹九月、王在宗周。令盂。王若曰、盂、丕顕玟王、受天有大令。在珷王、嗣玟作邦、闢厥匿、匍有四方、畯正厥民。……

（惟《こ》れ九月、王、宗周に在り。盂に令す。王若《か》くのごとく曰く、盂よ、丕顕なる玟王、天の有する大令を受く。珷王に在りては、玟（王）の作《おこ》せし邦を嗣《つ》ぎ、厥《そ》の慝《かく》れたるを闢《ひら》きて、四方を匍有し、畯《なが》く厥《そ》の民を正す。……）

とある。

前者では、（成）王が「作器者」𣧑の父の、先王に対する功労を𣧑に誥げた所、後者では、（康）王が「作器者」盂に対して冊命した命書の冒頭に、それぞれ王自身の言葉として〝文王〟と〝武王〟とによるこの周王朝の開設が述べられている。ところで、この両器銘に載す王の誥文や命書は、陳夢家も述べているように、基本的には、この銘文起草者が、現に臣下の𣧑や盂に対して出された王の誥文や命書を元に、そのままではないけれども、これを祖本にして作銘したもの思われる。[14]

この銘文作成について、最近松丸道雄氏は、青銅器の作器、作銘主体らの問題を取り上げ、これらの制作者を支配層内部での王室側と諸侯側との二つに大きく分け、更にそれを幾つかの場合に分類して例証している。この𣧑尊の銘文について云えば、氏は、十二行に及ぶ銘文中、作器事情について末尾二行に僅かに「𣧑錫貝卅朋、用作□公宝尊彝」と簡単に記すのみで、それ以前の長文は王による誥文であり、しかも作器者𣧑の父の周王室に対する功労を「作器者」𣧑に力説した文章であり、「𣧑…用作…」を除いて考えれば、この銘文内容は王室側の起草になるものと考えるのが自然であろうと、氏の論考の中で、最初に問題提起している。[15]つまり、銘文中に「（誰々）‥用作…」とあっても、それは必ずしも、所謂「作器者」側で作器、作銘したものではないということである。今ここでは、銘文中に載せられた、実録的意味をもつ王の誥文や命書を直接問題にしようとするものであるが、以下、特にこれらを載す銘文起草者が問題になる場合、この点を注記したいと思う。[16]

さて、この王の誥文や命書中に述べる〝文王〟と〝武王〟とによる周王朝の開設について、この𣧑尊銘における王の誥文には、〝文王〟の功績として「茲の大令（命）を受く」とあり、〝武王〟の功績として「大邑商に克《か》つ」とある。又、大盂鼎銘の王の命書には、〝文王〟の功績として「天有の大令（命）を受く」とあり、〝武王〟の功績として「厥《そ》の慝《かく》れたるを闢《ひら》きて、四方を匍有す」とある。この「闢厥慝」の意味について、断代に「広雅釈詁三〝慝、悪也〟。〝辟厥匿〟即刑除紂及其悪臣」とし、文録、積微居等も伐紂のことと解しているが、[17]即ちそれは、𣧑尊銘の誥文に云う「克大邑商」に当たっていると思われ、更に大盂鼎銘の命書では、その結果として「匍有四方」と述べている。

この〝武王〟の「匍有四方」（「四方の匍有」）とは、後述するように、〝文王〟の「天命の膺受」の内容に当たる「匍有上下」（「上下の匍有」）と「上下の匍有」「四方の匍有」と対語になる表現であるが、この「匍有四方」の意味について、王国維は「書金縢、乃命于帝庭、敷有四方」と注し、『周書』金縢の「敷有四方」を、この命書の「匍有四方」に当てて考えている。[18]又、氏は「与友人論詩書中成語書二」の中で、「如書金縢、云敷佑四方、伝云布其徳教以佑助四方、案盂鼎云敷有四方、知佑為有之假借、非佑助之謂矣」と述べている。[19]

ここで王氏は「敷」、「匍」について述べていないが、この金縢の「敷佑四方」について、王引之は「敷者徧也」とし、[20]兪樾も「敷之言徧也、詩賚篇曰敷時繹思、鄭箋曰敷、徧也。字通作普、亦通作溥。詩般篇曰敷天之下、北山篇曰 天之下、孟子万章篇曰普天之下、是敷・溥・普、文異義同。佑乃俗字、当作右而読為有。儀礼有司徹篇有几、鄭注曰古文右作侑。右侑通用、故右有亦得通用」として、「敷佑」を「普有」とし、「普有四方、為天下主」と解している。[21]又、楊筠如も、王氏と同じく、この大盂鼎銘を挙げて「敷佑、即匍有也、盂鼎匍有四方」とし、その意味については、兪氏と同様に『詩』般篇・北山篇を挙げ、「敷」・「溥」を通字として「古溥与匍為一字也」とし、やはり「匍有」を「普有」の義に解している。[22]一方、積微居は、この「匍有四方」の「匍有」を「匍当読為撫」と解し、『春秋』左氏伝・襄公十三年の条の「赫赫楚国而君臨之、撫有蛮夷、奄征南海、以属諸夏」等を例に挙げて、この「撫有蛮夷」の「撫

有」に当てて考えている。(23)

いずれにしても、西周前期の㺇尊銘、大盂鼎銘に載す王による誥文や命書には、周王朝の開設について述べて、〝文王〟と〝武王〟の二人を挙げ、そして、それぞれ〝文王〟の功績として「玆の大令（命）を受く」、「天有の大令（命）を受く」とあって、神秘的な天命を受けたことが述べられており、(24)一方、〝武王〟の功績として「大邑商に克つ」、又は、その結果として「四方を匍有す」とあって（「匍有」の義が「普有」、「撫有」のいずれであっても）、即ち「四方」に対する現実の支配権を確立したことが述べられている。これらからして周王朝の開設は、〝文王〟と〝武王〟、即ち「受命」と「四方の匍有」（「克大邑商」）との二つを以て成立したとするのが、周初の成王、康王時代における周王室のとった公式の考え方ではなかったかと思われる。そして、この周王朝成立の根拠とした「受命」と「四方の匍有」とは、換言すれば、神秘的な天命を受けたということと、これに対し、現実の権力によって「四方」に対する支配権を確立したということの、二つのことを意味していると思われ、(25)この二つを合わせて、周王朝が成立したと考えていたものと思われるのである。

次に、西周後期の金文に、この周王朝の開設を述べたものを見てみたい。後期の金文にも、前期の大盂鼎銘と同様に、銘文所載の王の命書の冒頭において王朝の開設を述べる、師克盨（集成四四六七〜四四六八）、訇𣪘（集成四三二一）、師訇𣪘（両周録一三二オ、集成四三四二）、〓伯𣪘（〓伯帰夆𣪘、両周録一三七ウ〜一三八オ、集成四三三一）、毛公鼎銘（両周録一三一オ〜又一三一オ、集成二八四一）等の一連の冊命形式金文などがある。

まず、郭氏が他の克器との関係から厲王時代における作器と解し、現在ほぼ同銘のものが二器見つかっている師克盨銘には、(26)銘文の初めから「作器者」師克に対する王の命書を載せているが、その冒頭に

王若曰、師克、丕顕文武、膺受大令、匍有四方。則隹乃先祖考、有労于周邦、干害王身、作爪牙。……

（王若《か》くのごとく曰く、師克よ、丕顕なる文武、大令を膺受し、四方を匍有す。則ち惟《こ》れ乃《なんじ》の先祖考は、周邦に労有りて、王身を干害《まも》り、爪牙と作《な》れり。……）

とあり、ここに王が周王朝の開設を述べて、「丕顕なる文武、大令（命）を膺受し、四方を匍有す」とある。

先に見たように、西周前期の⿰犭可尊銘や大盂鼎銘に載す王の誥文や命書には、周王朝の開設について、〝文王〟の「受命」と、〝武王〟の「四方の匍有」（「克大邑商」）とが、それぞれ二つに分けて述べられていた。しかし、この西周時代後期における王の命書に至ると、〝文王〟と〝武王〟とが一つに合わされ、連称されて「丕顕なる文武」となっている。そして、先に見た〝文王〟の功績である「受命」と、〝武王〟の功績である「四方の匍有」もそのまま一つに合わされ、連称されて「大令（命）を膺受し、四方を匍有す」となっており、用語もほとんど同じである。よって、この王の命書冒頭にある周王朝の開設を述べた「丕顕文武、膺受大令、匍有四方」の内容も、元来、前期に云う〝文王〟の「受命」と、〝武王〟の「四方の匍有」とを一つにまとめたものにすぎないのであるから、ここも「天命の膺受」と「四方の匍有」との二つのことに分けて理解すべきものであろう。

このほか、郭氏が宣王時代における作器とする師詢𣪘、詢𣪘[27]、彔伯𣪘銘も、この師克盨銘所載の王の命書と似た形式、即ち、冒頭に周王朝の開設を述べ、次に「作器者」の先祖が先王（「周邦」）に克く勤めたことを挙げ、そして「作器者」に対する職事の冊命、賜与に及ぶところの命書を載せている。そこで、これらの王の命書冒頭にある、周王朝の開設を述べた部分を、前期の場合と用語が共通しているこの師克盨銘所載の命書を基準として比較して表にすると、左の表の通りである。

器名	冊命　作器者	周王朝の開設について		先祖と先王との関係
師克盨	王、若曰　師克	丕顯文武　膺受大令	匍有四方	則隹先祖考、…
師詢𣪕	王、若曰　師詢	丕顯文武　孚受天令	亦則殷民	乃聖祖考、…
詢𣪕	王、若曰　詢	丕顯文武受令	×	則乃祖、…
乖伯𣪕	王、若曰　乖伯	朕丕顯祖玟珷　膺受大命	×	乃祖、…

先ず、師詢𣪕銘は宋代の摹本しか残ってなく、[28]釈文は両周攷釈に従ったが、この王の命書においても王朝の開設について、やはり〝文王〟と〝武王〟を連称して「孚受天令、亦則殷民」（天令を孚受し、殷民を亦則す）とある。この「亦則殷民」について、郭氏は「亦字読為奕、大也、則字蓋読為惻」、「亦惻殷民者、猶言視民如傷」とし、白川静氏は「亦は亦喪の奕。則は鼎に銘刻する象で典刑の義があり、奕則は奕刑に同じ」、「殷は敗徳あり、天はこれに奕喪を降し、文武に大命を与えたことをいう」と解している。[29]ここの「亦則」は「奕刑」の意味として、この「孚受天令、亦則殷民」を右表に従って見てみると、「孚受天命」が「天命の膺受」に、この「亦則殷民」が「四方の匍有」（「克大邑商」）にそれぞれ当たっている。そこで、この「孚受天令、亦則殷民」の「亦則殷民」とは、神秘的な「天命の膺受」に対し、現実的な「四方の匍有」即ち〝克殷〟の事実を指しているのではないかと思われる。「殷民」と云う言葉が〝克殷〟と関係しよう。

次に、一九五九年藍田に出土した詢𣪕銘と、[30]王国維が「此敦未知出土之地而形制文字、與中原礼器無異」と云う乖伯𣪕銘所載の王の命書には、右表のように、周王朝の開設について、やはり〝文王〟、〝武王〟を連称しているけれども、[31]ここには「受令」、「膺受大命」とあって、「天命の膺受」のことのみを挙げ、これと対置されるべき、もう一方の「四方の匍有」に当たる部分がなく、すぐに先祖考のことに及んでいる。そこで、今まで見て来た王の誥文や命書において、又、右表の類似形式の命書との比較からしても、周王朝の開設が神秘的な「天命の膺受」（元来、〝文王〟の功績に比定された）と現実的な「四方の匍有」（「克大邑商」、「亦則殷民」）（元来、〝武王〟の功績に比定された）との二つを以て説かれて来たことからすると、この両器の「四方の匍有」に当たる部分は欠落したものではないかと考えるのが自然ではないかと思える。つまり、元の王の命書にはあったのであるが、この命書を元に、今我々の見ることの出来る銘文になるまでの手続き、工程の中で、奪去されたものではないかと思われるのである。その点から、青銅器鋳造工程の研究も必要であるが、この銘文の節録については、先の松丸氏の説く作器、作銘主体の問題が関係してくるのではないかと思われる。

　この両器の場合、詢𣪘は、前の師詢𣪘と先に述べた意味での「作器者」が同一人とされるものであるが(32)、銘文起草者の点から見ると、師詢𣪘、詢𣪘銘とも、銘文の最後の二行に、それぞれ「隹元年二月既望庚寅、王格于大室、焚内右詢」（惟《こ》れ元年二月既望庚寅、王大室に格《いた》り、焚内《い》りて詢を右《たす》く）、「唯王十又七祀、王在射日宮。旦、王格、益公入右詢」（惟《こ》れ王の十有七祀、王、射日宮に在り。旦、王格《いた》り、益公入りて詢を右《たす》く）とあって、普通の冊命形式金文においては冊命の前に来る廷礼を、共に銘末に記しており、他に見られない異例の形式のものである。また、乖伯𣪘の場合、その「作器者」乖伯は邦君諸侯と思われ(33)、しかも銘末に「用作朕皇考武乖幾王障𣪘」（用て朕《わ》が皇考武乖幾王の障𣪘を作る）とあり、乖伯の父に対し王号を称するもので、王国維が、「古諸侯稱王説」の中で、同じく邦君諸侯と思われる「作器者」彔伯の彔伯戜𣪘（両周録三五オ、集成四三〇二）の銘末に、「用作朕皇考釐王宝障𣪘」（用て朕《わ》が皇考釐王の宝障𣪘を作る）とあるの等と共に、諸侯における称王の例として挙げる器である(34)。

この両器の場合、その作銘主体即ち銘文起草者が、銘文形式の異例さや、王号を称する特徴などからして、松丸氏の云う諸侯側であったとすると、銘文起草者の主眼は、自家の強調、周王室との関係に重点が置かれ、この王の命書中における王室に関する部分は、青銅器の銘文の入るスペースや何かの理由で銘文の節録が行なわれる場合に、奪去され易かったのではないかと思われる。(35)これらの銘文の節録は、いろいろの角度から研究されねばならない問題であるが、いずれにしても、この詢毀、𢦏伯毀銘所載の王の命書冒頭にある周王朝の開設を述べた部分だけから判断すれば、周王朝の開設は、〝文王〟と〝武王〟の神秘的な「天命の膺受」だけになってしまい、全体の構図にある、〝武王〟の功績に比定された、もう一方の現実的な「四方の匍有」（「克大邑商」）を見落としてしまうことになる。このようなことからも、銘文解釈には祖本の設定が必要であろう。

なお、最近出土した、宣王時代における作器とされる逨盤銘（近出二編九三九）、四十二年逨鼎銘（一～二、近出二編三二八～三二九）、四十三年逨鼎銘（一～九、近出二編三三〇～三三八）所載のそれぞれの王の命書の冒頭においても、先の後期命書の基準となる師克盨銘の例と全く同じで、共に「王若曰、逨、丕顯文武、膺受大令、匍有四方」（王若《か》くのごとく曰く、逨よ、丕顕なる文武、大令を膺受し、四方を匍有す）とあり、やはり同じ表現が見えている。(36)

次に、道光末年、陝西省岐山縣に出土したと云われ、(37)西周彝器中、もっとも長文の銘をもつことで有名な、郭氏が宣王時代における作器とする毛公鼎銘にも、これらの師克盨、師詢毀、詢毀銘の場合と同じく、銘文の最初から「作器者」毛公に対する王の命書を載しているが、その命書の冒頭に

王若曰、父厝、丕顯文武、（皇天弘猒厥徳、配我有周）、膺受大命、率褱不廷方、（亡不閈于文武耿光）。……

（王若《か》くのごとく曰く、父厝よ、丕顕なる文武、（皇天弘《おお》いに厥《そ》の徳に猒《あ》き、我が有周に配して）、大命を膺受し、不廷方を率懐《そっかい》し、（文武の耿光に閈《ただ》されざるものはなし）。……）

とあり、やはり周王朝の開設が述べられている。

長文であるが、この周王朝の開設を述べた部分を、先の師克盨銘における王の命書冒頭にある「王若曰、師克、丕顕文武、膺受大命、匍有四方」を、周王朝の開設を述べる後期命書の基準として比較してみると、この毛公鼎銘の「皇天弘猒厥徳、配我有周」（皇天、弘《おお》いに厥《そ》の徳に猒《あ》き、我が有周を配して）、「亡不閈于文武耿光」（文武の耿光に閈《ただ》されざるものはなし）をカッコに入れた、即ち「王若曰、父厝、丕顕文武、膺受大命、率褱不廷方」が、師克盨銘の「王若曰、師克、丕顕文武、膺受大命、匍有四方」と等置されよう。白川氏は、「率褱不廷方」の主語を「我有周」としているが[38]、今まで見て来たように、前期、後期を通じた「丕顕文武、膺受大令、匍有四方」の形式からして、この「皇天……配我有周」までは、下文の修飾語としてカッコに入れて考えた方がよかろう。

そこで、この両者を比べてみると、「天命の膺受」に当たる部分は、師克盨、毛公鼎銘共に用語同じである。しかし、「四方の匍有」に当たる部分は、毛公鼎銘における命書には「率褱不廷方」（不廷方を率懐《そつかい》す）とあった。この「率褱不廷方」の意味について、徐同柏は「率」は「率循」、「褱」は「褱柔」で、「不廷方」は『詩』韓奕、常武を引いて「詩梁山、幹不庭方、伝、庭、直也。常武、徐方来庭、伝、来王庭也。此当兼二訓」とある「幹不庭方」「徐方来庭」と同じとしているが[39]、王国維は「案毛公鼎銘云、率褱不廷方、左隠十年伝、以王命討不庭、則不庭方謂不朝之国、非不直之謂也」として、「不廷方」を「不朝の国」と解釈している[40]。つまり、この「率褱不廷方」とは、この『詩』大雅・常武にある「率彼淮浦、省此徐土。……四方既平、徐方来庭」（彼の淮浦に率《したが》いて、此の徐土を省せよ。……四方既に平ぎ、徐方庭に来る）のように、「四方」が王命に服し、淮水流域における異族の「徐方」のように王庭に来朝せざるものはなしの意味で、先の大盂鼎銘に載す王の命書にある「厥《そ》の慝《かく》れたるを闢《ひら》きて、四方を匍有す」と同じで、〝克殷〟による現実の「四方」に対する支配権の確立を云うものであり、やはり現実的な「四方の匍有」（「克大邑商」）と同義である。

この「四方の匍有」と同義となる「不廷方の率懐」と類似の表現をほかに見ると、西周時代の後期に作器された、㝬𣪘銘（集成四三一七）、㝬鐘銘（宗周鐘、両周録二五オ、集成二六〇）と同じく、周王朝の厲王胡（㝬）自身の自作器と考えられている五祀㝬鐘銘（集成三五八）に、穆海亭・朱捷元氏の釈文に従うと、厲王胡自身の言葉として「（我は）用雙不廷方。㝬其万年永畯尹四方」（（我は）用って不廷方を蘊《あつ》む。㝬（厲王自身のこと）其れ万年永畯《なが》く四方を尹《おさ》めん）とある。穆氏等は「雙」は蘊（雍）で和の義として、厲王の時に自ら「不廷方」の「東夷」「南淮夷」を討伐したことをあげ、「此句言協和不来朝之邦国」と述べている。集成釈文にも「雍」と釈しており、この字には調和の意味がある。又、李家浩氏はこの字を谿と釈文して、「谿不廷方」を「討不庭」（『春秋』左氏伝・隠公十年、襄公十五年の条）や「燮（襲）不廷」（朋戈銘、近出一一九七）等と同義と論じて、「逷」「逖」や「征討」「燮（襲）」等の意としている。(41) この字は先の最近出土した逨盤銘の「盗政四方、厮伐楚荊」（四方を盗政して、楚荊を戮伐す）や秦公鐘・秦公鎛銘（集成二六二～二六九・二七〇）の「盗百蛮」（百蛮を盗《おさ》む）の「盗」（治める、あつめる）と似た字のようである。釈文に問題が残るが、同じ王の言葉として云うこの「雙不廷方」（下文に直ぐ「四方を尹《おさ》めん」ことを云う）も、毛公鼎銘の「天命の膺受」とセットとなる「不廷方の率懐」と類似の義であろう。又、ほかにも先の逨盤銘に「逨曰、……（我が皇高祖新室仲が康王を助けて）𩛥遠能㹜、……方懐不廷」（我が皇高祖新室仲が康王を助けて）遠きを柔《やわ》らげ邇《ちか》きを能《やす》んじ、……方《あまね》く不廷を懐《なつ》く）とあり、この逨の高祖が康王を助けて、「方懐不廷」（方《あまね》く不廷を懐《なつ》く）もこれと同義であろう。(42)

又後述する西周時代の中期における作器とされる史墻盤銘（集成一〇一七五）に「（今の天子が〝文王〟と〝武王〟の功績を継いで）厚福豊年、方蛮亡不𧻚見」（厚福豊年にして、方蛮𧻚見せざるものはなし）とある、この〝武王〟の功績に対応する「方蛮亡不𧻚見」も（前者の「厚福豊年」は、〝文王〟の功績に対応する。これらについては、第

四、第七章に詳述)、李学勤氏が「遠方的方国部落無不前来侍見」と解し、裘錫圭氏が「四方蛮夷無不来朝」等と解するように、「方蛮」が皆来廷したことを云うもので、この「方蛮亡不㚸見」も「不廷方の率懐」、即ち周王朝開設の一条件である〝武王〟の功績に当たる「四方の匍有」と同義である。(43)

又、この「不廷方」と異族について、晋姜鼎銘(両周録二六七、集成二八二六)との関係から、西周時代の晩期頃の作器とされる戎生編鐘銘(近出二七～三四)にも、

戎生曰、休台皇祖憲公、趄趄……䞩爯穆天子歒霊、用建于茲外土、憍𤔲蛮戎、用幹不廷方。至于台皇考卲白、……召匹晋侯、用恭王令。……

(戎生曰く、休なるかな我が皇祖憲公、桓桓《かんかん》として……穆天子の粛霊を善稱し、用て茲《こ》の外土に建てられ、蛮戎を適《ただ》し𤔲《つかさど》(司)りて、用て不廷方を幹《ただ》す。我が皇考(父親)の昭伯に至り、……晋侯を召匹《たす》けて、用て王令に恭《つつし》めり。……)

とあり、西周時代における中期、穆王の頃に戎生の皇祖憲公が「外土」において「蛮戎」を司りて「幹不廷方」とある。李学勤氏は「䞩爯」は善称、「歒霊」は威神とし、又、この「外土」は「当指畿外之地」として、畿外の領域に封ぜられて「蛮戎」を治めるとしている。又、裘錫圭氏も、「外土」を王畿の外の領域と解して、又ここを「用建于茲外土遹」と句切って「遹」は山西の遹水一帯として、山西の晋国周辺における戎狄、蛮戎の邦国が多いことを述べている。(44)いずれにしても、戎生の皇祖が封ぜられて、その地域における異族を治めて「幹不廷方」も、先の『詩』韓奕に、韓侯が「北国」における「百蛮」を治めることを云って「幹不庭方、……因時百蛮」(不庭方を幹《ただ》し、……時《こ》の百蛮に因《よ》る)の「幹不庭方」とあるのと全く同じ表現である。しかも、この編鐘銘の「不廷方を幹《ただ》す」の直ぐ上文に類似の「蛮戎」を司ることを云うように、この編鐘銘の「不廷方を幹《ただ》す」も異族の来庭を云うことで、「不廷方の

率懐」（毛公鼎銘）、「方蛮𡚸見せざるものはなし」（史墻盤銘）や「四方の匍有」（大盂鼎銘）とまた類似の義であろう。(45)

このように、この毛公鼎銘における王の命書冒頭にも、〝文・武〟による周王朝の開設について、神秘的な「天命の膺受」と、現実的な「不廷方の率懐」即ち「四方の匍有」との二つが、やはりその根拠として挙げられているのである。

なお、毛公鼎銘のカッコに入れた部分についても、例えば「皇天……配我有周」については、〝文王、武王〟という特定の〝人間〟の〝受命〟のほかに、「周邦」（「有周」）と〝受命〟の関係を示すもので重要であるが、後述したい。(46)

以上まとめてみると、西周青銅器銘文に見える周王朝開設の根拠として、西周前期、成・康時代の王による誥文や命書には、〝文王〟の「受命」（𣧑尊、大盂鼎銘）と、〝武王〟の「克大邑商」（𣧑尊銘）又はその結果である「四方の匍有」（大盂鼎銘）との二つが、それぞれ〝文王〟と〝武王〟との功績に分けて挙げられていた。しかし、後期になると、〝文王〟と〝武王〟とが一つに連称され、両者の功績も一つに合わさって、「丕顕文武、膺受大命、匍有四方」（師克盨銘等）となり、又「四方の匍有」に当たる部分は、「亦則殷民」（師詢𣪕銘）、「率懐不廷方」（毛公鼎銘）とも表現された。そして、又一方、この「四方の匍有」に当たる部分は欠落することもあった。このように、少なくとも〝文・武〟を継いだ成・康時代以後、周王朝の開設は、〝文王〟と〝武王〟と、即ち「天命の膺受」と「四方の匍有」（「不廷方の率懐」）との二つを以て成立したと考えられており、又、この二つを換言すれば、神秘的な天命を受けたということと、現実の権力によって「四方」に対する支配権を確立したということとの、二つのことを意味していたと思える。(47)よって周王朝の開設条件として、従来のように、「天命の膺受」のみを取りあげるのは、〝武王〟の功績が見落とされていたと云わざるを得ない。

そこで、このように、周王朝が「天命の膺受」と「四方の匍有」との二つを以て成立したと考えたならば、〝文王〟と〝武王〟の後継者、即ち周王朝の君主は、この「天命の膺受」者としての地位と、「四方の匍有」者としての地位と、二つの地位を受け継いだと思われる。周王朝の君主権は、元来〝文・武〟の功績にそれぞれ比定された、この「天命の膺受」者と「四方の匍有」者との二つの地位を、その基本的な構成要素としていたであろう。よって、この「天命の膺受」者と「四方の匍有」者についてそれぞれ考察し、合わせて総合的に周王朝の君主権のもつ性格を論究すべき問題であるが、ここでは、この内「天命の膺受」者について考え、もう一方の「四方の匍有」者については、次章以下に述べたいと思う。

なお、この二つの周王朝の君主のもつ性格は、先に〝序〟で述べた周王朝における君主の立場が、いわば「天」と「民」の上下面と、「中国」と「四方」の水平面との二つの関係の中核にいるという解釈と、つまり、その両面の二つに周王朝における君主の機能が対応していると解するのと、その二つの性格という点で、又整合性をもってくることに気づくのである。その必要性があったと云うことになるが、これらについては、更に後に述べたいと思う。

ところで、周王朝の君主のもつ、この「天命の膺受」者と「四方の匍有」者という二つの立場、即ちその一身上にもつ両性格を考えると、当然、彼自身に対する呼称にもそのことが反映されたのではないかと思われる。周王朝の君主に対する呼称には、西周金文や『周書』等に、「天子」号と「王」号の二つが見えている。今仮に、郭氏の両周録に見てみると、「王」号は武王時代における作器とする大豊毀銘（天亡毀、両周録一オ、集成四二六一）に既に見え、(48)「天子」号は康王時代における作器とする周公毀銘（㚇作周公毀、両周録二〇オ、集成四二四一）より見えている。そこで、この周王朝の君主が「天命の膺受」者と「四方の匍有」者という二つの立場をもっていたことと、彼に対する呼称に「天子」と「王」とのやはり二つあったのとを結びつけて考えてみると、もし一般に云う天命を受けた者、即ち「天命の膺受」者が「天子」であるならば、現実的な「四方の匍有」者は「王」であると考えたいところである。

「天命の膺受」者の性格については後述するが、この「四方の匍有」者に当たると思える「王」号については、先に見た大盂鼎・師克盨・師詢毀・詢毀・𧮫伯毀銘に載す王の命書の冒頭に「王若《か》くのごとく曰く、盂よ」、「王若《か》くのごとく曰く、師克よ」、「王若くのごとく曰く、師詢よ」等と「王若曰」とあったように、西周金文や『周書』等に習見する周王朝における君主が臣下に冊命した公的な命書の冒頭には、「王若曰、（誰々よ）」（銘文所載の命書の冒頭に「王若曰」とあるものには、大盂鼎、趞鼎（趞毀）・両周録二九ウ、集成四二六六、彔伯㦰毀、牧毀・両周録五九オ～五九ウ、集成四三四三、蔡毀・両周録八七ウ、集成四三四〇、揚毀・両周録一〇二オ～一〇二ウ、集成四二九四～四二九五、大克鼎・両周録一一〇オ～一一一オ、集成二八三六、師克盨、毛公鼎、師詢毀、詢毀、師寰毀・両周録一三五ウ～一三七オ、集成四三一三～四三一四、𧮫伯毀、師嫠毀・両周録一三八ウ～一四〇オ、集成四三二四～四三二五、等があり、又『周書』には、大誥「王若曰、猷、大誥爾多邦越爾御事」、康誥「王若曰、孟侯、朕其弟小子封」、酒誥「王若曰、公、明保予保沖子」、多方「周公曰、王若曰、猷、告爾四国多方惟爾殷侯尹氏」、文侯之命「王若曰、父義和」等がある）とか、「王曰、（誰々よ）」（銘文所載の命書の冒頭に「王曰」とあるものには、頌鼎・両周録四五オ～四六オ、集成二八二七～二八二九、豆閉毀・両周録六〇ウ、集成四二七六、鄘毀・両周録一四八オ～一五〇オ、集成四二九六～四二九七、等がある）とあって、(49)常に「王」と称して、決して「天子」とは称していないのは、この「王」号の権力的性格をよく示しているのであろう。

　つまり、周王朝の君主が、臣下に対する公的な冊命において、常に「王若曰」、「王曰」と「王」として臨んだことは、殷を破り現実に「四方」に対する支配権を確立して、君臣関係を樹立した「四方の匍有」者と、この「王」号との等置関係を示しているのではないかと思える。即ち、神秘的な「天命の膺受」者に対し、「四方」の現実の権力関係を、その力によって全体的に秩序立てる「四方の匍有」者は、その現実の力関係を公的に確認する冊命書の冒頭において、西周前期、後期を通じて、常に臣下に対して「王」として臨んだのである。[50] このことは、次節以下に述べるように、「天子」に当たると思えるもう一方の「天命の膺受」者の性格が、「上下の匍有」即ち徧く「上下」の神々を祭る者であり（その目的については、第四章に述べる）、それを条件として天より合わせて「万邦」又はその「民」と「疆土」を受けた者であったことと比較してみると、より明確になると思える。

又、この周王朝の君主が、「天命の膺受」者と「四方の匍有」者という二つの地位をその身に受け継いだことと、この「天子」号と「王」号との関係については、『周書』立政の冒頭に周公が成王に対し、「周公若曰、拝手稽首、告嗣天子王」（周公若《か》くのごとく曰く、拝手稽首して、嗣天子王に告ぐ）とあり、成王が「嗣天子王」と呼ばれていることは注目される。

この「嗣天子王」について、偽孔伝は「言嗣天子、今已為王矣。不可不慎」と解し、孔疏は成王の親政時として「成王嗣世而立、故呼成王為嗣天子。……此時既已帰政於成王、故言今已為王矣。不可不慎」とし、「嗣天子よ、今や王と為られた」という意味に解しているが、于鬯や楊筠如は「嗣天子王」を四字連文として読み、又、赤塚忠氏も、偽孔伝に読むような表現の例を他に見ないとして、「天子」と「王」とを同格の言葉として解釈している。[51] やはり、この「嗣天子王」の解釈は、赤塚氏等が述べているように、そのまま周王朝の開設者・〝文王、武王〟の後継者である成王に対し、「天子」と「王」との二つの地位を嗣《つ》いだ者の意味に読むのが自然であろう。「嗣天子」という言葉は立政以外に見られないが、「嗣王」「後嗣王」という言葉は、酒誥、多士、無逸にも見えている。つまり、「嗣天子王に告ぐ」とは、〝文王、武王〟の後継者・成王に対し、「天子」の位と「王」の位と、二つの地位を受け継いだ者に告ぐと云っているのだと思われ、〝文王、武王〟の後継者、即ち周王朝の君主が「天命の膺受」者と「四方の匍有」者という二つの地位を受け継いだのと整合して考えることが出来るのではないかと思われる。このことは、周初の成王、康王時代に、周王室が周王朝開設の条件として、〝文王〟の「天命の膺受」と〝武王〟の「四方の匍有」とをそれぞれの功績として考えたとすると、最初から両者を受け継いだのは、周王朝の開設者・〝文王、武王〟とを嗣《つ》いだその子の成王ということになるであろうが、その意味からしても、まさに彼はこの表現どおり「嗣天子王」であったと思えるのである。[52]「嗣天子王に告ぐ」という言葉が、唯一ここに残っているのも意味あることのように思える。

本章は、もともと「天子」号と「王」号とを直接問題にするものではなかったが、以上のように、周王朝の君主に「天命の膺受」者と「四方の匍有」者という基本的な二つの立場が、周王朝成立の条件から導き出された時、一つでないこの二つの立場と、当時称された、この周王朝の君主のもつ「天子」と「王」という二つの君主号とが、自然に結びついたものである。「天子」号と「王」号の問題は、更にその用例の分析を必要とするし、又、金文の場合、その銘文の内容や、銘文起草者が王室側か諸侯側かという問題とも深く関わり合ってくると思えるが、「天子」号と「王」号とを周王朝の君主権の全体の構造から見た場合、後述する「上下の匍有」者などという「天命の膺受」者の性格と考え合わせ、以上のように考えられるのではないかと思われるのである。[53]この点留意しておきたい。

以上、周王朝の開設は、〝文王の天命の膺受〟と〝武王の四方の匍有〟との二つで説かれていた。そこで次に、これらのことを考えながら、周王朝開設の条件の中から、〝文王〟の功績に比定された「天命の膺受」者の具体的性格について、更に考えてみたい。

第二節　「天命の膺受」者の性格について

一九七六年、陝西省扶風縣において窖蔵された百件以上の西周青銅器が出土した。(54) その中にあって、最長の銘文をもつ、西周時代の中期、共王時代における作器とされる史墻盤銘は、(55) 銘文の前半に周王朝における文王、武王、成王、康王、昭王、穆王の六王についての功績を列挙している。この盤銘は後半に、「作器者」史墻の祖考、高祖、烈祖、乙祖、亞祖祖辛、文考乙公の五代についての功績を列挙しており、銘文起草者は史墻側と思われるが、この五代の先祖考の功績と対照するように、銘文前半に周王朝における六王の功績をもってきたものと思える。

そこで、前節で見た、〝文王〟の功績である神秘的な「天命の膺受」と、この盤銘の冒頭に挙げる同じ〝文王〟の功績とを比較して、「天命の膺受」者とは何か、考えてみたい。

この盤銘の冒頭に、〝文王〟の功績として

曰、古文王、初斂龢（和）于政、上帝降懿徳・大甹、匍有上下、迨受万邦。〓圉武王、遹征四方、……

（曰く、古の文王、初めて政を斂《れい》和し、上帝懿《い》徳《とく》・大甹を降し、上下を匍有して、迨《あ》わせて万邦を受く。〓圉なる武王、四方を遹征し、……）

とある。

最初の曰くは、裘錫圭は『尚書』堯典冒頭の「曰若稽古帝堯」と同じで、周代人が古事を叙述するときの常套手段とし、李学勤は「惟」字と同じ、徐中舒は「史墻曰く」で、主詞省略とする。(56) これらを合わせ考えてみると、ここは「（史墻曰く）、曰く」であったのかもしれない。次の「古文王、初斂和于政」（古の文王、初めて政を斂和す）は、唐蘭、裘氏は、「敉和」を「敉」は「戻」で「戻和」とし、「致和」、「定和」の義と解する。[57] 又、唐氏は『周書』君奭の「(周)公曰、……惟文王尚克修和我有夏」(周)公曰く、……惟《こ》れ文王、尚《つね》に克《よ》く我が有夏を修和す)の「修和」と、この「致和」との類似を挙げている。[58] そこで、この『周書』に挙げる〝文王〟の功績と、この盤銘に挙げる〝文王〟の功績とを比較してみると、この君奭の「(周)公曰、……惟文王尚克修和我有夏」の意味は、偽孔伝は「修政化、以和我所有諸夏」とし、孔疏は「謂三分有二属己之諸国也」として、〝文王〟が所謂西伯となったことに解している。更に君奭は「修和我有夏」の後、「亦惟有若虢叔、有若閎夭、有若散宜生、有若泰顚、有若南宮括」(亦惟《こ》れ虢叔の若《ごと》き有り、閎夭の若《ごと》き有り、散宜生の若《ごと》き有り、泰顚の若《ごと》き有り、南宮括の若《ごと》き有りたればなり)以下、〝文王〟を補佐する臣も、よく〝文王〟を助けたことを挙げ、そして

　……乃維時昭文王、迪見冒聞于上帝、惟時受有殷命。哉武王、惟茲四人、尚迪有禄。後曁武王、誕将天威、咸劉厥敵。……

とあり、「……乃《すなわ》ち惟《こ》れ時《こ》れ文王を昭《たす》けたれば、(文王は)迪《もつ》て上帝に冒聞せられ、惟《こ》れ時《こ》れ有殷の命を受く。武王に哉《あ》りても、惟《こ》れ茲《こ》の四人、尚迪《なおもつ》て禄を有せり。後に武王と曁《とも》に、誕《おお》いに天威を将《おこな》い、咸《みな》厥《そ》の敵を劉《ころ》せり。……」とあって、〝文王〟治政のことが上帝に聞こえた結果、文王は殷にかわって天命を受け、〝武王〟に及んで殷王朝を倒したことを挙げている。[59]

又、同じく『周書』康誥にも、〝文王〟の功績を述べて

　……王若曰、孟侯、朕其弟小子封。惟乃丕顕考文王、……用肇造我区夏越我一二邦、以修我西土。惟時怙冒聞于上帝、帝休。天乃大命文王。殪戎殷、誕受厥命、越厥邦厥民惟時叙、乃寡兄勖。……

とあり、「……王若《か》くのごとく曰く、孟侯よ、朕《わ》が其れ弟小子封よ。惟《こ》れ乃《なんじ》の丕顕なる考《ちち》の文王は、……用て肇《はじ》めて

我が区夏と我が一二邦を造り、以て我が西土を修《おさ》めたり。惟《こ》れ時《こ》れ怙《おお》いに上帝に冒聞し、帝休《よみ》す。天乃《すなわ》ち文王に大命す。戎殷を殪《たお》して、誕《おお》いに厥《そ》の命を受け、越《ここ》に厥《そ》の邦と厥《そ》の民と惟《こ》れ時《こ》れ叙せしは、乃《なんじ》の寡兄（武王）が勖《つと》めたればなり。……」とあって、〝文王〟が克く西土を治め、それらのことが上帝に聞こえて上帝が休《よみ》した結果、〝文王〟は殷にかわって天命を受け、そして実際には、〝武王〟が殷王朝を倒したことが、君奭と同じように挙げられている。この康誥、君奭に述べる、盤銘と同じ〝文王〟の功績を見ると、盤銘の「古文王、初敎和于政」の「敎和」は、やはり君奭の「文王……修和我有夏」の「修和」に、そして又それは康誥の「文王……修我西土」の「修」に近いのでないかと思え、又、盤銘の「初敎和于政」の「初めて」は、康誥の「文王……用肇造我区夏越我一二邦、以修我西土」の「肇《はじ》めて」に当たるのではないかと思える。つまり、この盤銘に云う「古の文王、初めて政を敎和す」とは、康誥、君奭に〝文王〟の政治的功績を説いて、〝文王〟が「肇《はじ》めて、我が区夏と我が一二邦を造り、以て我が西土を修《おさ》めたり」や「克《よ》く我が有夏を修和す」という、これらの事情を指しているのではないかと思われる。次に、盤銘の「上帝降懿徳・大甹」（上帝懿徳・大甹を降し）の「懿徳」は、上帝が与えた〝文王〟の美徳、「大甹」は、裘氏、徐氏、李氏は「甹」を「屛」とし、〝文王〟の有力なる輔佐の義と解する。[60] 金文には「甹王位」（王位を甹《たす》く）（班毀銘、番生毀銘）、「甹朕位」（朕が位を甹《たす》く）（毛公鼎銘）とあるが、先の君奭に述べる〝文王〟輔佐の臣を指しているのかもしれない。

そして、盤銘の〝文王〟における功績を挙げる最後の部分に、〝文王〟が「匍有上下、迨受万邦」（上下を匍有して、迨《あ》わせて万邦を受く）とある。ここは、上文の「古の文王、初めて政を敎和し、上帝懿徳・大甹を降す」の結果、〝文王〟は「匍有上下、迨受万邦」となったのであり、それは、先の康誥や君奭において同じ〝文王〟の功績を述べて、〝文王〟が克く「我が西土」、「我が有夏」を「修」め、「修和」し、それを「上帝」が休《よみ》した結果、〝文王〟は天命を受けたとするのと比較すれば、その「天命の膺受」に当たる部分である。

このように、この盤銘冒頭にある〝文王〟の功績を記す中に、前節で〝文王〟の功績として見た神秘的な「天命の膺受」、即ち「受茲大令」（𣧛尊銘）、「受天有大令」（大盂鼎銘）、「膺受大令」（師克盨銘など）という言葉そのものはないけれども、この「上下を匍有して、迨《あ》わせて万邦を受く」というところが、その「天命の膺受」に相当する部分である。この両者の違いを考えてみると、前節で見た〝文王〟の「天命の膺受」という言葉は、現実の公的な政治の場で機能した、王による臣下に対する誥文や命書における冒頭にあって、王自身の祖先である〝文王〟乃至〝文王、武王〟の受命を強調して、自己の権威の来源を臣下に明示したものであった。しかし、この盤銘の方は、銘文を起草したと思われる史墻側が、盤銘の後半に述べる自家における五代の先祖考の功績を列挙するのと対照して、おそらく、周の史官たる史墻家にある伝承を元に、君たる周王朝における六王の功績を列挙したものと思われ、そこに前節で見た王による誥文や命書中のものと、盤銘所載のものでは基本的な違いがあると思える。ここはむしろ、〝文王〟の「天命の膺受」の内容を解説した意味合いが強いのである。

以上のように、周王朝成立の一条件である〝文王〟の「天命の膺受」とは、「匍有上下、迨受万邦」と云い換えられるものであったと思われる。そこで次に、この「天命の膺受」に相当する「匍有上下、迨受万邦」とは一体どのような意味なのか、「匍有上下」と、それと結ぶ「迨受万邦」との二つに分けて、更に論及してみたい。なお、〝武王〟については、〝文王〟の次に、盤銘に〝武王〟による「遹征四方」以下、「四方」における征伐のことを挙げているが、「遹征四方」とは、前節で〝武王〟の功績として見た現実的な「四方の匍有」（「不廷方の率懐」）に等置されるものであろう。

1　「上下の匍有」者と「四方の匍有」者について

先ず、この「匍有上下」の意味については、唐氏は前節に見た大盂鼎銘の「匍有四方」や『周書』金縢の「敷佑四方」を挙げ、「匍有」の「匍」を「敷」で「普遍」とし、「上下」は「概括各方面」で、「他（文王）完全掌握各方面」と解する。(61) 裘氏は「匍有」は積微居に従い「撫有」で、「（上帝が）使他（文王）撫有上天下地」と解し、この盤銘における〝文王〟の功績を述べた部分は「這跟《詩》、《書》中常見的文王受天命的説法、以及大盂鼎所説的〝丕顕文王受天有大命〟是一致的」と述べ、ここが『詩』、『書』や大盂鼎銘に云う、〝文王〟の「天命の膺受」に当たっているとしている。(62) 又、徐氏は「匍同溥、大也。〝匍有上下、〟言広有天下臣民」と解し、李氏は「有可読為宥、《呂氏春秋・去宥》注：〝利也〟。上下指君民、意思是説文王諸臣能上利于君、下佑于民」と解している。(63) このように、「上下の匍有」の解釈は諸説に分かれている。

しかし、この〝文王〟の「匍有上下」の意味を考える場合、考慮せねばならないことは、今述べて来たように、これが周王朝開設の一つの条件であった神秘的な「天命の膺受」の内容に当たっているということであり、その意味で、裘氏の指摘は正しいと思える。そして更に、この〝文王〟の「匍有上下」が、前節で〝武王〟の功績として挙げた周王朝開設のもう一つの条件、即ち現実的な「匍有四方」と、「上下の匍有」「四方の匍有」の、「上下」、「四方」の対文になっていることに注目せねばならない。

つまり、周王朝における開設の条件から見ると、この盤銘に載す〝文王〟の神秘的な「天命の膺受」の内容に当たる「上下の匍有」と、先に見た〝武王〟の現実的な「四方の匍有」（「不廷方の率懐」、「方蛮玐見せざるものはなし」）とを合わせ考えてみると、周王朝の開設者と考えられた〝文王〟と〝武王〟とは、〝文王〟が、「上下の匍有」者となり、〝武王〟が「四方の匍有」者となっているのであって、このことからして、周王朝の成立は、「上下の匍有」「四方の匍有」という「上下」、「四方」の対語によって説くことが出来たのではないかと思えるのである。王朝開設の条件が一人でなく、〝文王〟と〝武王〟との二人で説かれた意味も、このように解すれば更に中身として説明がつくのである。そして、現実的な「四方の匍有」者が「四方」の全体的統轄者であり、「四方」を偏く秩序立てる者であるならば、この神秘的な「天命の膺受」者に当たる「上下の匍有」者とは、「上下」の全体的統轄者であり、「上下」を偏く秩序立てる者ということになろう[64]（そして、前節で見たように、もし、称号として「四方の匍有」者と「天命の膺受」者が「王」と「天子」であるならば、「四方」を偏く秩序立てる者が「王」であり、「上下」を偏く秩序立てる者が「天子」ということになる）。

　そうすると、前節に述べた〝文王、武王〟の後継者、即ち周王朝の君主がその一身に受け継いだ「天命の膺受」者と「四方の匍有」者という二つの地位は、又、「上下」と「四方」との二つの「匍有」者としての地位を受け継いだと、「匍有」の義が「普有」、「撫有」、「広有」のいずれであっても、云い換えが可能であろう（「天命の膺受」の内容、この「上下の匍有」とワンセットとなって直ぐ下に結合する「迨受万邦」（迨《あ》わせて万邦を受く）についても重要であるが、後述する）。

　そしてそのことは、この周王朝における君主権の対象方向が、およそ「上下」、「四方」との双方に分かれていたことを意味しているのである。このように見てくると、この〝文王〟の「上下の匍有」の意味を考える場合、同じ周王朝開設の条件でも、この「上下の匍有」と対になる〝武王〟の「四方の匍有」（「不廷方の率懐」（毛公鼎銘）、「方蛮䀏見せざるものはなし」（史墻盤銘）の方が、〝武王〟の「克大邑商」、即ち〝克殷〟による現実の君臣関係の確立を意味していることを、合わせ考える必要があろう。これらの点から見た場合、唐氏、徐氏、李氏のように、この「上下の匍有」を、「完全掌握各方面」とか「広有天下臣民」、「文王諸臣能上利于君、下佑于民」と解するのでは、周王朝開設の根拠が、〝文王〟の「上下の匍有」と〝武王〟の「四方の匍有」という、「上下」、「四方」の対語で説かれていること、換言すれば、この両者を合わせて、初めて周王朝が成立したと考えていることや、又、〝文王〟による「上下の匍有」が、神秘的な「天命の膺受」に相当し、対文となる〝武王〟による「四方の匍有」（「克大邑商」）が、現実の「四方」に対する支配権の確立を意味していたことが考慮されていたとは思われない。

そこで次に、この「上下の匍有」が、今述べたように、神秘的な「天命の膺受」の内容に当たっていることと、この「上下」が、もう一つの王朝開設の条件である、現実的な「四方の匍有」の「四方」と、「上下」、「四方」の対になっていることなどを背景としながら、金文や『周書』等に「上下」、「四方」の対語の用例や、又は、「上下」のみの具体的な用例を見て、「上下の匍有」者とは何であったのか、「上下」を偏く秩序立てる者とは何か、更に考えてみたいと思う。[65]

2　偏き「上下」祭祀の主体者

金文における「上下」、「四方」の対文の用例を見てみると、先の毛公鼎銘に載す王の命書に

……王曰、父厝。……忝于小大政、甹朕位、虩許上下若否雩四方、死毋童。……

（……王曰く、父厝よ。……（汝は）小大の政を忝《つつし》み、朕《わ》が位を甹《たす》けて、上下の若否と四方とに虩許《つつし》み、死《おさ》めて動せしむること毋れ。……）

とあり、王が「作器者」父厝に冊命して、我が〝位〟を助けて「虩許上下若否雩四方」（上下の若否と四方とに虩許《つつし》み）とあって、ここに「上下」、「四方」の対語の例が見られる。

先ず、この「上下」について、ここに「上下の若否」と「上下」に「若否」が付いているが、この「若否」は、白川氏が「若否は若と不若。神意に合し、神佑をうるを若という」と述べているように、(66) 神意に関する言葉である。(67) よって、ここの「上下」、「四方」の対語になっている「上下」は、少なくとも神意に関係し、しかもそのことは、この文王の「上下の匍有」が意味している、「天命の膺受」という神秘的なるものと、同じ範疇に属するものであろう。次に、この部分の意味について見ると、「虩許」は、徐同伯、文録は「読為虩虩許許」、「小心恐懼」で共に「恐懼」の義と解し、(68) 高鴻縉は「虩為儆懼、許為嘉許」とし、(69) 白川氏は金文例を挙げ「虩は明、許は瑣」、又「明之」、「罔有弗欽」の義と解する。(70) そして、高氏は「凡対於邦国之上下臣僚順於朝廷者嘉許之。逆於朝廷者儆懼之」と読み、董作賓はこれに従っている。(71) 白川氏は後述する周公殷銘等を例として、高氏の解は金文の用語例に合わずとして反対し、金文例より「上下」は「上下帝」の意として、「上下の若否を四方に虩許《あきらか》にし、死《おさ》めて動せしむること毋れ」と読んでいる。(72) 氏の反論はもっともであるが、この「上下」と「四方」との対語は、先に述べたように、周王朝における君主が「上下の匍有」者と「四方の匍有」者であったことを考慮すれば（「匍有」の義が「普有」、「撫有」、「広有」のいずれであっても）、上文に「朕《わ》が位を甹《たす》けて」とあるように、父厝をして周王朝の君主を輔佐せしめる対象も、「上下の匍有」者に対する場合と、「四方の匍有」者に対する場合との二つに分けて、「上下の若否と四方とに虩許《つつし》めよ」と、「上下」、「四方」を並列して命じたものではないであろうか。

次に、『周書』洛誥にも、

……王若曰、公明保予沖子。公稱丕顯徳、以予小子、揚文武烈、奉答天命、和恒四方民。……惟公徳明光于上下、勤施于四方。旁作穆穆、迓衡不迷文武勤教。予沖子夙夜毖祀。……

（……王若《か》くのごとく曰く、公は予沖子を明保せん。公は丕顕なる徳を稱げ、予小子を以て、文・武の烈を揚《あ》げ、天命に奉答して、四方の民を和恒す。……惟《こ》れ公の徳は上下に明光し、四方に勤施す。旁《あまね》く穆穆を作《な》し、迓衡して文・武の勤めし教に迷わず。予沖子は夙夜毖《つつし》みて祀らん、と。……）

とあり、ここに、成王は周公に対し「（周）公の徳」が「明光于上下、勤施于四方」（上下に明光し、四方に勤施す）と述べ、「上下」、「四方」の対語の例が見られる。

この「上下」、「四方」の対語も、「文・武の烈を揚げ」と述べているように、〝文・武〟の後継者である、周公の輔佐する君主成王が、やはり「上下の匍有」者と「四方の匍有」者とであること、即ち、その君主権の対象が「上下」と「四方」の双方に対応していることを考慮すれば、周公の君主成王を助ける徳の対象も、その「上下」と「四方」との両者に分けて述べたものと見るべきではないかと思われる。

この「上下」について、偽孔伝には「言公明徳光於天地、勤政施于四方」とあり、「天、地」に解している。そして又、この「惟公徳明光于上下、勤施于四方」の上文に、成王は周公に対して「揚文武烈、奉答天命、和恒四方民」（文・武の烈を揚げ、天命に奉答して、四方の民を和恒す）とある。この部分は『尚書大伝』には「揚文武之徳烈、奉対天命、和恒万邦。四方民是以見之」（文・武の徳烈を揚げ、天命に奉対して、万邦を和恒す。四方の民、是を以て之《これ》に見ゆ）とあるが、この「奉答天命」と「和恒四方民」（「和恒万邦」）との対文は、上に「文・武の烈に対揚して」とあるように、前節に挙げた〝文・武〟の功績である「天命の膺受」と「四方の匍有」とに、それぞれ等置されるものであろう。又、一方、この「（周）公の徳」が「明光于上下」と「勤施于四方」との対文も、同じく〝文・武〟の功績である「上下の匍有」と「四方の匍有」とにそれぞれ当たるものと思われ、両者それぞれ言葉を換えて云ったものである。しかも、周公が、同じ周王朝の君主成王を輔佐する徳の対象として、両者の対文がそれぞれ挙げられているから、「奉答天命、和恒四方民（和恒万邦）」と「明光于上下、勤施于四方」とは対応するものであり、等置されるものと思われる。つまり、「奉答天命」は「明光于上下」に、「和恒四方民」（「和恒万邦」）は「勤施于四方」にそれぞれ当たるであろう。よって、「奉答天命」が「明光于上下」に当たるものであれば、そこからも、「上下」、「四方」の対になっているこの「上下」が、「天命の膺受」と密接な関係があることを見ることが出来るであろう。

　このように、毛公鼎銘に載す王の命書や洛誥に説く、この周王朝の君主権における「上下」、「四方」の対語は、その「上下」が、やはり神秘的な「天命の膺受」に関係し、又、神意と密接な関係があることが分かるのである。なお、洛誥の「惟公徳明光于上下、勤施于四方」の孔疏に、「言公之明徳充満天地、即堯典格于上下、勤政施於四方、即堯典光被四表也」とあるが、ここに引く堯典の冒頭には「曰若稽古帝堯、……光被四表、格于上下」（曰若《ここ》に古の帝堯を稽《かんが》うるに、……四表を光被し、上下に格《いた》る）とあり、「四表」、「上下」の対文の例が見られる。[73] これについて、偽孔伝に「故其名聞、充溢四外、至于天地」と解し、呉汝綸は「広雅、方、表也。四表猶四方」とし、屈万里は「上、謂天神、下、謂地祇。論語、祷爾於上下神祇可證」とするが、[74] いずれにしても基本的には、ここと同じく、君主権の対象とすべきものを「上下」、「四方」（「四表」）に分けて説いたものであろう。なお、郭氏等が春秋器とする者減鍾銘（者減鐘、両周録又一五二オ・ウ、集成一九七〜一九八、二〇二）に「其登于上下、□聞于四旁」（其れ上下に登り、四方に□聞せしめん）とあり、類似の例が見られる。

　次に、金文における「上下」のみの用例を調べてみたい。韡華に「近時出土洛陽」とあり、[75] 松丸氏が周公と関係する成周工房の作器ではないかとしている。[76] 郭氏が周初の康王時代における作器とする周公𣪘銘に

　……拝稽首、魯天子寏厥順福、克奔走上下、帝無終令于有周。追考対不敢家、卲朕福盟、朕臣天子。用册王令、作周公彝。

（……拝稽首して、魯《おお》いなる天子は厥《そ》の順福を造《な》し、（天子は）克《よ》く上下に奔走して、帝、令を有周に終えること

なし。（私は）追考して対《こた》えて敢えて墜《お》とさず、朕《わ》が福盟を卲《あきら》かにし、朕《なが》く天子に臣とならむ。用て王令を册《さく》して、周公の彝《い》を作る。）

とある。ここに「作器者」が王休に対揚し、天子を称《たた》え言祝《ことほ》いで、「克《よ》く上下に奔走されて、帝は令（命）を有周に終えることは有りません」と、「上下」とある。

先ず、この「上下に奔走す」とある「奔走」とは、文選、于釈、断代等に『詩』清廟の「駿奔走在廟」等を引くように、祭祀用語である。[77]よって、先の毛公鼎銘に周王朝における君主権について説く、「上下」、「四方」の対になっていた「上下」が、「若否」という言葉から神意に関係したのと同じく、この「上下」も、「奔走」という言葉から、祭祀対象となり得るものだったことが明らかである。又、そのことからして、「上下の若否」の場合と同じく、この「上下に奔走す」の「上下」も、「上下の匍有」が意味している、「天命の膺受」という神秘的なるものと、やはり同じ範疇に属するであろう。次に、この部分の意味について、白川氏は卜文の例から、上下、下上と帝とは同義として、合わせて「上下帝」とし、これで一句として、「無終令于有周」とは、「作器者がその家の永終にして周室の恩寵を受けることを願った辞」としている。[78]しかし、先に述べたように、「上下の匍有」が「天命の膺受」に当たっていることを考慮すれば、この「上下」が卜文の上下、下上と関係があるのはそうとして、于省吾、陳夢家が説いて、「上下」の直ぐ下の、この「帝無終令于有周」とは、『周書』召誥の「天既遐終大邦殷之命」（天既に大邦殷の命を遐終す）や、多士の「殷命終于帝」（殷の命、帝に終えしむ）と同例とし、[79]内藤虎次郎氏も既に同様の解釈を出しているが、[80]つまり、「有周」に対する天命が断たれないことを云う意味として、「克《よ》く上下に奔走して」、「有周」に対する天命が断たれないことを云うと解する方が、今まで見た「上下」と天命の密接な関係に合致するだろう。

この器の「作器者」は焚又は邢侯とされるものであるが、銘文を見ると「拜稽首」の主語や「追考」の目的語がなく、この元の文章がどうであったのか問題であり、又、銘文起草者と宗周工房、成周工房の捉え方の問題等があるのであるが、いずれにせよ、ここの「克奔走上下、帝無終令于有周」とは、「上下」と「天命の膺受」との関係をよく示しているのではないかと思えるのである。そして、もしこのように云えるとすれば、この器銘は、「天命の膺受」と「上下」の直接的関係が見られる現存する西周金文で最初のものである。この器を郭氏に従って康王時代における作器とし、これと、周王朝成立について文王の「天命の膺受」と武王の「四方の匍有」とを挙げる、同時代の作器と考えられる先の大盂鼎銘とを合わせ考えると、「天命の膺受」に関係して説かれる「上下」と、現実的な権力支配で説かれる「四方」とを合わせた周王朝成立の考え方は、西周前期以来のものではなかったかと思えるのである。

又、文王の「上下の匍有」を冒頭に載せる先の史墻盤銘自身にも、周王朝における六王についての功績を述べた後

……天子圝屓文武長剌、天子釁無匄、褰祁上下、亟獄逗慕。……

（……天子圝《つつし》みて文・武の長烈を屓《つ》ぎ、天子釁《つと》めて匄《そこな》（害）うことなく、上下を褰祁して、桓慕を極め熙《ひろ》む。……）

とある。〝文・武〟の功績を継いで、そしてこの「褰祁上下」について、徐氏、李氏は「褰祁」をそれぞれ「抜提」、「虔諟」の義で、「提抜上下各級大臣之意」、「上下、指君臣。本向是上下虔諟的倒文」と解するが、裘氏は「褰祁」を「褰邢」と釈し、「蹇産」の義で、「甲骨卜辞和金文、《詩》、《書》多以〝上下〟稱〝上下之神〟（即天神地祇）。〝蹇産上下〟大概是詰詘以事上下之神的意思」と、甲骨卜辞、金文、『詩』、『書』の「上下」が多く「上下の神」の義であるとし、ここを「上下の神」に対する虔敬の意にとっている。(81)

確かに甲骨卜辞の「上下」（又「下上」）の用例は、皆、「上下」の神々の意味で解釈されている（第四章参照されたし）。同じ盤銘冒頭における「文王」の功績について云う「上下の匍有」の「上下」と、この天子が「褰祁上下」の「上下」とが、特に異なる意味をもつものとも思えず、又、上文の「天子釁無匄」が、嘏辞の形式に類するものと

すれば、この「上下」も神秘的範疇に属するものと云えるかもしれない。いずれにせよ、今まで見て来た金文資料の「上下」が、周王朝の君主に関して、「天命の膺受」や祭祀対象、神意や天（帝）と密接に関係して説かれていたことからして、この「上下」を、「上下各級大臣」や「君臣」の意に解するよりも、裘氏が甲骨文等の用例を述べて「上下の神」と解する方が、「上下」の上の動詞解釈の是非は別として、他の金文の用例に合うのではないかと思われる。

この天命の内容となる「上下の匍有」の「上下」と、天命との密接な関係を知るものとして、更に、先の厲王胡自身による自作器と思われる五祀㝬鐘銘がある。そこに

明𩁹文、乃膺受大令、匍有四方。余小子肇嗣先王、配上下、作厥王大宝。……其万年永畯尹四方。……隹王五祀。

（明𩁹文、乃ち大令を膺受し、四方を匍有す。余小子肇《はじ》めて先王を嗣《つ》ぎ、上下に配して、厥《そ》れ王の大宝を作る。……㝬（厲王自身のこと）其れ万年永畯《なが》く四方を尹《おさ》めん。……惟《こ》れ王の五祀のことなり。）

とある。

穆海亭氏、朱捷元氏は、この器は、㝬𣪕、㝬鐘（筆者注、宗周鐘のこと）と同じ、厲王胡による自作器と考えている。確かに、これらの三器の銘文を見るとその書体、書風は似ており、この器も厲王自身による作器と考えてもよいように思える。ただ穆氏等によると鋳のため、銘文は分明でなく、慎重に鋳を落としたと云う(82)。今、穆氏等の釈文に依る。そこにある、最初の三字「明𩁹文」は、穆氏等は編鐘の別の一鐘にある〝文王、武王〟を賛美するものに続くものかとする。前節に見たように、次の言葉は後期における、周王朝の開設者・〝文王、武王〟の「膺受大令、匍有四方」と同じである。そしてその直ぐ下文に、厲王胡が「先王」を嗣《つ》いで「配上下」とある。

この部分は、同じ厲王胡の自作器と考えられる㝬𣪕銘（集成四三一七）には「王曰、有余隹小子、余亡康晝夜、経擁先王、用配皇天、簧黹朕心、墜于四方。……隹王十又二祀」（王曰く、余、小子なりと雖も、余、晝夜を空しくす

ること亡く、先王を経擁して、用て皇天に配し、朕《わ》が心を簒帯して、四方に墜《およ》ぼせり。……惟《こ》れ王の十有二祀のことなり）とあり、「経擁」は張亜初氏は「経常遵守」と解するが、(83)五祀㝬鐘銘の王が「先王」を嗣ぎて「配上下」の部分が、同じくここでは「先王」に遵守して「用配皇天」とあり、五祀㝬鐘銘の「配上下」が、ここでは天命を受けたことを云う「配皇天」とある。又、同じ厲王胡の自作器とされる㝬鐘銘（宗周鐘）にも「我隹嗣、配皇天、王対作宗周宝鐘」（我、惟《こ》れ嗣《つ》ぎて、皇天に配し、王対《こた》えて宗周の宝鐘を作る）とあり、五祀㝬鐘銘の「先王」を嗣ぎて「配上下」の部分が、やはりここでも、（先王を）嗣ぎて「配皇天」とある。そうすると、この「配上下」と「配皇天」とが、同じ周王朝の厲王胡自身による自作器において、対応関係にあることが分かる。即ち、天命を受けたことを云う「配皇天」（皇天に配す）と、「配上下」（上下に配す）が同じ文脈で対応関係にあるので、天命を受けたこと（「配皇天」）は、「配上下」（上下に配す）とも云い換えられるものであることが分かる。

即ち、「配上下」（上下に配す）とは、天命を受けたことを云うのである。そうすると、やはり「天命の膺受」とこの「上下」とが密接な関係にあることが分かる。この「天命の膺受」の内容に当たる「上下の匍有」の「上下」と、同じ天命を受けたことを云う「配皇天」と対応関係にあるこの「配上下」（上下に配す）の「上下」とは、まさに同じものを意味しているであろう。

この「配皇天」に等置される「配上下」の「上下」も、先の天命の内容に当たる「上下」に「若否」がついて神意を示していたり（毛公鼎銘）、同じ天命の永続を願って「上下」に「奔走」すると、「上下」に祭祀対象を示す「奔走」がついたりしていたように（周公𣪘銘）、この「皇天」に等置される「配上下」の「上下」も、神秘的な天命と結びつき、霊的な範疇に属することは明らかであろう。

なお、この「天」と「上下」との対応関係は、周王朝の前、殷王朝における殷墟甲骨文字の同版上において、「貞、不隹下上肇王疾」(貞《と》う、惟《こ》れ下上、王の疾に肇せざらんか)、「貞、隹帝肇王疾」(貞《と》う、惟《こ》れ帝、王の疾に肇せんか)(乙、八〇六九、七三〇四、合集一四二二二正甲、正丙)とあり、[84]「帝」と「上下」とが対応関係にあり、入れ替えられる等置関係になっているのは、ここの「皇天」と「上下」が同じ入れ替えられる等置関係になっているのと比較して、その殷王朝以来の系譜から注意してよいであろう(周王朝の天命の系譜に入る、前王朝殷における殷墟甲骨文の「上下」と、「上下」祭祀の目的については、第四章参照されたし)。

この「皇天」と「上下」の関係については、更に「光緒十六年、陝西扶風法門寺任村出土」と云われ、[85]郭氏が厲王時代における作器とする大克鼎銘(両周録一一〇オ~一一一オ、集成二八三六)に

克曰、穆々朕文祖師華父、……肆克龏保厥辟龏王、諫乂王家、恵于万民、𩞁遠能㹜。肆克□于皇天、頊于上下、……永念于厥孫辟天子。……

(克曰く、穆々たる朕《わ》が文祖師華父、……肆《ゆえ》に克《よ》く厥《そ》の辟《きみ》共王を恭保し、王家を諫(諌)乂して、万民を恵み、遠きを柔《やわ》らげ邇《ちか》きを能《やす》んず。肆《ゆえ》に克《よ》く皇天に□して、上下に頊《あら》われ、……永く厥《そ》の孫の辟《きみ》たる天子に念《おも》わる。……)

とある。この器銘は「克曰」で始まり、この部分の銘文起草者については問題があるが、ここに「上下」が見えている。この「頊于上下」の「頊」は、奇觚は「信」、韡華は「璭」と釈し、「單」で「厚」の義、白川氏は「明顕」の義とし、上の「□于皇天」は天に感応あるをいい、天に感応して「上下」に明顕した意に解している。[86]この「上下」も、直ぐ上文に「肆克□于皇天」とあるように、「天」と密接に関係して説かれている。この「上下」が臣側のこととして述べてあることは注意を要するが(前節に述べたように、武王の「四方の匍有」が「四方」を全体的に統轄するものであれば、文王の「上下の匍有」も、「上下」を全体的に統轄するものであったと思えるが、そのことと関係するだろう。邦々らの「上下」も皆含むものであり、この王朝が重層的であることを示す)[87]、これも同じ「皇天」と「上

下」との密接な関係を示すものであろう。

又、最近、海外から購入された、西周時代における中期、穆王頃の作器と云われる一式獄𣪘蓋（近出二編四三六）銘に

　獄肇作朕文考甲公宝䵼彝。其曰夙夕用厥馨香、享祀于厥百神。亡不鼎豳夆、馨香則登于上下、用匃百福。……
（獄、肇《はじ》めて朕《わ》が文考甲公の宝䵼彝を作る。其れ日び夙夕《しゅくせき》に厥《そ》の馨香を用いて、厥《そ》の百神を享祀せん。鼎《まさ》に豳夆せざるはなく、馨香は則ち上下に登り、用て百福を匃《もと》む。……）

とあり、ここに獄が「百神」を「享祀」して、その「馨香」が「上下に登り、百福を求む」とあって、「上下」に「登」るとある。

これについて呉鎮烽氏は「〝上下〟指天地、《書、堯典》的〝光被四表、格于上下〟伝：〝故其名充溢四外、至于天地。〟〝𢍚〟即〝登〟、《爾雅・釈詁》：〝登、升也。〟〝馨香則登于上下〟与《者減鍾》的〝龢龢倉倉（鏘鏘）、其登于上下、聞于四旁（方）〟之句可相比附。」と解している。(88)「鼎」は方、「豳夆」は芬々と解するが、ここに「馨香」を用いて「百神」を「享祀」し、その「馨香」が至る「上下」はそれによって「百福」を求むるものとあるから、この「上下」も、「百神」や「百福」に対応しており、やはり今までの「上下」が神意や祭祀対象等であったのと同じく、この「上下」も同じく神々や霊的な範疇に属するものであろう。呉氏はこの「上下」を天、地に解釈している。(89)銘文に甲公を祭るためとあり、獄は殷系の人かもしれない。なお、「馨香」について、『周書』酒誥に天命を失うことを「弗惟徳馨香祀、登聞于天」（惟《こ》れ徳の馨香の祀、天に登聞せず）とあって、「馨香」の「祀」や、ここでは𣪘銘の「上下」にかわって、「天」に「登」らぬことを云っている。

次に、『周書』における「上下」の用例を見てみたい。先ず、君奭に

周公若曰、君奭。……在我後嗣子孫、大弗克恭上下、遏佚前人光在家、不知天命不易、天難諶、乃其墜命。……
（周公若《か》くのごとく曰く、君奭よ。……我が後嗣子孫に在りては、大いに克《よ》く上下を恭せず、前人の光の家に在るを遏佚《あついつ》し、天命の易《やす》からず、天の諶《まこと》とし難きを知らざれば、乃《すなわ》ち其れ命を墜《お》とさんとす。……）

とあり、ここに「在我後嗣子孫、大弗克恭上下、……乃其墜命」（我が後嗣子孫に在りては、大いに克《よ》く上下を恭せず、……乃《すなわ》ち其れ命を墜《お》とさんとす）とある。

この「上下」も、「我が後嗣子孫」即ち周王朝の後継者が、克く「上下」を恭敬しないで、「遏佚前人光在家、不知天命不易、天難諶」（前人の光の家に在るを遏佚《あついつ》し、天命の易《やす》からず、天の諶《まこと》とし難きを知らず）の結果、「乃其墜命」（乃《すなわ》ち其れ命を墜《お》とさんとす）とあるように、周王朝の後継者による「上下」に対する恭敬が、天命の永続につながることが、やはり説かれているのである。これは先の周公𣪘銘に「克奔走上下、帝無終令于有周」とあって、克く「上下」に奔走することが、天命の永続につながることを述べるのと、よく合致するものであろう。この「上下」について、偽孔伝や屈万里は「天、地」と解し、朱彬、曾運乾は「上天、下民」と解している。(90)

又、召誥にも、周公旦が成王に対して(91)

……旦曰、其作大邑、其自時配皇天、毖祀于上下、……越王顕。上下勤恤、其曰、我受天命、丕若有夏歴年、式勿替有殷歴年、欲王以小民受天永命。……
（……旦曰く、其れ大邑を作る、其れ時自《これよ》り皇天に配し、毖《つつし》んで上下を祀り、……越《ここにおい》て王顕《あき》らかなり。上下に勤恤して、其れ曰く、我は天命を受く、丕《おお》いに有夏の歴年に若《したが》い、式《もっ》て有殷の歴年を替《す》てることなく、王小民を以《ひき》いて、天の永命を受けんことを欲す、と。……）

とあり、「祀于上下」（上下を祀り）、「上下勤恤」（上下に勤恤して）と「上下」が見えている。

前者の「上下」は、直ぐ上文に、先の㝬𣪕銘や㝬鐘銘と同じく「配皇天」とあり、やはり天命と関係している。そして「毖祀于上下」（毖《つつし》んで上下を祀る）と「祀る」とあり、この「上下」も祭祀対象として述べている。これも、先に「上下に奔走す」（周公𣪕銘）や「上下の若否」（毛公鼎銘）とあって、「奔走」、「若否」が「上下」に付いて、その「上下」が祭祀対象であり、神意と関係あることを示していたのと同じであり、又、それ故この「上下」も、「上下の匍有」が意味している、「天命の膺受」という神秘的なるものと同じ範疇に属するであろう。この「上下」について、偽孔伝は「天、地」とし、江聲は「上下神祇」、屈氏は「上、謂天神、下、謂地祇」と解しているが、池田末利氏は「屈氏のように天神地祇に限定する必要はなく、上は天の祖神とも考えられるから、多くの神々とみるべきである」と述べている。(92)

一方、後者の「上下勤恤」の「上下」については、偽孔伝に「言当君臣勤憂敬徳」とあって「君臣」の義にとり、屈氏も「上下、謂天子至庶人」とあるように、(93)諸家ほぼこれに従うようである。確かに「君臣」の義でも読めるのであるが、今まで見て来た金文や『周書』の用例からして、やはり周王朝の君主について説くこの「上下」も、「上下」、「四方」の対文となり得るもので、「天命の膺受」と関係し、祭祀対象や、神意等と関係している可能性があると思われる。しかも、上文の同じ「上下」と特に異なるとも思えず、しかも、この「上下勤恤」に直ぐ続く下文において「其れ曰く、我が天命を受く、丕《おお》いに有夏の歴年に若《したが》い、式《もっ》て有殷の歴年を替《す》てることなく、王小民を以《ひき》いて、天の永命を受けんことを欲す、と」とあり、「有夏」、「有殷」の如き天命の永続を願う文章がきており、やはりここの「上下」についても、続けて「天命の膺受」との密接な関係が示されているのである。

そこでこの「勤恤」であるが、西周金文における「勤」の字は「労勤大命」（単伯鐘銘、両周録一〇三オ、集成八二。毛公鼎銘）と、神秘的な天命に対しても使用され、又「恤」の字は同じ『周書』の多士に「自成湯至于帝乙、罔不明徳恤祀。……殷王亦罔敢失帝、罔不配天、其澤」（成湯自《よ》り帝乙に至るまで、徳を明らかにし祀を恤《つつし》まざるはなし。……殷王も亦敢えて帝を失うことなく、天に配されざるなく、其れ澤《うるお》う）と「恤祀」とあり、「恤」字を祭祀にも使用している。多士は殷王の「明徳恤祀」による有殷に対する天命の永続を述べているが、この「恤祀」の「恤」は、楊筠如は「恤与卹通、謂敬慎也、邾公釛鐘、用敬卹盟祀、是其義也」と、「敬慎」の義にとっている。(94) これらのことからして、ここの「上下勤恤」は、「上下、勤恤して」（上下に対する勤恤《つつしみ》によって）と読んで、「上下」に対する恭敬によって、多士にあるのと同じく、下文の「有夏」、「有殷」の歴年の如き、天命の永続を願った意ではないかと思える。それは又、先の周公𣪘銘や君奭において、克く「上下」に奔走し、恭敬することが、天命の永続につながることを説くのと、同じではないかと思えるのである。ただ、この他の『周書』における「上下」の用例を見ると、呂刑に「上下比罪、無僭乱辞」（上下罪を比するに、辞を僭乱することなかれ）とあり、この「上下」は、偽孔伝に「上下比方其罪」とし、楊氏は「上下、謂罪之軽重、下文所謂上刑下刑、是也」とするように、(95)「天命の膺受」とは関係していないようである。(96) しかし、呂刑が刑罰に関する特殊なものであり、今まで見てきた金文や『書』の中で、比較的早い時期の成立と思われる召誥、洛誥や君奭における「上下」の用例が、「天命の膺受」と関係し、祭祀対象であり、神意や天（帝）と密接に関係して説かれていたことからして、この召誥における「上下勤恤」の「上下」も、その可能性が強いのではないかと思える。

最後に、『詩経』における「上下」の例を見ておくと、大雅・雲漢に「旱既大甚、蘊隆蟲蟲。不殄禋祀、自郊徂宮。上下奠瘞、靡神不宗」（旱既に大甚《はなはだ》し、蘊隆蟲蟲たり。禋祀《いんし》を殄《た》たず、郊自《よ》り宮に徂《ゆ》く。上下に奠瘞《てんえい》し、神として宗《たっと》ばざるはなし）とあり、この「上下奠瘞、靡神不宗」は、毛伝に「上祭天、下祭地、奠其礼、瘞其物」とあるが、この「上下」とは祭祀と関係し、「上下の天地の神を祀り、神として尊ばざるものは無い」と解釈されている。(97) 又、周頌・訪落に「維予小子、未堪家多難。紹庭上下、陟降厥家。休矣皇考、以保明其身」（維《こ》れ予小子、未《いま》だ家の多難に堪《た》えず。上下に紹庭し、厥《そ》の家に陟降す。休なり皇考、以て其の身を保明す）とあり、この「紹庭上下、陟降厥家」は、皇考の神霊とともに説かれており、祖先神の「皇考」が主語である。ここは「武王の徳は、明らかに天地に至って、其の神霊は登り降りて周の王家を護っている」と解釈されている。(98) これについて、先の西周時代後期における厲王胡による王自身の作器と云われる㝬𣪘銘に、「王（厲王）曰、……用康恵朕皇文剌祖考、其各前文人、其瀕在帝廷陟降。……用⿰黹令保我家、朕位、㝬身」（王（厲王のこと）曰く、……（祭器を作りて）用て朕《わ》が皇文烈祖考より、其れ前文人に格《いた》るまで、其れ瀕《しき》りに帝廷に在りて陟降するを康恵せん。……用て我が家、朕《わ》が位、㝬の身とを令保す）とあり、王の祖考の神霊が上天にある「帝廷」より「陟降」して、王の「家」、「位」、「身」を護っていることを云っている（これらの意味については、第六章参照されたし）。ここは、これと類似した表現であろう。このように、これらの「上下」も、それぞれ祭祀対象になるものとして、又、祖考の霊とともに説かれている。それは、今まで見て来た「上下」が、祭祀対象や神意、天（帝）や神霊と密接に関係して説かれていたのと同じであり、やはり神秘的なる範疇に属するものであろう。

以上まとめてみると、この周王朝成立の一つの条件である、神秘的な「天命の膺受」に当たる「上下の匍有」は、周王朝成立におけるもう一つの条件である、現実的な「四方の匍有」（「不廷方の率懐」）と「上下の匍有」「四方の匍有」の「上下」、「四方」の対語になるものであった。この「上下の匍有」の「上下」について、金文や『周書』等にこの周王朝における君主権について述べる、「上下」、「四方」の対語となる「上下」の用例を見てみると、やはり「天命の膺受」と関係し（洛誥）、又「上下の若否」（毛公鼎銘）と「若否」とあって、「天命の膺受」という神秘的なるものと同じく、神意に関係することが分かった。又、「上下」のみの用例を見ても、「克奔走上下、帝無終令于有周」

（周公𣪘銘）や「大弗克恭上下、……乃其墜命」（君奭）のように、克く「上下」に奔走、恭敬することが、やはり天命の永続につながることが述べられていた。又、周王朝の厲王胡自身の言葉として、天命を受けたことを云う「配皇天」と等置される「配上下」（五祀㝬鐘銘）という言葉もあり、王朝の君主自身の言葉に、やはり〝受命〟と「上下」との結びつきを見ることができる。そして、「上下に奔走す」（周公𣪘銘）や「上下を祀る」（召誥）と「奔走す」、「祀る」とあって、この天命と深く結びついた「上下」が祭祀対象であることも明らかであった。[99][100]

そうすると、この「上下」が、神としての性格をもち、克く祭祀、恭敬することが、天命の永続につながることからして、「上下の匍有」者とは、「上下」の神々を祭る者であり、又、前節に述べたように、「四方の匍有」者が「四方」の全体的統轄者であり、「四方」を偏く秩序立てる者であれば、「上下の匍有」者は「上下」の全体的統轄者であり、「上下」を偏く秩序立てる者であるということになるが、そのことからして、おそらく「上下」の匍有者とは、「上下」の神々の祭祀を全体的に統轄するという意味で、偏き「上下」祭祀の主体者としての地位をもつ者でなかったかと思える。そして、この「上下」祭祀の主体者とは、この「上下の匍有」者と対文になる、現実的な「四方」に対する支配権を確立した「四方の匍有」者（「不廷方の率懐」、「方蛮𡚁見せざるものはなし」）と対置されるものであったろう（この偏き「上下」祭祀の最大の目的については、第四章参照されたし）。

3　合わせて「万邦」（「民」と「疆土」）を天より受けた者

次に、〝文王〟の「天命の膺受」に当たる「匍有上下、迨受万邦」の内、「匍有上下」と下に結びついて「上下の匍有」とワンセットになっている「迨受万邦」について考えてみたい。「天命の膺受」は、この「上下の匍有」と、「迨受万邦」の二つの部分から成っている。

この「迨受万邦」（迨《あ》わせて万邦を受く）の「迨」の字の解釈については、唐氏、裘氏等は「会」、「合」と同じとする。(101) 殷金文には、且子鼎銘（戍𤔲鼎、集成二六九四）に「王令且子、迨西方于省」（王、且子に令して、西方を省に迨せしむ）とあり、(102) 西周金文には保卣銘（集成五四一五）に「遘于四方迨王大祀祓于周」（四方、王の大いに周に祀祓するに迨するに遘《あ》う）や、(103) 麦尊銘（両周録二〇ウ、集成六〇一五）に「迨王客葊京酌祀」（王、葊京に客《いた》りて酌祀するに迨す）の例がある。これらの「迨」の用例は、二つは「西方」、「四方」をその合わせる対象とするが、ここの「迨」も同じ「（万邦を）合わせて」の意味であろう。

「迨受万邦」の解釈については、唐氏は「他（文王）……接納了万国」、裘氏は「（上帝が）使他（文王）撫有……四方万国」、徐氏は「合受万邦的朝賀」、李氏は「受」は「親」で、「文王為西伯、当時已有許多方国服属于周」と解するなど、(104) 諸説に分かれている。この部分の意味を考える場合にも、先と同じく、この「迨受万邦」が、周王朝成立の一つの条件であった神秘的な「天命の膺受」に当たっていることと、もう一つの周王朝成立の条件である〝武王〟の「四方の匍有」（「不廷方の率懐」、「方蛮𡛜見せざるものはなし」）の方が、〝克殷〟による「四方」（「万邦」）に対する現実の支配権の確立を意味しているということを、合わせ考えておく必要があろう。

これらからすると、唐氏や徐氏が「接納了万国」、「受万邦的朝賀」と解するのでは、むしろそれらは、先に見た毛公鼎銘の「率懐不廷方」（王廷に来朝せざるものはなし）や史墻盤銘の「方蛮亡不𡛜見」（方蛮で入見しないものはいない）等と同じで、現実的な「四方の匍有」の方にそれは当たることであろう。又、李氏が西土の国々が西伯文王に親しんだと解するのでは、それはむしろ、先の盤銘のところで見たように、〝文王〟の〝受命〟の理由となる現実の政治的功績に当たるものであり、ここはその結果として周王朝成立の一つの条件たる、神秘的な「天命の膺受」を言葉を変えて云った部分である。そこで、これらのことを考慮しながら、この「上下の匍有」を条件として下に結びつく「(文王が) 迨受万邦」の意味について考えてみたい。

　この「迨受万邦」における「受く」について、先の周初、康王時代における作器と考えられる大盂鼎銘に載す王の命書に「王曰、……雩我其遹省先王受民受疆土」(王曰く、……雩《ここ》に我れ其れ先王の受民、受疆土を遹省せん)」と「先王の受民、受疆土」とあり、又、『周書』洛誥にも「王曰、……誕保文武受民」(王曰く、……誕《おお》いに文・武の受民を保んじ)と「文・武の受民」とある。王国維は洛誥解の中で、この「受民」について、大盂鼎銘の「受民、受疆土」や立政の「相我受民」(我が受民を相《たす》く)、「以乂我受民」(以て我が受民を乂《おさ》む)の例を挙げ、「受民謂所受於天之民」と述べている。[105] そうすると、王氏が、この「受民」や「受民、受疆土」の「受く」を、天より受けたものと解したのは、同じ周王朝における君主について述べる、この盤銘の「迨受万邦」が、周王朝成立の一つの条件である「天命の膺受」の内容を解説した部分であったことと、同じく一致して考えることが出来るであろう。即ち、この「匍有上下」と結合する「迨受万邦」という「受く」とは、天より受けたものと解されるのである。

　ただ、大盂鼎銘における「受民、受疆土」という表現が周初のものに、しかも王の命書中に見えることは、元来の周王室による正式の見解として、その表現の時代的変化に注目してよいかもしれない。周王朝はその「民」と「疆土」とを直接統治するものでなく、それぞれ「万邦」の君を介したのであるが、〝克殷〟後まもない周王朝成立の初め、特に天よりその「民」と「疆土」とを一つにして受けたことを「万邦」(「四方」)に対し強調したのではないかと思え、「民」と「疆土」を直接把握しようとする強い姿勢が見えるようである。又、それに対して盤銘にある、合わせて「万邦」を受くという表現には、直接的な「民」と「疆土」という表現より、「万邦」を介することによって、その表現の調子が落ちているのではないかと思える(この「民」と「疆土」が、異族を皆含むことについては、第七章参照されたし)。

なお、これらの例はほかにも、洛誥に「乃文祖受命民」（乃《なんじ》の文祖の受命の民）、梓材に「皇天既付中国民越厥疆土于先王」（皇天既に中国の民と厥《そ》の疆土とを先王に付す）と「文祖（文王）の受命の民」とか「天が中国の民とその疆土とを先王に与えた」とかあって、先の「受民」、「受民、受疆土」と類似の表現が、「受命」や「皇天」との関連で説かれている。又、康王之誥に「皇天……付畀四方」（皇天……四方を付畀す）、『詩』大雅・大明に「維此文王、小心翼翼、昭事上帝、懐多福。厥徳不回、以受方国」（維《こ》れ此の文王、小心翼翼として、昭《あき》らかに上帝に事《つか》え、聿《ここ》に多福を懐《おも》う。厥《そ》の徳回《たが》わず、以て方国を受く）と「皇天が四方を（文・武）に与えた」とか「文王が方国を受けた」とかあり、盤銘の「迨受万邦」と類似の表現が、やはり「皇天」や「上帝」との関連で説かれている。[106]

以上のように見て来ると、この「迨受万邦」とは、この部分が神秘的な「天命の膺受」に当たっているように、「受民、受疆土」（大盂鼎銘）、「受民」（洛誥）と同じく、天より合わせて「万邦」を受けたものと考えたと思われる。そして、おそらくそれは、元来、「民」と「疆土」（「民」と「疆土」がワンセットになっている理由については、第七章参照されたし）を受けたと表現をされていたものであったろう。

ところで、王朝成立の一条件である「天命の膺受」の内容となる「受民、受疆土」とか「迨受万邦」とは、天と周王朝の君主との関係を述べたものであるが、これを天と各邦国（「万邦」）との関係から見た場合、周王朝の君主の立場はどのようになるのか、ここで、雑駁であるが私見を述べてみたい。周王朝の君主は、その天より受けたとする「民」と「疆土」とを直接統治したわけではなく、周知のように所謂封建制をとって、邦国を建てて分治せしめた。この時、周王朝の君主が邦国に与えたものが、この天より受けたとする「民」と「疆土」であったことは、例えば伊藤道治氏が「封建は、土地と民との支配がその基本であり、土地と民とを賜与するという形式で行われる。この原則は、西周後期になっても同じであった。しかも土地と民とは原則的には、一体の者であり、諸侯国は一邑（＝一都市）

一国というようなものではなく、多くの小邑（＝村落）を領内にもつ、『邑土国家』ともいうべきものであったのである」と述べているように、[107]既に指摘されていることである。

そうすると、封建が「民」と「疆土」との賜与を意味しておれば、天の所有物であり、殷周革命のように、何時でも天が取りあげるものであって、平岡武夫氏が『周書』の分析から、天民一体の観念を述べて、天に属するものであり、決して王に属するものではないとするこの「民」と「疆土」は、[108]天から周王朝の君主に渡り、更に周王朝の君主から、実際に支配する邦国に渡ったということになるであろう。又、天が周王朝の君主に「民」と「疆土」を与えたとは、同時に「万邦」を与えたとも云い換えられるものであったから、その「民」と「疆土」は、彼の身にとどまらず、邦国を建てて分治させるその方法は、天の意向に沿うものとされたと思える。つまり、周王朝の君主の立場から見れば、彼は天から「民」と「疆土」とを受け取り、それを邦国に与えるという、媒介者的役割をもっていたことになるのである。又、天から見れば、この天に所属する「民」と「疆土」を、先ず周王朝の君主に与え、更に彼の身を介して邦国に与えたものと考えられるし、それを邦国の立場から見れば、この天に所属する「民」と「疆土」が、周王朝の君主の身を経過して、天から与えられたと考えることが出来るであろう。このように見てくると、「民」と「疆土」を与えるという天命が、周王朝の君主の身に集められてはいるが（「天命を集める」という表現は、先の毛公鼎銘所載の王の命書に「王若曰、父厝、不顕文武、……亡不閈于文武耿光。天将集厥命、……」と「天、将《おお》いに厥《そ》の命を集む」とあり、又『周書』文侯之命にも「惟時上帝、集厥命于文王」と「惟《こ》れ時《こ》れ上帝、厥《そ》の命を文王に集む」等がある）[109]、そこに周王朝の君主が天命を受けただけでなく、彼を媒介者と見ることによって、更に邦国が天命を受けたことが考えられるではないかと思われるのである。

ただ、この点について、西周時代の場合、史料としての西周金文の性格が、多く王室とその臣下との関係を強調するものであり、邦国の独自性が出てくる列国金文や、春秋各国の歴史を表わす『春秋』左氏伝等以前において、これら邦国が天命を受けていたことについてそれらを西周金文に見ることは、もともと困難だと思われる。しかし、例えば郭氏が西周前期の康王時代における作器とする献彝銘（献毁、両周録二三オ、集成四二〇五）に

隹九月既望庚寅、楷伯于遘王。休亡尤。朕辟天子楷伯、令厥臣献金車。対朕辟休、作朕文考光父乙。十世不忘、献身在畢公家、受天子休。

（惟《こ》れ九月既望庚寅、楷伯、于《ここ》に王に遘《あ》う。休にして尤《とが》亡し。朕《わ》が辟《きみ》たる天子の楷伯、厥《そ》の臣たる献に金車を令《たま》う。朕《わ》が辟《きみ》の休に対《こた》えて、朕《わ》が文考、光《かがや》ける父乙（の祭器）を作る。十世まで忘れず、献の身、畢公家に在りて、天子の休を受けん。）

とある。

銘文には周王朝の君主とその臣下との関係ではなく、楷伯とその臣献（王からは陪臣に当たる）との関係が述べられており、作銘主体は両者どちらかと思えるが、白川氏の解釈に従えば（そのように解釈できると思えるが）、臣献は君たる楷伯のことを、周王朝の君主が「天命の膺受」者としておそらく「天子」と呼ばれたのと同じく、「朕が辟たる天子の楷伯」、又楷伯の賜物に対して「天子（楷伯）の休を受けん」と、「天子」と呼んでいるのは、その一例ではないかと思われる。[110]

又、『周書』康誥の最後の部分に、王が衛国を建てた康叔を戒めて、「王曰、嗚呼、肆、汝小子封、惟命不于常」（王曰く、嗚呼《ああ》、肆《いま》、汝小子封よ、惟《こ》れ命は常に于《おい》てせず）とあり、偽孔伝に「故当念天命之不於常、汝行善則得之、行悪則失之」とあるが、衛侯に対し「天命は常でないぞ」とは、この時、衛侯が天命を受けていたと解釈できるものであろう。春秋時代に入ると、例えば列国金文の秦公毁銘（両周録二八八オ、集成四三一五）や秦公鐘銘（秦公鎛、

両周録二八九ウ～二九一オ、集成二七〇）に「秦公曰、丕顕朕皇祖、受天命、鼏宅禹蹟」、（秦公曰く、丕顕なる朕《わ》が皇祖、天命を受け、禹蹟に鼏宅す）、「秦公曰、丕顕朕皇祖、受天命、造有下国」、（秦公曰く、丕顕なる朕《わ》が皇祖、天命を受け、下国を造有す）とあって、周王朝のもとにおける秦国の受命が明確に述べられている。又『春秋』左氏伝にも邦国の受命を示す記事は多いが、例えば文公十三年の条に「邾子曰、……天生民而樹之君、以利之也」（邾子曰く、……天、民を生じて之《これ》が君を樹《た》つるは、以て之《これ》を利するなり）とある「邾子」の口をして云わしめている「天が樹てる君」とは、周王朝の君ではなくて、前後関係からして、邾子（文公）自身を指しているのである。そうすると、周王朝の支配下における邦国の〝受命〟と周王朝の〝受命〟とは、矛盾なく統一される必要があるが、それには先に述べたような、周王朝の君主を媒介者とする立体的な構造を考えることによって解決されるのではないかと思える。

　これらの考え方の浸透は、周王室との関係から、地域的、時代的差があったと思えるが、これらの邦国における〝受命〟は、周王朝の君主の場合と同じく、領内における「民」と「疆土」とに対する支配権の正当性を神秘づけ、又、後述するように、天命は氏族的紐帯をもった世襲主義と深く結びついており、邦内に対する伝統的支配を有効ならしめるものであったと思える。このように、周王朝の君主、この場合は「天命の膺受」者（おそらくは「天子」）は、天と、独自の支配を行っている各邦国（「万邦」）との間に立って、両者の間を一つに秩序立てていたと云えるのではないかと思え、「民」と「疆土」とを天から受け取り、それを邦国に与えるという媒介者的役割をもっていたのではないかと思えるのである（ただ、周王朝の開設時における、「受民、受疆土」という天から「民」と「疆土」とを受けるという、それらを一つにした表現からすると、それらを直接的に把握しようとする強い姿勢が見られるようである。先の史墻盤銘には周初における成王を嗣いだ康王の功績を説明して、「粛哲康王、遂尹億疆」（粛哲なる康王、遂《したが》いて億疆を尹《ただ》す）とあり、直接的な「民」と「疆土」を把握しようとする意図が感じられる。それは天命と結合し、そしてそれは、「民」を数えることや「疆土」の簡単な地図（圖）の作製などを伴うものであったろう。しかし、それは独立的な邦々に対するいわば内政干渉となって時期的に尚早であり、多くの異族側の不安や不信、反発を招いたのではないかと思われる。やがてそれは康王時代以後、西周時代の中期に見られる、異族の邦々や人々の周王朝に対する反乱が「四方」に多発する一因になったのではないであろうか。ただ、違いを超えて、邦々の多様な「民」を一つにまとめてゆく力になったであろう）。大雑把な考え方であるが、天と周王朝の君主との関係に、「四方」（「万邦」）の邦国を合わせ考えてみた場合、天命が周王朝の君主という一点に集められているという構造を、ここで私見として述べ、これらの問題を留意しておきたい。

そこで、ここに「天」と「民」の関係が述べられているが、先に〝序〟で述べた周王朝における君主が一身にもつ「天」と「民」、そして「中国」と「四方」といういわば上下面と水平面とに対する二つの関係が、周王朝の中核となる君主自身のもつその性格から派生するものではないか、由来するものではないかと考えたが、それについて、今まで見た周王朝の君主のもつ二つの立場とをここで比較して、その来源を少しく考えてみたい(111)。

そのところに、安部氏、平岡氏の云う「天」と「民」との関係は、ここの「天」より「民」（と「疆土」）（「受民、受疆土」）を受けたという「天」と「民」との関係をいう「天命の膺受」者に対応しており、そして又、もう一方の「中国」と「四方」との関係は、「中国」（「成周」）より「四方」を治めるという同じく「四方の匍有」者（第二章参照されたし）にそれぞれ対応していることが分かるであろう。それは、確かに周王朝の開設者の二人、即ち〝文王〟と〝武王〟との双方の功績を受け継いだ周王朝の君主一身から派生し由来するものであった。

ただ、この〝文王〟の功績に当たる「天命の膺受」者の方は、その「天」より「民」（と『疆土』）を受ける前提条件として、その前に結合して「上下の匍有」即ち、偏く「上下」の神々を祭ることがワンセットとして挙げられていた。つまり、「天命の膺受」の内容は更にこの二つの部分から成っていたのであり、そのことを特に注意しておく必要があろう。つまり、後世に大きな影響を与えた「天命の膺受」（〝受命〟）は、実は「上下の匍有」と結びついて生まれたものであり、よって、「上下の匍有」の目的（その最大の目的が、人々の〝年穀の豊穣〟いわば〝豊かさ〟にあったことは、第四章、第七章参照されたし）としたものが、「天命の膺受」の精神的ＤＮＡに深く流れ込んでいたと思われる。天命はどのような形で、初めて史上に生まれたのか、このことは特に重要である。

この「天命の膺受」の内容となる、「上下の匍有」とそれと結合する「迨受万邦」又は「受民、受疆土」の内、この「天」と「民」との関係は、その後者の天より「民」（と「疆土」）を受けたという方に当たっている。一方、前者に云う「上下の匍有」の「上下」は、先に見たように、神々の領域であり、先に裘氏が述べているように、周王朝の前の殷王朝時代における殷墟甲骨文にある神々を云う「上下」「下上」の系譜を引いたものと思えるが（詳しくは、第四章に述べる）、それに天が「民」（と「疆土」）を与えるという天命（〝受命〟）の考え方が、周王朝に入って結合しているのである。こうして、周代にはじまる「天命の膺受」が形づくられているように思えるが、安部氏等が挙げるのは、主に、「天命の膺受」の内容の内、前者の「上下の匍有」に対する、後者の「天」と「民」（と「疆土」）を中心とする天から受けたという「受民、受疆土」（「迨受万邦」）の方である。安部氏は、上下面の「天」と「民」との関係を述べたところで、実に、殷代の系譜をもつ「上下」の神々について触れられているが、その「上下」と天命との結びつきについては気づかれていない。それは、最近の「上下」と天命との直接の関係を述べた青銅器銘文の出土によって、初めてそのことに気づかされるのであって、やむを得ないことであろう。やがて、後世の皇帝支配による中央集権成立後には、この「天命の膺受」の内容の内、前者に比して、殊にこの後者の「民」を受けた〝受命〟の方が権力者によって強調されてゆくように思われる。

周王朝にはじまる天命が「天」と「民」との関係として、それを一体不可分なものとして、文献の『詩』、『書』等には、数多く強調されて出てくる。それはやがて後には、この「民」の蜂起による革命を正当化し、又「民」の声は「天」（の神）の声とする考え方も生みだし（泰誓等）、後世にも大きな影響を与えるものであった。その周王朝にはじまる「天命の膺受」とは、その内容は「上下の匍有」とそれと結合する「迨受万邦」（「受民、受疆土」）との二つから成り、元来「上下の匍有」即ち徧き「上下」の神々の祭祀を条件としたものであり、それらのことは、先の文献の『詩』、『書』等から読みとることはなかなか難しく、西周金文の出土によって、はじめて「上下」（の神々）と「受命」との結びつきが明らかになったのである。こうして、従来曖昧であった周代にはじまる「天命の膺受」、つまり天命のもつ具体的内容（もともと、天命に内在していた核の部分）や、その歴史的な経緯をはじめて分析することが可能になったのである。

以上まとめてみると、周王朝の君主のもつ神秘的な「天命の膺受」者（おそらくは「天子」）としての性格は、徧き「上下」祭祀の主体者であり、又それを条件として結合した「万邦」（又は「民」と「疆土」）を合わせて天より受けた者、であったと思える。

第三節 「天命の膺受」者と世襲主義の結合について

さて、ここで、王朝の開設者・〝文王〟乃至〝文・武〟という特定の〝人間〟の受けた天命が、どのようにして後継者、即ち周王朝の君主に受け継がれていったのか考えてみたい。

今まで見て来たように、〝文王〟乃至〝文・武〟が「天命の膺受」者として挙げられていた。しかし、前節においいて郭氏が周初の康王時代における作器とする周公𣪘銘に、「克奔走上下、帝無終令于有周」とあったように、ここに「上下」に奔走することによって「帝が命を有周に終えることなし」とあって、〝文王〟乃至〝文・武〟の〝受命〟とは別に、「有周」の〝受命〟が挙げられている。

この「有周」と〝受命〟の関係については、又、第一節において、毛公鼎銘所載の王の命書にある周王朝の開設を述べた部分を見たが、その時に〝文・武〟の「天命の膺受」に当たる「丕顕文武、皇天弘猒厥徳、配我有周、膺受大命」における「皇天……配我有周」の部分をカッコに入れて考えておいた。この〝文・武〟の〝受命〟の修飾語である、カッコに入れた「皇天……配我有周」とは、この同じ王の命書における下文に「肆皇天亡斁、臨保我有周、丕鞏先王配命」（肆《ゆえ》に皇天斁《いと》うこと亡く、我が有周に臨保し、先王の配命を丕《おお》いに鞏《かた》くす）とある「先王の配命」と同じで、王国維は「配対也。自人言之、則曰配天、曰配命、曰配上帝、自天言之、則配我有周矣」と解釈するが、[112]「有周」に対する天の配命を云うものと思われる。つまり、ここの「丕顕文・武」と「膺受大命」との間に入っている「皇天……配我有周」という修飾語からしても、〝文・武〟の〝受命〟とは、又同時に、天が「有周」に対して天命を降したものと考えていたらしいことが、同じく周初の周公𣪘銘における「有周」の〝受命〟が永く続くことを願う辞と共に分かるであろう。

次に、先に見た郭氏が周初の康王時代における作器とする大盂鼎銘所載の王の命書に

……王若曰、……我聞、殷墜令、隹殷辺侯田雩殷正百辟、率肄于酒。……

（……王若《か》くのごとく曰く、……我聞く、殷の令を墜《お》とせるは、惟《こ》れ殷の辺の侯・田と殷の正百辟とが、率《ひき》いて酒に肄《なら》いたればなり。……）

とある。ここに王が「我聞く、殷が令（命）を墜《お》とせるは、惟《こ》れ殷の辺の侯・田と殷の正百辟とが、率《ひき》いて酒に肄《なら》い

たればなり」とあって、「殷」が天命を墜《お》とした理由を挙げているが、このことは逆に、「殷」が少なくともその時までは〝受命〟していたと考えられていることを示している。

このように、周初における金文より、〝文王〟乃至〝文・武〟とは別に、又並んで「殷」や「有周」が天命を受けていたことが述べられている。そこで、この天命を受けたとする「殷」や「有周」とは何か、更にこの点を、比較的周初の作と思われる『周書』の各篇に見てみたい。

先の大盂鼎銘所載の王の命書において説かれている酒による「殷」の墜命は、これと類似の内容をもつことで有名な『周書』酒誥にも、「王曰、……尚克用文王教、不腆于酒。故我至于今、克受殷之命」（王曰く、……尚《つね》に克《よ》く文王の教を用いて、酒に腆《ひた》らず。故に我今に至るまで、克《よ》く殷の命を受く、と）とか、「在今後嗣王（紂王）、……惟荒腆于酒、不惟自息、乃逸、……今惟殷墜厥命」（今に在りて後嗣王（紂王）、……惟《こ》れ酒に荒腆して、自ら息《や》むることを惟《おも》わずして、乃《すなわ》ち逸し、……今惟《こ》れ殷、厥《そ》の命を墜《お》とせり）とあって、やはり「殷」が酒に溺れて天命を墜《お》としたことが、大盂鼎銘と同様に論じられている。ところで、ここにある「受殷之命」の「殷之命」は、召誥には

……嗚呼、皇天上帝、改厥元子、茲大国殷之命。惟王受命、無疆惟休、亦無疆惟恤。嗚呼、曷其奈何弗敬、天既遐終大邦殷之命。……

（……嗚呼《ああ》、皇天上帝、厥《そ》の元子、茲《こ》れ大国殷の命を改む。惟《こ》れ王は命を受くるに、疆《かぎ》りなく惟《こ》れ休《うるわ》わし、亦疆《かぎ》りなく惟《こ》れ恤《うれ》う。嗚呼《ああ》、曷《なん》ぞ其れ奈何《いかん》ぞ敬《つつし》まざらんや、天、既に大邦殷の命を遐終す。……）

とあり、ここに「皇天上帝、厥《そ》の元子、茲《こ》れ大国殷の命を改む」とか、「天、既に大邦殷の命を遐終す」とあって、「殷之命」の上に「大国」「大邦」の字がついている。よってこの天命を受けた「殷」とは、殷邦（国）の「殷」であることが分かるのである。更に、召誥には続けて、天命と夏、殷、周の関係を論じ

……相古先民有夏、……今時既墜厥命。今相有殷、……今時既墜厥命。……旦曰、……王先服殷御事、比介于我有周御事、……我不可不監于有夏、亦不可不監于有殷。我不敢知曰、有夏服天命、惟有歴年。我不敢知曰、不其延、惟不敬厥徳、乃早墜厥命。我不敢知曰、有殷受天命、惟有歴年。我不敢知曰、不其延、惟不敬厥徳、乃早墜厥命。今王嗣受厥命、我亦惟茲二国命、嗣若功。……上下勤恤、其曰、我受天命、丕若有夏歴年、式勿替有殷歴年、欲王以小民受天永命。……

（……古の先民有夏を相《み》るに、……今時《こ》れ既に厥《そ》の命を墜《お》とせり。今有殷を相《み》るに、……今時《こ》れ既に厥《そ》の命を墜《お》とせり。……（周公）旦曰く、……王先に殷の御事を服し、我が有周の御事を比介せしめ、……我、有夏に監《かんが》みざる可からず、亦有殷に監《かんが》みざる可からず。我敢えて知らずや、曰く、有夏は天命に服し、惟《こ》れ歴年有り、と。我敢えて知らずや、曰く、其れ延《なが》からず、惟《こ》れ厥《そ》の徳を敬まずして、乃《すなわ》ち早に厥《そ》の命を墜《お》とす、と。我敢えて知らずや、曰く、有殷天命を受く、惟《こ》れ歴年有り、と。我敢えて知らずや、曰く、其れ延《なが》からず、惟《こ》れ厥《そ》の徳を敬《つつし》まずして、乃《すなわ》ち早に厥《そ》の命を墜《お》とす、と。今王嗣《つ》ぎて厥《そ》の命を受く、我も亦、茲《こ》の二国の命を惟《おも》いて、若《か》くのごとき功を嗣《つ》がん。……上下に勤恤して、其れ曰わん、我は天命を受く、丕《おお》いに有夏の歴年に若《したが》い、式《もっ》て有殷の歴年を替《す》つる勿《なか》らん、王は小民を以《ひき》いて、天の永命を受けんことを欲す、と。……）

とある。ここで、「有夏」、「有殷」が天命を受けたこと、そしてその「歴年」と、やがて天命を墜《お》としたことが、繰り返し一様に論じられている。そしてその後に、「我亦惟茲二国命」（我も亦、茲《こ》の二国の命を惟《おも》いて）と「二国」とあるように、この「有夏」、「有殷」とは、夏邦（国）、殷邦（国）のことを指していることが分かるのである。これらからすると、「有周」も周邦（国）の意味であると思われるが、君奭も

周公曰、君奭、弗弔天、降喪于殷、殷既墜厥命、我有周既受。……

（周公若《か》くのごとく曰く、君奭よ、弔《よ》からざる天は、喪を殷に降し、殷、既に厥《そ》の命を墜《お》とし、我が有周既に受く。……）

とあり、「殷、既に厥《そ》の命を墜《お》とし、我が有周既に受く」とあるように、やはり「有周」が「殷」にあった天命を受けたことが述べられている。(113)

このように、周初の金文より見える、天命を受けている「有周」や「殷」とは、周邦（国）、殷邦（国）のことを指していたと思われる。(114)このように〝文王〟乃至〝文・武〟の「受命」が、同時に周邦の〝受命〟と置き換えられるものであるならば、〝文・武〟が「天命を受けて、四方を匍有す」とは、又、周邦が「天命を受けて、四方を匍有す」と言い換えられるものであろう。邦々の中で、殷邦にかわって周邦にその天命が移っているのである。

この周邦は、先の西周初の作器とされる大盂鼎銘に王の命書にある「丕顕文王、受天有大命、在珷王、嗣玟作邦、闢厥匿、匍有四方」とある「（武王が）嗣玟作邦」と云う、その子武王が「嗣《つ》」いだ父文王の「作」（おこ）せし「邦」即ち「周邦」であり、又、先の史墻盤銘に云う、周王朝における文王以来の六王の功績を説明した中で、「（成王が）用肇徹周邦」（（成王が）用つて肇《はじ》めて周邦を徹《おさ》む）と云う、〝文王〟、その子〝武王〟を嗣いだその子〝成王〟が治める「周邦」である。つまり、これら周王朝の君主が出自する「周邦」は〝文王〟、〝武王〟、〝成王〟と云う代々の血統主義による世襲と結びついて述べられている。特に成王の場合は天命と結ぶ「周邦」が強調されているようであるが、周王朝の開設者・〝文王、武王〟を嗣いだ成王にとって「周邦」の君の位を氏族的紐帯をもって世襲した以上、周王朝の開設者と異なって、現実的な支配能力が問われる「四方の匍有」者の位よりも、むしろ、生まれながらの支配者として「周邦」と結ぶ「天命の膺受」者の位に頼る傾向があろう。それは、〝克殷〟に協力した多くの「他邦」（乖伯𣪘銘）よりも、大邦である累代の血統等と結ぶ「周邦」自身の重視でもあったろう。

又、この「周邦」は、両周が西周中期の穆王時代における作器とする彔伯𢦚𣪘銘に「王若曰、彔伯𢦚、繇、自乃祖考、有労于周邦、佑闢四方」（王若《か》くのごとく曰く、彔伯𢦚よ、繇《ああ》、乃《なんじ》の祖考より、周邦に労有りて、四方を佑闢す）とあり、[115] 又、後期、厲王時代における作器とする先の師克盨銘にも「王若曰、師克、丕顕文武、膺受大命、匍有四方、……（乃先祖考が）有労于周邦、干害王身」（王若《か》くのごとく曰く、師克よ、丕顕なる文武、大命を膺受し、四方を匍有す。……（乃《なんじ》の先祖考が）周邦に労有りて、王身を干害《まも》り）とあって、[116] 王の言葉として、やはり臣下による先祖考よりの代々の「周邦」への労勤が述べられているが、先に、〝武王〟自身も「嗣玟作邦」（大盂鼎銘）と「周邦」又は〝文王〟を「嗣《つ》」いだとあるように、血統的世襲制と結びついて「周邦」は述べられているのである。成王には、その点が殊に強調されているようである。又、先の大克鼎銘に「克曰、……丕顕天子、天子其万年無疆、保乂周邦、畯尹四方」（克曰く、……丕顕なる天子、天子其れ万年疆りなく、周邦を保乂し、畯《なが》く四方を尹《おさ》めんことを、と）とあって、周王朝の君主に対し、王の出自する「周邦」と、「四方の匍有」の「四方」とを万年疆りなく保んじ乂《おさ》めんことを願っている。つまり、先祖考よりの「周邦」を治めることと、「四方」（「万邦」）を治めることを別々に述べられているが、この「周邦」と「天命の膺受」とが結びついているのである。

以上のように、〝文王〟乃至〝文・武〟という特定の〝人間〟が受けた天命は、又同時に、「有周」即ち「周邦」（国）が〝受命〟したと考えられていたと思える。そうすると、この「周邦」の君が、現実に氏族的紐帯をもって世襲されていた以上、「周邦」が天命を受けたという考え方は、この血統による世襲制と結びつけられ、こうして「天命の膺受」者即ち偏き「上下」祭祀の主体者と、それと結合する「万邦」（又は「民」と「疆土」）を合わせて天より受けた者としての地位は、「周邦」の君の世襲する道が開かれていたのではないかと思われるのである。[117] このように、天命は世襲主義と結びつくことにより、その永続性を見ることが出来るであろう（それは、後の王位継承儀礼に見るように、「王」の位が前の王の冊命を受けることが必要であったのと異っているようである）。

第四節　「天命の膺受」者から「四方の匍有」者へ（天子から王へ）

最後に、周王朝の君主のもつ「天命の膺受」者と「四方の匍有」者という二つの立場の内、この「天命の膺受」者としての地位が、周王朝の君主たる権威の正当性を表示する、公的な即位儀礼の中で、どのようにして継承されていたのかを見てみたい。

周王朝における王位継承儀礼を伝えるものは、金文には残念ながら見えていない。よって、王国維が「古礼経既佚、後世得考周室一代之大典者、惟此篇而已」とする『周書』顧命に見てみたい。顧命は成王が死んで、その子の康王釗が〝吉服〟して父を嗣いで即位する時のことを記すものとされる。[118] その、成王の死後に行われた王位継承儀礼を見ると

……大保承介圭、上宗奉同瑁、由阼階隮。太史秉書、自賓階隮、御王冊命。曰、皇后憑玉几、道揚末命、命汝嗣訓、臨君周邦、率循大卞、燮和天下、用答揚文武之光訓。王再拝、興、答曰、眇眇予末小子、其能而乱四方、以敬忌天威。乃受同瑁。王三宿、三祭、三咤。……

（……大保は介圭を承《ささ》げ、上宗は同瑁《どうぼう》を奉じて、阼階《そかい》由《よ》り隮《のぼ》る。太史は書を秉《と》りて、賓階自《よ》り隮《のぼ》り、王に御《むか》いて冊命す。曰く、皇后玉几に憑《よ》り、末命を道揚して、汝、訓を嗣《つ》ぎ、周邦に臨君して、大卞に率循し、天下を燮《しょう》和《わ》して、用て文・武の光訓を答揚せんことを命ず、と。王再拝し、興《た》ちて、答えて曰く、眇眇《びょうびょう》たる予末小子《われまつしょうし》、其れ能《よ》くして四方を乱《おさ》め、以て天威を敬忌せん、と。乃ち同瑁《どうぼう》を授く。王三宿、三祭、三咤す。……）

とある。

ここの、「太史」が「王（康王）に御《むか》いて冊命す」以下、「皇后、玉几に憑り」より「用て文・武の光訓を答揚せんことを命ず、と」までは、「太史」が亡くなった前王（成王）の命を伝える、康王に対する冊命文である。その特色を見ると

一、前の王（成王）の「末命」即ち遺言として、それを根拠として冊命が行なわれていること。

二、「臨君周邦」（周邦に臨君せよ）と、「燮和天下」（天下を燮和せよ）とあり、「周邦」と「天下」の二つの支配権が命じられていること。

三、王朝の開設者・〝文・武〟路線の継承を命じていること。

などがある。

今、ここで問題にしている天命について見ると、この冊命文の中に、天命のことは触れられていない。しかし、冊命が終わった後、今度は「王再拝し、興《た》ちて、答えて曰く」以下、「眇眇たる予末小子」より「以て天威を敬忌せん」までは、康王の命書に対する答辞である。この中で、康王は命書に答えて、「其能而乱四方、以敬忌天威」（其れ能くして四方を乱《おさ》め、以て天威を敬忌せん）と返答しているが、この「四方を乱《おさ》め」は「四方の匍有」者として、「天威を敬忌せん」は「天命の膺受」者として、それぞれ答えたものと思われ、つまり、この王位継承を命じた冊命に対する、「答曰」以下の康王の短い公的な答辞の中に、先に述べた周王朝の君主のもつ、「天命の膺受」者と、「四方の匍有」者という二つの立場が明確に表現されているのである。それはこの短い答辞の中に、純化されたかたちで端的に示されている。

このように、康王の冊命に対する公的な答辞の中で、「敬忌天威」（天の威光を敬み畏《かしこ》まん）と答えているように、

この時、康王は既に天命を受けていたと考えられる。しかし、これ以前の記述には、特に天命を受ける儀式は見当たらない。そこで、どの時点で天命を受けたとしたのか、更に検討してみたい。

　この康王に対する冊命文の中で、先ず「周邦に臨君せよ」とあり、次いで「天下を燮和せよ」とあって、「周邦」と「天下」とに対する二つの支配権が命じられていた。この「燮和天下」の「天下」という言葉は、安部健夫氏や山田統氏が詳しく述べるように(119)、現存西周金文には見当たらず、ここの康王の答辞中にある「乱四方」の「四方」という言葉の方が、本章に見たように、西周金文には一般に使用されていた。即ち、先の大盂鼎銘所載の王の命書に、所謂〝武王〟が殷を破って「四方」を統一したことを「珷王……匍有四方」とあったし、又、その命書の下文に「王曰、……𥃝我一人、登四方」（王曰く、……我が一人を𥃝《たす》け、四方に烝《きみ》たらしめよ）とあるのも、「四方」の支配者、即ち「天下」の支配者である自分を助けるように盂に命じているのである。よって、ここの「燮和天下」の「天下」は、むしろ、この冊命に対する康王による答辞中にある「天威を敬忌せん」と並ぶ「四方を乱《おさ》めん」の「四方」の意にとるのが正しいだろう。

　この康王が支配を命じられている「周邦」と「四方」（天下）との対置については、既に山田氏が、先の大克鼎銘の克が王に云った「保乂周邦、畯尹四方」（周邦を保《やす》んじ乂《おさ》め、畯《なが》く四方を尹《ただ》す）や、彔伯𢦏𣪘銘所載の王の命書にある「自乃祖考、有労于周邦、佑闢四方」（乃《なんじ》の祖考より周邦に労あり、四方を佑《たす》け闢《ひら》き）、師詢𣪘銘所載の王の命書にある「皇帝亡斁、臨保我厥周雩四方、民亡不康静」（皇帝斁《いと》うなく、わがその周と四方とに臨み保《やす》んじ、民、康静せざるなし）などを例として挙げて、「当時の国は、なおより多く領土をもつ国ではなく、城壁にかこまれた都邑がすなわち国であったが、そのような周邦、あるいはその周辺のいわゆる王畿の地をふくむ周に対して、他を四方といっているのであろう」と述べている(120)。この周王朝成立の対象領域である「四方」の意は、直接には、周王朝成立の条件である「四方の匍有」者としての性格に関してくるが（「四方の匍有」者については、第二章以下参照されたし）、「周邦」に対していわば〝外国〟を指したと思え、所謂、「内服」に対する「外服」の領域に相当するものだろう。

例えば、西周初、郭沫若氏が成王時代における作器とし、松丸氏が成周工房の作器ではないかとしている洛邑出土と云われる令彝銘（矢令方彝、両周録二ウ～三オ、集成九九〇一）に、王命を受けた「周公子明保」が、「成周」（「中国」）において(121)

……舍三事令、眔卿事寮眔諸尹眔里君眔百工、眔諸侯侯甸男、舍四方令。既咸令。……

（……三事の令を舍《お》くに、卿事寮と諸尹と里君と百工とともにし、諸侯の侯・甸・男とにおよび、四方の令を舍《お》く。既《すで》に咸《ことごと》く令す。……）

などとあり、この「周公子明保」が命令を出した「三事」に対する「四方」とは、「諸侯の侯・甸・男」に当たっていることが分かっている。そして、この「四方」に当たる「諸侯の侯・甸・男」とは、又、先の『周書』酒誥に

……王曰、封、……越在外服、侯甸男衛邦伯、越在内服、百僚庶尹惟亞惟服宗工越百姓里居、罔敢湎于酒。……

（……王曰く、封よ、……外服に越在《おい》ては、侯・甸・男・衛の邦伯、内服に越在《おい》ては、百僚・庶尹と亞と服と宗工越《およ》び百姓・里君、敢えて酒に湎《ひた》ること罔《な》し。……）

とある、「内服」に対する「外服」の「侯・甸・男・衛の邦伯」に当たっていることは、既に諸家によって指摘されたことである(122)。つまり、「四方」は「諸侯」、「外服」の邦々のある領域に当たっている。

又、この成王を嗣いだ康王が顧命の即位儀礼の時、康王之誥の中で、冊命の後、太保と畢公の率いる「西方諸侯」と「東方諸侯」とに対して新たに即位を誥げて「王若曰、庶邦侯甸男衛」（王若《か》くのごとく曰く、庶邦の侯・甸・男・衛よ）と呼びかけている。即ち、康王が「四方の匍有」者即ち「四方」（天下）の支配者として即位したことを告げ

た相手とは、令彝銘や酒誥に云う王畿や「内服」に対置している、「四方」や「外服」における「東、西諸侯」の「庶邦の侯・甸・男・衛」であった。このことは、「四方の匍有」者の性格と関係して注目される。この周初よりの「中国」（「成周」）を中心の地域とする「内服、外服」の存在は、周王朝が〝克殷〟による「四方の匍有」の後に、〝克殷〟以前からある王の出自する「周邦」に位置する「宗周」（鎬京）に対応して、新たに、「四方の匍有」者・〝武王〟の遺志によって、その「四方」（「四国」）の中心の地域として「中国」即ち「成周」（洛邑）を営んだ意味も、基本的には、この旧邦である「周邦」と、〝克殷〟後の「四方」領域とに対する、王権の二重構造から考えられるのでないかと思われるのである。

　そこで、以上のことを考えながら、この顧命の冊命文に見える二つの支配権を、金文に照らしてみると、先に山田氏が例として挙げ、前にも見た郭氏が厲王時代における作器とする大克鼎銘に、克が周王朝の君主に対し、その支配権の永続を願って「克曰、……丕顕天子、天子其万年無疆、保乂周邦、畯尹四方」（克曰く、……丕顕なる天子、天子其れ万年疆《かぎ》りなく、周邦を保乂して、畯《なが》く四方を尹《おさ》めんことを）とあった。又、先の、最近出土した逨盤銘にも、逨が同じくその支配権の永続を願って「逨曰、……天子其万年無疆、……保奠周邦、諫乂四方」（逨曰く、……天子其れ万年疆《かぎ》りなく、……周邦を保奠して、四方を諫乂せんことを）とある。そうすると、これらと顧命の冊命文とを比較してみると、大克鼎銘の「周邦を保乂せよ」や逨盤銘の「周邦を保奠せよ」が顧命の冊命文における「周邦に臨君せよ」に当たり、大克鼎銘の「四方を尹《おさ》めよ」や逨盤銘の「四方を諫乂せよ」が顧命の冊命文における「天下（四方）を燮和せよ」に当たるであろう。

　このように、顧命の冊命文で新しい周王朝の君主に命じられている「周邦」と「四方」（天下）とに対する二つの支配権は、西周後期の金文にその証を見ることが出来るのである。そうすると、周王朝の君主は即位式において、

「周邦」と「四方」とに対する二つの君の位に即き、二つの支配権を公的に行使したことになる（更に王の出自する「王家」の「家」も重要であるが、これについては、第六章参照されたし）。このことは、「周邦」がそのまま「四方」（天下）に拡大して、「周邦」の君のまま「四方」（天下）を支配したのではないことを意味しているであろう。

　そこで、このようにこの周王朝の君主が、「周邦」と、「四方」（天下）とに対する二つの支配権を命じられていたとすると、先に述べた、周王朝の君主のもつ「天命の膺受」者としての地位が、「周邦」の〝受命〟という考え方によって、世襲主義と深く結びつけられていたのとを合わせ考えてみるとどうなるであろうか。即ち、それは、この顧命の冊命文において、先ず「周邦に臨君せよ」と「周邦」の君となることを命じられた時、「周邦」が〝受命〟しているると考えられているのであるから、その時点で、彼は「天命の膺受」者、つまり徧き「上下」祭祀の主体者と、それと結合する「万邦」（又は「民」と「疆土」）を合わせて天から受けた者になったと思われる。そして、次いで、「天下（「四方」）を燮和せよ」と「四方」（天下）の支配者となることを命じられた時、「四方の匍有」者になったのであろう。つまり、この冊命文の中で、「天命の膺受」者について触れられていないが、世襲される「周邦」の君となることによって、彼は「天命の膺受」者としての地位を受け継いだと思われる。このように見て来ると、周王朝の君主は、「周邦」と「四方」とに対する二つの支配権を命じられることによって、「周邦」の支配者が即ち「天命の膺受」者となるのであるから、「天命の膺受」者から「四方の匍有」者へと、順次その位に即いたと思える。そして、それを云い換えれば、先ず「天命の膺受」者、即ち「天子」となり、少し間を置いて、次に「四方の匍有」者、即ち「王」となったと云うことが出来るのではないかと思われるのである[123]（詳しい即位儀礼については、第七章参照されたし）。

おわりに

以上のように、周王朝の開設は、西周前期における青銅器銘文に載す王の誥文や命書に即して見ると、「文王の天命の膺受」と「武王の四方の匍有」（〝克殷〟）との二つを以て説かれていた。この二つを換言すれば、神秘的な天命を受けたということと、現実的な権力で「四方」を支配したということの二つを意味しているであろう。それが、後期における王の命書になると、周王朝の開設は、〝文王〟と〝武王〟との功績が一つに合わさって、「文・武の天命の膺受、四方の匍有」となり、又、「四方の匍有」に当たる部分は欠落して、「文・武の天命の膺受」とだけになる場合もあった。いずれにしても、それらは前期に云う〝文王〟と〝武王〟の功績の合一によって生じたものである。

よって、西周史における最も重要な史料である青銅器銘文から判断すると、従来の考え方のように、周王朝の開設の根拠として、〝文王〟乃至〝文・武〟の「天命の膺受」だけを取りあげるのは、「文王の天命の膺受」と並置される「武王の四方の匍有」を見落としたか、又は「文王の天命の膺受、武王の四方の匍有」から「文・武の天命の膺受、四方の匍有」となり、そして「四方の匍有」が欠落して「文・武の天命の膺受」とだけとなる、その部分だけを取り出したもので、元来〝武王〟の功績に比定された「四方の匍有」（「不廷方の率懐」）を見落としたものと云わざるをえない[124]。

このように、周王朝の開設は、従来の考え方のように「天命の膺受」だけでなく、「天命の膺受」と「四方の匍有」との二つで以て説かれたものであった。そしてそれは、元来、〝文王〟と〝武王〟との功績として、それぞれ比定されたものであったろう。

そこで、周初の成・康時代より、周王朝の開設が「天命の膺受」と「四方の匍有」との二つを以て公的に説かれて来たとすると、〝文・武〟の後継者、即ち周王朝の君主は、「天命の膺受」者としての立場と、「四方の匍有」者としての立場と、この二つの立場を王朝の開設者・〝文・武〟より基本的にその一身に受け継いだものと思われる（周王朝の君主の二面性）[125]。周王朝の君主は、その性格としてこの二つを内にもっていたのである。

又、周王朝における君主のもつ、この「天命の膺受」と「四方の匍有」との二つの立場と、やはり周王朝の君主がもっていた「天子」と「王」という、周王朝における君主の性格を表わす二つの称号とを考え合わせる時、どのようなことが云えるであろうか。

それは、即ち、神秘的な「天命の膺受」者が一般に云う「天子」ならば、周王朝の君主が、現実の権力関係を示す臣下に対する冊命文の冒頭で常に「王」と称し、決して「天子」とは称していないことなどからしても、もう一方の現実的な「四方の匍有」者が「王」ではなかったかと考えられるのである。この問題は、〝文王〟と〝武王〟とによる周王朝の開設から、周王朝の君主に「天命の膺受」者と「四方の匍有」者との二つの立場が考えられた時、予期しないことであったが、王朝の君主のもつ「天子」と「王」の二つの称号とが自然に結びついたものである[126]。

次に、周王朝の開設の根拠として挙げられる〝文・武〟の「天命の膺受」と「四方の匍有」の内、元来〝文王〟の功績に比定された、この神秘的な「天命の膺受」とは、又、「文王……匍有上下、迨受万邦」（史墻盤銘）とも云い換えられてあった。そこで、このことと、元来〝武王〟の功績に比定された現実的な「四方の匍有」とを考え合わせてみると、周王朝の開設は又〝文王の上下の匍有〟と〝武王の四方の匍有〟という、「上下」、「四方」の対語で説かれるものではなかったかと思われる。よって、〝文・武〟を受け継いだ、即ち周王朝の君主は「上下の匍有」と「四方の匍有」という、即ちこの「上下」と「四方」との双方をそれぞれ偏く秩序立てる者としての立場を受け継いだとも云うことが出来るであろう（この意味については、第二章以下に述べる）。その「上下の匍有」と天命とが結合するのである。

　そこで、これらのことを背景として、「天命の膺受」者としての具体的な内容を、金文や『詩』、『周書』等に例を取りながら検討してみると、この周王朝開設の条件として「四方の匍有」と「上下」「四方」の対語になっている「上下の匍有」の「上下」とは、神意や天（帝）等と密接に関係し、祭祀対象であることが明らかであったし、「配上下」が「配皇天」と云い換えられているなど、確かに天命と密接に関係して述べられている。そして、同じく「上下の匍有」と結びつく「迨《あ》わせて万邦を受く」の受くとは、「受民、受疆土」（大盂鼎銘）の受くと同じく、「天」より受けたものであったと考えられる。

　つまり、「天命の膺受」者とは、偏き「上下」祭祀の主体者であり、又それを条件として、それと結合して「万邦」（又は「民」と「疆土」）を合わせて「天」より受けた者であったと思える。周王朝の成立条件が、「天命の膺受」と「四方の匍有」との二つから出来ていたように、又、この「天命の膺受」も、「上下の匍有」と「迨受万邦」（又は「受民、受疆土」）との二つの部分から出来ていたのである（これらの意味については、更に第四章、第七章で述べる）。

　又、〝序〟で述べた、『詩』、『書』等に見える周王朝の君主を中核とする「天」と「民」のいわば上下面と、「中国」と「四方」のいわば水平面の双方の関係は、この内の前者の「天」と「民」との関係は、「天命の膺受」者の内容となる、この「天」から合わせて「万邦」又は「民」を受けたという、その関係に当たっており（なお、普通に云われる「天」と「民」との関係は、金文によれば、正しくは「天」と、「民」と「疆土」との関係である。この「疆土」に対する考えが従来見失われていたように思える。「天」や、「民」と「疆土」と結びつく「上下の匍有」の意味することや、「民」が等しく異族の人々や邦々の違いを超えた言葉となっている理由を考える時、「民」とワンセットとなる「疆土」のもつ意味が重要になる。これについては、第七章参照されたし）、一方の後者の「中国」と「四方」との関係は、「四方」の中心となる「中国」より「四方」を治めようと云う、「四方の匍有」（「不廷方の率懐」）者の関係に当たっていよう。ただ、「天命の膺受」の内容となる「天」から受けた「万邦」又は「民」（と「疆土」）との関係は、その前文に「上下の匍有」が前提条件として結びついており、この偏き「上下」の祭祀と〝受命〟との双方が密接に結びついて、周代にはじまる「天命の膺受」が出来上がっている。天命はこのように分析できるのであるが、このはじめて歴史上に登場する際の「天命の膺受」のこのような成り立ちは、天命の内部にＤＮＡとして流れ込んでいるものを考える時、特に重要である。そしてこの「上下の匍有」が意味する「上下」の祭祀は、前の殷代以来の系譜をもつものではなかったかと思われる（これについては、第四章参照されたし）。

ただ問題となる、当時「万邦」とか「四方」と呼ばれる、多種多様な文化、風俗・習慣等をもった邦々や人々の違いを超えて一つに統合するために、周王朝における君主は一体なぜこの上下面と、そして水平面の双方を問題にせねばならなかったのか。それは、王朝成立の条件「天命の膺受」と「四方の匍有」とに対応しているが、周王朝の経営において、この二つの必要性が意味するところについては、更に後章に述べたいと思う。

これらの周王朝における「天命の膺受」者としての具体的な内容の追求は、従来あまり行なわれてこなかった。今、周代に初めて現われる「天命の膺受」者の具体的な内容がこのように分析できるものであったとすれば、やがて周王朝を経て、拡大した中国をはじめて占有して中央集権の皇帝支配を確立した、秦、漢王朝以降の「天命の膺受」者の性格とどのように関係してくるのか、その経過も含め、今後の問題であろう(127)。

次に、この「天命の膺受」者としての地位の継承は、周初より「周邦」の〝受命〟という考え方によって、「天命の膺受」と血統による世襲主義とが結びつけられ、王の出自する「周邦」の君が「天命の膺受」者としての地位を世襲する道が開かれていたと思われる。
そして、この「天命の膺受」者としての地位の継承を、公的な具体的な王位継承儀礼（『周書』顧命）の中で見てみると、そこに天命を受けるための特別の儀式は見当たらない。しかし、新たに即位する王に対する冊命文に対象をしぼって見てみると、この冊命文の中で、彼は前王の遺言として、「周邦」と「四方」（天下）とに対する二つの支配権を命じられていた（王権の二重構造）。そうすると、彼は、先ず「周邦」の君となることを命じられた時、これに先の「周邦」の〝受命〟という考え方を当てはめてみると、彼は「周邦」の君となると同時に、「周邦」が〝受命〟しているのであるから、彼は「天命の膺受」者になったと思える（世襲主義との結合）。次いで「四方」（天下）の君となることを命じられた時、「四方の匍有」者になったのであろう。そして、二つの称号から見て「天命の膺受」者が「天子」であり、「四方の匍有」者が「王」であるならば、彼は「周邦」の君となることによって先ず「天子」となり、次いで「四方の匍有」者となることによって「王」となったと云えるであろう。(128)

注

（1）秦、漢王朝の君主権の構造については、西嶋定生「皇帝支配の成立」『岩波講座・世界歴史』第四巻、一九七〇年、同氏「漢代における即位儀礼—とくに帝位継承のばあいについて—」『榎博士還暦記念東洋史論叢』山川出版社、一九七五年、尾形勇「漢家の意義と構造—中国古代における家父長制的秩序と国家秩序—」山梨大学教育学部紀要第五号、一九七四年、同氏「中国古代における、帝位の継承—その正当化の過程と論理—」史学雑誌第八五編第三号、一九七六年、同氏『中国古代の「家」と国家』岩波書店、一九七九年、栗原朋信『秦漢史の研究』吉川弘文館、一九六〇年、同氏「秦と漢初の皇帝号について」『東方学論集』東方学会、一九七二年、金子修一『汲古選書、26、古代中国と皇帝祭祀』汲古書院、二〇〇一年、等参照。

（2）栗原朋信「周・秦・漢の国家構造についての私見」『秦漢史の研究』吉川弘文館、一九六〇年、を参照。

（3）殷周の国家構造については、松丸道雄「殷周国家の構造」『岩波講座・世界歴史』第四巻、一九七〇年、同氏「第二章　殷」、竹内康浩「第三章　西周」松丸道雄他編『世界歴史大系、中国史』1、山川出版社、二〇〇三年、等参照。

（4）これらの問題については、宮崎市定「中国上代は封建制か都市国家か」史林三三巻二号、一九五〇年、同氏『中国古代史概論』ハーバード・燕京・同志社東方文化講座委員会、一九五五年、松本光雄「中国古代の邑と民・人との関係」山梨大学学芸学部研究報告三号、一九五二年、同氏「中国古代社会における分邑と宗と賦について」山梨大学学芸学部研究報告四号、一九五三年、増淵龍夫「先秦時代の封建と郡縣」『中国古代の社会と国家』弘文堂、一九六〇年、同氏「春秋戦国時代の社会と国家」『岩波講座・世界歴史』第四巻、一九七〇年、西嶋定生『中国古代帝国の形成と構造』東京大学出版会、一九六一年、小倉芳彦「補論・国家と民族」講座『現代中国』Ⅱ、大修館書店、一九六九年、平勢隆郎「第三章　春秋」松丸道雄他編『世界歴史大系、中国史』1、山川出版社、二〇〇三年、等参照。

（5）拙稿「周天子による〝文・武の胙〟の賜与について―成周王朝とその儀礼その意味―」史観第一二七冊、一九九二年、参照。

（6）伊藤道治・大島利一・貝塚茂樹・小南一郎・伊藤喬一・内藤戊申・永田英正・林巳奈夫・樋口隆康・松丸道雄「西周金文の辨偽をめぐって」『甲骨学』第十一号、日本甲骨学会、一九七六年、松丸道雄「西周青銅器製作の背景―周金文研究・序章―」松丸道雄編『西周青銅器とその国家』東京大学出版会、一九八〇年、所収（原論文は東京大学東洋文化研究所紀要第七二冊、一九七七年、所収）、同氏「西周青銅器中の諸侯製作器について―周金文研究・序章その二―」同右（原論文は『東洋文化』第五九号、〝特集・西周金文とその国家〟、東洋文化研究所東洋学会、東京大学出版会、一九七九年、所収）、等参照。

（7）近年出土した何尊銘に、成周を中心の場所を意味する「中国」と呼んでいるのは注目される。唐蘭「何尊銘文解釈」文物一九七六年第一期、等参照。

（8）赤塚忠「西周金文の展開」『定本・書道全集』一、河出書房、一九五六年、一五六頁、白川静「第二章、周王朝の創業、文武の受命」『金文の世界―殷周社会史―』東洋文庫一八四、平凡社、一九七一年、四〇頁、同氏「第一章、二、文武の創業と王権」『金文通釈』（後、通釈と略称）第四六輯、一九七七年、白鶴美術館、五頁、等参照。

（9）郭沫若「天の思想—先秦思想の天道観—」『岩波講座・東洋思潮』第七巻、一九三五年、等を参照。受命について、金文と文献の関係を論じた最初期のものに、王国維「洛誥解」『観堂集林』（世界書局本）巻一、一九二一年成、所収がある。この周代に生まれた天命（天）についての考えは、中国思想のエッセンスに重要な意味をもってくる。

（10）陝西周原考古隊「陝西扶風庄白一号西周青銅器窖蔵発掘簡報」文物一九七八年第三期、唐蘭「略論西周微史家窖蔵銅器群的重要意義—陝西扶風新出墻盤銘文解釈—」文物一九七八年第三期、裘錫圭「史墻盤銘解釈」文物一九七八年第三期、李学勤「論史墻盤及其意義」考古学報一九七八年第二期、徐中舒「西周墻盤銘文箋釈」考古学報一九七八年第二期、にその発掘報告、銘文考釈が見えている。「集成」は、中華社会科学院考古研究所編『殷周金文集成』（集成と略称、後に同じ）全十八冊、中華書局、一九八四—一九九四年。

（11）史墻盤銘に、今王（共王）が「文王、武王の長烈（功績）を継ぎ」とあり、康王の即位式を述べる『周書』顧命にも、康王に対して「文王、武王の光訓を答揚せよ」と命じている。後の注（46）を合わせて参照されたし。

（12）唐蘭「何尊銘文解釈」文物一九七六年第一期。

（13）「両周録」は、郭沫若『両周金文辞大系図録攷釈・録』（両周録と略称、後に同じ）一九三五年。

（14）西周の冊命制度については、陳夢家「西周的策命制度」「西周銅器断代」（後、断代と略称）（三）、考古学報第一一冊、一九五六年、所収を参照。

（15）注（6）の松丸氏、前者前掲論文に同じ、一五—一七頁。

（16）『周礼』春官・内史に「内史掌書王命、遂貳之」（内史は王命を書することを掌り、遂に之《これ》に貳す）とあり、受命者に与えた命書の外、その副本を王府に藏したとあるのは、冊命形式金文の作銘主体が王側か諸侯側かを考える場合、注意してよかろう。

（17）断代（三）、考古学報第一一冊、一九五六年、九六頁。呉闓生『吉金文録』（文録と略称、後に同じ）一、五、一九三三年跋。楊樹達『積微居金文説』（積微居と略称、後に同じ）巻二、一九五二年、六〇頁。又、『左伝』僖公二十八年の条にも、王は晋の文公に〝侯伯〟の命を与え、「曰、王謂、叔父、敬服王命、以綏四国、糺逖王慝」（曰く、王謂う、叔父よ、王命に敬服して、以て四国を綏《やす》んじ、王慝《とく》を糾《ただ》し逖《おさ》めよ、と）とある。

（18）王国維「盂鼎銘考釈」『観堂古金文考釈』、一九二六年成、趙万里・王国華等編『海寧王静安先生遺書、五』台湾商務書印書館、一九七六年（初版、一九四〇年）、所収。

（19）王国維「与友人論詩書中成語書二」、注（9）の王氏前掲書巻二に所収。

（20）王引之『経義述聞』。

（21）兪樾『群経平議』。

（22）楊筠如『尚書覈詁』。

（23）注（17）の積微居に同じ、六二頁。

（24）文王の受命について、『周書』には、三監反乱時とされる大誥に「肆予曷敢不越卬敉寧王大命」（肆《ゆえ》に予曷《われなん》ぞ敢て卬《われ》に越《おい》て寧王（文王）の大命を敉《お》えざらんや）とあり、この「寧王」の寧は、「文」の字「[illegible]」の誤写とされるもので（呉大澂『字説』文字説二九オ・ウ）、文王の受命を強調したものと思われる。又、康誥に「帝休。天乃大命文王。殪戎殷、……乃寡兄勗」（帝休《よみ》す。天乃《すなわ》ち文王に大命す。戎殷を殪《たお》して、……乃《なんじ》の寡兄《か》（武王）が勗《つと》めたればなり）とか、君奭に「天不庸釈于文王受命」（天庸《もっ》て文王の受命を釈《す》てず）、「文王……惟時受有殷命」（文王……惟《こ》れ時《こ》れ有殷の命を受く）とあって、経学らの問題もあるが、文王の殷にかわる受命が成・康時代には主張されていたと思われる。

（25）この二つは、「天」（神）対「人」の関係と、「人」対「人」の関係で捉えられるかもしれない。

（26）郭沫若「師克盨銘考釈」文物一九六二年第六期。なお、同氏によると、師克盨は、陝西省博物館藏の師克盨蓋と、故宮博物院蔵の師克盨蓋・器が有り、故宮蔵の蓋・器銘には「則」字の下に「繇」字が入っている。

（27）郭沫若「弭叔簋及訇簋考釈」文物一九六〇年第三期。

（28）薛尚功『歴代鐘鼎彝器款識法帖』巻一四、一四オ―一五ウ。

（29）郭氏『両周金文辞大系攷釈』（両周と略称、後に同じ）一三九ウ、一九三五年。通釈第三一輯、一九七〇年、師詢𣪘の条、七一二頁。

（30）注（27）に同じ。

（31）王国維『観堂別集』（世界書局本）巻二、羌伯敦跋。

（32）注（27）の郭氏前掲論文に同じ。

（33）注（29）の通釈、二八九頁。なお、乖伯𣪘銘の〝文・武〟には、「朕丕顕祖玟珷」と、「朕」・「祖」の字が付いている。又、〝文・武〟も〝玟・珷〟と古い字形が使われている。これは、下文に「乃祖克𠦪先王、異自他邦」（乃《なんじ》の祖、克《よ》く先王を𠦪《たす》け、翼《たす》けるに他邦自《よ》りす）ともあるように、王朝の君主は「他邦」の邦君乖伯に対して、周王朝を開いた〝玟・珷〟が自分の祖であることを特に強調したのかもしれない。又、わざわざ〝玟・珷〟の文字を用いたのは、王朝開設時の回顧と共に、王命に重みを加えるためであったのかもしれない。

（34）王国維「古諸侯稱王説」、注（31）の王氏前掲書巻一に所収。

（35）又、王氏が諸侯稱王の例として挙げる彔伯𢦚𣪘銘（兩周録三五オ、集成四三〇二）の場合も、そこに載す王の命書には、「王若曰、彔伯𢦚、繇、自乃祖考、有勞于周邦、佑闢四方、……」（王若《か》くのごとく曰く、彔伯𢦚よ、繇《ああ》、乃《なんじ》の祖考自《よ》り、周邦に労有りて、四方を佑闢し、……）とあり、ここに挙げる王の命書と同じ形式をもっている。もし想像を許されれば、この銘文の「王若曰、彔伯𢦚」と、「繇自乃祖考」との間に、元の王の命書には「丕顕文武、膺受大令、匍有四方」に相当する部分があったのが、乖伯𣪘銘と同じように、この場合はすべて奪去されて節録されたとも考えられるのではないかと思える。なお、詢𣪘の「受令」の場合も、師克盨・乖伯𣪘のように、元「膺受大令」とあったのが、「膺」字と「大」字を抜いて節録し、「受令」になったとも考えられよう。

（36）「近出二編」は、劉雨・嚴志斌編『近出殷周金文集録二編』（近出二編と略称、後に同じ）全四冊、中華書局、二〇一〇年。陝西省考古研究所、宝鶏市考古工作隊、眉縣文化館、楊家村聯合考古隊「陝西眉縣楊家村西周青銅器窖藏発掘簡報」、馬承源、王世民他「陝西眉縣出土窖藏青銅器筆談」、李学勤「眉縣楊家村新出青銅器研究」、裘錫圭「逨盤銘文札記三則」、張培瑜「逨鼎之月相紀日和西周年代」、劉懐君・辛怡華・劉棟「四十二年、四十三年逨鼎銘文試釈」、劉懐君・辛怡華・劉棟「逨盤銘文試釈」文物二〇〇三年第六期、等参照。

（37）譚旦冏「毛公鼎之経歴」董作賓『毛公鼎』台北、大陸雑誌社、一九五二年、所収。

（38）通釈第三〇輯、一九七〇年、毛公鼎の条、六四九頁。

（39）徐同柏『従古堂款識学』（後、従古堂と略称）巻一六、一九五四年頃成、毛公鼎の条。

（40）王国維「与友人論詩書中成語書二」、注（9）の王氏前掲書巻二に所収。又、馬承源氏はこの「不廷方」について、「不来王廷朝覲的方国。《左伝・隠公十年》「以王命討不庭」，又《漢書・趙充国伝》：「鬼方賓服、罔有不庭。」顔師古《注》：「庭、来帝庭也。」」と解し、ここの「不廷方」を王廷に来て朝覲しない方国と述べている（馬承源主編『商周青銅器銘文選』（三）文物出版社、一九八八年、三一七頁）。なお、この『漢書』趙充国伝に、「漢」即ち「中国」の〝外〟の「戎」について、「鬼方賓服」鬼方の「罔有不庭」とあるのを引いているが、「来廷」する方国を「賓服」するものとしているのは、注意してよいであろう。西周時代の初め、「鬼方」を討った献捷の礼を記す小盂鼎銘（両周録一九オ、集成二八三九）にも、その儀式への参列者として「王」の他、〝内服〟の「三事大夫」と「中国」（「成周」）の〝外〟の〝外服〟における「邦賓」とが対置して挙げられており、この「邦賓」は、諸氏は、ほぼ邦君諸侯と解釈する点では一致している。そうすると、周王朝時代、「中国」（「成周」）の〝外〟の邦国の「来庭」は賓従するものであったらしいが、後世、同じ「中国」（「漢」）の〝外〟の邦国が「来庭」するのを同じ「賓服」と云っているのは注意されよう。拙稿「成周王朝と「賓」（1）―西周青銅器銘文に現れた「賓」について―」「鳥取大学教育学部研究報告」（人文・社会科学）第四三巻第二号、一九九二年、等参照。

（41）穆海亭・朱捷元「新発現的西周王室重器五祀㝬鐘考」人文雑誌一九八三年第二期。呉鎮烽編『陝西金文彙編』三秦出版社、一九八九年、上、三〇―三三頁、下、七四七頁、釈文は前者に同じ。中国社会科学院考古研究所編『殷周金文集成釈文』（集成釈文と略称）第一巻、香港中文大学出版社、二〇〇一年、四三九頁。李家浩「説〝盭不廷方〟」張光裕・黄徳寛主編『古文字学論稿』安徽大学出版社、二〇〇八年、所収。「近出」は、劉雨・盧岩編『近出殷周金文集録』（近出と略称、後に同じ）全四冊、中華書局、二〇〇二年。

（42）注（36）に同じ。

(43) 注(10)に同じ。

(44) 李学勤「戎生編鐘論釈」《保利蔵金》編輯委員会『保利蔵金』嶺南美術出版社、一九九九年、同論文は文物一九九九年第九期、にほぼ同じ。裘錫圭「戎生編鐘銘文考釈」、馬承源「戎生鐘銘文的探討」《保利蔵金》編輯委員会『保利蔵金』嶺南美術出版社、一九九九年、等参照。

(45) なお、先の逨盤銘の康王を助けて「方懐不廷」の上文に銘文冒頭から「逨曰、(我が高祖の公叔が成王を助けて)……方狄不享、用奠四国万邦」(逨曰く、(我が高祖の公叔が成王を助けて)……方《あまね》く不享を逖《しりぞ》け、用て四国・万邦を奠《さだ》む)とある。ここに逨の高祖公叔が周王朝の〝文王、武王〟を継いだ成王を助けて「方狄不享、用奠四国万邦」とあり、李学勤氏は「狄」を「逖」として、「《詩・殷武》〝莫敢不来享〟、〝享〟訓為献。盤銘是説将不臣服、享献的国族、駆而遠之」と解し、李家浩氏は「征不享」(『史記』五帝本紀)らと同様の意味にとっている。この「逖(狄)不享」は先の毛公鼎銘の「率褱不廷方」や史墻盤銘の「方蛮亡不俎見」、戎生編鐘銘の「用幹不廷方」等と皆類似した意味であろう。そのことが直ぐ下の周王朝が経営する「四国・万邦」を「奠(さだ)」めたことを云うのであり、それは又〝武王〟の功績とされる王朝開設の一条件「四方の匍有」と同義であろう。注(36)の李氏前掲論文、六七頁。注(41)の李氏前掲論文、一四〜一五頁、参照。

(46) なお、「亡不閈于文武耿光」の方は、〝文王、武王〟と「四方の匍有」との関係を示していると思えるが、郭氏が昭王期における作器とするも、㝬𣪕の出土によって厲王胡による自作器と考えられている宗周鍾(両周録一五オ、集成二六〇)(筆者注、㝬鐘と同じ)(注(41)の穆海亭、朱捷元前掲論文、松丸道雄「金文の書体―古文字における宮廷体の系譜―」『中国書法ガイド1、甲骨文・金文』二玄社、一九九〇年、等参照)にも、王の南征について、「王肇遹省文武勤疆土」とあり、〝文・武〟の死後も厲王時代に「文武の勤めし疆土」と云っているように、周王朝の開設者・〝文王、武王〟と周王朝成立の対象領域である「四方」(「万邦」)とは後世まで密接に関係して説かれていた。このことは、後に春秋時代に入っても、斉の桓公や越王勾践などの春秋の覇者が、周王朝の諸侯を集める権威化として、周王室から〝文武の胙〟を賜与されていたらしいことや、『国語』呉語に、その諸侯を「文武の諸侯」と呼んで、〝文、武〟の死後も、その諸侯は〝文王、武王〟の所有物の如き表現が見えていることなど、やはり、東周時代に入っても、周王朝の開設者・〝文王、武王〟と王朝が経営する「四方」(「万邦」）領域とは密接な関係をもっていたことが分かる。おそらくその理由は、後の漢王朝における開設者・〝高祖〟の場合と同じであるが、〝文王、武王〟という〝人間〟が、異族の邦々の協力を得ながらであるが、自分の力で周王朝を開いた〝始祖〟とされ、その後を継いだ、成王以下の生まれながらの世襲した後継者（「嗣天子王」）とは、自ら別であったと思える。注（11）参照。この〝文王、武王〟については、拙稿「周天子による〝文・武の胙〟の賜与について—成周王朝とその儀礼その意味—」史観第一二七冊、一九九二年、参照。

（47）本章で問題にしている、周王室が周王朝の成立をどう考えたかということは、青銅器の製作時代からして、〝文・武〟死後の成・康時代以降のことになる。武王時代にどう考えたかということは、武王時代の作器が極めて少なく、その例と思われる、一九七六年、陝西臨潼に出土した利毀銘（集成四一三一）には（唐蘭「西周時代最早的一件銅器利簋銘文解釈」文物一九七七年第八期）、その冒頭に「珷征商」とあるが、これは銘文の地の文であって、特に王朝の開設を説いたものではない。ただ『逸周書』克殷によると、克殷後、〝武王〟が殷社で天命を受ける儀式を行なっており、この記事を信ずるとすれば、金文や『周書』（注（24）参照）にある、成・康時代の〝文王〟の〝受命〟の主張との間に変化があったことになろう。その理由としては、王朝を開いた〝文・武〟の死後、三監や殷の武庚の反乱など、その混乱の中から王朝成立の考え方が正式に決められた時、〝武王〟の力による克殷は、力による克周を正当化する危険があり、よって、〝文王〟の〝徳〟の強調とともに、〝文王〟の〝受命〟が強調されるようになったのではないかと思われる。

（48）注（47）の利毀銘にも「王」号が見えている。

（49）冊命形式については、陳夢家「西周的策命制度」「西周銅器断代」（後、断代と略称）（三）、考古学報第一一冊、一九五六年、所収を参照した。

（50）この王位と「四方」との関係は、郭氏が成王時代における作器とする班毀銘（両周録九オ、集成四三四一）に「王令毛伯、更虢城公服、甹王位、作四方亟」（王、毛伯に令して虢城公の服を更《つ》ぎ、王位を甹《たす》けて、四方の極（望）と作《な》り）とあって、王位と「四方」との関係が述べられている。又、郭氏が厲王時代における作器とする番生毀銘（両周録一三〇オ、集成四三二六）に「番生不敢弗帥井皇祖考不杯元德。用䌛圝大令、甹王位」（番生、敢えて皇祖考の丕丕なる元徳に帥型せずんばあらず。用て大令に𤕌𤔲《つつし》み、王位を甹《たす》く）とあり、臣番生が周王朝の君主を輔佐して、「𤕌𤔲大令」が「天命の膺受」者に対し、「甹王位」が「四方の匍有」者に対し、それぞれ述べたものと思われる。

（51）于迺『香草校書』巻八。楊筠如『尚書覈詁』。赤塚忠『書経・易経（抄）』平凡社、一九七二年、二九二頁注（二）。

（52）成王の立場については、後の注（117）參照。

（53）なお、注意しておくことは、「天命」の字は、西周初金文では「天令」になっていたことである。「命」字が現れるのは、西周中期以降で、それ以後「天命」と「命」字に置き換わる。この「命」と「令」について、『中記』巻六秦始皇本紀に、天下統一の後、「命爲制、令爲詔」（命を制と爲し、令を詔と爲す）という有名な記事があるが、これと何か関係があるのか興味がある。又、「天下に号令す」と云っても、「天下に号命す」とは云わないが、金文においても「王命」は元來「王令」であるところからすると、この周王朝の支配方法、即ち周王朝の統治が直接に及ばない「四方」（「万邦」）の独立的な邦君諸侯の領域を含めた政治体制と、この「令」字とに何らかの関係があったのかも知れない。この点について、『春秋』に周王朝の君主を、天に対応して「天王」と呼んでいることが合わせ注意される。なお「命」字は、元來口でもってわからせる意とすれば、「令」字に比べ、「人間」的要素が強いものとして、歴史的趨勢をもって出現したのかもしれない（藤堂明保『漢字語源辭典』学燈社、一九六五年。「令」字、四七五—四七六頁、「命」字、五二〇—五二二頁、參照）。

（54）陝西周原考古隊「陝西扶風庄白一号西周青銅器窖蔵発掘簡報」文物一九七八年第三期。

（55）注（10）に同じ。

（56）注（10）の裘氏前掲論文、二五頁、李氏前掲論文、一四九頁、徐氏前掲論文、一三九頁。

（57）注（10）の唐氏前掲論文、二三頁注⑬、裘氏前掲論文、二五頁。

（58）注（10）の唐氏前掲論文、二三頁注⑬。

（59）『尚書』の読みについては、加藤常賢『真古文尚書集釈』明治書院、一九六四年、赤塚忠『書経・易経（抄）』平凡社、一九七二年、池田末利『尚書』集英社、一九七六年、等參照。

（60）注（10）の裘氏前掲論文、二六頁、徐氏前掲論文、一三九頁、李氏前掲論文、一四九頁。

(61)　注(10)の唐氏前掲論文、一二一頁、一二三頁注⑮。
(62)　注(10)の裘氏前掲論文、二六頁、三一頁注②。
(63)　注(10)の徐氏前掲論文、一三九頁、李氏前掲論文、一五〇頁。
(64)　『逸周書』謚法に「経緯天地曰文」(天地を経緯するを文と曰う)とあるが、〝文王〟の「文」と何らかの関係があるかもしれない(第四章参照されたし)。
(65)　なお、史墻盤と同時に出土した史墻の子の代とされる𤼈が作器者である𤼈鐘丙組一件(集成二五一—二五二)(注(54)の陝西周原考古隊前掲論文、七頁)には、銘文連続して「曰古文王初盭和于政、上帝降懿徳大甹、匍有四方、迨受万邦。雩武王既𢦏殷。微史烈祖、来見武王。……」とあり、この鐘銘には「匍有四方、迨受万邦」とある。前の𤼈の父親の代に作ったと思える盤銘と比較してみると、この鐘銘は、盤銘の周の六王の功績の中から文王の部分を取り出し、それを盤銘後半の微史家五代の功績の中から微史烈祖の部分を取り出し(盤銘後半の五代の先祖を述べる烈祖の部分には、「雩武王既𢦏殷。微史烈祖、廼来見武王」とある)、両者をくっつけており、鐘銘に文・武と並んでいても、共に六王の伝承から取ったのでなく、周六王の伝承の中からと、微史家の祖先の伝承の中からと、別々に取り出して一つに合せたものである。このような作銘事情から見ると、この文王の「匍有四方」は、盤銘、又はその祖本の写し間違いと思われ、前の世代の作った史墻盤銘の方を取るべきだろう。四(三)と上下(三)の類似も、誤り易い原因だったかもしれない。史墻盤銘が出土しなければ、文王の「匍有四方」は、大盂鼎銘の武王の「匍有四方」と矛盾し、この部分の分析は出来なかったものであり、逆に𤼈鐘と盤銘とを比較すれば、青銅器銘文のいろいろな作成過程を考える場合の、その祖本の設定について、一つの視点を与えるものであろう。
(66)　注(38)の通釈、六六一頁。
(67)　若、不若について、貝塚茂樹『京都大学人文科学研究所蔵甲骨文字本文篇』一五三—一五五頁、参照。
(68)　従古堂巻十六、毛公鼎の条。文録一、二オ。
(69)　高鴻縉『毛公鼎集釈』八三頁。

(70)注(38)の通釈、六六一頁。
(71)注(69)の高氏前掲書、八三頁。董作賓『毛公鼎』一九―二〇頁。
(72)注(38)の通釈、六六一、六八七頁。
(73)注(59)に同じ。
(74)呉汝綸『尚書故』、屈万里『尚書釈義』。
(75)柯昌済『韡華閣集古録跋尾』(韡華と略称、後に同じ)一九一六年頃成、己、一八オ。
(76)注(6)の松丸氏、後者前掲論文に同じ。
(77)于省吾『双剣誃吉金文選』(文選と略称)一九三三年、上二、邢侯彝銘の条。同氏「井侯毀考釈」考古社刊四期、一九三六年、二五頁。断代(三)、考古学報第一一冊、一九五六年、七五頁。
(78)通釈第一一輯、一九六五年、㚇毀の条、六〇二―六〇四頁。
(79)注(77)の于氏前掲論文「井侯毀考釈」二五頁、断代(陳夢家)、七五頁。
(80)内藤虎次郎「周公彝釈文」支那学論叢特別号、一九二八年、七四八頁。
(81)注(10)の徐氏前掲論文、一四三頁、李氏前掲論文、一五二―一五三頁、裘氏前掲論文、二七―二八頁。
(82)注(41)の穆海亭、朱捷元氏前掲論文に同じ。
(83)張亞初「周厲王所作蔡器㝬簋考―兼論与之相関的幾個問題」『古文字研究』第五輯、中華書局、一九八一年。『中国法書選1、甲骨文・金文、殷・周・列国』二玄社、一九九〇年、釈文、松丸道雄、等参照。
(84)「乙」は、董作賓『小屯・殷虚文字乙編』一九四九年、「合集」は、中国社会科学院歴史研究所『甲骨文合集』全十三冊、中華書局、一九七八―一九八二年、の略称。
(85)容庚『商周彝器通考』一九四一年、上、大克鼎の条、二九七頁。
(86)劉心源『奇觚室吉金文述』(奇觚と略称)一九〇二年、巻二、克鼎の条。韡華乙中、五六オ―ウ。通釈第二八輯、一九六九年、大克鼎の条、四九七―四九八頁。

（87）このほか、臣側に見える「上下」について、列国金文になると、蔡侯䜌盤銘（中央科学院考古研究所『壽縣蔡侯出土遺物』北京、科学出版社、一九五六年）（集成一〇一七二）に「元年正月初吉辛亥、蔡侯䜌、虔共大令、上下陟否、孜敬不惕」（元年正月初吉辛亥、蔡侯䜌、大令を虔恭し、上下陟否し、孜敬して惕《おこ》たらず）とあり（尊銘に同じ）、この「上下陟否」を白川氏は、神意を奉戴する意としている（通釈第三七輯、一九七二年、蔡侯䜌盤の条、二九五頁）。この諸侯と「上下」との関係は、大克鼎銘などに見える「上下」の場合と同じく、王から云えば臣側のことであるが、そうすると「上下の匍有」者とは、「匍有」が「普有」・「広有」の義とされるように、おそらく、これら各「上下」（の神々）の関係を全体的に統轄する者ではなかったかと思える。

（88）呉鎮烽「獄器銘文考釈」考古与文物二〇〇六年第六期、呉振武「試釈西周獄簋銘文中的〝馨〟字」文物二〇〇六年第十一期、等参照。

（89）注（88）の前者の呉氏前掲論文に同じ、六〇頁。

（90）注（74）の屈氏前掲書。朱彬『経伝攷証』。曾運乾『尚書正読』。

（91）一般には、周公の言を引く召公の誥辞とされているが、于省吾『双剣誃尚書新証』、陳夢家「西周文中的殷人身分」歴史研究一九五四年第六期、注（59）の池田氏前掲書、等は周公誥辞説をとっている。

（92）江聲『尚書集注音疏』。屈氏前掲書。池田氏前掲書、三五四頁。同氏「中国に於ける至上神儀礼の成立―宗教史的考察―」中国学会報第一六集、一九六四年、八頁。

（93）注（74）の屈氏前掲書。

（94）楊筠如『尚書覈詁』。

（95）注（94）の楊氏前掲書。

（96）なお、『虞夏書』皋陶謨に「天聰明、自我民聰明。天明畏、自我民明畏。達于上下。敬哉有土」（天の聡明は、我が民の聡明による。天の明畏は、我が民の明畏による。上下に達す。敬まんかな有土）とあり、この「上下」を偽孔伝は「不避貴賤」と解し、祭沈は「上天・下民」としている（集伝）。又、『白虎通』礼楽篇に引く後得太誓に「前歌後舞、假於上下」（前歌・

後舞、上下に假《いた》る）とあり、『詩』大明正義の引文では「前歌後舞、格於上天下地」とされている。注が本文に入ったものであろう。

（97）『詩経』の読みについては、高田眞治『詩経』下、集英社、一九六八年、を参照した。四九五—四九六頁。

（98）注（97）の高田氏前掲書、五九二—五九四頁。

（99）注（87）参照。

（100）拙稿「成周王朝と「上下」考（上）—「上下の匍有」と「豊年」—」（補訂して、本書の第四章に入る）鳥取大学教育学部研究報告（人文・社会科学）一九九二年第四三巻第一号。同「成周王朝と「上下」考（下）—「上下を匍有して、迨わせて万邦を受く」の分析について—」（補訂して、本書の第四章に入る）鳥取大学教育学部研究報告（人文・社会科学）一九九二年第四二巻第二号、参照。これら「上下」祭祀の具体的対象や、その目的が何であるのかについては、殷王朝との関係も含めて、第四章に述べる。

（101）注（10）の唐氏前掲論文、二三頁注⑯、裘氏前掲論文、二五頁。

（102）呉大澂『愙斎集古録』一八九六年成、六、五ウ。

（103）斷代（一）、考古学報第九冊、一九五五年、一五四—一五五頁。

（104）注（10）の唐氏前掲論文、二二頁、裘氏前掲論文、二六頁、徐氏前掲論文、一三九頁、李氏前掲論文、一五〇頁。

（105）注（9）の王氏前掲論文に同じ。

（106）このほか、『周書』僞古文泰誓に「嗚呼、惟我文考、若日月之照臨、光于四方、顕于西土。惟我有周、誕受多方」（嗚呼《ああ》、惟《こ》れ我が文考、日月の照臨するが若《ごと》く、四方に光り、西土に顕《あらわ》る。惟《こ》れ我が有周、誕《おお》いに多方を受く）とあり、「受多方」とある。

（107）伊藤道治「第二部・西周史の研究」結語『中国古代王朝の形成—出土資料を中心とする殷周史の研究—』創文社、一九七五年、二八五頁。

（108）平岡武夫「第三理念篇、第三章、天下的世界観」『経書の成立』全国書房、一九四六年。

(109) このほか、君奭に「(上帝が)其集大命于厥躬(文王)」(其れ大命を厥《そ》の躬《み》に集む)とあり、又、召誥に「王厥有成命」(王厥《そ》れ命を成する有り)、「王末有成命」(王末に命を成するあり)とか、『詩』周頌に「昊天有成命。二后受之」(昊天命を成すること有り。二后之《これ》を受く)などとあるが、この「成」は、やはり「集」と釈されるものであろう。この「成命」の「成」字については、殷を開いた湯王が「成湯」と呼ばれ、「四方」を秩序立てる中心地として建設された洛陽が「成周」と呼ばれ、文・武を合せたのが「成王」など、共通して「成」字がつくのは注意を要する。「成」は「序成」の成であるが、藤堂氏は「成」・「帝」を同じ単語家族で「ひと所に締めまとめる」意としている(『漢字語源辞典』学燈社、一九六五年、四七〇—四七二頁)(第二章参照されたし)。

(110) 通釈第九輯、一九六五年、献毀の条、五〇八—五〇九頁。この「朕《わ》が辟天子𪊨伯」の「朕」は献自身を指すが、「辟天子𪊨伯」について、郭氏は「言献之君、天子与𪊨伯、錫之以金与車。金当是天子所錫、車当是𪊨伯所錫」として、「辟天子」と「𪊨伯」とを二人に解している(『両周金文辞大系攷釈』四五ウ)。しかし、白川氏は金文例から「金車」が「金」と「車」とに分かつべきものでなく、一物として、「辟天子」と「𪊨伯」とを同位語として「朕《わ》が辟天子𪊨伯、厥《そ》の臣献に金車を令《たま》う」と解している。読みから云っても、「辟天子」と「𪊨伯」とを分けるのは無理があり、白川氏の解釈が正しいのではないかと思え、銘文最後の「天子の休を受く」の「天子」も、銘文中の対揚の語に周王朝の君主を「天子」と称する例は多いのであるが、ここはやはり、周王朝の君主ではなく「辟天子𪊨伯」を指しているものと思われる。

(111) 安部健夫「中国人の天下観念—政治思想史的試論—」『元代史の研究』創文社、一九七二年、四五六—四七五頁、「上下」については、四七二頁(原論文は東方文化講座第六輯、一九五六年)。平岡武夫「第三理念篇、第三章、天下的世界観」『経書の成立』全国書房、一九四六年、参照。

(112) 王国維「毛公鼎銘考釈」一九一六年序、注(18)の王氏前掲書に所収。

(113) 王引之『経伝釈詞』巻三に「有、語助也。一字不成詞、則加有字、以配之。若虞夏殷周皆国名、而曰有虞・有夏・有殷・有周是也。推之他類、亦多有此。故邦曰有邦、家曰有家」とある。しかし、「周」一字があれば、それをすぐに国名としてよいか問題で、むしろ金文に習見する「王在周」の「周」は、鎬京説、岐山説などがあるが、普通国名とは解釈しえないものである（陳夢家「西周金文中的都邑」「西周銅器断代二」考古学報第十冊、一九五五年、等参照）。国名や政府所在地など、「周」一字の意味するものの分析は別途に必要であるが、ここでは、受命したのが「殷」・「周」でなく、「殷」・「有周」とある点に注目しておきたい。

（114）このほか、『周書』には、大誥に「天休于寧王、興我小邦周」（天、寧王（文王）を休《よ》みし、我が小邦周を興せり）、多士に「肆爾多士、非我小国敢弋殷命」（肆《ここ》に爾《なんじ》多士よ、我が小国敢えて殷命を弋《ほろぼ》すにあらず）、多方に「乃惟有夏圖厥政、不集于享。天降時喪、有邦間之」（乃《すなわ》ち惟《こ》れ有夏は厥《そ》の政を圖《す》て、享を集めず。天は時《こ》の喪を降し、有邦之《これ》に間《かわ》れり）とあり、「小邦周」、「小国」、「有邦」とあって、夏・殷・周の王朝革命のことが邦国単位で述べられている。

（115）両周、六二オ―六四ウ、積微居巻一、二〇、彔伯㦰毀再跋、等参照。

（116）注（26）の郭氏前掲論文に同じ。

（117）ところで、ここに挙げた『周書』召誥の性格について、以上の点から私見を述べてみたい。召誥には召公（又は周公）が成王に対し、「嗚呼、皇天上帝改厥元子、茲大国殷之命」（嗚呼、皇天上帝、厥《そ》の元子、茲《こ》れ大国殷の命を改む）に始まって、「有夏」・「有殷」の受命、歴年、墜命のことが繰り返し述べられ、最後に「能祈天永命」（能《よ》く天の永命を祈る）で終り、比較的周初の作と云われる『周書』五誥の中でも、特に邦国と受命の関係が強調されている。そこで、その理由を考えてみると、この問題を換言すれば、この成王の立場と邦国の受命とに、どのような関係があるかということになろう。それは、邦国の受命が血統による世襲主義と深く結びついているとすれば、成王の立場がこの点に特に結びつけられていたのではないかと思えるのである。つまり、成王は「周邦」の嗣として、周王朝の開設者・〝文王、武王〟の後を、生まれながらに嗣ぐことになったと考えられ、召誥中に「今沖子嗣」、「有王雖小、元子哉」と云っているように、彼の現実の「四方」支配という政治手腕はなお未知数であって、現に、同時期に成立したと思われる洛誥において、成王は周公に対し、新邑洛（「中国」）において「四方」領域に対する政治をとるように、〝文王、武王〟を祭って命じているのである。よって、成王の立場は、特に血統による世襲制と結びついた「周邦」の受命にこそ求められたのではないかと思えるのである。「有夏」、「有殷」という邦国の受命が繰り返し述べられているのも、この点にあったのではないだろうか。白川静氏（「尚書洛誥解」説林第三巻八号、一九五一年、「周初の対殷政策と殷の餘裔（上）―特に召公の問題を中心として―」立命館文学第七九号、一九五一年）は、成王は殷の墜命を直接に承けていること、又、周王朝の正しい意味での成立は、成王が中土の新大邑に即位の大礼を行なった時としている。本章で見て來たように、周王朝が文王の「天命の膺受」と武王の「四方の匍有」の二つを以て成立したと、成・康時代に考えられていたとすると、この兩者を最初から兼ね備えることになったのは成王に始まるであろう。その意味からして、確かにこの王朝の正しい意味での成立は、成王にあったと云えるであろう。ただ、召誥における成王の〝受命〟の強調は、成王の立場を考えると、邦国の〝受命〟が、「周邦」の〝受命〟と世襲主義の結びつきを意味していた点に注目したい。〝文王、武王〟死後の混乱期については、周公即位説など古来問題が多いが、召誥における〝受命〟の強調に対し、洛誥には、王朝の開設者・〝文・武〟の強調とともに（〝文王、武王〟のもつ意味については、注（11）、（46）参照）、周公に「中国」（新邑洛）に居て現実の「四方」政治の実権をゆだねたことが述べられている。召誥と洛誥とは、当時の周王朝における権力構造を示す対照的性格を示しているのではないかと思える。

（118）王国維「周書顧命考」、注（9）の王氏前掲書巻一に所収。

（119）注（111）の安部氏前掲論文。山田統「天下と天子」『国学院大學紀要特集号、国体論纂』上巻、一九六三年、所収。

（120）注（119）の山田氏前掲論文、一五七頁。

（121）注（6）の松丸氏、後者前掲論文に同じ。

（122）通釈第六輯、一九六四年、令彝の条、二九四―二九五頁、貝塚茂樹「周代の土地制度」史林第四九巻第四号、一九六六年、伊藤道治「附録、三、参有嗣考」『中国古代王朝の形成―出土資料を中心とする殷周史の研究―』創文社、一九七五年、三二二―三二三頁、等参照。令尊銘（両周録三ウ、集成六〇一六）に同銘。「四方」は、「諸侯」の領域となる〝外服〟に当たっているが、この〝外服〟の〝外〟とは先の戎生編鐘銘にある、先公が建てられた、「蛮戎」の住む「外土」に当たるであろう。この諸侯を含めた「内服」、「外服」の者が、周王朝における官僚層を形成したのであろう。

（123）『続漢書』礼儀志下の大喪の条に、新皇帝が即位の際、先ず天子の位に即き、次に皇帝の位に即いているのは、これと同じ原理の上にあるのかもしれない。西嶋定生「漢代における即位儀礼―とくに帝位継承のばあいについて―」『榎博士還記念東洋史論叢』山川出版社 一九七五年、参照。竹内康浩「西周金文中の「天子」について」（『論集 中国古代の文字と文化』汲古書院、一九九九年、所収）に、天子号を美称にすぎないと述べている。しかし、前代からの王号に対し、天子号が周代に入ってから初めて現れたのは、それなりの意味があったから、新たな称号が作られたはずである。天の神は神々の主宰者であり、後述する「豊年」つまり飢えないという〝年穀の豊穣〟を最大の目的とした神々の祭祀（「上下の匍有」）は（第四章、上下考、等参照）、当時の人々からすれば共通する最大の願望（利益）であり、周王朝が多種多様な文化をもった人々や邦々を超えて一つにする方法であったと思われる。そして天命は氏も述べる伝統的支配と結んでおり、又、天の朝廷「帝廷」に居る祖先神を介し、王は天と密接につながっていたのではないかと思える（第七章等参照されたし）。

(124) 『周書』洛誥の最後の部分に「惟周公誕保文武受命、惟七年」（惟《こ》れ周公が誕《おお》いに文・武の受命を保んじてより、惟《こ》れ七年のことなり）とあるが、これは本稿で述べたように、〝文王、武王〟が天命を受け、四方を匍有してより七年、即ち、武王の「四方の匍有」（克殷）の部分が省略されたものであろう。この〝文・武〟の表現からして、この部分は西周中期以後の付加ではないであろうか。

(125) なお、西周青銅器銘文で追ったのは、青銅器の製作年代によって、〝文・武〟を嗣いだ成・康時代以降であった。克殷時の武王時代に行なわれた革命の儀式や、その考え方については今後の課題としたい。

(126) 同出した同じ盠器の類似の銘文の中で、同銘の盠方尊、盠方彝銘（集成六〇一三、九八九九・九九〇〇、中期）に「盠曰く、天子よ、……万年までも我が万邦を保んじられんことを、と」とあり、盠駒尊銘（集成六〇一一、中期）に同じく「盠曰く、王よ、……万年までも我が万宗を保んじられんことを、と」とある。つまり、「天子」に対して「万年までも、我々のすべての邦々（あらゆる民と疆土）を安んじて下さい」とあり、「王」に対して「万年までも、我々のすべての宗たち（あらゆる宗族）を安んじて下さい」とあり、それぞれ「天子」に対しては「万邦」、「王」に対しては「万宗」と使い分けして述べていることは、注意してよかろう。天子の「万邦」は、天命の「迨受万邦」（「受民、受疆土」）に重なっている。

(127) 西嶋定生「皇帝支配の成立」『岩波講座・世界歴史』第四巻、一九七〇年、において、氏が前漢後半期に及んで見られる「皇帝」と「天子」の機能の内、「天子」の称号について、蛮夷に対する場合と、祭祀に対する場合との二つを挙げているのは、これと関係して注目される。

(128)　冊命後の顧命の儀礼が「乃授同瑁。王三宿、三祭、三咤。上宗曰饗」(乃ち同瑁を授く。王は三宿、三祭、三咤す。上宗曰く、饗せられんことを、と)と、「太保受同、降、盥。以異同、秉璋以酢。授宗人同、拜。王答拜。太保受同、祭、嚌、宅、授宗人同、拜。王答拜」(太保同を受けて、降り、盥《かん》す。異同を以て、璋を秉《と》りて以て酢《さく》す。宗人に同を授けて、拜す。王は答拜す。太保同を受けて、祭り、嚌《な》めて、宅《しりぞ》き、宗人に同を授けて、拜す。王は答拜す)と、二つの儀礼に分けられるのは示唆的である。

第二章　周王朝と「成」の構造について

――「成周」（「中国」）はなぜ「成」周と呼ばれたのか――

はじめに

中国古代史の最初期に属する周王朝の成立を、当時どのように考えていたかと云うと、前章に述べたように、西周青銅器銘文に見える王による誥文や命書から、現実的には、〝武王〟の〝克殷〟による「四方の匍有」（「不廷方の率懐」、「方蛮㚬見せざるものはなし」）という表現がなされているところから明らかなように、その「四方」領域の支配が周王朝成立のための重要な一条件と考えられていた(1)。

そして又、この「四方の匍有」（「不廷方の率懐」、「方蛮㚬見せざるものはなし」）とは、既に見たように、もう一方の周王朝成立の条件、〝文王〟の功績に比定される「天命の膺受」の内容となる「上下の匍有」（即ち、徧き「上下」祭祀）らと、「上下の匍有」「四方の匍有」という「上下」、「四方」のワンセットとなっており、そのことを周王朝の開設条件について考えておかねばならない。

この〝武王〟の功績に比定される「四方の匍有」の後、その〝武王〟の遺志によって、殷に替わった周王朝の開設の象徴的意味をもって、瀍水、澗水と洛水に臨む洛陽の地に経営されたのが、「四方」の中心場所を意味する「中国」

と称された、「周」に「成」の字がついた「成周」である。(2) それでは、この「四方」の中心となる「中国」の呼称「成周」なる名称の「成」とは、当時どのような意味をもって命名されたのであろうか。

　この「成周」(「中国」)の規模については、楊寛氏は『逸周書』作雒や洛誥の記事等をあげて「王城方九里、大郭方七十里」と解し、大きいのは民の集落のみでなく、成周八師等の重兵の駐屯のためと解している。又、伊藤道治氏は、「成周」は洛陽から偃師県・鞏県を結ぶ洛河とその北岸の邙山を北界とし、嵩山山系を南界とし、嵩山の支脈を東界とする東西五十キロ、南北二十五キロとし、王城はその西端に「成周」に含めて位置すると解し、殷八師など土地を与えて、戦時に軍団を結成させたとする。一方、林澐氏は、大豊𣪘銘(天亡𣪘、両周録一ウ、集成四二六一)の「天室」の考釈から、「天下の中」(周本紀)とか「地中」(『周礼』司徒)等の中心の意味と夏、殷、周三代の中原王朝の歴史的背景として、先秦王朝としての夏都陽城や商都亳、そしてこの周王朝の周都洛邑(「中国」)が〝嵩山(太室山)〟におけるこの周囲の地域に皆集中していることに注目している。(3) 又、両周が夷王時代に作器されたとする十月敔𣪘銘(両周録九二オ・ウ、集成四三二三)(4)に異族の「南淮夷」がこの「成周」の地域への侵攻と解釈されている「内伐」した地名として「浥、昂、参泉、裕敏、陰陽洛」とあり、追禦した地名としてある「上洛、炂谷、伊」は、「上洛」は漢の上雒縣、今の陝西商縣境内、「炂谷」は漢志弘農郡の析、とするなどの説があり、そうだとするとかなり広く追撃したことになる。(5) 西方の本貫の地である「周邦」との交通やその防備のため、この「成周」の外辺に接して、内、外諸侯が配置されていたと思われる。この「成周」(「中国」)の王畿については、呂文郁氏は周王室の東遷後も、「成周」の王畿は西周時代のそれを大体保持していたと解して、清の顧棟高や陳槃の説を引用して、その範囲を示している。(6)

　この〝武王〟の事績については、西周前期における金文に「(武王が)則廷告于天曰、余其宅茲中国、自之乂民」

（砢尊銘、集成六〇一四）とあり、又「王若曰、……（武王が）匍有四方、畯正厥民」（大盂鼎銘、両周録一八オ、集成二八三七）とあったが、そうすると、〝克殷〟の後、〝武王〟自身の遺志によって建設されたこの「中国」即ち「成周」の場所より〝武王〟は「四方」領域を治めようとしていたことがわかる。又、西周中期における作器で、周王朝における文王、武王より六王の功績を記した史墻盤銘（集成一〇一七五）にも〝武王〟について「曰、……䵼圉武王、遹征四方、達殷畯民、永不鞏、狄虘微、伐夷童」（曰く、……䵼圉なる武王、四方を遹征し、殷に達して民を畯《ただ》し、永く不鞏にして、虘・微を逖《しりぞ》け、夷童を伐つ）とあり、〝武王〟につく「迅圉」は武功の義、「遹征四方」は「四方」に対する征討を意味する。(7) これについて裘錫圭氏は「一般古書記周初征伐、只提到武王死后周公摂政時有伐淮夷、東国之事。但是《周書・世俘》説武王克殷后〝遂征四方、凡憝国九十有九国……凡服国六百万十有二〟、其中很可能有某些東方之国在内」などと解し、「伐夷童」は、裘氏ら多くは「夷、東」と釈して「東夷」、「東国」に対する征伐と考えている。(8) つまり〝武王〟について、殷王朝を倒したことや、新たに成立した周王朝に服さぬ異族（「不廷方」）を伐ったことなどが述べられているのである。

　これらの「四方の匍有」者・〝武王〟の功績を背景として、その「四方の匍有」の「四方」の中心の場所となる、周王朝開設における象徴的意味をもって営まれた「中国」（新大邑洛）の呼称、即ち、「周」に「成」の字をつけた「成周」の命名について考えてみたい。当時、ここから「四方」領域を治めるという「中国」を「成周」と名付けたのは、一体どのような意味をもっていたのであろうか。

第一節　「成周」と「四方」について

この、「中国」を呼んだ「成周」の名称が最も早く見えるもので確かなものは、近く一九六三年に宝鶏に出土した𣧑尊銘であろう(9)。即ち、そこに

隹王初遷宅于成周。復□珷王豊祼自天。在四月丙戌、王誥宗小子于京室曰、……王咸誥。𣧑賜貝卅朋。用作□公宝𨻰彝。隹王五祀。

(惟《こ》れ王初めて成周に遷宅す。復《かえ》りて珷王の醴祼を□するに、天(室)自《よ》りす。四月丙戌に在り、王、宗小子に京室に誥《つ》げて曰く(この部分には、第一章にあるように、文王と武王とによる周王朝の開設について述べている)……、と。……王咸《ことごと》く誥《つ》ぐ。𣧑は貝卅朋を賜《たま》われり。用て□公(を祭るため)の宝𨻰彝を作らん。惟《こ》れ王の五祀のことなり。)

と見えている。この「王初遷宅于成周」とは、唐蘭、陳昌遠、白川静、伊藤道治等の諸氏は、成王の「洛邑」遷都のことと見るものであり(10)、この「王」は〝成王〟と解されている。よって、銘末の「隹王五祀」は成王五年の紀年となり、「成周」の名は成王五年における「成周遷宅」の当時、既に称されていたものと思える。

又、この「成周」は、その建設時において早く「新邑」と称されていたことも、しばしば、諸氏によって指摘されて来た。即ち、周初金文である臣卿鼎(集成二五九五、臣卿𣪘銘、集成三九四八も同銘)、嗷士卿尊(集成五九八五)、周東鼎(新邑鼎、集成二六八二)の各銘文にその名が見え(11)、又、文献では、『周書』洛誥、召誥、多士、多方の各編に、「新邑」、「大邑」、「新大邑」、「洛師」、「洛邑」、「洛」の名が見える。又、新発見の周原甲骨文に「見工于洛」(見

工、洛に于《ゆ》く）とあって、この「洛」も、おそらく建設時における「成周洛邑」を指すのではないかと考えられている。[12] このことから、「新邑」の称は「成周」の比較的早い時期の称謂であり、成王五年の〝成王〟の「成周遷宅」の頃、単に「新邑」と呼ばれていたものが、「成周」という固有名詞をもって呼ばれるようになったものと解されてきた。[13]

又、この「成周」と対称されるものに「宗周」の名称がある。その称の最も早く見える確かなものは、成王の生号が見える献侯鼎銘（両周録一五オ、集成二六二六）であろう。[14] 即ち、そこには「唯成王大𠦪、在宗周」（唯《こ》れ、成王大いに𠦪《いの》りて、宗周に在り）とあり、「成王」の生号と共に「宗周」の名が見える。おそらく「宗周」の名も、既に成王時代にはあったと思え、諸氏の解釈もこれに沿うものである。[15] この両名称が同一銘文上に見えるものとして早いものに、周初の作器とされる臣辰盉銘（同出の卣、尊とも同銘）（士上盉、両周録一五ウ～六ウ、集成九四五四、士上卣、集成五四二一～五四二二、士上尊、集成五九九九）がある。

このように、「成」周、「宗」周の両名称が周初の成王時においてはじめて現われ、そして両者の命名からして、これらは周王朝の支配構造の上で、「成」と「宗」と対比されて称されたことは疑いなかろう。[16] 本章の目的は、当時、この「四方」の中心場所となる「中国」（新邑）、その「成」周という呼称の「成」がどのような意味をもって命名されていたのか、直接、西周青銅器銘文に見える「成」の字の具体的用法を整理して、そこから「成」の意味に絞って検討しようとするものであるが、これらのことからすると、「成」周なる名称の「成」の意味に注目する時、それは「成」周に対置される「宗」周の「宗」と対比して、「成」「宗」ワンセットとして考えられるべき問題だと思える。このことは留意しておく必要があろう。

一方、この「成周」なる命名の「成」に対する「周」の側に絞って注意を払ってみると、西周金文に見える西周の都邑には、「周」、成「周」、宗「周」とあって、「周」一字を含め、共通して「周」の名がつくものが西周期を通じて三都見えている。

これを周王朝のどの都邑に比定するかについては、主に陳夢家や尹盛平氏等の諸説があるが定まっていない。[17] 両氏とも、今ここでその命名を問題にしている「成周」を、〝武王〟の〝克殷〟後の「新邑」（即ち成周洛邑）（「中国」）とすることでは一致している。が、陳氏は「周」を成王後の王城にあて、「宗周」を武王時には「周」と呼ばれたもので、「成周」の建設後に「宗周」に改称したとし、それを旧都・岐周（周原）と解している。又、尹氏は、新発見の周原甲骨文にある「祠自蒿于周」（祠るに蒿（鎬）自《よ》り周に于《ゆ》く）の「周」が「鎬」（京）であり得ず岐周と考えられることや、又、岐邑遺址出土の微氏家族窖蔵器中の史墻盤銘にある「周」が岐周と解釈されること、又、考古学的発掘状況からして、岐邑には歴代西周の王臣や貴族が大量に住んでいたとして、成王五年以後の「周」を岐周、「宗周」を武王が都した鎬京と解している。又、これら西周全期を通じて見た周の本拠地としての周原の性格から、松丸道雄氏も西周期における周原、豊・鎬、洛邑の三都説を挙げている。[18] この「周」、成「周」、宗「周」の三都の名称をどの都邑に比定するかは別として、近年、周原では多くの西周期を通じた大型建築址等が発掘されており、周の本貫の地としての周原（岐周）の性格が見直されつつある。又、最近でもその地での大型墓葬等や卜甲出土の報告が相次いでいる。[19]

いずれにしても、〝武王〟による〝克殷〟の後に現れる成「周」や宗「周」の名称は、「周」と云う一名を共通とするものであった。これについて、陳氏は武王時における「周」は元来太王が都した岐周（周原）であるとし、尹氏も「周」を岐周と解して、『史記』周本紀の正義に「因太王所居周原、因号曰周」とあるのを引くように、両説共に成「周」（又は宗「周」）なる名称は、既に〝武王〟以前の早周時代からある「周」と云う呼称に、「成」（又は「宗」）の一字を新たにつけ加えて出来たものと解釈するものである。

更に又、この「周」と云う呼称は、諸氏によってしばしば指摘されているように、早く、既に殷代の武丁期における殷墟甲骨文に見えるものであって、そこには「周」、「周方」などの語句が見えており(20)（西周時代の「周」との結びつきに問題は残るが）、これらの「周」の名は国名や族名などと解されているものである。又、近年出土した周原甲骨文には文王時のものとされる「周方伯」（諸氏、文献に云う西伯文王を指すと解釈している）と云う語句も見えており(21)、この「周」は西土の多方を支配する伯としての周国乃至周族の「周」を意味しているのではないかと思える。

又、「周」の呼称は、西周金文には更に、「周邦」（史墻盤、彔伯𢦏毀、両周録三五オ、集成四三〇二、大克鼎、両周録一一〇オ～一一一オ、集成二八三六、師克盨、集成四四六七～四四六八、師訇毀、両周録一三二オ、集成四三四二、訇毀銘、集成四三二一）や「有周」（周公毀（𤇾作周公毀）、両周録二〇オ、集成四二四一、毛公鼎銘、両周録一三一オ～又一三一オ、集成二八四一）などの名称も見えている。西周金文では王が臣下に対し、「周邦」に汝らの祖先がよく勤めた結果、「四方」を治める周王朝の開設に至ったことを云う場合が幾つか見えており(22)、又、以前述べたように、西周金文や康王の即位儀礼を示す『周書』顧命等からすると、周王朝の君主は、公的に「周邦」の君と「四方」の君（即ち王位）との二つの君位を命じられていたのではなかったかと思え(23)、この「周邦」とは、殷墟甲骨文の「周方」と同義で、〝克殷〟前より西土に偏在してあったものであり、元来、他の庶邦と並ぶものであったろう。又、両周が康王時代における作器とする小盂鼎銘（両周録一九オ、集成二八三九）に「用牲啻周王、□王、成王」（牲を用て、周王、□王、成王を啻す）と記されており(24)、この「周王」は〝武王〟による〝克殷〟前の西土における庶邦を支配する「周邦」の〝文王〟を指し、〝武王〟による〝克殷〟後の「四方」の領域を支配する「周」を冠さない「王」とは別表現をとっているようである。この場合の「周王」も周辺の庶邦を支配した周の国乃至族の「王」の意味であろう。このような「周」の使われ方からすると、当時の都邑的な国家の意味が問題であるが(25)、殷の諸侯国であった「周方」や、西周金文の「周邦」と云う言葉があることから明らかなように、「周」の名が国号（それは同族の血縁団体の名をも意味したであろうが）としての意味をもっていたことは確かであろう。「成」周の名称における「周」の側からは、およそこれらのことが推測される。

次に、成王による「成周遷宅」（𣧑尊銘）が云われるこの「成周」(26)は、又、先に述べたように、その名が生まれた建設当時、周王朝における経営領域の中心の地域としての「中国」とも考えられていた。即ち、先の成王の「成周遷宅」をその冒頭に掲げる新出の𣧑尊銘に、成王の「宗小子」に対する誥命文を載せて

……王誥宗小子于京室曰、昔在爾𣧑公氏、克逨玟王、肆玟王受茲大令。隹珷王既克大邑商、則廷告于天曰、余其宅茲中国、自之乂民。……

（……王、宗小子に京室に誥《つ》げて曰く、昔、爾《なんじ》・𣧑の公氏に在りては、克《よ》く玟王を逨《たす》け、肆《ここ》に玟王は茲《こ》の大令を受く。惟《こ》れ珷王は既にして大邑商に克《か》ち、則ち天に廷告して曰く、余は其れ茲《こ》の中国に宅《お》りて、之自《これよ》り民を乂《おさ》めん、と。……）

とある。

即ち、「成王」の誥命文に引かれる、〝克殷〟後の〝武王〟による告天文に「余其宅茲中国、自之乂民」（余は其れ茲《こ》の中国に宅《お》りて、之自《これよ》り民を乂《おさ》めん）とあって、この〝武王〟の云う「中国」とは、諸氏は皆「成」周（「新邑」洛）を指すものと解釈している(27)。そうすると、新都「成」周乃至その周辺を含めた領域を、その建設当時において、〝克殷〟後の周王朝の経営する「四方」の中央の地域にあたる「中国」と考えていたこと、その建設が周王朝の開設者であり「四方の匍有」者・〝武王〟の遺志であったことが、この〝武王〟の祝文によって明らかになったことにな

る。

　この「成」周をその経営当時の周王室が「中国」と称することは、既に諸氏によってしばしば指摘されているように、早く文献にも見えているのであって、周初における「新邑」洛の建設の模様を記す『周書』召誥の「旦曰、其作大邑、……其自時中乂」（旦曰く、其れ大邑を作る、……其れ時《こ》の中自《よ》り乂《おさ》めんことを）とか、洛誥の「曰、其自時中乂万邦」（曰く、其れ時《こ》の中自《よ》り万邦を乂《おさ》めんことを）や『逸周書』作雒解の「乃作大邑成周于土中」（乃《すなわ》ち、大邑成周を土中に作る）などの、これら「万邦」（「四方」）をここから治めると云う「新邑」洛を称する「中」、「土中」が舸尊銘における「中国」即ち「成」周に当たるものであろう。又、『史記』周本紀にも、司馬遷の理解として〝克殷〟者である「武王之意」に従って洛邑を造営し、周公が「曰、此天下之中、四方入貢道理均」（曰く、此れ天下の中にして、四方より入貢するに道理均《ひと》し）と称しているのも、この「成」周（洛邑）を「四方」（「万邦」）を経営する中央の地域に当たる「中国」とする、これらの考えに従うことも明らかであろう。

　ところで、この舸尊銘などの青銅器銘文について、近年、松丸道雄氏は作器・作銘主体の問題を提起した。この舸尊銘について云えば、作器者「舸」とあっても、銘文の大半は西周建国以来の諸王の功業が強調されている如く、王室側による作器・作銘とするものであるが、(28)今、この観点より見ると、舸尊銘文冒頭に成王の「成周遷宅」という大事業を先ず挙げ、更に続けて、直ちにその端を開いた〝克殷〟者・〝武王〟に関する祭儀を記す。次に来る成王の「宗小子」に対する誥命文に、以前にも述べた二人の〝文王〟の「天命の膺受」と〝武王〟の「克大邑商」（「四方の匍有」）という周王朝の開設について述べ、(29)更に、この〝克殷〟者・〝武王〟だけは、先に見たように、直ちに下に続けて〝武王〟の告天文を挙げ、この「中国」（「成」周）より「民」を治めることが、この〝武王〟自身の遺志であることが強調されていた。即ち、このような内容をもつ〝武王〟の祝文と、銘文冒頭の成王による「成周遷宅」、次に来る〝克殷〟者・〝武王〟に関する祭儀、そしてその〝武王〟の先の内容をもつ祝文の記載とは、それぞれ作銘主体者によって密接な関係をもって配置されているが如くである。

これらの銘文の成り立ちから見ると、王室側の作文の主眼には、〝文王、武王〟という周王朝の開設者の内、殊に〝武王〟の強調が目立つようである。この〝武王〟とは、以前述べたように、周初より周王朝の開設者の一人たる「四方の匍有」者（「王」）と、王室側によって意識されたものであったから[30]、この「四方の匍有」者の遺志によって㺇尊銘に云う「中国」が営まれ、一般的解釈に従えば、それへの遷都が挙行されたことが主張されているわけである。これらのことは、〝武王〟による「四方の匍有」と、その〝武王〟自身の遺志による、その「四方の匍有」における「四方」の中心となる「中国」（即ち「成」周）の経営という、すべて整合的内容をもつことになる。

そうすると、周王朝の開設を意味する〝武王〟による「四方の匍有」と、彼自身の遺志によって、その「四方」の中心としての「中国」即ち「成」周を営んだということは、周王朝の成立を意味するその支配領域が、この「中国」（「成」周）を中心とする「四方」、即ち、この「中国」（「成」周）の〝外〟の領域（即ち「四方」「四国」）を対象とするものであったことになる。そして、周王朝の開設の象徴的意味をもって建設された、〝武王〟による「四方の匍有」のその「四方」の中心となる「中国」の呼称、いわば「中国」の国号は、いわゆる歴代の周、秦、漢王朝という場合の周王朝の名となる、単に国号的意味をもつ周だけでなくて、「成」の字をつけた「成」周であった。この周王朝の成立を意味する「四方」支配に対して、その「四方」の中心の場所となる「中国」を「成」周と周に「成」の字をつけて呼んだことには、どのような意味があるのであろうか。

今、時代的背景を見るために、「中国」の呼称と、「中国」を核とした中国王朝における開設に関する考え方を、この先秦王朝である周王朝と、次の中央集権の皇帝制度が成立した秦、漢王朝とで比べてみると、同じ中国王朝の成立を意味するその支配領域の対象が、両者では「中国」の〝外〟の、いわば〝外国〟に対するのと、「中国」の〝内〟に対するのという、「中国」の〝外〟と〝内〟との大きな相違があることが分かる。即ち、周王朝の開設を意味する支配領域は、先に見たように、〝武王〟による「四方の匍有」（「不廷方の率懐」、「方蛮𡛟見せざるものはなし」）という「四方」支配、即ち「中国」である「成」周の〝外〟になる、「四方」の領域が周王朝成立の対象領域となっていた。

　これに対し、次の秦、漢王朝の開設は、阿部健夫、栗原朋信、尾形勇等諸氏の挙げる史料を参考にすると、(31)『史記』秦始皇本紀の〝始皇帝〟の言葉に

……寡人以眇眇之身、興兵誅暴乱。頼宗廟之霊、六王咸伏其辜、天下大定。……

（……寡人、眇眇の身を以て、兵を興して暴乱を誅す。宗廟の霊に頼り、六王咸《ことごと》く其の辜《つみ》に伏し、天下大いに定まる。……）

とあり、又、「嶧山刻石文」に「廼今皇帝、壹家天下、兵不復起」（廼《すなわ》ち今や皇帝、天下を壹《いっ》家として、兵は復《ふたた》び起らず）とあって、「天下大定」、「壹家天下」と王朝の成立が表現され、これらの類例は多い。又、漢王朝の開設の表現も、『漢書』高帝紀十一年の条における漢の〝高祖〟の詔に「今、吾、以天之霊、賢士大夫、定有天下、以為一家、欲其長久、世世奉宗廟無絶」（今や、吾、天の霊、賢なる士大夫を以て、天下を定有して、以て一家と為し、其の長久にして、世世宗廟を奉じて絶えることなからんと欲す）とあり、「定有天下、以為一家」とある。即ち、秦、漢両王朝とも、その開設は「天下大定」とか「定有天下」などという、「天下」の併合統一をもって表現されている。

　この秦、漢王朝の成立を意味するその支配領域としての「天下」について、安部氏は、これらの秦、漢初にいう「天下」が、かつての周王朝時代の「中国」対「四方」の関係がそのまま拡大され、いまやかつての「四方」そのも

のにまで成長・拡大したところの「中国」に当たるべきもの、「天下」即ち「中国」であることを史料を挙げて論述した。[32] もちろん、「成」周が建設された当時、それは同氏も述べて「後の時代というか、むしろ現代われわれの使っている「中国」は、いうまでもなくシナ《ママ》民族の主権の下に帰属している全領域のことである。ところが、〝四方〟の中心にある「中国」は、胡氏のすでに指摘しているとおり、殷でいうなら商邑、周でいうなら鎬京もしくは洛邑、要するにその首都か、せいぜい王畿一帯を意味するものであったに過ぎない」として、[33] 氏も又その中核たる「中国」と「四方」との時間的成長の過程を跡づけるように、この場合の「中国」は、後に「四方」と共に成長・拡大した所謂領土国家ではない都邑に過ぎないが、この「四方の匍有」のその「四方」の領域の中心たる「中国」が成長・拡大したものが、従来の秦、漢王朝の開設を意味する併合統一された「天下」即ち「中国」であり、それ以外の何ものでもなかったと理解されているわけである。

そうすると、同じ中国王朝でも、秦、漢王朝の開設は、秦の〝始皇帝〟や漢の〝高祖〟の「天下の定有」という、かつての「四方」そのものにまで成長・拡大した「中国」の〝内〟（即ち「天下」）の支配が、王朝の成立を意味する対象領域とされていたのに対し、先秦王朝である周王朝の開設は、〝武王〟の「四方の匍有」という、「中国」（「成」周）に対する「四方」、即ち「中国」の〝外〟のいわば〝外国〟に対する支配が（周王朝の経営のことが、後に東夷伝のような〝外国〟伝に記されていることは象徴的である。第七章参照されたし）、周王朝の成立を意味する対象領域とされていたわけで、ここに「中国」の〝内〟に対するのと、〝外〟に対するのという、両者では、王朝の開設を意味するその支配対象の領域に「中国」の〝内〟と〝外〟との大きな相違があることが分かる。

そして、この「中国」の呼称は、尾形氏が「漢」一字の分類をして、その一つに国号を挙げるように、[34]「中国」の〝内〟（即ち「天下」）を王朝開設の対象領域とする漢王朝における、〝外〟の〝外国〟に対する「中国」の呼称は、漢王朝と同じただ漢であり、一方、「中国」の〝外〟（即ち「四方」）を王朝開設の対象領域とする周王朝における、その対象領域となる〝外〟の〝外国〟に対する「中国」の呼称、いわば国号は、漢と並ぶ国号的意味をもつ周だけではなくて、「成」の字をつけた「成」周であったのである。

よって、時代的流れの中で中国王朝の開設時における「中国」の呼称（国号）を挙げてみれば、「周」、「秦」、「漢」ではなくて、成「周」、「秦」、「漢」となる。このように周王朝の場合は「成」の一字がつくのである。それは一体なぜであろうか。これは、周王朝の前、殷王朝の開設者の湯王にも、成「湯」と「成」の字がつくのと類似している（後述）。

〝外国〟から見た「中国」の呼称と、王朝開設の流れは、このような時代的背景をもつものであるが、今ここで問題にしている成王の「成周遷宅」が云われるこの「成」周即ち「中国」は、周王朝成立の対象領域となる「中国」の〝外〟の「四方」（「四国」、「万邦」）、いわば〝外国〟を治めるために、前章で見た周王朝成立の条件となる「天命の膺受」の内容「上下の匍有」（徧き「上下」の神々の祭祀）（第四、七章参照されたし）と「四方の匍有」のワンセットの内、「四方の匍有」者・〝武王〟の遺志によって、その「四方」領域の中心地域に営まれたものであったから、「成」周という「中国」に対する命名にもそのことが反映しているのではないかと推測しても、あながち無理ではないかと思える。

第二節　「中国」（「成」周）の〝内〟と〝外〟について

周王朝の成立を意味した領域の対象は、〝武王〟の功績に比定される、「四方の匍有」者（「王」）が支配した「成」

周の〝外〟の、いわば〝外国〟に当たる「四方」の領域である。

この「四方の匍有」とは、以前に述べたように、西周後期における周王朝の開設を述べる王の命書には「（文王・武王）不廷方を率懐す」（毛公鼎銘・両周録一三一オ～一三一オ、集成二八四一）や、「方蛮𡚬見せざるものはなし」（史墻盤銘・集成一〇一七五）などという表現もとり、これは又、『詩』大雅・常武に「率彼淮浦、省此徐土。……濯征徐国、……四方既平、徐方來庭」（彼《か》の淮浦に率《したが》いて、此の徐土を省せよ。……濯《おおい》に徐国を征し、……四方既平らぎ、徐方來庭す）とあって、「不廷方の率懐」や「方蛮𡚬見せざるものはなし」とは、この常武における「徐方」（「徐国」）の「來庭」を云う「四方既平、徐方來庭」と同じ表現と思われた。(35) 即ち、「四方」の領域は、周王朝に叛服常なき多種多様な異族の邦々や人々が居住する領域であった。

又、この〝外〟の言葉自身と異族との関係は、西周時代の後期頃における作器とされる、新たに出現した戎生編鐘銘（近出二七～三四）に

戎生曰、休台皇祖憲公、䞒䞒……𧼑爯穆天子歠霊、用建于茲外土、憍嗣蛮戎、用幹不廷方。……

（戎生曰く、休なるかな我が皇祖憲公、䞒䞒《かんかん》として……穆天子の肅霊を善稱し、用て茲《こ》の外土に建てられ、蛮戎を遹《ただ》し嗣《つかさど》（司）りて、用て不廷方を幹《ただ》す。……）

とあり、「外土」や「蛮戎」「不廷方」の言葉が共に見えている。これは「戎生」の祖先が西周時代の中期における〝穆王〟（「穆天子」）の頃に、「外土」に建てられてその地域の「蛮戎」を司り「不廷方」（不庭の国）を幹《ただ》したことを云っている。「䞒䞒」は「桓桓」で武貌（牧誓の伝等）を云う。この「不廷方を幹《ただ》す」は『詩』大雅・韓奕における「幹不廷方、……以先祖受命、因時百蛮」（不廷方を幹《ただ》し、……先祖命を受け、時《こ》の百蛮に因《よ》りしを以《もっ》て）の「百蛮」を治め、「不廷方を幹《ただ》す」とほぼ同じ表現で、共に「不廷方」は異族の「蛮戎」「百蛮」に対応している。ここの

「不廷方を幹《ただ》す」と同じ意味をもつ、「不廷方の率懐」や「方蛮娍見せざるものはなし」は、周王朝の成立を云う「四方の匍有」と云い換えられるものであった。李学勤氏は、この「用建于茲外土」について、〝建〞意思同〝封〞。〝外土〞当指畿外之地」と解し、「受封于畿外、管理蛮戎」として封ぜられたこの「外土」を王畿外の領域と解釈している。裘錫圭氏も「外土」を王畿の外の領域と解し、その建てられた場所は、山西晋国の周辺における「蛮戎」の多い地域であることを述べている。[36] いずれの解釈にしても、「外土」とは、王の直接支配の及ぶ「成」周王畿の〝外〞の領域を云うものであろう。

又、この「不廷方」と、周王朝成立の対象領域となる「四方」（「四国」、「万邦」）との関係については、新たに出土した、西周後期における作器とされる逨盤銘（近出二編九三九）にも、逨の先祖が〝成王〞を助けて、「方逖不享、用奠四国万邦」（方《あまね》く不享を逖《しりぞ》け、用て四国・万邦を奠《さだ》む）とあり、更に次の〝康王〞を助けて「懐不廷」（不廷を懐《なつ》く）とある。[37] これらも、周王朝の成立を意味する「四方の匍有」（「不廷方の率懐」、「方蛮娍見せざるものはなし」）と「不廷方を懐《なつ》く」が同じであり、「不享を逖《しりぞ》く」も直ちに下文に続けて「四国・万邦を奠《さだ》む」とあることからすると、「逖不享」や「懐不廷」も、「四方の匍有」と等置されるものであろう。

この「中国」の〝外〞の「四方」（「万邦」）について、以前述べたが、既に諸氏によってしばしば指摘されてきたように、[38] 西周初の成王時代における作器とされ、成周工房の器とする令彝銘（矢令方彝、両周録二ウ～三オ、集成九九〇一）[39] と『周書』五誥の一つの酒誥との対比によって、令彝銘に「周公子明保」（周公乃至周公の子明保）が「成」周において命令を出して「三事の令を舎《お》くに、卿事寮と諸尹と……諸侯の侯・甸・男とにおよび、四方の令を舎《お》く」とあり、「四方」とは諸侯の領域に当たる。それらは同じく酒誥に「王曰く、……外服に越在《おい》ては、侯・甸・男・衛の邦伯、内服に越在《おい》ては、百僚・庶尹（云々）」とある「内服」の百官に対する「外服」の「侯・甸・男・衛の邦伯」

が（「四方の匍有」は、別々に差別化してとらえられている）、この令彝銘の「四方」の部分に当たるものであることも、その類似から明らかであった。つまり、周初よりその説がある「中国」（「成」周）を中心地域とする「内、外服」において、「四方」の諸侯はこの「外服」と称されるものであった。戎生編鐘銘にある「外土」に建てられて「蛮戎」を司り「不廷方を幹《ただ》す」と云う「外土」の〝外〟は、「外服」の〝外〟と類似のものであろう。

よって、『周書』顧命によると、成王を嗣いで「四方の匍有」者（「王」）の〝位〟を継承したその子〝康王〟が、廟内での即位式の後、直ちに朝見の儀に臨んだのは、廟門外に俟つ、先の令彝銘や酒誥に云う「四方」、「外服」に当たる「東、西の諸侯」の「庶邦の侯・甸・男・衛」であった。つまり、新しく〝王位〟に即いた〝康王〟は、「四方の匍有」者として、先ずその「四方」領域における「東、西の諸侯」の「庶邦」の支持と服従を求めたのであろう（即位儀礼については、第一章、詳しくは第七章参照されたし）。

この時の「東、西の諸侯」に対する〝康王〟の命に

……雖爾身在外、乃心罔不在王室。……

（……爾《なんじ》の身は外に在《あ》りと雖も、乃《なんじ》の心は王室に在《あ》らざることなかれ。……）

と云っている。「諸侯」の身が「外」にあると云いそれは「王室」の「外」の意味であろうが、「四方の匍有」者（「王」）にとって、その「四方」は「外服」の諸侯の領域であり、その諸侯の領域は又「外土」とも呼ばれていたことからすると、孔疏に「雖汝身在外土為国君、汝心常当無有不在王室」と解し、この「外」を「外土」と解釈してその「国君」としているが、周王朝の新しい君主である〝康王〟の言葉にある「爾身在外」の「外」とは、先の戎生編鐘銘にある戎生の先祖が〝穆王〟の時に「外土」（「四方」）に建てられて「蛮戎」を司り、「不廷方」（不庭の国）を幹《ただ》すと云う、その「外土」の意味と整合性をもってくるであろう。

即ち、周王朝成立の対象領域となる「四方」領域とは、まさにそれが「中国」即ち「成」周の〝外〟の領域であったように、西周初よりその説のある「内服、外服」でいう、周の力が直接的には及ばない「外服」の領域、いわゆる周の封建制（「封建」の言葉は後世のものであり、その形態は様々であるが）の下にある独立的な「庶邦」（各宗、各族）の存在する領域を指すものであったと云えよう。そして、その「中国」の〝外〟の、いわば〝外国〟に当たるこの「外服」の諸侯とは、それを「中国」の〝内〟（天下）を王朝成立の対象領域とした漢代と対比すれば、およそ「漢」即ち「中国」の〝外〟の、漢の力が直接的には及ばない〝外国〟における〝外臣、外藩〟層に当たるものという史的展望をもつことになろう(40)（但し、「周邦」と「中国」（「成周」）は一致していないが、後の「秦邦」、「漢邦」と「中国」とは完全に一致してくる）。

一方、〝外〟に対する〝内〟と、〝外〟における「方蛮」、「蛮戎」等との関係は、両周が西周中期、穆王時代における作器とする彔𢦔卣銘（両周録三三ウ～三四オ、集成五四二〇）に

　王令𢦔曰、𠭯、淮夷敢伐内国。汝其以成周師氏、戍于𠸌師。……

（王、𢦔に令して曰く、𠭯《ああ》、淮夷敢えて内国を伐つ。汝其れ成周の師氏を以《ひき》いて、𠸌師に戍せん、と。……）

とあって、異族の「淮夷」が「内国」を伐ったとある。即ち、王が彔𢦔に命じて「内国」に侵入した「淮夷」を、「成周」（「中国」）の師氏を率いてこれを伐たせている。この「内国」は、銘文選に「内国猶内地、国、地域」と解し、通釈に王の直接支配の及ぶ近畿の地と見ている(41)。おそらく、この「内国」とは、彔𢦔が「成周」の師氏を率いていたように、「成」周王畿の地域を指すのであろう。又、この「内」については、先の十月敔𣪘銘に「王在成周。南淮夷遷及内、伐𣳙昴参泉裕敏陰陽洛。王令敔追御于上洛𤐫谷。至于伊、班。……王格于成周大廟」（王、成周に在り。南淮夷、遷して内に及び、𣳙、昴、参泉、裕、敏、陰陽洛を伐つ。王、敔に令して上洛、𤐫谷に追御せしむ。伊に至り

て班《かえ》る。……王は成周の大廟に格《いた》る）とある。即ち、やはり異族の「南淮夷」の侵入に対し「内」とあり、又「成周」をとり囲む洛水、伊水の名が見えており、「南淮夷」を「上洛」に追撃して、「成周」（「中国」）の「大廟」でこのたびの侵入した「南淮夷」に対する戦役の献捷の礼が行われている。この「内」について、古籀、両周等は、「内伐」で入伐の意に解し、積微居、通釈は「内」で切って、「内」を彔戎卣銘と同じ「内国」の意に解している。その積微居に「内国猶今内地」とし、通釈は、この時諸夷の目標は洛陽即ち成周を包囲攻撃するにあったと解釈している。(42)

　この彔戎卣、十月敔段の両銘とも、「淮夷」、「南淮夷」という異族の「成」周王畿の地域への侵入を云うもので、その類似性から云うと、この「内」は「内国」の意にとりたいところであるが、又入伐の意にとっても、それは「内国」への侵入の意になろう。つまり、「中国」を中心とした、王の直接的支配の及ぶ王畿一帯の地域に対する異族の侵入である。この「内国」、「内」の言葉が、共通して「淮夷」、「南淮夷」と呼ばれる異族の侵入と共に出てくるのも、当時の周王朝が「中国」（「成」周）を中心とした「内国」と云う場合に、異族の「淮夷」、「南淮夷」等の住む領域を〝外〟と意識していたことが分かる。まさに「中国」（「成」周）の〝外〟の「四方」（「万邦」）の領域は、つまりそれが周王朝成立の一条件「四方の匍有」（「不廷方の率懐」、「方蛮𧡊見せざるものはなし」）の「四方」領域であるが、それが「中国」を中心地域とする「内国」に対する、いわば〝外国〟としての多様な文化等をもった異族の住む領域であった。

　成王の「成周遷宅」が云われる、「成」周即ち「中国」をその中心の場所とする「四方の匍有」の「四方」とは、およそこのような内容をもっていたものである。

　そこで今、この「四方」の中心となる「中国」の呼称、「成周」の「成」についての従来の解釈を見てみると、古く『周書』多士や畢命の孔疏に、それぞれ「遷殷頑民、以成周道。故名此邑為成周」とか、「此邑本名成周、欲以成就周道」とあり、「成」周の「成」は周の道を成就するところから、そのように名づけたとする。又、近年では、侯外廬氏は、「成」は「城」の字で「城」周の意味に解釈し、最近では、唐蘭氏は先の𤔲尊銘の考釈において「他（成王のこと）的自称為成王、就是表示王業已経告成的意思。……正説明成周是成王的周」と述べ、「成」周は〝成王〟の周であり、その「成」は王業を完成する意味と解して、尹盛平氏もこれを引いている。[43] 又、白川静氏は、「成は武事を示す字であるから、成周とは軍都の意であろう」と述べ、又、伊藤道治氏は「この〝成周〟という語は、周の世界支配を完成するという意味だといわれている」と述べている、などの説がある。[44]

しかし、これらの説は、どちらかと云えば、「成」という文字そのものによっての解釈から来ているようであり、[45] 周王朝の支配構造を背景として、歴史の「場」の中で、当時の具体的な史料に基づき「成」の字の用法を詳しく考釈したものではないようである。そこにこれらの説の弱点があろう。

そこで、本章では、以上概観した点を考慮に入れながら、直接、同時代史料たる西周青銅器銘文を中心として「成」の字の用例を集めてその用法を整理してみたい。そしてそこから、〝克殷〟の後、王朝成立の象徴的意味をもって、周王朝成立の一条件「四方の匍有」のその「四方」（「四国」「万邦」）経営のために、「四方の匍有」者・〝武王〟の遺志によって営まれた「中国」を、当時「成」周と命名した意味について考えてみたいと思う。

第三節　西周青銅器の銘文上に見える「成」の字の用例について

「成」周（「中国」）の「成」の字の用例は、この西周青銅器の銘文に種々あるが、大きく二つに分けられるようである。即ち、一つは、「四方」（四国）の領域における国際的紛争の収束に関係する銘文上に現われる「成」の場合で、これが最も多く、一つは、その他（裁判、契約例など）の銘文上に現われる「成」の場合である。

1　「四方」（「四国」）における、国際的紛争の収束に関係する銘文上に現われる「成」の場合

元来、西清の著録の器で、一九七二年に北京の廃銅中に発見された班毀銘（両周録九オ、集成四三四一）に(46)

佳八月初吉、在宗周。甲戌、王令毛伯更虢城公服、甹王位、作四方亟、秉緐蜀巣令。賜鋚勒。咸。王令毛公以邦冢君・土馭・戜人、伐東国痟戎。咸。……三年静東国、亡不成。𢿚天畏、否畀屯陟。……班拝稽首曰、烏虖、不杯丮皇公、……登于大服、広成厥工。文王孫亡弗褱井、亡克競厥剌。……

（惟《こ》れ八月初吉、宗周に在り。甲戌、王、毛伯に令して虢城公の服を更《つ》ぎ、王位を甹《たす》けて、四方の極（望）と作《な》り、緐、蜀、巣の令を秉《と》らしむ。鋚勒を賜わる。（冊命が）咸《おわ》る。王、毛公に令して、邦冢君・土馭・戜人を以《ひき》いて、東国の痟戎を伐たしむ。（征伐の王命が）咸《おわ》る。……（毛公等が）三年にして東国を静め、成せざるは亡し。天畏に𢿚《やぶ》れて、否《おお》いに屯陟を畀《あた》えられたり。……班、拝稽首して曰く、烏虖《ああ》、丕砙なるわが皇公、……大服に登りて、広く厥の功を成す。文王の孫、懐刑せざるなく、克《よ》く厥《そ》の烈を競うものなし。……）

とあり、ここに「亡不成」、「広成厥工」とある。

銘文中の「毛伯」（毛公、毛父）については、文献中に見える毛公との比定から三説あり、それによって器の製作時代は、西清、郭氏、断代等は成王時代、古文審、積微居、通釈等は穆王時代とする。(47) この銘文は冒頭に、王が「毛伯」に令して「甹王位、作四方極」（王位を甹《たす》けて、四方の極となれよ）とあって、先ず、周の「四方」経営に関する王命の部分が来ている。これは、「中国」（「成」周）の〝外〟、いわば〝外国〟に当たる周王朝の成立を意味するその経営領域たる「四方」（「四国」）の内、下文の「東国」における蛮夷庶邦の争乱の話を導く。この「東国」は「中

国」即ち「成」周より見て云うのであろう。この「甹王位」は、番生𣪘銘（両周録一三〇オ、集成四三二六）の「番生……用𩁹大令、甹王位、……用諫四方、𩕢遠能𤞷」（番生……用て大令に𩁹《つつし》み、王位を甹《たす》け、……用て四方を諫《おさ》めて、遠きを柔《やわ》らげ邇《ちか》きを能《やす》んず）、毛公鼎銘の「王若曰、……𤔲于小大政、甹朕位、虩許上下若否雩四方」（王若くのごとく曰く、……小大の政を𤔲《つつし》み、朕《わ》が位を甹《たす》けて、上下の若否と四方とに虩許《つつし》み）と類似。「王位」とは、先の〝武王〟の功績に比定される「四方の匍有」者を指し、「王位」を助くとは、「四方の匍有」者の〝位〟を助くることを云う。又、「作四方極」は、断代に「亟」について「猶毛公鼎銘的〝命汝亟一方〟、君奭〝作汝民極〟、商頌殷武〝商邑翼翼、四方之極〟、韓詩斉詩作〝京邑翼翼、四方是則〟」と解している。(48)「極」の字に近かろう。「甹王位、作四方極」とか「甹王位、……諫四方」などと並び記されるように、「王位」と「四方」とは結びついた言葉である。

次いで、王は「毛公」に令して、「東国の痟戎」による擾乱を伐たせた。この銘文の登場人物の関係については複雑で定説はないが、この銘文は「東国」における紛争を収束した「毛公」の功績が中心となっていることは確かである。この「東国の痟戎」の争乱については、西清、断代は成王時における淮夷徐戎の役、これに類する郭氏は「痟戎当即奄人」と解する。積微居は穆王時の征越、通釈は、後に偃王説話を生む、穆王時の夷族勢力に対する征役、などの説がある。(49)

次いで、「三年静東国、亡不成。𢾊天畏、否畀屯陟」（三年にして東国を静め、成せざるなし。天畏に𢾊《やぶ》れて、否《おお》いに屯陟を畀《あた》えられたり）とあり、ここに「亡不成」とある。即ち、三年に及ぶ大規模な作戦が「東国」に行われ、「静東国」の「静」は、他の金文例からすると、毛公鼎、師詢𣪘銘の王の命書中にある、それぞれ「䜌々四方、大縦不静」（䜌々《さく》たる四方、大いに縦《みだ》れて静かならず）、「肆皇帝亡旲、臨保我厥周雩四方、民亡不康静」（肆《ゆえ》に皇帝旲《いと》うことなく、我が厥《そ》れ周と四方とに臨保し、民、康静ならざるものはなし）や、又、列国金文の秦公鐘銘（秦公鎛銘、両周録二八九ウ〜二九一オ、集成二七〇）の「盭々文武、鎮静不廷、𩃬燮百邦」（盭々たる文武、不廷を鎮静して、百邦を柔燮し）などの「四方」、「不廷」、「百邦」等と共に用いられている「静」の義と同じで、秩序の安寧を云う（〝平和〟に近い）。「不廷」を服させることも「静」と云う。又、「斁」は、郭氏は睪は斁の省で敗の義、通釈は燡敗の義、断代は「爾雅釈詁一、懌、服也」と解する(50)。つまり、ここは、三年にして「東国」の紛争を鎮定し、そしてそのことを「亡不成」、即ち「成」したと云ったものと思える。これは後述する、同じ紛争の鎮定を示す「休……有成」型の金文と流れの上において同義のものであろう。郭氏に「成」を成功とある。

そして終りの「班拝稽首曰、……皇公……登于大服、広成厥工」の「広成厥工」とは、断代に「登于大服」を先の「更虢城公服」に、「広成厥工」を先の「静東国」に当てている(51)。つまり、「広成厥工」とは、「虢城公服」の下の「甹王位、作四方亟」と関係し、おそらく「毛伯」が「王位」を助けて、周王朝の経営領域たる「四方」の内、王朝が与えた秩序に反した大規模な「東国」における紛争を収束した功、その成功を称したものであろう。

次に、厲王自身の自作器ではないかとされる、「南国」の争乱のことを記す宗周鐘銘（㝬鐘、両周録二五オ、集成二六〇）に

王肇遹省文武勤疆土。南国𠬝子敢臽虐我土。王敦伐其至、𢦔伐厥都。𠬝子迺遣間来逆卲王。南夷・東夷、具見二十有六邦。……朕猷有成亡競。……㝬其万年、畯保四国。

（王肇《はじ》めて文・武の勤めし疆土を遹省す。南国の服子、敢えて我が土を陥虐《かん》す。王、敦伐して其れ至り、厥《そ》の都を𢦔伐す。服子迺ち遣間して、来りて逆《むか》え王に昭《まみ》ゆ。南夷・東夷の具《とも》に見するもの二十有六邦なり。……朕猷成有りて競うことなし。……㝬（厲王自身のこと）其れ万年、畯《なが》く四国を保《やす》んぜん。）

とあり、ここに「朕猷有成亡競」とある。

この銘文も、冒頭に「王肇遹省文武勤疆土」（王肇《はじ》めて文・武の勤めし疆土を遹省す）とあり、班毀銘と同じく、先ず、周の「四方」経営に関する部分が来ている。即ち、文選にこの部分を「言王始自省察文武所勤労撫有之疆土、与孟鼎我其遹省先王受民受疆土、句法同」と解しているが、[52] 周王朝の開設者たる〝文王、武王〟の勤めし疆土、即ち周王朝の経営領域（「四方」、「万邦」）に対する王の軍事的査察即ち「遹省」（先に見たように、『詩』大雅・常武の「徐方」を伐った時も、「徐土」を「省」すとあった。その結果、「徐方」は「来廷」する）を述べるものである。又、近年出土した馬承源氏等が西周時代の後期における作器とする晋侯蘇編鐘銘（近出三五～五〇）にも、「王親遹省東国・南国。……王親令晋侯穌……伐夙夷」（王、親《みずか》ら東国・南国を遹省す。……王、親《みずか》ら晋侯蘇に令して……夙夷を伐たしむ）とあって、王の「東国、南国」の「遹省」と、その下文に「夙夷」等を伐つ話が来ている。[53] この宗周鐘銘（㝬鐘）は、先の班毀銘の冒頭にある「甹王位、作四方亟」が次の「東国」における争乱の話を導いたように、ここも「中国」（「成」周）の〝外〟の、周王朝の成立を意味するその経営領域たる「四方」（「四国」）の内、下文の「南国」における異族の邦々の争乱の話を導く。この「南国」も、「中国」即ち「成」周より見て云うのであろう。

次いで、「南国の服子」の争乱を云い、そして王自身の南征と「服子」の帰順、この紛争に関与した「南夷、東夷」の「二十有六邦」の邦々が共に王のところに来見して、「南国」の争乱が鎮定したことを述べる（つまり、「方蛮𤜵見せざるものはなし」（史墻盤銘）や「不廷方の率懐」（毛公鼎銘）と云うことになろう）。この所謂作器者「㝬」については、両周、積微居の昭王説、韓華、通考の厲王説、通釈の昭王時の㝬侯説などがあるが、近年、㝬毀の出土により、王自身による自作器として厲王胡説が有力となっている。[54]

次いで、ここに「朕猷有成亡競」とある。この「朕猷」の「猷」は謀猷で、毛公鼎、師訇毀銘の王の命書中にある「我邦小大猷」、同じ厲王胡自身による㝬毀銘の王の「四方」経営について云う「（王の）宇慕遠猷」、

『周書』文侯之命の「王若曰、父義和、丕顕文武、……越小大謀猷、罔不率従」（王若《か》くのごとく曰く、父義和よ、丕顕なる文武、……小大の謀猷に越《お》いて、率従せざるものはなし）等と皆同義である。「亡競」は、先の班𣪘銘の「登于大服、広成厥工。……亡克競厥剌」の「亡……競」と同じである。文選に「容云、詩抑、無競維人、四方其訓之」とあるが、(55)王朝の安寧秩序における、競うことなきその人の功績を云ったものであろう。

そして、この「朕猷」とは、直接には上文の「南国の服子」等の争乱を、王が鎮定せんことを指すが、又それは、銘文末の作器者（おそらく厲王自身）の願望をいう「㝬其万年、畯保四国」の「保四国」に当たるであろう（「㝬」が厲王胡とすると、厲王自身が王朝成立の対象領域となる「四方」（「四国」）の安寧秩序を願ったことになる）。つまり、この「保四国」を願う「朕猷」の成就が「朕猷有成」であり、この銘文のはじめに「文武勤疆土」（「四方」）に対する軍事的査察を述べ、次いで反した「南国」の争乱の鎮定を挙げて、その「朕猷有成」をいうこの宗周鐘銘（㝬鐘）における「有成」の「成」の対象も、「東国」の争乱を収束した班𣪘銘の「成」の対象となるものと同じく、「南国」での争乱、広く云えば、周王朝の経営領域（「文武勤疆土」）に起こった紛争の鎮定（「保四国」）が、「有成」の「成」の対象となるものであったと思える。

これら、「中国」即ち「成」周を中心とする「四方」における、「東国」、「南国」の紛争の収束を対象とした「成」に対し、西周時代の中期、後期における、同じく紛争の収束を内容とする青銅器銘文に「休……有成」（休にして……成有り）の型が見える。即ち、禹鼎（集成二八三三～二八三四）、多友鼎（集成二八三五）そして史頌𣪘（両周録四〇オ～四三ウ、集成四二二九～四二三六）の各銘文である。

先ず、禹鼎銘は二器有り、一器は宋代著録の器で現存せず、(56)摹本には湮滅して弁ずべからざるものが多い。ところが、一九四二年に同銘同制の鼎が陝西岐山において出土して、全文が明らかとなった。(57)今、後器銘による。

そこに

禹曰、丕顕𧻚𧻚皇祖穆公、克夾𥃝先王、奠四方。肆武公……亦唯噩侯馭方率南淮夷・東夷、広伐南国・東国、至於歴内。……肆武公廼遣禹率公戎車百乗・斯馭二百・徒千、曰、于匡朕肅慕、叀西六𠂤・殷八𠂤、伐噩侯馭方、勿遺寿幼。雩禹以武公徒馭、至于噩、敦伐噩。休、隻厥君馭方、肆禹有成。敢対揚武公丕顕耿光、用作大宝鼎。……

（禹曰く、丕顕にして𧻚𧻚《かんかん》たる皇祖穆公、克《よ》く先王を夾𥃝《たす》けて、四方を奠《さだ》む。肆《ゆえ》に武公は（禹と武公の関係を述べる）……亦唯《こ》れ噩侯馭方、南淮夷・東夷を率《ひき》いて、南国・東国を広伐して、歴内に至れり。（反した噩侯馭方を伐ったが、成功しなかったことを云う。そこで、以下の戦役となる）……肆《ゆえ》に武公廼《すなわ》ち禹を遣わして、公の戎車百乗・斯馭二百・徒千を率《ひき》いせしめ、曰く、于《ここ》に朕が肅慕を匡《おおい》にし、西六師・殷八師を叀《いまし》めて、噩侯馭方を伐ち、寿幼をも遺すことなかれ、と。雩《ここ》に禹、武公の徒馭を以《ひき》いて、噩に至り、噩を敦伐す。休にして、厥《そ》の君馭方を獲《え》て、肆《ここ》に禹成有り。敢えて武公の丕顕なる耿光に対揚して、用て大宝なる鼎を作る。……）

とあり、ここに「休、隻厥君馭方、肆禹有成」とあって、「休……有成」の型が見える。

この銘文も、冒頭に「丕顕𧻚𧻚皇祖穆公、克夾𥃝先王、奠四方」（丕顕にして𧻚𧻚《かんかん》たる皇祖穆公、克《よ》く先王を夾𥃝《たす》けて、四方を奠《さだ》む）とあり、「禹」の皇祖が「先王」を助けて「奠四方」と、先ず、よく周の「四方」経営に尽力したことをいう。このことは、先の班毀銘、宗周鐘銘（㝬鐘）の冒頭に、それぞれ「甹王位、作四方亟」とか「遹省文武勤疆土」とあって、それぞれが次の「中国」（「成」周）の〝外〟の「東国」、「南国」における紛争の収束を導いたのと同じく、ここも下文の周王朝の成立を意味するその経営領域たる「四方」の内、「南国・東国」庶邦の紛争を「禹」が鎮定した話を導く。この「𧻚𧻚」とは、文献に云う「桓桓」で、『周書』牧誓の伝に「武貌」とある。武功を称する語である。

次いで、服していた「噩侯馭方」が「南淮夷、東夷」を率いて「南国・東国」を伐ち、周がその地に与えた秩序体制を破ったことを記す（この後、省略部分には、第一回目の噩侯征伐が失敗したと思われることが記してある）。この噩の所在地については、徐中舒氏は、文献などから、楚の西、西鄂の地で南陽の南とし、通釈もこれに従っている(58)。噩侯は淮水上流における、周王室と通婚関係にあった異族の大国で、周辺の夷系諸族を王朝に認められ治めていたと思える。器の製作時代は、徐氏は器銘や文献にある「武公」や「禹」などの人的関係から厲王時代、劉雨氏は宣王時代とするなどの説がある(59)。

次いで、「武公」は「禹」に命じてこの「噩侯馭方」が、「南淮夷、東夷」を率いて引き起こした「南国・東国」における争乱を鎮定させた。つまり、この銘文も、先の班𣪘銘、宗周鐘銘（㝬鐘）と同じく、「中国」（「成」周）の〝外〟、その領域の支配が周王朝の成立を意味する「四方」領域の「南国」、「東国」に起こった紛争の鎮定について、その功績を中心に述べたものである。「朕粛慕」は宗周鐘銘（㝬鐘）の「朕猷」等と同義、「敦伐噩」の「敦伐」も、宗周鐘銘（㝬鐘）の「敦伐其至」と同じである。

そして、「噩侯」を伐った「禹」は、ここに「休、隻厥君馭方、肆禹有成」とあって、「休……有成」とある。通釈に、「休」は勝利を収めるをいうとして、不𡢁𣪘銘の「戎大𦎫伐、汝休」の例を挙げ、「又成」（筆者注、「有成」に同じ）は史頌𣪘銘の「休又成事」（筆者注、「休有成事」に同じ）の義とする(60)（史頌𣪘銘の例は後述）。即ち、「禹」は「噩侯」を獲て、「南国、東国」の紛争を鎮定（禹鼎銘に云う「奠四方」、宗周鐘銘（㝬鐘）に云う「保四国」に当たる）し、そしてそのことを「有成」と称している。先の班𣪘銘の「静東国、亡不成」の表現で云えば、「静南国・東国、亡不成」となるものであろう。このように、この「有成」の「成」の対象も、周王朝の経営領域たる「四方」における、「南国、東国」に起こった紛争を収束（「靜《しず》」める）して、そのことの成就、成功を述べるものであろう。

又、一九八〇年に陝西長安に出土した多友鼎銘に(61)

唯十月、用玁狁放興広伐京師、告追于王。命武公、遣乃元士、羞追于京師。武公命多友率公車羞追于京師。……多友有折首執訊、凡以公車折首二百又□又五人、執訊廿又三人、俘戎車百乗一十有七乗、……。（王）乃曰武公曰、汝既靜京師。……丁酉、武公在献宮、……公親曰多友曰、余肇使汝、休、不逆、有成事。多禽、汝静京師。……（唯《こ》れ十月、玁狁の放興して京師を広伐するを用て、追わんことを王に告ぐ。（王は）武公に命じて（曰く）、乃《なんじ》の元士を遣わし、京師に羞追せよ、と。武公、多友に命じて、公車を率《ひき》いて京師に羞追せしむ。（以下に多友の戦果を列挙している）……多友に折首、執訊有り、凡そ公車を以《ひき》いて、折首二百有□有五人、執訊二十有三人、戎車を俘すること百乗一十有七乗、……。（王は）乃《すなわ》ち武公に曰いて曰く、汝既にして京師を静めたり。（以下賜与する土田を云う）……、と。丁酉、武公、献宮に在り、……（武）公、親《みずか》ら多友に曰いて曰く、余は肇《はじ》めて汝を使するに、休にして逆らわず、成事有り。多く擒《とりこ》として、汝、京師を静めたり。（以下賜与の品に及ぶ）……、と。）

とあり、ここに「余肇使汝、休、不逆、有成事」とあって、禹鼎銘と同じ「休……有成」の型が見える。「有成」と「有成事」（後述の史頌毀銘に同じ）は「成」の一字が共通するように、「成」の字に重点があり、「事」の方は後からついたものであろう。後述する蔡侯鐘銘の「休……有成慶」、洛誥の「休……有成績」の場合の「慶」、「績」も同じように考えられる。

この銘文も、冒頭に北方における戎狄の「玁狁」の侵入によって引き起こされた周王朝の経営領域における争乱を記す。その場所については、陝西、山西の両説がある。「広伐京師」の「広伐」は、先の禹鼎銘の「広伐南国・東国」の「広伐」と同じ。「京師」については、田醒農、雒忠如、黄盛璋氏等は、山西、晋地とし、李学勤氏は詩・公劉の豳地、劉雨氏は王都の変遷により武王の建都した鎬京（宗周）とするなどの説がある。[62] 器の製作時代は、関連器の人物や「武公」などの比定から李氏、張亜初氏、黄盛璋氏等は厲王時代、劉氏等はこの銘文が『詩』、六月の記す所との酷似から関連器とも宣王時代とする。[63] 関連諸器や文献との比較問題も多く、先の禹鼎銘とも合わせ、周の経営する「四方」領域の内、「武公」による、南方の南淮夷と北方の戎狄とに対する両方面の作戦が指摘されるが、[64] いずれにせよ、この銘文も「中国」（「成」周）を中心とする周王朝の経営領域（陝西となると、西土にあった周の本国への侵入となろうが）における「玁狁」の侵入による争乱の収束について述べたものである。

次いで、「武公」に命じられた「多友」が侵寇した「玁狁」を伐ち、この争乱を鎮定して功績を挙げたことを記す。そして、「武公」が「多友」を賞した「（武）公親曰多友曰」の言葉の中に、「休、不逆、有成事」（休にして逆らわず、成事有り）とあって、「休……有成」の型が見える。この「休……有成」の「成」の対象も、先の「南国、東国」の紛争を収束した禹鼎銘の「休……有成」の場合と同じく、北方の戎狄である「玁狁」の侵攻によって引き起こされた「京師」を中心とする紛争を鎮定したこと、その成就、成功を指すであろう。この「休……有成」とは、ここでは「武公」の言葉の中に見えているように、当時、現実の政治の「場」で用いられた常語であったようである。この「王曰」、「武公曰」の中にある「静京師」は、先の班𣪘銘の「静東国」と同じで、王朝が与えた秩序の安寧、平和を「静」と云う。それがこの「成（事）」の内容である。

この「有成」について、劉氏は「《説文》〝成、就也。〟《広韻》〝成、畢也。凡功卒業就謂之成〟。作戦成功亦可謂〝有成〟。𢦏鐘（筆者注、先の宗周鐘のこと）云：〝朕猷有成〟与此義同。」と解する。[65] ただ、次に挙げる同じ「休……有成」の型の史頌𣪘銘では、必ずしも軍事行動に関わりなくても、何らかの紛争を収束して、そのことの成就、成功を「有成」と称しているようである。しかし、「中国」（「成周」）を中心の地域とした周の経営する「四方」（「四国」）

領域に起こった紛争を収束するのに、強力な軍事力が最も重要であったことは論を俟たない。

以上見てきたように、これらの班毀、宗周鐘（㝬鐘）そして禹鼎、多友鼎銘とも、先ず、「中国」（「成」周）の〝外〟、周王朝の経営する「四方」（「四国」）領域（「南国」、「東国」等）に起こった、王朝の与えた秩序に反する国際的紛争を挙げ、次いでその鎮定を述べて、そしてその後、「亡不成」即ち「成」すとか、「成厥工」（班毀銘）、又「朕猷有成」（宗周鐘（㝬鐘）銘）とか、「休……有成（事）」（禹鼎、多友鼎銘）と来ている。諸氏によって「成」は成功、成就の意味に解されているが、これらの「成」の対象となるものは、皆共通して、周王朝成立の対象となる「四方」領域（「南国」、「東国」等）に起こった、国際的紛争の収束に対して用いられていると云えよう。それは、周王朝開設の条件、〝武王〟の功績に比定される「四方の匍有」（「不廷方の率懐」、「方蛮𡆥見せざるものはなし」）に当たるものであろう。

次に、この「休……有成」の型をもつものに、史頌毀銘がある。[66] 即ち

隹三年五月丁巳、王在宗周。令史頌省穌。灋友・里君・百生、帥羈盩于成周。休有成事。穌賓章・馬四匹・吉金。

……

（惟《こ》れ三年五月丁巳、王、宗周に在り。史頌に令して蘇を省せしむ。灋友・里君・百生、帥《ひき》いて成周に盩《ちか》う。休にして成事有り。蘇、璋・馬四匹・吉金を賓《おく》る。……）

とあり、ここに「休有成事」とある。この器の製作時代は、両周の共王説、通釈の夷王説等、諸説ある。[67]

この銘文も、冒頭に「令史頌省穌」とあり、「史頌」による「蘇」（穌）の地域への「省」が行われている。文選に「省、謂視察」とあるが、[68] これも、先の宗周鐘銘（㝬鐘）の冒頭にある「遹省文武勤疆土」の「遹省」とほぼ同義で、周王朝の支配領域に対する巡察安撫をいう。これも、下文の、何らかの騒擾のある「蘇」の国の有力者を「史頌」が

「成」周に鎮撫した話を導くと思え、この時、「史頌」が「王」から「蘇」を「省」することを命じられたのは、器銘から明らかでないが、「省」の用法や後に説く「盩」の義からして、「蘇」の国において秩序の乱れ（又は、周室に対する不穏な動き）か何かが生じていたからであろうと推測される（なお、後述する裁判事件の場合も、紛争地に対して同じ「省」が行われていたことは注目されよう）。通釈は、例えば夷王の初年譏構のこと多しとして、その事情を考えている。「蘇」の国は、両周に河南の温の地にあてている(69)。

そこで、「蘇」の有力者「瀍友・里君・百生」が「成」周に集められたらしく、「師覇」は従古に「師其副弐」、積微居は曹偶を率いて「成」周に朝した意、通釈は準則に従ってそれぞれの部署に分かれ、「成」周に会集するの意、などの説がある(70)。

その下の「盩于成周」の「盩」は、奇觚に「盩當盭省、通戻、戻者至也」、積微居に「朝」するの義、通釈は「誓約の儀礼」とする(71)。この字は、師詢毀銘の「盭勵于政」や、近年同出した史墻盤、痶鐘銘（丙組、集成二五一～二五二）の「敎龢于政」、「盭龢于政(72)」の、「盭」、「敎」、「盩」と皆同字で、金文では「盩和」の義に用いてある。和の意味があり、戻和、定和、協和など、安定、和協の義であろう。史墻盤銘の「敎龢」の通釈に、「乖乱のものを治定和合する意」と解釈してある(73)。即ち、ここの「盩于成周」とは、「成」周に盩和するの意だろう。そう解釈すると、この銘文は、何か内紛、乖乱のある「蘇」の地への「省」即ち巡守して、その有力者たちを「成」周に集めて鎮撫し和したこと（具体的には、紛争解決の盟誓の儀礼が行われたと思えるが）、そして「休……有成」とあり、文章において順当である。

即ち、この「休有成事」とは、軍事力の行使を伴うことはなかったようであるが、周の経営する「中国」（「成」周）を中心とする「四方」領域、この場合は何か騒擾のある「蘇」（畿内の地と思える）の地域に対して「省」が行なわれ、その鎮撫の結果として「休有成事」が来ているものと思える。その意味で、この場合の「成」の対象となるものも、それが蛮戎によって引き起こされたものではなかったようであるが、今までの例とほぼ同じく、およそ秩序の乱れか何かを糾した、そのことの成就、成功を「休有成事」と述べたものであろう。(74) 紛争を収束する点で同じ範疇に属している。

　次に、この「休……有成」の型は、後の春秋時代の列国金文にも見えているので、時代的にはかなり後となるが、特に、今ここに挙げておく。即ち、一九五五年に、安徽寿県蔡侯墓より出土した銅器群の中の蔡侯鐘銘（蔡侯紐鐘、集成二一〇～二一八、同銘の蔡侯鎛、集成二一九～二二二）に(75)

　隹正五月初吉孟庚、蔡侯〓曰、余唯末小子、余非敢寧忘、有虔不惕。差右楚王、雀雀為政、天命是遷。定均庶邦、休有成慶。既志于忌、……

（惟《こ》れ正の五月初吉孟庚、蔡侯〓曰く、余は唯《こ》れ末小子なるも、余は敢えて寧忘すること非ず、虔《つつし》むこと有りて惕《おこ》たらず。楚王を左右して、雀雀《かくかく》として政を為し、天命を是れ遷《あき》らかにす。庶邦を定均して、休にして成慶有り。既にして于忌に志《つつし》み……）

とあり、ここに「定均庶邦、休有成慶」とあって、「休……有成」の型が見える。この蔡公については、陳夢家氏の昭公説、白川静氏の成侯説、郭沫若氏の声侯説等がある。(76)

　当時、「蔡」は南方で「庶邦」を集める〝覇者〟・「楚」の威脅下の小国であり、一時、急激に興った呉に与して「楚」に叛いたが、おおむね「楚」の勢力下にあった。この「蔡侯」の言葉の中にある「定均庶邦、休有成慶」とは、その上に「左右楚王」とあるように、「蔡侯」が南方の邦々を集める〝覇者〟・「楚」を輔翼したことを云ったものであろう。

これは、同じ列国金文の晋公盦銘（両周録二六八オ、集成一〇三四二）に「晋公曰、我皇祖唐公□受大命、左右武王、□□百蛮、広嗣四方」（晋公曰く、我が皇祖唐公、大命を□受し、武王を左右し、百蛮を□□して、四方を広嗣（司）す）とあって、「晋」の始祖の「唐公」が周王朝の開設者、「四方の匍有」者である〝武王〞が多くの「百蛮」を治め、「四方」を司ることを輔翼したことを云うのと類例であろう。そして、ここの「定均庶邦、休有成慶」の「休……有成」の型も、やはり直ぐ上に「定均庶邦」とあるように、通釈に「定均」を和協の義とするが、(77)「楚」が南方の〝覇者〞として「庶邦」を和し鎮撫することに関して、その成就、成功を、やはり西周金文とほぼ同様に「休有成慶」と「休……有成」の型でもって述べたものと思え、その用法の流れを見ることが出来るであろう。

又、このほかにも、先の近年出土した逨盤銘に

逨曰……（朕皇高祖恵仲盠父）盭龢于政、有成于猷、用会卲王穆王、盗政四方、㦰伐楚荊。……（朕皇亞祖懿仲）敳諫言、克匍保厥辟考王徲王、有成于周邦。……

（逨曰く……（朕《わ》が皇高祖恵仲盠父は）政を盭和し、猷を成する有り、用て昭王、穆王と会し、四方を盗政して、楚荊を㦰伐す。……（朕《わ》が皇亞祖懿仲は）匡《ただ》し諫言して、克《よ》く厥《そ》の辟《きみ》たる孝王、夷王を匍保し、周邦を成する有り。……）

とある。それぞれ「有成于猷」、「有成于周邦」とあって「有成」とある（もう一箇所の「成」については後述する）。前者の「朕皇高祖恵仲盠父」が「有成于猷」の「猷」は先の「朕猷」等と同じ謀猷で、直ぐ下の文にある「昭王、穆王」を助けて、「盗政四方」の「盗」は、新出の秦公鐘・秦公鎛銘（集成二六二～二六九）に「盗百蛮」とあるのと同じで、治めることを云うのであろう。先の『詩』韓奕の「百蛮」に因りて、「不廷方」を幹《ただ》すと類似である。そしてこれらは次の南方の蛮夷「楚荊」を伐った有名な話を承けている。これは先の宗周鐘銘（㝬鐘）にある「南国」

の「服子」を伐ち、「南夷」「東夷」の邦々が服従したことを云う「朕猷有成」と、ここの「有成于猷」の「猷」や「成」の表現がほとんど同じであり、この「成」も宗周鐘銘（㝬鐘）と同様の意味であったと思える。それは、後に挙げる『詩』大雅・江漢に「淮夷来鋪。……経営四方、告成于王」（淮夷を来り鋪《や》ましむ。……四方を経営して、成を王に告ぐ）とあり、反した南方「淮夷」の引き起こした争乱の鎮定を云う、「四方」を治めて「告成于王」の「成」とも、ほとんど同じである。盤銘も同じく、南方の「楚荊」を伐ちて「四方」を治めることや、その成就をやはり「成」と云うのであろう。

一方、後者の「朕皇亞祖懿仲」が「有成于周邦」の「周邦」は、直ぐ上の文に「克匍保厥辟孝王夷王」とあるが、「周邦」におけるこの「孝王、夷王」の頃の王位の継承については、周本紀によると異変があり、孝王は前の懿王の子ではなく、その前の共王の弟であり、また夷王は孝王の子ではなく孝王の前の懿王の子であったとしている。推測であるが、この時、王の出自する「周邦」の内部における何らかの秩序の乱れや内紛か何かの闘争に対しそれを収束せしめたことが、「有成于周邦」という、その「有成」のことであったのかもしれない(78)。

以上のように西周金文を見てくると、一番多いこのグループの「成」の字の用例は、「成」以外、二器銘以上に共通して見える用語例を大約挙げてみると、「作四方極」（班𣪘銘）、「遹省文武勤疆土」、「保四国」（宗周鐘（㝬鐘）銘）、「奠四方」（禹鼎銘）、「盗政四方」（逨盤銘）などの「中国」即ち「成」周（洛邑）の〝外〟の、その支配が周王朝の成立を意味する周の経営する「四方（「文武勤疆土」、「四国」、「万邦」）」領域と、そこに起こった「東国の痡戎」（班𣪘銘）、「南国の服子」「南夷、東夷」（宗周鐘（㝬鐘）銘）、「南国、東国の噩侯馭方」「南淮夷、東夷」（（禹鼎銘）、「玁狁の放興」（多友鼎銘）、「楚荊」（逨盤銘）、「蘇の法友、里君、百姓」（史頌𣪘銘）などの紛争と、それに対する「四方」領域の経営を行う周側の「遹省文武勤疆土」（宗周鐘（㝬鐘）銘）、「省蘇」（史頌𣪘銘）の「遹省（省）」や、

「静東国」（班毀銘）、「静京師」（多友鼎銘）の「静」などの努力であった。即ち、周王朝の経営領域における、主に国際的紛争（それは先のような異族の邦々が主に引き起こすものであったが）を収束した結果として「成」や「有成」が終りに来ているわけである。

このように、西周金文に最も多く見える、諸氏が成就、成功の義に解するこれらの「成」は、何を成し遂げたのか、その「成」の対象となるものは何かと云えば、共通してそれは「保四国」（宗周鐘銘）、「奠四方」（禹鼎銘）とかあったように、軍事力の行使如何を問わず（それは当然、周の強力な軍事力を背景とするものであったが）、〝武王〟による「四方の匍有」のその「四方」（「文武勤疆土」、「四国」、「万邦」）の領域における紛争の収束、〝乱〟の鎮定に対して用いられていたということになる（これらからすると、「成」の字には、紛争の収束、〝乱〟の鎮定という意味を内に含むことになろう。このことは、『春秋』左氏伝における「成」の字の用例の過半数近くが、「たいらぐ」と云う、この意味に特徴的用語として多く用いられていることを想起させる。これについては、三、結語で付記したい）。

これらのことは、第一節で予測したように、周王朝成立の象徴的意味をもって、「四方の匍有」者・〝武王〟の遺志によって営まれた「四方の匍有」の「四方」の中心の「中国」を「成」周と周に「成」の字をつけて命名したのは、周王朝成立の対象領域、「中国」即ち「成」周の〝外〟の「四方」（「万邦」）経営と関係するものではなかったかということと、以上の「四方」経営の用例に伴われて出てくる「成」の用法とは、密接に関係しているように思える。それは、周王朝による「四方の匍有」（「不廷方の率懐」、「方蛮娍見せざるものはなし」）の「四方」領域における紛争のない安寧秩序の成就を意味しており、それは「四方の匍有」（「不廷方の率懐」、「方蛮娍見せざるものはなし」）の目的に合致しているであろう。

又、これらの西周金文の「成」の用法は、主として「東国」、「南国」などの蛮方の邦々が引き起こす紛争の収束の

ための軍征を記すものであった。この紛争収束のための甲兵のことと「成」の結びつきについて、『礼記』王制に

天子将出征、……受命於祖、受成於学。出征、執有罪、反、釈奠于学、以訊馘告。

（天子将に出征せんとすれば、……命を祖に受け、成を学に受く。出征して、有罪を執《とら》え、反《かえ》りて、学に釈奠《せきてん》して、訊馘《じんかく》を以て告ぐ。）

とある。

即ち、「天子」（「王」）が軍を率いて出征する時、祖廟に告げて「命」を受け、「成」を「学」に受けるとあり、「成」を受ける具体的な儀式が行われている。この「学」は大学で、所謂辟雍のことである。この「学」で受ける「成」について、孔疏に「受成於学者謂在学謀論兵事好悪・可否、其謀成定、受此成定之謀、在於学裏、故云受成於学」と解している。孔疏に云う「謀」は、先の金文にある「四方」領域における安寧秩序の願望に対して云う「朕猷」、「小大猷」、「遠猷」等の謀猷と同じである。この兵謀の「成」の具体的内容は分からないが、凱旋後に「学」において軍功の「訊馘」を献じる礼が行われているように、この出征時に「学」において受ける「成」も、やはり紛争の収束、〝乱〟の鎮定をめざすものである。周の大学は、軍事訓練や郷飲酒礼を通じて、貴族の合議の場などとされるものであるが[79]、以上の西周金文に見える「四方」（「万邦」）の領域における国際的紛争の収束、〝乱〟の鎮定に対して用いられた「成」の用法と、この、「天子」（「王」）の出征時に「学」において受ける紛争収束のための具体的な「成」を受ける儀式とは、実に密接に関連した言葉だと云えよう（これについては、第三章参照されたし）。

ところで、以上の西周金文に見える「成」の用法と、この「成」周（「中国」）そのものの立場とを直接結びつけるものが残っている。

即ち、それは「成」周（「中国」）の建設を述べる文献の比較的周初の作に近いとされる『周書』五誥の一つ、洛誥

である。即ち、この洛誥に、先の西周金文に見える「休……有成」の型が一箇所見えている箇所は、〝周公旦〟が〝武王〟の子の「新辟」たる成王に説く、まさに、この「中国」である「成」周を営む意味と、周の「四方」経営とを直接結びつける重要な部分である。

即ち、「新邑」洛（「成」周）の建設を報告した〝周公旦〟が成王に与えた訓戒の中に、

……周公拝手稽首曰、……孺子来相宅、其大惇典殷献民、乱為四方新辟、作周恭先。曰其自時中乂万邦、咸休、惟王有成績。予旦以多子越御事、篤前人成烈、……

（……周公、拝手稽首して曰く、……孺《じゅ》子来りて宅を相《み》、其れ大いに殷の献民を惇《あつ》く典し、乱《おさ》めて四方の新辟と為り、周の恭先と作《な》る。曰く、其れ時《こ》の中自《よ》り万邦を乂《おさ》めれば、咸《みな》休にして、惟《こ》れ王に成績有らん。予旦は多子越《およ》び御事とを以《ひき》いて、前人の成烈を篤《あつ》くし、……）

とあり、ここに〝周公旦〟は成王に「咸休、惟王有成績」と述べており、先の西周金文に見える「休……有成」の型と同じ型が見えている。

この「其自時中乂万邦、咸休、惟王有成績」とは、偽孔伝に「万邦咸休」を一句と読んで、「曰其当用是土中為治、使万国皆被美徳、如此、惟王乃有成功」と解し、他説もほぼ同じである。しかし、今、この西周金文の「休……有成」の型に従って読めば、「休」は下文の「有成」に付き、主語は「王」（即ち成王）である。即ち、先の西周金文における用法に従ってここを読めば、「其れ時《こ》の中（国）より万邦を乂《おさ》めれば、咸《みな》休にして惟《こ》れ王に成績有らん」となろう。これは、出土した青銅器銘文の用例から、今日の『書』の読みの誤謬を正すことができる例である。ここの部分は〝周公旦〟が上文にある〝文・武〟を嗣《つ》いだ「〝四方〟の新辟」たる成王に対し、この新たに建設した、「四方」（「万邦」）領域の中心地域に当たる「中国」（「新邑」洛）即ち「成」周より「万邦」（「四方」）を乂《おさ》めんことを願ったもの

であり、ここの「其自時中乂万邦」とは、先の第一節で挙げた、成王の「成」周遷宅を冒頭にかかげる𣄰尊銘に「四方の匍有」者・〝武王〟の祝文に云う「曰、余其宅茲中国、自之乂民」（武王）曰く、余は其れ茲《こ》の中国に宅《お》りて、之自《これよ》り民を乂《おさ》めん）に当たるものであろう。この成王に対する〝周公旦〟の言葉は、〝武王〟の遺志を承けたものと思える。

即ち、この「中国」より「四方」（「万邦」）を乂《おさ》めれば、「咸休、惟王有成績」とは、先の西周金文に見える「休……有成」と同型であって、しかも、この金文例と同じ「休……有成」の「成」の対象となるものも、ここにある「休……有成」の上文の「（成王が）為四方新辟」とか「（成王が）乂万邦」の如く、やはり周の「四方」（「万邦」）経営に対して云うものであった。よって、「東国」、「南国」などの中心地域に当たる、この「中国」即ち「成」周から「万邦」（「四方」）領域を乂《おさ》めれば、西周金文に云う「休……有成」とは、先の西周金文の用法に照らすと、「中国」外の「四方」（「四国」、「万邦」）、即ち、いわば〝外国〟に当たる独立的庶邦の領域における紛争を収束し、〝乱〟の鎮定を成し遂げることが出来るというものとなろう。それは先の西周金文の例から、主として「東国」、「南国」などの叛服常なき異族によって引き起こされる争乱を示しているが、ここに、「四方の匍有」者・〝武王〟の遺志による「四方」経営の中心たる「中国」（「成」周）の建設そのものと、先の西周金文に云う「有成」の用法とが整合的に直接結びついているのである（現実に「成」周の地が、周が経営する「四方」領域、即ち殊に「南国」、「東国」などに出やすい、その交通上の要衝の場所をも占めていたと思える）。

このように、この洛誥に見える、「中国」（「成」周）を営む意味と先の西周金文に見える「休……有成」との直接の結びつきは、「四方」の領域における「有成」（「静《しず》」める）を求めて、「四方の匍有」者・〝武王〟の遺志により、周によってその「四方」領域の中心地域に営まれた「中国」の呼称、即ち周に「成」の字がついた「成」周なる名称の「成」の命名と、密接に関係しているように思える。又、この西周金文の「休……有成」の用法が「成」周の建設の意味を述べる、今、我々が見ることの出来る洛誥の、しかも他の箇所でなくこの部分に残っていることは、偶然とは思えず、それだけ成王の「成」周遷宅が云われる当時の、周王朝成立の対象領域となる「四方」（「四国」、「万邦」）経営の中心、「中国」即ち「成」周の性格と、以上の西周金文に見える「有成」や「休……有成」の「成」の用法との深い関係を示すものであろう。

このほか、以上の西周金文に見える「成」の用法と類似の例について、洛誥以外に比較的西周時代の作に近い先秦古典中から挙げておくと、先の『詩』大雅・江漢に

江漢浮浮、武夫滔滔。匪安匪遊、淮夷来求。既出我車、既設我旟。匪安匪舒、淮夷来鋪。江漢湯湯、武夫洸洸。経営四方、告成于王。四方既平、……矢其文徳、洽此四国。

（江漢浮浮たり、武夫滔滔《とうとう》たり。安ずるに匪《あら》ず遊するに匪《あら》ず、淮夷を来り求む。既に我が車を出し、既に我が旟《よ》を設く。安ずるに匪《あら》ず舒するに匪《あら》ず、淮夷を来り鋪《や》ましむ。江漢湯湯、武夫洸洸《こうこう》たり。四方を経営して、成を王に告ぐ。四方既にして平ぎ、……其の文徳を矢《ほどこ》して、此の四国に洽《あまね》からん。）

とあり、ここに「経営四方、告成于王」と「成」とある。

この江漢の序に宣王が召公に命じて「淮夷」を伐った時の詩とある。即ち、この「経営四方、告成于王」の「成」の対象も、上、下文に「経営四方」「四方既平」「洽此四国」とあるように、やはり、周王朝成立の対象領域たる多様な「四方」（「四国」）領域の内、南の江漢地方の「淮夷」が反して引き起こした争乱の鎮定に対するものであって、その紛争の収束の成就、成功を金文例と同じく、「告成于王」と「成」と云ったものであろう。孔疏に「成」を成功の義とする。

又、周頌・維清に

維清緝熙、文王之典。肇禋、迄用有成、維周之禎

（維《こ》れ清くして緝熙《しゅうき》なるは、文王の典。肇《はじ》めて禋《いん》し、用いて成有るに迄《いた》る、維《こ》れ周の禎《てい》。）

とあり、ここに「有成」とある。

上文の「文王之典」は、他の『詩』の例では、周頌・我将に「儀式刑文王之典、日靖四方」（儀して式《もっ》て文王の典に刑《のっと》り、日《ひび》に四方を靖《やす》んず）、大雅・文王に「儀刑文王、万邦作孚」（文王に儀刑して、万邦孚を作さん）とあって、共にそれに刑って「四方」（「万邦」）を保んずることを云うから、この「有成」の対象も「四方」（「万邦」）経営に対して云うものであろう。鄭箋に「文王造此征伐之法、至今用之而有成功、謂伐紂克勝也」とあるが、この「迄用有成」の「有成」は、周による王朝の開設を意味する〝武王〟の「四方の匍有」を指すと思え、やはり、周が「四方」（「万邦」）領域を治め、〝乱〟の鎮定を成し遂げたこと（「不廷方の率懐」「方蛮[illegible]見せざるものはなし」や、先の「保四国」「奠四方」等のこと）を云うのであろう。(80) 即ち、それが王朝というものの成立を意味したのであろう。これは、先の洛誥に〝周公旦〟がこの「中国」（「成」周）より「万邦」を乂《おさ》めれば「休……有成」という、その「有成」に当たるものである。

又、「四方の匍有」者・〝武王〟について、『逸周書』世俘に「維四月乙未日、武王成辟四方、通殷命有国」（維《こ》れ四月乙未の日、武王、四方を成辟し、殷命を有国に通ず）とある「成辟四方」は、朱右曾は「武王成辟」で断句として「成天下君」と注しているが、今まで見たことからして、「成辟四方」（四方を成辟す）と読んで、〝武王〟が「四方」（領域）を「成」しその「辟《きみ》（君）」となるという解釈の方が西周金文に近かろう。(81) つまり、〝武王〟が王朝成立の対象となる「四方」領域を「成」するとなる。そうすると、又、後漢時代に亡んだとされる『周書』武成篇の「武成」

の「成」も、〝武王〟（「珷」）が「四方」を「成」する意味であったのかもしれない。[82]

又、このほかにも、先秦時代において「四方」を「成」することについて、『白虎通』巻二、号篇に「五帝無有天下之号何。五帝徳大能禅、以民為子、成于天下、無為立号也」（五帝に天下を有するの号無きは何ぞ。五帝の徳は大にして能く禅《ゆず》り、民を以て子と為すれば、天下を成して、号を立てることを為す無きなり）とあって、（中国史の初め）先秦時代の「五帝」が「天下」を有することを「成于天下」と「成」とある。そうするとこの「成」は、後に中国を占有した秦、漢王朝における、中央集権の皇帝支配成立前において、「五帝」が独立的な多種多様な邦々や人々の住む「天下」（「四方」、「万邦」）を治めたことをいうのであるが、「天下」（「四方」）を「成」すとあって、同じく「成」という言葉が使ってあることが注意されよう。先の、先秦王朝としての周王朝の開設者・〝武王〟が「四方」の領域を「成」すと同じ文脈上にある。[83]

又、周王朝の前の同じ先秦王朝、殷王朝における開設者・〝湯王〟を云う「成」湯の言葉も「周邦」の周原甲骨文に既に見えるが、この〝湯王〟につく「成」湯の場合も同じように考えられるのではないかと思える。これについては更に後に述べたい。

2　その他（裁判・契約例など）の銘文上に現われる「成」の場合

次に、西周青銅器銘文に見える、その他の「成」の字の用例を見てみたい。全体的に難解な銘文が多く、定まった解釈のないものが多い。主なる諸説を挙げてみたい。

先ず、六年召伯虎毀銘（琱生毀二、召伯虎毀二、両周録一三五オ、集成四二九三）に

隹六年四月甲子、王在莾。鬙伯虎告曰、余告慶、曰、公厥稟貝、用獄諫。為伯有庸、有成。亦我考幽伯幽姜令。

余告慶。余以邑訊有嗣。余典、勿敢封。……琱生……
（惟《こ》れ六年四月甲子、王、葊に在り。召伯虎告げて曰く、余は慶（紛争事件の解決か）を告ぐ、曰く、公は厥《そ》れ貝を稟《う》けて、用て獄諫とせり。為伯に祇《つつしみ》有り、成有り。亦我が考《ちち》幽伯・幽姜の令のままなり（その意思通り）。余は慶を告ぐ。余は邑（士）を以て有嗣（司）に訊《つ》げたり。余は典《しる》して（文章化する）、敢えて封（封界か）ずること勿し。……琱生は（朕《わ》が宗君・召伯虎の休に対揚して烈祖召公の祭器を作る）……）

とあり、銘文の大半を占める「召伯虎」の告誥の中に、「（召伯虎）曰、……有胄、有成」と「有成」とある。

諸氏の多くは銘文中の「召伯虎」を文献中に見える召穆公として作器を宣王時代としている。(84) この銘文は難解で知られ、この「有成」の解釈についても諸説ある。今、主なものを挙げると、両周は、この銘文を先の『詩』大雅・江漢にいう召公（召穆公）の「淮夷」を伐つと同時のこととして、「乃召虎平定淮夷、帰告成功而作」とある。(85) そうすると、この「有成」は、前の（1）の、「四方」の国際的紛争の収束に関係する銘文上に現れる「成」の場合の例に入れるべきものとなる。

又、積微居は召公の訟獄の官としての成功の意。又、古籀・古文審・通釈は、この銘文を「獄諫」（諫は、古籀は辞、古文審は誅と釈文する）の語などから刑獄・争訟事件を記すものと解して、通釈にこの「成」について「諸家は多く成功の義と見ているが、成には周礼大司寇鄭司農注に「謂若今時決事比也」というように、判決の意である」とする。(86)

この裁判事件に関する「成」については、『周礼』秋官・司寇の条に「（郷士の職）獄訟成、……（遂士の職）獄訟成、……（県士の職）獄訟成……（方士の職）……三月而上獄訟于国。司寇聴其成于朝。群士・司刑皆在、各麗其灋以議獄訟。獄訟成、士師受中、書其刑殺之成与其聴獄訟者。……（訝士の職）掌四方之獄訟。…四方有乱獄、則往成、之」（郷士の職）獄訟成れば、……（遂士の職）獄訟成れば、……（県士の職）獄訟成れば、……（方士の職）……三月にして獄訟を国に上る。司寇其の成を朝に聴く、群士・司刑皆在り、各々其の灋《ほう》を麗《つ》け以て獄訟を議す。獄訟成れば、士師、中を受け、其の刑殺の成と其の獄訟を聴く者とを書す。……（訝士の職）四方の獄訟を掌る。…四方に乱獄有れば、則ち往きて之《これ》を成す）等とある。この「獄訟成」の賈疏に「成謂罪已成定」と解し、又「司寇聴其成于朝」の「成」の鄭注に「成、平也」とあり、賈疏に「成謂釆地之士所平断文書」として、争訟の裁定文そのものも「成」としている。又、訝士の「則往而成之」の「成」も、「四方」の乱獄を秩序立てることにあるだろう。

又、この争訟事件の収束と「成」との関係について、『詩』大雅・緜に

虞芮質厥成、文王蹶厥生。予曰有疏附、予曰有先後。……
（虞《ぐ》・芮《ぜい》厥《そ》の成を質《な》し、文王厥《そ》の生を蹶《うごか》す。予曰《ここ》に疏附《そふ》有り、予曰《ここ》に先後有り。……）

とある。毛伝に「質、成也、成、平也」、集伝に「質、正、成、平也」とあり、「虞」と「芮」の両国が久しく田を争い、両国はその国際的紛争の裁定を、殷王朝に替って勃興しつつある西伯（「周方伯」）たる周の〝文王〟に仰いだ話とし、争訟の収束を「成」とする。この話は『史記』周本紀にも「西伯陰行善。諸侯皆来決平。於是虞芮之人（云々）」（西伯陰《ひそか》に善を行う。諸侯皆来りて平らぎを決す。是に於て虞・芮の人（云々））とあり、これ以下の文にも載す有名な話であるが、ここでは、国と国（各宗・各族）の間の紛争の裁定を一つに「成」することが、「四方」の支配者の求められた姿となっている[87]。

これは、先の、周王朝を開設した、周による「四方」（「四国」）領域における紛争の収束、〝乱〟の鎮定の成就・成功を「成」、「有成」というのと、その対象となる内容が類似しよう。この両国の紛争収束のことは、確かな話ではないが、王朝を開設した側からではなく、逆に、王朝の集団秩序体制に参加する「四方」の国々（各宗・各族）側から

見た場合の、王朝を開く、当時の「四方」の経営者（「四方の匍有」者）というものの性格の一端を示す上で注目されよう。

又、先の『周礼』司寇・方士の注に鄭司農が引くように『左伝』昭公十四年の条に

……晋邢侯与雍子争鄐田、久而無成。……

（……晋の邢侯、雍子と鄐の田を争い、久くして成無し。……）

とあり、これなども田土の獄訟の収束を「無成」といった例である（『春秋』左氏伝の「成」の用法については後述）。又、成公四年の条に、「鄭」と「許」との両国間の田土の紛争の裁定を、両国が南方で諸侯を集める〝覇者〟・「楚」に仰いだ話として「楚子反救鄭。鄭伯与許男訟焉。皇戌摂鄭伯之辞。子反不能決也。曰、君若辱在寡君、寡君与其二三臣、共聴両君之所欲。成其可知也。不然、側不足以知二国之成」（楚の子反、鄭を救う。鄭伯と許男と訟《うった》う。皇戌、鄭伯の辞を摂《せつ》す。子反決すること能わざるなり。曰く、君若《も》し辱《かたじけな》く寡君に在らば、寡君其の二三臣と、共に両君の欲する所を聴かん。成其れ知る可きなり。然らずんば、側《そく》は以て二国の成を知るに足らず、と）とある。やはり、〝覇者〟・「楚」が「鄭」と「許」の両国間の紛争の愬えを収束せしめることについて、その収束を「成」とか「二国之成」といってある。

なお、先の（1）の国際的紛争の収束を対象とする「成」や「有成」の見える銘文には、二器銘以上に共通して見える語句として、「四方」や「遹省」（「省」）などがあった。即ち、「四方」の紛争地に対して「遹省」（「省」）したという内容である。ところで、この「省」という行為は、裁判事件を記す、西周時代後期における作器と云われる鬲攸従鼎銘（両周録一一八オ、集成二八一八）に、両者の紛争事件が「王」に提訴され、それを承けて「王令省」（王、省せしむ）とあって、奇觚に「王命省視其田」、文選に「王命省視」、通釈に「省は実地に検文して、主張事実の正否

を確かめるのである」と解するが[88]、この裁判事件の場合も、紛争地に対してやはり「省」が行なわれていたらしいことは注意される。そして、文献例では、かなり規範化されているが、その決着をやはり「成」と称しているわけである。

この六年召伯虎𣪕銘の「有成」についての諸解釈は、文献に根拠を置くなど、その正否は確かなものではない。ただ、ここに引く、文献例にいう争訟事件の決着を示す「成」の場合も、それは両者の紛争を、やはり一つに収束するわけであるから、大局的には、先の「四方」（「四国」）領域に起こった紛争の収束を成し遂げ静《しず》めることを「成」、「有成」というのと、その対象となる内容から同じ範疇に入るものだとはいえよう。

又、一九七五年、陝西岐山に出土した儹匜銘（儹匜、集成一〇二八五）[89]は、裁判事件に関するもので、銘文の大半に「牧牛」に対する裁定を記す。そこに

隹三月既死覇甲申、王在莾上宮。白揚父廼成賓曰、牧牛、……白揚父廼或使牧牛誓曰、……牧牛則誓、乃以告吏覬・吏曶于会。牧牛辭誓成。罰金。儹用作旅盉。

（惟《こ》れ三月既死覇甲申、王、莾の上宮に在り。白揚父廼《すなわ》ち賓（裁定のことか）を成して曰く、牧牛よ、（裁定の要旨を述べる）……、と。白揚父廼《すなわ》ち牧牛をして誓わせしめること或《あ》りて曰く、（牧牛の誓約の言葉を記す）……、と。牧牛則ち誓い、乃《すなわ》ち以《とも》に吏覬・吏曶に会に告ぐ。牧牛の辞と誓が成る。金を罰とす。儹用て旅盉を作る。）

とあり、二箇所「成」の字が見える。製作時代は簡報に夷厲時期、盛張氏は厲・宣王の際などとある[90]。

この「成賓」の「成」は、唐蘭氏は「定下了判詞」として、「賓」を「判詞」とし、字を「劾」の仮借として『周礼』郷士を引いて「《周礼郷士》：〝弁其獄訟、異其死刑之罪而要之〟。鄭玄注：〝要之、為其罪法之要辞、如今劾矣。〟」という。程武氏も「定下了判決詞」とする。李学勤氏は「成、也是一箇法律用詞、《周礼・方士》注：「成、平也。」」

と解する。(91) この「成賓曰」の「曰」以下に裁定の文がくるから、この「成賓」の「成」は、両者の紛争に対して「白揚父」が裁定を下したことをいったものと思われる（先の文献例では、その裁定文そのものも「成」と称するのである）。

又、終りの「牧牛辞誓成」の「成」は、唐蘭氏は「于是把這告知官吏邦和曶参加了会。牧牛的案子和誓約都定下了、罰了銅。」、盛張氏は「最後落実、包括両項、一是〝辞誓〟、就是把誓言形成文字、二是罰金。」などと解する。(92) つまり、先に「白揚父」の裁定、「牧牛」の誓約、更にそれが「吏䚄・吏曶」に告げられて（具体的には「会」での審議を経て、牧牛に対する判決と誓約とが文書化されたものであろう）、その後の「牧牛辞誓成」の「成」は、およそ、この争訟事件が「白揚父」の裁定、「牧牛」の誓約後の諸手続・儀式を経て、最終的に両者の争いが決着したことを示す「成」のようである（『周礼』にいう最終的な「獄訟成」の「成」は、これに近い用法かも知れない）。この前・後の「成」は、一見して、先の方士の職の、先ず方士によって「成」が行なわれ、次にその「成」が司寇らの「朝」での審議を経て最終的な「成」が行なわれるのと対応するが如くであるが、かなり規範化された後の文献にいう場合との関係は明確でないから、注意するに留めたい。(93)

次に、契約事例を銘文にもつものとして格伯𣪘銘（倗生𣪘、両周録六四オ～六六ウ、集成四二六二～四二六五）に

隹正月初吉癸巳、王在成周。格伯取良馬乗于倗生。厥賓卅田。則析。……殷人紉雹谷杜木・邍谷旅桑、渉東門。厥書史戠武立寍成塱。鋳保𣪘、用典格伯田。……

（惟《こ》れ正月初吉癸巳、王、成周に在り。格伯、良馬乗を倗生より取る。厥《そ》の賓（代価となる田土からの収穫か）は三十田なり。則ち析す。……殷人、雹谷の杜木と原谷の桑とを紉《つな》ぎて、東門より渉る。厥《そ》の書史の戠武、寍を立ちて塱を成す。保𣪘を鋳《い》て、用て格伯の田のことを典《しる》す（彝銘に記すこと）。……）

とあって、「立盨成塱」と「成」とある。この𣪕銘は器・蓋合わせてすべて五器あり、同銘であるが、皆行款異なり、脱文もある（器数が多いのは、契約のことと関係があるかもしれない）。作器は両周に共王時代とする。(94)

初めの部分、両周に「取」を「受」として、「言格伯付良馬四匹于倗生、其租為三十田。則析、謂析券成議也。」と解する。文選・文録・通釈等、「取」と解して、通釈は両周とは逆に、「格伯」は馬乗の購入者、「倗生」は売渡人とし、下文から違約の懸念があったとする。「厥貯卅田」は韡華に「或言田賦之事」。「析」は積微居に今の券書として、「必書券契而中分之、両人各執其一。故云析也」とする。(95)銘文は、この後、田土の封界按行のことが来ている。

そして、「厥書史戠武立盨成塱」とある。即ち、この両者の売買契約のことが、おそらく周官の「書史戠武」に報告され、「立盨成塱」については、「立盨」は、諸氏の解釈は成約の儀礼とすることではほぼ一致している。即ち、余論・韡華・積微居など「涖盟」の義として、余論に「盨」を釁と釈して「武則涖其盟、釁成要之等」と解す。文録もほぼ同じ。そして、「成塱」の「成」については、余論に「土田之成要」とし、「塱」は「郷之省」として、下句に属けて読む。「塱」はこの他、巷・隣道などの解釈がある。通釈には「成は成要。周礼調人「凡有闘怒者成之」の司農注に「成之、調和之也」というが、琱生𣪕二（筆者注・琱生𣪕二は六年召伯虎𣪕に同じ）の「又成」（筆者注・〝有成〟に同じ）、左伝宣十二年の「求成」は争訟・戦闘の解決をいう。紛議を収束する意である。……ここはおそらく約定の田土を図面化して、成要とする意であろう」とある。(96)この『周礼』地官、調人には「調人、掌司万民之難而諧和之。凡過而殺傷人者、以民成之。……凡有闘怒者成之。不可成者則書之。先動者誅之」（調人、万民の難を司って之《これ》を諧和することを掌る。凡そ過って人を殺傷する者は、民を以て之《これ》を成す。……凡そ闘怒すること有る者は之《これ》を成す。成す可らざる者は則ち之《これ》を書す。先ず動く者は之《これ》を誅す）とある。鄭注に前の「成之」について「成、平也」、後の「成之」について「鄭司農云、成之謂和之」とあり、これらの「成」は紛争の収束を意味している。又、鄭注に同例として、『左伝』文公七年の条に、魯の穆伯と襄仲の紛争を恵伯が和解させたことについて、「恵伯成之」（恵伯之《これ》を成す）とあるのを引いている。

そうすると、先の裁判事件を示す𠑇匜銘に両者の裁定が更に「吏𣪕・吏曶」に告げられ、最終的に「牧牛辞誓成」とあったし、ここの契約事例の場合も、両者の契約は、同じく、更に周官の「書史戠武」に告げられ、最終的に成約の儀礼を行なって「立寍成璺」と「成」とあった。確かな解釈ではないが、両者の「成」字の使用にその内容から類似性がみとめられるかもしれない。一体、この契約の場合も、両者の利害関係を一つに収束するわけであるから、裁判事件の両者の争訟を一つに収束して裁定をなす場合と類似の形をもつものだとは云えるのではないかと思う。

このほか、𠑇匜と同出の器で、簡報に共王時代における作器とする九年裘衛鼎銘（集成二八三一）に(97)「……（矩曰）履付裘衛林智里。則乃成夆四夆。……」（……（矩曰く）裘衛に林智の里を履《ふ》みて付せよ、と。則ち乃《すなわ》ち夆を四夆に成す。……）と「成」とある。前後の文は略すが、これは「矩」が「裘衛」に与えた田土の定界のことを述べた部分である。唐蘭氏は解して「踏勘付給裘衛的林𣥨里。于是在四面堆起土壟為界」とあり、「夆」について「原作〝封〟、是把土堆起来作疆界、散盤作弄、《小爾雅・広詁》〝封界也。〟」と注している。(98)そうすると、この場合の「成」は、界を示す盛土の「夆」を四面の境界の、それぞれあるべきところにきちんと配置して、それを完成したことを意味するであろう。

又、沈子毀銘（也毀、両周録二三ウ、集成四三三〇）に

也曰、拜稽首、敢𥄳邵告朕吾考。令乃鴅沈子乍𦀚于周公宗、陟二公。不敢不𦀚休同公克成、妥吾考以于顕々受命。烏虖、隹考□□念自先王先公、廼敉克衣、告剌成工。䖒、吾考克淵克□、……

（也曰く、拜稽首して、敢て𥄳《つつし》みて朕が吾が考《ちち》に邵告す。乃《なんじ》の鴅《よろこ》べる沈子に令して、周公の宗を𦀚《つ》ぐことを作《な》

さしめ、二公を陟《のぼ》らさしむ。敢えて休にして同公の克《よ》く成せしを紹《つ》ぎ、吾が考《ちち》の顕々たる受令に以《およ》びしを妥《やす》んぜずんばあらず。烏虖《ああ》、惟《こ》れ考《ちち》、□□して念ぜらるるに先王・先公自《よ》りし、迺《すなわ》ち克衣に敉《つつし》みて、烈たる成功を告げたり。叡《ああ》、吾が考《ちち》、克《よ》く淵にして克《よ》く□、……）

とある。大変難解な銘文であるが、その中に二箇所「成」の字が見える。この器は洛陽出土といわれ、作器時代は両周・通釈は昭王、断代は康王時代とするなどの説がある。(99)

最初の「不敢不紹休同公克成、妥吾考以于顕々受命」の「成」は、両周に「也」を魯の煬公の子とする解から、ここを「言不敢不敬順和恵、一如魯幽公之所為、以能安定厥考煬公之心、並長保其所受之顕命也」とし、通釈には、「同公」を人名として、「休を同公に紹《つ》ぎ」と読み、「克成」以下を「休」の補足説明としている。(100)しかし、ここの「休……克成」を先の（1）に見た「休……有成」の型と類似のものとして、ここを両者のように「休同公」で断句とせず、「克成」までつづけて読むのがよいのではないかと思う。即ち、「休にして同公の克《よ》く成せしを紹《つ》ぎ」となる。「周公」の族たる「同公」の功績はよく分からないが（小臣宅毀銘・両周録一二オ、集成四二〇一、の「同公」と同一人とすると、何らかの東征諸役に対する上級の軍令を出していたようである）、先の「休……有成」が国際的紛争を鎮定する軍功と多く関係したように、ここも同様の軍功を指すのではないかと思える。しかし、これも確かな解釈ではない。

もしそうであれば、「休……有成」の類似の型としては、康昭時代という早い時期のものとなるが、ここは「也」の祖先の、周の支配する「四方」領域に対する軍事的功績について「休……克成」がきたことになり、また、「克成」、「有成」の違いもある。又、この器は、沈子它敦蓋新釈に、(101)「於民国二十年在洛陽出土」とあり、銘文にいう「周公」との結びつきからしても、松丸道雄氏が述べる成周工房の産品の可能性が強く、(102)この銘文の作成については、この点も考慮に入れる必要があろう。

又、「廼敉克衣、告剌成工」の「成工」は、錆びていてハッキリしない所だが、諸氏は「成工」と釈す。この上文の父「考」が「念自先王先公克衣（殷）、則当在成王之後、先王指武王・成王、先公指周公等」とあり、(103)この「克衣」は、両周・文選・文録・断代など「克殷」とし、両周に「〝廼妹克衣〟妹読為敉、説文〝敉、撫也、読若弭〟、……衣即是殷、……〝告剌成工〟告列成功、言布告成功也」と解してある。又、通釈は「衣祀」と解して、よく祭事をつつしんだ功を述べたものとする。(104)先の「同公」の「成」が「休……有成」と類似の型とすると、この「成工」は前の班毀銘の軍事的功績をいう前文に「亡不成」といい、後文に「成厥工」とあるのと同じく、〝克殷〟にもとづく軍功の可能性を予測させる。しかし、これも確かなものではなく、問題点も多い。

又、先の近年新出した逨盤銘に、逨の祖先が成王を助けて

逨曰、……（朕皇高祖公叔）克逨匹成王、成受大令、方逖不享、用奠四国万邦。……

（逨曰く、……（朕が皇高祖公叔は）克《よ》く成王を逨匹《たす》け、大令を成受して、方《あまね》く不享を逖《しりぞ》け、用て四国・万邦を奠《さだ》む。……）

とある。この「朕皇高祖公叔」が「成王」を助けて「成受大令、方逖不享、用奠四国万邦」は、王朝の君主のもつ「天命の膺受」と「四方の匍有」に対応しているようである。よって、この「成受大令」は天命に関するものであろう。又、『周書』召誥にも、成王について「旦曰、其作大邑、其自時配皇天、毖祀于上下、其自時中乂。王厥有成命、治民今休。……末有成命、王亦顕」（旦曰く、其れ大邑を作る、其れ時《これ》自《よ》り皇天に配し、毖《つつし》んで上下を祀り、其れ時《こ》の中自《よ》り乂《おさ》めんことを。王厥《そ》れ命を成する有り、民を治めて今や休《うるわ》し。……王末《つい》に命を成する有り、王も亦顕《あらわ》れん）と「成命」とあるのと類似の表現であろう。ここでは上文の「其自時配皇天、毖祀于上下」と「其自時中乂」、下文の「王厥有成命」と「治民今休」とがそれぞれ「天命の膺受」と「四方の匍有」に対応しているようで、この「成命」

については、赤塚忠氏は天の定めた大命と解し、池田末利氏は屈万里等の「営雒の命令」の意に従っている。しかし、不確かであるが、この「成受大令」が天命に当たる部分とすれば、「天命の膺受」者としての地位を成し遂げることをいうものかと思う。この「成」の用例は、一例であるが天命の成就に対して使われているように思える。(105)

このほか、西周後期における作器とされる伯公父簠銘（集成四六二八）に「白太師小子白公父作簠。……用成穛・稲・稬・粱、我用召卿事辟王」（伯太師の小子伯公父、簠を作る。……用て穛・稲・稬・粱を成し、我用て卿事・辟王を召《もて》なさん）とある。この場合の「成」は、君王卿士らにすすめる精選の糧食をこの器に盛るの、盛の義に使用されている。(106)

又、「成」の地名とされるものには、小臣単觶銘（両周録一ウ、集成六五一二）に「王後叚克商、在成自」（王の後叚、商に克《か》ちて成師に在り）とあり、競卣銘（両周録三六ウ、集成五四二五）に「隹白屖父以成自即東命、戍南夷」（惟《こ》れ伯屖父、成師を以《ひき》いて東命に即《つ》き、南夷より戍る）とあって、「成自」とある。作器時代は、前者は両周・文録など武王時代、綴遺・断代・通釈などは成王時代とし、(107)後者は断代は康王時代、両周は穆王時代、通釈は昭・穆期、林巳奈夫氏は西周ⅡBに入れる。(108)この「成自」について、「…自」は金文例に多く見えるもので、既に諸氏によって屢々指摘されているように、軍旅の所在地を指す場合が多い（競卣銘の場合は軍旅の名）。(109)この「成」地の場所については、両周は「成乃成皋（一名虎牢）、在古乃軍事重地、与孟津相近」として成皋（虎牢）と解し、通釈もこの説を支持する。断代は管蔡世家にいう「封叔武于成」の「成」として、その場所比定に文献より「成」の名の三地を挙げ、「此三地都名郕、都在魯境。競卣〝以成自即東〟則成地応不甚東、似以濮県之成較為合適」として、濮県の「成」とする。(110)ただ綴遺は、「成自」を成阜と釈して、これを後の「成周」とし、「疑雒邑本有成阜名、…遂称為成周」と解して、作器の時期を「新邑」既に成り、殷の頑民を遷す際かとしている。(111)しかし、同じ「成自」の名が後世の競卣銘にも見えていることや、たとえ別地としても、周初金文では「成周」建設時には先の臣卿鼎・𪘲士卿尊銘のように「在新邑」と表現されるのが一般的であり、又「新邑」の建設地の名は、周原甲骨文の「見工于洛」（見工、洛に于《ゆ》く）、『周書』召誥・洛誥等には「洛」・「洛汭」・「洛師」（もとは「洛𠂤」とあったろう）・「新邑」洛などと皆「洛」（「洛𠂤」）の名で見えて、「成𠂤」の名は見えていないことからして、これは疑問であろう。又、先に見たように、成王五年頃に「成」周と「宗」周とが「成」、「宗」対照されて称されたのであれば、「宗周」が岐周又は鎬京の地のどちらであっても、「宗」周の「宗」が元来地名をつけたものでなく、周王朝全体の支配構造から周に血統的「宗」をつけて命名されたと思えるように、これに対する、〝克殷〟者であり、「四方の匍有」者・〝武王〟の遺志によって営まれたその「四方」（「四国」）経営の中心場所としての「中国」の呼称、「成」周なる名称の「成」も、単なる地名でなく、また「宗」周の命名と同様に考えられるべきものと思える。(112)

おわりに

以上のように、先秦王朝としての周王朝の開設は、時代的背景からいえば、後の皇帝制度が成立した秦、漢王朝の開設が周王朝時代の「四方」にまで拡大した「中国」の〝内〟、即ち「天下」の支配を王朝成立の対象としていたのに対し、周は、「中国」の、〝外〟、即ち、「中国」から見ていわば〝外国〟にあたる「四方」（「四国」、「万邦」）領域の支配を王朝成立の対象としていた。

即ちそれが、「上下の匍有」に対する「四方の匍有」（「不廷方の率懐」、「方蛮𡚬見せざるものはなし」や「四方を奠《さだ》む」「四国を保《やす》んず」）ということである。この周王朝の経営する「四方」の領域、即ち「東国」・「南国」など、周の力が直接的には及ばない独立的庶邦（各宗・各族）の領域の中央として、「四方の匍有」者・〝武王〟の遺志によって瀍水・澗水と洛水に臨む洛陽の地に営まれたその「四方」経営のための「中国」の呼称は、国号的意味をもつ、周王朝と同じただ周だけではなくて、周に「成」の字をつけた「成」周と命名されたのである。この「中国」の「成」周という名称の「成」とは、当時どのような意味をもって命名されたのであろうか。

この、「四方」（「万邦」）を支配する、周王朝の開設を象徴する意味をもって営まれた「中国」の呼称の「成」周の「成」とは、周王朝が、「中国」（即ち「成」周）の〝外〟の、いわば〝外国〟に当たる独立的庶邦の領域（「四方」、「万邦」）を王朝開設の対象領域としていたことと、何らかの関係があるのではないかと、はじめに予測した。

この「成」周なる呼称の「成」の意味を、従来の、どちらかといえば、「成」という文字そのものによっての解釈からではなく、当時の具体的史料である西周青銅器銘文の「成」の字の用例を網羅的に集めてその用法を整理して、そこから検討しようとするのが本章の目的である。そうすると、西周青銅器銘文に見える「成」の用例は、（1）「四方」（「四国」）における国際的紛争の収束に関係する銘文上に現れる「成」の場合、（2）その他（裁判・契約例など）の銘文上に現れる「成」の場合、の大きく二つに分けられる。

この内、最も多く見える金文（1）例は、周の経営する「四方」（「万邦」）の領域における、主として、「東国の痟戎」（班毀銘）、「南国の服子」「南夷、東夷」（宗周鐘銘（㝬鐘））、「南国・東国の噩侯馭方」「南淮夷、東夷」（禹鼎銘）、「玁狁の放興」（多友鼎銘）、「楚荊」（逨盤銘）などと、周王朝に叛服常なき多様な異族の邦々や人々が引き起こす「東国」・「南国」等での紛争を収束し、〝乱〟を鎮定した結果として、「成」や「有成」が終りに来る場合の「成」であった。つまり、諸氏が成就・成功の義に解するこの「成」は、何を成し遂げたのか、その「成」の対象となるものは何かといえば、共通してそれは「作四方極（望）」「静東国」（班毀銘）、「遹省文武勤疆土」「保四国」（宗周鐘（㝬鐘）銘）、「奠四方」（禹鼎銘）、「盗政四方」（逨盤銘）とかあったように、周の軍事力を背景として、「中国」（「成」周）の〝外〟の、「東国」・「南国」などの「四方」（「四国」「万邦」）領域に起こる国際的紛争の収束の義に対して用いられているものであった。

そうすると、西周青銅器銘文にある「成」の用例の中で、この金文（1）例の「成」の用法が周王朝成立の対象領域の「四方」（「万邦」）経営に直接関するものであり、先の、「四方」経営のために「四方」の中心場所に営まれた「成」周の「成」が、その支配が周王朝の開設を意味する、「中国」即ち「成」周の〝外〟の「四方」、即ち「中国」から見ていわば〝外国〟にあたる「四方」領域の経営と関係するものではなかったかという予測と、両者とも、同じ「四方」経営に対して用いられるものであり、最も合致する内容をもつことになる。

つまり、現実的な「四方の匍有」者・〝武王〟の遺志によって営まれた、「四方の匍有」のその「四方」の中央の「中国」の呼称、即ち「成」周と命名した「成」の意味は、当時の具体的史料からすると、この金文（1）例の用法に見える、王朝が目指す国際的紛争の収束、〝乱〟の鎮定の成就・成功の意味での「成」の義、つまり「四方」（「万邦」）領域の安寧秩序を成し遂げる意味（「静《しず》」める）ではなかったかと思えるのである。先の、従来の説の、主に「成」の文字そのものから「王業」等を完成するという解釈は、その「王業」とはこれらの意味、内容をもつのである。「成」周とは、王朝成立の対象となる領域（「四方」「万邦」）を「成」する周、「成」した周などの意味となろう。それが王朝成立の一条件「四方の匍有」（「四方」を偏く秩序立てる）の意味であり、又「不廷方の率懐」「方蛮𡚽見せざるものはなし」や「四方を奠《さだ》む」などと云われることである。

しかも、この金文（1）例の「成」の用法と、「成」周（「中国」）を営む意味そのものとの直接の結びつきは、この「成」周（「新邑」洛）の建設の意味を述べる『周書』五誥の一つ洛誥に見えていた。しかもその箇所は、〝周公旦〟

が〝武王〟の子成王に説いて、この「中国」(「成」周)より「四方」(「万邦」)の領域を治めれば、と云って、この金文(1)例の「休……有成」の型が直ちに下に接して現われているものであった。それは即ち、当時の西周金文の用法に照らせば、この「中国」(即ち「成」周)より「四方」(「万邦」)を治めれば、「東国」・「南国」など、主として異族の邦々や人々が引き起こす、その地域の紛争の収束、〝乱〟の鎮定を成し遂げることが出来るというものであって、文章においてすべて整合的である。ここに、周が「四方」領域を経営する中心地域として、「四方の匍有」者・〝武王〟の遺志に従って営まれた「中国」と、その「四方」の中心地域となる「中国」を、国号的意味をもつ周に「成」の字をつけて「成」周と呼んだこととの直接の結びつきを、金文(1)例の「休……有成」の用法を介して、ここに見ることが出来るのではないかと思える。そして、金文(1)例の「休……有成」が、ほかでもない、この「成」周(「中国」)建設の意味を説くこの部分に唯一残って来ていることも偶然とは思えないのである。

又、それは、金文(1)例の「成」の対象が、それらの銘文ではほとんど「方蛮」「蛮戎」や「淮夷」「東夷」「南夷」等の異族が引き起こした国際的紛争の収束に対するものが多いように、「成」周(「中国」)の経営当時においても、「四方」の領域における「有成」の対象とされたのは、主に彼らに対するものであったろう(「四方の匍有」のその「四方」の語句の金文における用例は、異族の引き起こす争乱と一緒に出てくる場合が多い)。周王朝の所謂封建制は、本来これらの多様な「四方」(「万邦」)領域における安寧秩序のための「成」の構造を維持することが主なる目的ではなかったかと思える。又、そのため周初以来、血統の原理による同姓親族(宗法制度)が多数封じられたことは、(113)「成」周に対比される「宗」周の立場と密接に関係してくるように思える。本章では、「成」周なる名称の「成」が、当時どのような意味をもって命名されたのかという点に絞って考えたが、もう一方の旧邦にある「宗」周という命名は、おそらく、そこが周族自身にとって出自を意味する血族的原理、血統(宗)を示す場所であったからではないかと思える。

又、金文（2）例の解釈は不確かなものであるが、そこに出てくる、契約や土地争いなどに見える、利害関係の裁定・調停を意味する「成」の解釈も、異族による紛争と直接関係しなくても、巨視的に見れば、それ自身、紛争の収束の成就・成功を意味する「成」と同じ範疇に属するものであろう。先秦時代における王位には、自己の支配下に入った集団（弱小の各宗・各族も含め）に対する利害関係等の調停、調和（「成」の意味に含まれよう）のような性格も、その〝位〟の重要な要素ではなかったかと想像する。それは又、周の軍事力を媒介とする集団安全保障のほかに、その集団に参加する側の期待するものでもあったろう。又、天命に関する例は一例であるが、大命の成就も又「成」という表現をとったのかもしれない。

よって、「四方」（「万邦」）領域の経営を王朝成立の対象としていた、前に述べた周王朝における君主自身が一身にもつ性格、即ち「天命の膺受」者即ち「上下の匍有」（徧き神々の祭祀）者であり、それを条件として結合する「万邦」（又は「民」と「疆土」）を合わせて天から受けた者（「天子」）に対置される「四方の匍有」者(114)、即ち「王」とは、主に、その「四方」領域における方蛮諸族らの邦々が引き起こす国際的紛争の収束・〝乱〟の鎮定をなす者、又、「四方」領域の公平なる裁定者・調停者という、このような「成」王としての性格を一般にもつものではなかったかと思える。(115)「成」周建設時の成王の「成」も、当然これと関係したであろう。

このように、以上見て来たことから、「四方」に対する「中国」を「成」周と呼んだ問題を時代的背景の上でとらえなおしてみると、この、先秦王朝である周王朝では「中国」の〝外〟の、いわば〝外国〟にあたる「四方」（「万邦」）領域を支配することが（「四方の匍有」「方蛮𡚬見せざるものはなし」）、周王朝の成立を意味していた。そして、その「中国」のいわば国号は、国号的意味をもつ周だけではなくて、周に「成」の字をつけた「成」周であった。しかし、先に見たように、次の中央集権による皇帝支配が成立後の秦、漢王朝では、「中国」の〝内〟（即ち「天下」）を支配することが（「天下の定有」）、王朝の成立を意味していたと考えられる。つまり、周王朝と秦、漢王朝では、王朝成立の対象領域が「中国」の〝外〟に対するのと、〝内〟に対するのという、中国史の上で基本的相違があったわけである。

そして、〝外国〟から見た「中国」の国号は、皇帝支配成立後の秦、漢王朝における「中国」の国号が秦、漢と称されていたから、時代順に「中国」の国号を挙げてみれば、「周」、「秦」、「漢」ではなくて、成「周」、「秦」、「漢」となるわけである。

もしも、「中国」の呼称をもって王朝名とするならば、周王朝ではなく、成「周」王朝、「秦」王朝、「漢」王朝となろう。そして、本章で見たように、周の場合、秦、漢の場合と異なり、「中国」の〝外〟の、いわば〝外国〟に当たる「四方」（「万邦」）領域の経営こそが周王朝の成立を意味していたこと、そして、その「四方」領域の経営が「成」（する）という言葉で云い表わされるものであったことからして、周王朝というより、「成」する周という意味で、一般的に成周王朝という名称の方が、王朝成立の対象となる「中国」の〝外〟の「四方」領域の経営を示唆し、中国史の上で、後の王朝との差異を示して、この先秦王朝の基本的な性格をよく現わしているかもしれない。この点留意しておきたい。

最後に、本章で見た周王朝と「成」周の「成」との関係から、同じように〝克殷〟前の殷王朝と「成」との関係に注意してみると、直ちに想い起こされるのは、殷王朝の開設者・湯王が「成」湯とやはり「成」の字をつけて呼ばれていたことである。

即ち、周原甲骨の〝克殷〟前の文王時代のものとされる甲骨文に、祭祀対象として「成唐（湯）」（「成」は[illegible]）の名が見えており(116)、この場合は、殷王朝の開設者個人に「成」湯と「成」の字をつけて呼んでいる。又、この湯王の称謂は、殷墟甲骨文にも、「成」（㕣）・「唐」・「大乙」と見えており、「成」の一字で示されることがあるとされる(117)。これらの「成」が、周王朝の開設時に称された「成」周の「成」の意味する内容と何らかの類似の関係をもつのかは、史料的に乏しく、後考に俟ちたいが、殷の場合は、商（殷）ではなく、殷王朝の開設者・湯王自身に「成」の字がついていることが注目されよう(118)。

いずれにしても、秦、漢王朝の中央集権による皇帝支配成立前、東アジア地域において、独立的な、多様な文化、風俗・習慣等をもった異族（各宗、各族）の邦々や人々を、一つに統合する「成」の言葉のもつ意味、内容は、注目に価するのではないかと思われる。

付　記

なお、本章で述べた西周金文（1）例の「成」の用法と関連して気づくことに、文献の『春秋』左氏伝に、この国際的紛争という類似の条件の下で、その紛争の収束、〝乱〟の鎮定そのものの意味に使用される「成」の字の特徴的用法が多数見られることである。今、この点を付記しておきたい。

即ち、国際間の紛争をお互いの国同士で、又は第三国に頼んで収束する場合の「成」の用例を、今、隠公元年から少し拾い出して列挙してみると、

◎　恵公之季年、敗宋師于黄。公立而求成焉。九月、及宋人盟于宿。始通也。（恵公の季年に、宋の師を黄に敗る。公立ちて成を求む。九月、宋人と宿に盟う。始めて通ずるなり。）（隠公元年）

◎六年、春、鄭人来渝平、更成也。……往歳、鄭伯請成于陳。（六年、春、鄭人来りて渝《か》えて平ぐとは、更め成するなり。……往歳、鄭伯成を陳に請う。）（〃〃六年）

◎公会杞侯于郕、杞求成也。（公、杞侯に郕に会するは、杞成を求むるなり。）（桓公三年）

◎楚武王侵隨。使薳章求成焉。……隨人使少師董成。……冬、紀侯来朝。請王命以求成于斉。公告不能。（楚の武王、隨を侵す。薳章をして成を求めしむ。……隨人、少師をして成を董《ただ》さしむ。……冬、紀侯来朝す。王命を請いて以て成を斉に求む。公、能わずと告ぐ。）（〃〃六年）

◎盟・向求成于鄭。既而背之。（盟・向成を鄭に求む。既にして之《これ》に背く。）（〃〃七年）

◎宋成未可知也。（宋の成未だ知る可からざるなり。）（〃〃十二年）

◎諸侯伐宋。斉人請師于周。夏、單伯会之、取成于宋而還。（諸侯、宋を伐つ。斉人、師を周に請う。夏、單伯之《これ》に会し、成を宋に取りて還る。）（荘公十四年）

◎冬、同盟于幽、鄭成也。（冬、幽に同盟するは、鄭成すればなり。）（〃〃十六年）

◎楚人伐鄭。鄭伯欲成。（楚人、鄭を伐つ。鄭伯成を欲す。）（僖公三年）

◎冬、叔孫戴伯帥師会諸侯之師侵陳。陳成。帰轅濤塗。（冬、叔孫戴伯、師を帥《ひき》いて諸侯の師に会し陳を侵す。陳成す。轅濤塗を帰す。）（〃〃四年）

◎隨以漢東諸侯叛楚。冬、楚闘穀於菟帥師伐隨、取成而還。（隨、漢東の諸侯を以《ひき》いて楚に叛す。冬、楚の闘穀於菟、師を帥《ひき》いて隨を伐ち、成を取りて還る。）（〃〃二十年）

◎鄭伯如楚致其師。為楚師既敗而懼、使子人九行成于晋。（鄭伯、楚に如《ゆ》きて其の師を致す。楚の師既に敗れるが為めにして懼れ、子人九をして成を晋に行なわしむ。）（〃〃二十八年）

◎鄭石甲父・侯宣多、逆以為太子、以求成于晋。晋人許之。（鄭の石甲父・侯宣多、逆《むか》えて以て太子と為し、以て成を晋に求む。晋人之《これ》を許す。）（〃〃三十年）
◎楚令尹子上侵陳蔡。陳蔡成。（楚の令尹子上、陳・蔡を侵す。陳・蔡成す。）（〃〃三十三年）
◎陳侯為衛請成于晋、執孔達以説。（陳侯、衛の為に成を晋に請い、孔達を執えて以て説く。）（文公二年）
◎衛侯如陳、拝晋成也。（衛侯、陳に如《ゆ》き、晋の成を拝す。）（〃〃三年）
◎衛侯会公于沓、請平于晋。公還。鄭伯会公于棐、亦請平于晋。公皆成之。（衛侯、公に沓に会するは、晋に平がんことを請うなり。公還る。鄭伯、公に棐に会するは、亦晋に平がんことを請うなり。公皆之《これ》を成す。）（〃〃十三年）
◎秦有殽之敗、而使帰求成。成而不得志。（秦、殽の敗有り、帰りて成を求めしむ。成して志を得ず。）（〃〃十四年）
◎四年二月壬戌、為斉侵蔡、亦獲成於楚。……晋鞏朔行成於鄭。（四年二月壬戌、斉の為に蔡を侵し、亦成を楚に獲たり。……晋の鞏朔、成を鄭に行なう。）（〃〃十七年）

などとあり、これらの例は枚挙に遑がない（「成」の訳は、皆「たいらぐ」である）。

これらの「求成」、「取成」、「欲成」、「行成」、「請成」、「拝成」などの「成」の用法は、両国間の紛争の収束の形態が対等の水平的な場合も、一方の降伏という傾斜的な場合も（降伏といっても、それは独立国としてである）、共に同じ「成」の字が使用されている。これらの「成」の内容が具体的（文書化など）な形をとったものであったかどうか分からないが、又、

◎晋侯使瑕嘉平戎于王。單襄公如晋拝成。劉康公徼戎、将遂伐之。叔服曰、背盟而欺大国。此必敗。（晋侯、

瑕嘉をして戎を王に平げしむ。單襄公、晋に如《ゆ》き成を拝す。劉康公、戎を徼《うかが》い、将に遂に之《これ》を伐たんとす。叔服曰く、盟に背きて大国を欺く。此れ必ず敗れん……、と。）（成公元年）

◎故鄭伯帰、使公子偃請成于晋。秋、八月、鄭伯与晋趙同盟于垂棘。（故に鄭伯帰り、公子偃をして成を晋に請わしむ。秋、八月、鄭伯、晋の趙同と垂棘に盟う。）（〃〃五年）

◎（宋華元）聞楚人既許晋羅茷成、而使帰復命矣。冬、華元如楚、遂如晋、合晋楚之成。秦晋為成、将会于令狐。……（秦伯）使史顆盟晋侯于河東。晋郤犫盟秦伯于河西。……秦伯帰而背晋成。（（宋の華元が）楚人既に晋の羅茷に成を許して、帰りて復命せしむと聞く。冬、華元、楚に如《ゆ》き、遂に晋に如《ゆ》き、晋・楚の成を合す。秦・晋成を為し、将に令狐に会せんとす。……（秦伯は）史顆をして晋侯に河東に盟わしむ。晋の郤犫、秦伯に河西に盟う。……秦伯帰りて晋の成に背く。）（〃〃十一年）

◎宋華元克合晋楚之成。夏、五月、晋士燮会楚公子罷・許偃、癸亥、盟于宋西門之外。……鄭伯如晋聴成。会于瑣沢、成故也。（宋の華元克く晋・楚の成を合す。夏、五月、晋の士燮、楚の公子罷・許偃に会し、癸亥、宋の西門の外に盟う。……鄭伯、晋に如《ゆ》き成を聴く。瑣沢に会するは、成の故なり。）（〃〃十二年）

◎鄭人懼、乃行成。秋、七月、同盟于亳。范宣子曰、不慎、必失諸侯。諸侯道敝而無成、能無弐乎。乃盟。……鄭人使王子伯駢行成。甲戌、晋趙武入盟鄭伯。冬、十月丁亥、鄭子展出盟晋侯。（鄭人懼れ、乃《すなわ》ち成を行なう。秋、七月、亳に同盟す。范宣子曰く、慎まずんば、必ず諸侯を失わん。諸侯は道に敝《つか》れて成無くんば、能く弐無からんや、と。乃《すなわ》ち盟う。……鄭人、王子伯駢をして成を行なわしむ。甲戌、晋の趙武入りて鄭伯に盟う。冬、十月丁亥、鄭の子展、出でて晋侯に盟う。）（襄公十一年）

◎夏、盟于澶淵、斉成故也。（夏、澶淵に盟うは、斉の成するが故なり。）（〃〃二十年）

などとあって、紛争の収束を意味する「成」の結果として、「盟」が次に記される場合も多い。

又、これら国際間の紛争の収束を、第三者が行なった場合の「成」の用例も見える。即ち、隠公八年の条に

……冬、斉侯使来告成三国。公使衆仲対曰、君釈三国之図、以鳩其民、君之恵也。寡君聞命矣、敢不承受君之明徳、……

（……冬、斉侯来たりて三国を成せしことを告げしむ。公、衆仲をして対《こた》えしめて曰く、君、三国の図を釈《と》き、以て其の民を鳩《やす》んぜしは、君の恵なり。寡君命を聞けり。敢えて君の明徳を承受せざらんや、と。）

と「成三国」とあり、斉が宋、衛、鄭の三国の紛争を収束せしめたことを「成」すという。周王室衰退後の諸侯を集める斉の覇業の萌芽となろう。又、先の文公十三年の条の「公皆成之」も、第三者が諸侯間を「成」した例である。

又、これは『春秋』経であるが、桓公二年の条に

三月、公会斉侯・陳侯・鄭伯于稷、以成宋乱。

（三月、公、斉侯・陳侯・鄭伯に稷に会して、以て宋の乱を成す。）

とあり、「以成宋乱」とある。この「成」は、宋（邦）の国内の紛争の収束を指すが、又、先に引いた文公七年の条の「恵伯成之」も同例である。

このほかにも類例は多く、又、「成」の見える田土の獄訟・裁定の例（昭公十四年、成公四年の条）は前に挙げたが、これら『春秋』左氏伝に多数見える「成」の字の特徴的な用法が、本章で述べた西周金文（1）例の紛争の収束、〝乱〟の鎮定を対象として、その成就・成功の義に使用される「成」の字と全く関係がないとは思われない。むしろ、西周金文（1）例の「成」の字の用法を源泉として、やがて「成」の字そのものの内に、紛争の収束、〝乱〟の鎮定そのものの意味を含むことになったのではないかと考えるのが自然のように思える。しかし、両者、金文と問題の多

い編纂された文献とであり、その文章成立過程の作者等の問題もあり、又、時間的差もあるから、今、ここでは、本章で述べた「成」周の「成」の意味に関連して、これらの点を注意するに留めたい(119)。

注

（1）拙稿「周王朝の君主権の構造について―「天命の膺受」者を中心に―」（補訂して、本書の第一章に入る）松丸道雄編、『西周青銅器とその国家』東京大学出版会、一九八〇年、所収、四〇一頁（原論文は『東洋文化』第五九号、〃特集・西周金文とその国家〃、東洋文化研究所東洋学会、東京大学出版会、一九七九年、所収）。

（2）「成周」の場所については、後藤均平「成周と王城」『和田博士古稀記念東洋史論叢』講談社、一九六三年、所収、伊藤道治「先秦時代の都市―その一、考古学的に見た都城―」研究第三〇号、一九六三年、持井康孝「西周時代の成周鋳銅工房について―洛陽出土の熔笵をめぐって―」『西周青銅器とその国家』松丸道雄編、東京大学出版会、一九八〇年、所収、等参照。

（3）楊寛「第四編第三章　西周初期東都成周的建設及其政治作用」『西周史』上海人民出版社、一九九九年、五三六〜五三八頁、伊藤道治「附論三　西周王朝と雒邑」『中国古代国家の支配構造』中央公論社、一九八七年、四一一頁。林澐「天亡簋〃王祀于天室〃新解」『林澐学術文集』中国大百科全書出版社、一九九八年、一七二頁（原論文は「一九九三年七月在西安召開的周秦文化学術研討会場宣読的論文」、史学集刊（吉林大学）一九九三年第三期）。

（4）「集成」は、中華社会科学院考古研究所編『殷周金文集成』（集成と略称、後に同じ）全十八冊、中華書局、一九八四―一九九四年。「両周録」は、郭沫若『両周金文辞大系図録攷釈・録』（両周録と略称、後に同じ）一九三五年。

（5）十月敔毀銘については、白川静『金文通釈』（後、通釈と略称）第二七輯、一九六九年、白鶴美術館刊、敔毀三の条、馬承源編『商周青銅器銘文選』（後、銘文選と略称）（三）、文物出版社、一九八八年、敔毀一の条、二八六―二八七頁、等参照。このほか、後の注（42）参照。

（6）呂文郁「第一章　西周采邑概説」『周代的采邑制度』社会科学文献出版社、二〇〇六年、九―一〇頁。

（7）陝西周原考古隊「陝西扶風庄白一号西周青銅器窖蔵発掘簡報」文物一九七八年第三期、唐蘭『略論西周微史家窖蔵銅器群的重要意義—陝西扶風新出墻盤銘文解釈—」文物一九七八年第三期、裘錫圭「史墻盤銘解釈」文物一九七八年第三期、李学勤「論史墻盤及其意義」考古学報一九七八年第二期、徐中舒「西周墻盤銘文箋釈」考古学報一九七八年第二期、通釈第五〇輯、史墻盤の条、一九七九年、等参照。

（8）注（7）の裘氏前掲論文、二六頁。

（9）唐蘭「𣧑尊銘文解釈」文物一九七六年第一期、後の注（10）等参照。

（10）注（9）の唐氏前掲論文、陳昌遠「有関何尊的幾箇問題」中原文物一九八一年第二期、通釈第四八輯、一九七八年、𣧑尊の条、伊藤氏「周武王と雒邑—𣧑尊銘と『逸周書』度邑—」『内田吟風博士頌寿記念東洋史論集』同記念会編、同朋社、一九七八年、所収、等参照。馬承源「何尊銘文初釈」、張政烺「何尊銘文解釈補遺」文物一九七六年第一期、李学勤「何尊新釈」中原文物一九八一年第一期、には別解を示している。

（11）臣卿鼎（孫壮『澂秋館吉金図』四オ・ウ、十五オ・ウ）、噉士卿尊（容庚『善斎吉金録』礼巻三、八九オ・ウ）、周東鼎（段紹嘉「介紹陝西省博物館的幾件青銅器」文物一九六三年第三期）、等参照。

（12）陝西周原考古隊・周原岐山文管所「岐山、鳳雛村両次発現周初甲骨文」考古与文物一九八二年第三期、陳全方「陝西岐山鳳雛村西周甲骨文概論」『古文字研究論文集』四川大学学報叢刊第十輯、一九八二年、等参照。

（13）注（9）の唐氏前掲論文、六一頁、注（10）の通釈、一七四頁、尹盛平「試論金文中的〝周〟」『陝西省考古学会、第一届年会論文集』考古与文物叢刊第三号、一九八三年、所収、三四頁、等参照。

（14）『西清続鑑乙編』巻一、六オ—七オ、容庚『宝蘊楼彝器図録』上、一九二九年、八オ—九オ、郭沫若『両周金文辞大系攷釈』（後、両周と略称）一九三五年、三一オ—三二オ、他。

（15）注（9）の唐氏前掲論文、六一頁、注（13）の尹氏前掲論文、三四頁、陳夢家「西周金文中的都邑」「西周銅器断代」（後、断代と略称）（二）考古学報一九五五年第十冊、一三三頁、等参照。

（16）周王朝成立後に現われて、同じ「周」の呼称として対称される「成」と「宗」の両語は、王朝成立の対象領域「四方」

（「万邦」）を経営する周王朝の基本的な支配構造を端的に云い表わす言葉ではなかったかと思える。西周金文の「宗」については、拙稿「過伯毁について―続・対南方関係の西周青銅器―」鳥取大学教育学部研究報告（人文・社会）第四四巻第一号、一九九三年、五五―五六頁、参照。

(17)　注(15)の陳夢家前掲論文、注(13)の尹氏前掲論文。

(18)　松丸道雄・永田英正『中国文明の成立』《ビジュアル版》世界の歴史、五、講談社、一九八五年、八八―八九頁。

(19)　曹瑋「周公廟西周墓葬群重大発現専家談」、張懋鎔「関于周公廟墓地性質的別類思考」文博二〇〇四年第五期、曹瑋「試論周公廟亀甲卜辞及其相関問題」北京大学中国考古学研究中心等『古代文明』第五巻、文物出版社、二〇〇六年、徐天進「4、周公廟遺跡から得られた考古資料と所感」飯島武次編『中国渭河流域の西周遺跡』同成社、二〇〇九年、等参照。

(20)　殷墟甲骨文の「周」の例は多く、「周方」の例は、中国社会科学院歴史研究所『甲骨文合集』（後、合集と略称）全十三冊、中華書局、一九七八―一九八二年、六六五七、八四七二、等がある。島邦男『殷墟卜辞研究』中国学研究会、一九五八年、「第二篇第二章、殷の方国」、四〇九―四一三頁、等参照。

(21)　陝西周原考古隊「陝西岐山鳳雛村発現周初甲骨文」文物一九七九年第一〇期、徐錫台『周原甲骨文綜述』三秦出版社、一九八七年、五七頁、等参照。

(22)　彔伯𢦏毁銘、師克盨銘（郭沫若「師克盨銘考釈」文物一九六二年第六期）、詢毁銘（郭沫若「弭叔簋及訇簋考釈」文物一九六〇年第二期）、等。

(23)　注(1)の拙稿、四四五―四四九頁。

(24)　両周、三五オ―三八ウ、他。

(25)　当時の「国家」については、山田統「天下と天子」『国学院大学紀要特集号、国体論纂』上巻、一九六三年、所収、小倉芳彦「補論・国家と民族」講座『現代中国』Ⅱ、大修館書店、一九六九年、所収、等参照。

(26)　この「成周」の建設の目的について、早く林泰輔氏は「その一は、鎬京は西に偏して四方の入貢につきても道里平均ならず、而して洛邑は中央の地なれば、諸侯の朝覲会同を為すに於て極めて便なり。その二は、殷の遺民は前に述べたるが如く、既にそれぞれ処分をなしたれども、尚未だ心服するに至らず、故に東都を営建して大に之を鎮圧することは、焦眉の急務なり。この二箇の必要に迫られたれば、愈々之に着手せり。」（『周公と其時代』大倉書店、一九一五年、八二一―八四頁）と述べ、諸氏の意見もほぼこれに順うものであろう。又、馬承源氏も「武王当時需要鎮撫被征服的商奴隷主、以及東方的東夷和南方的淮夷、選択此処為戦略重地是比較合理的」（注（10）の馬氏前掲論文、六四頁）と述べている。そして又、夏、殷、周三代の都が集まる場所と云う、先の林澐氏の洛陽近く、〝嵩山（太室山）〟に関する重要性についての指摘もある（注（3）の林氏前掲論文）。

又、令彝銘（両周録二ウ―三オ、集成九九〇一）では周初、「周公子明保」が「成」周で「四方」の諸侯に命令を発していたが、この周初においてのみ、三都の内で「成」周だけでは、しばしば〝殷礼〟が行なわれていた。即ち、作冊䰧卣銘（両周録四オ、集成五四〇〇）に「隹明保殷成周年」（惟《こ》れ明保、成周に殷するの年）、小臣伝卣銘＝小臣伝毀、呉大澂『愙斎集古録』第一三冊、一一オ、集成四二〇六）に「隹五月既望甲子、王在莽京。令師田父殷成周」（惟《こ》れ、五月既望甲子、王莽京に在り。師田父に令して成周に殷せしむ）、臣辰盉銘に「王命士上眔史寅、殷于成周」（王、士上と史寅とに命じて、成周に殷せしむ）などとある。この〝殷礼〟とは、『周礼』春官・大宗伯に「以賓礼親邦国。……殷見曰同」（賓礼を以て邦国に親しむ。……殷見を同と曰う）とある、「四方」の邦君諸侯等を「賓礼」をもって会同せしめる殷同の礼に類するものと一般には考えられている。又、殷王朝の礼かもしれない。これらの「成」周での「殷」する礼は、周初にしか見られないようで、支配者層である「成周」（「中国」）の官僚層を中心に「内・外服」を集める、王朝の視点から注意されよう（第一章注（122）、第四章注（100）、参照されたし）。

（27）　注（9）の唐氏前掲論文、六一頁。注（10）の馬氏前掲論文、六四頁、陳氏前掲論文、五三頁、等参照。

（28）　松丸氏「西周青銅器製作の背景―周金文研究・序章―」『西周青銅器とその国家』松丸道雄編、東京大学出版会、一九八〇年、所収、一五―一七頁（原論文は東京大学東洋文化研究所紀要第七二冊、一九七七年、所収）。

（29）　注（1）の拙稿、四〇六―四〇七頁。

（30）　注（1）の拙稿、四〇七頁。

（31）阿部氏『中国人の天下観念―政治思想史的試論―』東方文化講座第六輯、一九五六年、栗原氏『秦漢史の研究』吉川弘文館、一九六〇年、尾形氏『中国古代の「家」と国家』岩波書店、一九七九年、等参照。
（32）注（31）の阿部氏前掲書、三〇―三七頁、七三頁。
（33）この場合、周王朝開設時の「四方」の中心にある「中国」が、西土の偏在する「鎬京」でなく「洛邑」と周王室によって意識されていたことは、先の新出の𣪕尊銘にある、「四方の餇有」者である〝武王〟の祝文から明らかであろう。
（34）尾形氏「「漢家」の意義と構造―中国古代における家父長制的秩序と国家秩序―」山梨大学教育学部紀要第五号、一九七四年、四四―四五頁。
（35）注（1）の拙稿、四〇五―四〇六頁。
（36）「近出」は、劉雨・盧岩編『近出殷周金文集録』（近出と省略）全四冊、中華書局、二〇〇二年。李学勤「戎生編鐘論釈」《保利蔵金》編輯委員会『保利蔵金』嶺南美術出版社、一九九九年、同論文は文物一九九九年第九期、にほぼ同じ。裘錫圭「戎生編鐘銘文考釈」、馬承源「戎生鐘銘文的探討」《保利蔵金》編輯委員会『保利蔵金』嶺南美術出版社、一九九九年、等参照。
（37）「近出二編」は、劉雨・嚴志斌編『近出殷周金文集録二編』（近出二編と略称）全四冊、中華書局、二〇一〇年。陝西省考古研究所、宝鶏市考古工作隊、眉縣文化館、楊家村聯合考古隊「陝西眉縣楊家村西周青銅器窖蔵発掘簡報」、馬承源、王世民他「陝西眉縣出土窖蔵青銅器筆談」、李学勤「眉縣楊家村新出青銅器研究」、裘錫圭「読逨盤銘文札記三則」、張培瑜「逨鼎之月相紀日和西周年代」、劉懐君・辛怡華・劉棟「四十二年、四十三年逨鼎銘文試釈」、劉懐君・辛怡華・劉棟「逨盤銘文試釈」文物二〇〇三年第六期、等参照。「不享」と「不廷」は、類似の意味に使っているようである。
（38）通釈第六輯、一九六四年、令彝の条、一九四―一九五頁、貝塚茂樹「周代の土地制度」史林第四九巻第四号、一九六六年、伊藤道治「附録、三、参有嗣考」『中国古代王朝の形成―出土資料を中心とする殷周史の研究―』創文社、一九七五年、三二二―三二三頁、等参照。この「内服」、「外服」のものが、諸侯を含めて、周王朝における官僚層を形成していたのであろう。
（39）両周、五ウ―一〇オ。成周工房については、松丸氏「西周青銅器中の諸侯製作器について―周金文研究・序章その二―」

『西周青銅器とその国家』松丸道雄編、東京大学出版会、一九八〇年、所収、一七五頁（原論文は『東洋文化』第五九号、〝特集・西周金文とその国家〟、東洋文化研究所東洋学会、東京大学出版会、一九七九年、所収）。

(40) 栗原朋信氏はかつて漢の「内」・「外」の区別から、周王朝と漢王朝とを比較して「周と周の封建諸侯との関係は、漢と漢の外臣・外藩との関係に比せられるべきものとなってくる」と述べ（注（31）の栗原氏前掲書、「第五章、漢の内臣・外臣と客臣」二六三頁）、又西嶋定生氏も、周の封建制の基本理念を漢の〝外臣〟の制度に当たるものであると解している（「第二篇、古代東アジア世界の形成」『中国古代国家と東アジア世界』東京大学出版会、一九八三年、四六三頁）。

(41) 銘文選（三）、彔戓卣の条、一一三―一一四頁、通釈第一七輯、一九六七年、彔戓卣の条、等参照。

(42) 孫詒譲『古籀拾遺』（古籀と略称、後に同じ）一八七二年成、上、二十五ウ―二十八オ、両周、一〇九ウ―一一〇ウ、楊樹達『積微居金文説』（積微居と略称、後に同じ）一九五二年、巻三、「敔毀跋」「敔毀再跋」「敔毀三跋」、注（5）の通釈、七五―七六頁、等参照。

(43) 侯氏『中国古代社会史論』人民出版社、一九五五年、一七四頁。注（9）の唐氏前掲論文、六一頁。注（13）の尹氏前掲論文、三四頁。

(44) 白川氏「周公旦」『大黄河の夜明け（人物・中国の歴史1）』集英社、一九八一年、所収、四十頁。伊藤氏『中国社会の成立』新書東洋史①、講談社、一九七七年、八七頁。伊藤氏の個人的御示教によれば、この部分は貝塚茂樹氏の説を引かれたものとの由である。

(45) 説文には、「成」は「就也、从戊丁声」（就なり、戊に从い丁の声）とあり、古文一字を挙げて「古文成、从午」（古文の成、午に从う）とある。字源については、白川静『新訂　字統』平凡社、二〇〇四年、五一〇―五一一頁、等参照。

(46) 『西清古鑑』（西清と略称、後に同じ）巻十三、十二オ―十四オ。郭沫若「《班毀》的再発現」文物一九七二年第九期。

(47) 注（46）の西清、郭氏前掲論文。断代（二）考古学報一九五五年第十冊、七〇―七三頁。劉心源『古文審』（古文審と略称、後に同じ）一八九一年、巻五、一オ―六オ。積微居、巻四、一一二頁―一一三頁、一一五五頁。通釈第十五輯、一九六六年、第五一輯、一九七九年、班毀の条。

(48) 注（47）の断代、七一頁。
(49) 注（46）、（47）に同じ、両周、二一ウ。通釈第四六輯、一九七七年、西周史略、六六―七一頁。
(50) 注（46）の郭氏前掲論文、七頁。注（47）の通釈、五〇頁。注（47）の断代、七二頁。
(51) 注（47）の断代、七三頁。
(52) 于省吾『双剣誃吉金文選』（文選と略称、後に同じ）一九三三年、上一、一オ。
(53) 馬承源「晋侯蘇編鐘」『上海博物館集刊』第七期、一九九六年、馮時「晋侯蘇鐘与西周暦法」考古学報一九九七年、第四期、等参照。
(54) 両周、五一オ―五三ウ。積微居、巻五、一三六―一三八頁。柯昌済『韡華閣集古録跋尾』（韡華と略称、後に同じ）甲、一九一六年頃成、五ウ―六ウ。容庚『商周彝器通考』（通考と略称）一九四一年、上、四九七頁。通釈第一八輯、一九六七年、宗周鐘（㝬鐘）の条。㝬𣪘については、羅西章「陝西扶風発現西周厲王㝬𣪘」文物一九七九年第四期、松丸道雄「金文の書体―古文字における宮廷体の系譜―」『中国書法ガイド1、甲骨文・金文』二玄社、一九九〇年、等参照。
(55) 文選、上一、一ウ。
(56) 王黼『博古図録』二、二二ウ―二五ウ。
(57) 徐中舒「禹鼎的年代及其相関問題」考古学報一九五九年第三期。
(58) 注（57）の徐氏前掲論文、六三頁。通釈第二七輯、一九六九年、禹鼎の条、四六二頁。
(59) 注（57）の徐氏前掲論文。劉氏「多友鼎銘的時代与地名考訂」考古一九八三年第二期。
(60) 注（58）の通釈、四五六頁。
(61) 田醒農・雒忠如「多友鼎的発現及其銘文試釈」人文雑誌一九八一年第四期。李学勤「論多友鼎的時代及意義」人文雑誌一九八一年第六期。張亜初「談多友鼎銘文的幾箇問題」考古与文物一九八二年第三期。黄盛璋「多友鼎的歴史与地理間題」『古文字論集』（一）考古与文物叢刊第二号、一九八三年、所収。劉雨「多友鼎銘的時代与地名考訂」考古一九八三年第二期、等参照。

（62）注（61）の田氏・雒氏前掲論文、二七頁、黄氏前掲論文、一六―一七頁、李氏前掲論文、九一―九二頁、劉氏前掲論文、一五六―一五七頁。

（63）注（61）に同じ。

（64）注（61）の張氏前掲論文、六六頁。

（65）注（61）の劉氏前掲論文、一五四頁。なお、劉氏は「成事」の「成」について、「戊」の字として「戊、応読為成」という。拓本からははっきりしないが、（戊）と（成）は類似の文字である。「成」と読んで間違いあるまい。

（66）著録された拓本で見ると、同銘異范のものが、器蓋を別々に数えて、少なくとも十二銘をも数えることが出来る。この中には、以前から偽器・偽銘とされるものもあり、多くの翻刻が混じっているように思える（張光裕『偽作先秦彝器銘文疏要』一九七四年、香港書局、等参照）。

（67）両周、七一オ―七三ウ。通釈第二十四輯、一九六八年、史頌𣪘の条。

（68）文選、上三、十一。

（69）注（67）の通釈、一八二頁。両周、七二オ。

（70）徐同伯『従古堂款識学』一八五四年頃成、二、一六オ。積微居、巻二、六九頁。注（67）の通釈、一八一―一八二頁。

（71）劉心源『奇觚室吉金文述』（奇觚と略称、後に同じ）一九〇二年、巻四、九ウ。積微居、巻二、六九頁。注（67）の通釈、一八二頁。

（72）陝西周原考古隊「陝西扶風荘白一号西周青銅器窖蔵発掘簡報」文物一九七八年第三期。

（73）注（7）の通釈、三四〇頁。

（74）このほか、師害𣪘銘（呉大澂『愙斎集古録』第十二冊、十二オ―十三ウ、二器有る、集成四一一六）に「麇生智父師害□中智以召其辟、休厥成事。師害乍文考障𣪘。子子孫孫永宝用」（麇生智父師害、□中智、以て其の辟《きみ》に召せられ、休にして厥《そ》れ成事あり。師害、文考の障𣪘を作る。子子孫孫永く宝用せん）とあり、「休厥成事」とある。首句の意味が通じ難く、結体のおかしな文字も多いので疑点のある銘文である。真銘としても、短銘なので、「成事」の対象となる内容は分からない。又、師寰𣪕銘（両周録一三五ウ―一三七オ、集成四三一三―四三一四）にある、「淮夷」に対する征役をいって「休既有工、折首執訊」（休にして既に功有り、折首執訊《しつじん》あり）と云う表現なども、「成」の字はないが類似の表現であり、やはり国際的紛争の収束に対する成功をいうものであろう。

（75）郭沫若「由寿県蔡器論到蔡墓的年代」考古学報一九五六年第一期。陳夢家「寿県蔡侯墓銅器」考古学報一九五六年第二期。

（76）注（75）に同じ。通釈第三十七輯、一九七一年、蔡侯鐘の条。

（77）注（76）の通釈、三〇二頁。

（78）逨盤は、注（37）に同じ。

（79）楊寛「我国古代大学的特点及其起源」『古史新探』中華書局、一九六五年、二〇三―二〇四頁、等参照。

（80）大盂鼎銘に「王若曰、……今我隹即刑稟于玟王正徳、若玟王令二三正。……王曰……豐我一人、登四方。雩我其遹省先王受民受彊土」（王若《か》くのごとく曰く、……今我れ惟《こ》れ即ち玟王の正徳に刑稟《のっと》り、玟王の令せし二三正に若《したが》わん。……王曰く……我が一人を豐《たす》け、四方に烝《きみ》たらしめよ。雩《ここ》に我れ其れ先王の受民、受彊土を遹省せん）とあり、周初の康王が「文王の正徳」、「文王の令せし二三正」に刑《のっと》ること、又、「四方」の「先王の受民受彊土」（「文武勤彊土」）に対する「遹省」のことが記されており、これは、小盂鼎銘によると、蛮方による擾乱に対するもののようである。これらは、『詩』にいう「文王の典」に刑《のっと》って、「四方」（「萬邦」）を保んずることをいうのと類似の表現となろう。なお、後の「四方」領域に対する「遹省」と類似の表現として、史墻盤銘に〝武王〟による「（武王）遹征四方」と見えている。

（81）朱右曾『逸周書集訓校釈』巻四世俘第三十七（国学基本叢書）、黄懐信等撰『逸周書彙校集注、上』巻四世俘解第四十、上海古籍出版社、一九九五年、参照。

（82）このほか、『詩』大雅・文王有聲の「文王有聲、遹駿有聲。遹求厥寧、遹観厥成。文王烝哉」（文王聲有り、遹《ここ》に駿《おおい》に聲有り。遹《ここ》に厥《そ》の寧を求め、遹《ここ》に厥《そ》の成を観《み》る。文王烝なるかな）、周頌・有瞽の「有瞽有瞽、在周之庭。……喤喤厥聲、肅雝和鳴。先祖是聴、我客戻止、永観厥成」（瞽《こ》有り瞽《こ》有り、周の庭に在り。……喤喤《こうこう》たる厥《そ》の聲、肅雝和鳴す。先祖是れ聴き、我が客戻《いた》り、永く厥《そ》の成を観《み》る）などの「遹観厥成」・「永観厥成」の「成」も、同系の言葉かもしれない。なお、この「楽」

と「成」との関係については、『礼記』楽記に武王の楽舞について「夫楽者象成者也」（夫れ楽は成に象《かたど》る者なり）とあり、又、『周礼』楽師の「凡楽成則告備」（凡そ楽成れば則ち備わるを告ぐ）、『虞夏書』皐陶謨の「簫韶九成」などとある。〝礼・楽〟と云う楽の〝和〟と多種多様な「四方」領域の邦々（＝万邦）を集めて和する「成」の意味・内容との関係は、当時の王朝での具体的状況を中心に、あらためて調べてみたいと思う。ここに、多様なものをひとつに調和する「楽」の重要性が見えるかもしれない。東アジア世界における文化面の特質において、政治と音「楽」（ハーモニー）との密接な関係を示すように思われる。なお、西周金文以来の鐘の楽器の銘文に多く見られる「龢」（和）の意味は、これらの「楽」の調和のことを示すものではないかと思われる。

（83）なお、『史記』五帝本紀における「五帝」の一人「黄帝」の条には、「乃習用干戈、以征不享。諸侯咸来賓従」（乃《すなわ》ち干戈を用うることを習い、以て不享を征す。諸侯は咸《みな》来りて賓従す）とあり、先の逨盤銘にも、王を助けて「逖不享、用奠四国・万邦」（不享を逖《しりぞ》け、用て四国・万邦を奠《さだ》む）とあったが、本紀にも「不享」（＝「不廷」）を征し、邦君諸侯が来たりて皆「賓従」すると述べている。周初における小盂鼎銘に、異族の「鬼方」を伐った、王の献捷の儀礼に共に参列する者として先の「内服」に当たる「三事大夫」に対応して、「外服」に当たる「邦賓」、「王の邦賓」の言葉が見えており、諸氏はほぼ一致してこの「邦賓」を〝邦君諸侯〟の意味に解釈している。『史記』などの文献に見える「不享」や「賓従」の言葉は、元来、これらのことを踏まえたものではないかと思われる。前章注（40）、拙稿「成周王朝と「賓」（1）―西周青銅器銘文に現れた「賓」について―」『鳥取大学教育学部研究報告』（人文・社会科学）第四三巻第一号、一九九一年、参照。

（84）両周、一四四ウ―一四五ウ、楊樹達『積微居金文余説』（後、積微余と略称）一九五九年、巻二、六年琱生毀跋（筆者注・六年召伯虎毀に同じ）、二六八―二七二頁、通釈第三三輯、一九七一年、琱生毀二の条、他。

（85）両周、一四五オ。

（86）注（84）の積微余、巻二、六年琱生毀跋、二六九頁。古籀、中、二十三オ。古文審巻六、十八ウ。注（84）の通釈、八六六頁。

（87）両国の国境の紛争は、結局両国が譲り合って、その地を「間原（田）」としたと云う。「間原」とは、両国のものであり、又ものでないという共有地或いは無人地としたものであろう。しかも紀元前の話であるが、この話も、紛争の収束という意味で「成」の構造に入ろう。

（88）奇觚巻二、十七ウ。文選上二、十七ウ。通釈第二九輯、一九七〇年、鬲攸従鼎の条、六三二頁。

（89）岐山県文化館・龐懐清、陝西省文管会・鎮烽・忠怨・志儒「陝西省岐山県董家村西周銅器窖穴発掘簡報」、林甘泉「対西周土地関係的幾点新認識─読岐山董家村出土銅器銘文」、程式「一篇重要的法律史文献─読㑷匜銘文札記」、唐蘭「陝西省岐山県董家村新出西周重要銅器銘辞的訳文和注釈」文物一九七六年第五期、盛張「岐山新出㑷匜若干問題探索」文物一九七六年第六期、等参照。

（90）注（89）の岐山県文化館・陝西省文管会前掲論文、盛氏前掲論文。

（91）注（89）の唐氏前掲論文、五八頁、程氏前掲前掲論文、五〇頁。李学勤「岐山董家村訓匜考釈」『古文字研究』第一輯、一九七八年、一五一頁。

（92）注（89）の唐氏前掲論文、五八頁、盛氏前掲論文、四二頁。

（93）西周の裁判制度については、伊藤道治「西周時代の裁判制度について」『三十周年記念論集、神戸大学文学部』一九七九年、松丸道雄「西周後期社会にみえる変革の萌芽─曶鼎銘解釈問題の初歩的解決─」『西嶋定生博士還暦記念　東アジア史における国家と農民』一九八四年、山川出版杜、等参照。

（94）両周、八一ウ─八二オ。

（95）両周、八一ウ─八二オ。文選上三、十三オ。呉闓生『吉金文録』（文録と略称、後に同じ）一九三三年跋、三、二六オ。通釈第二〇輯、一九六七年、倗生𣪘（筆者注・倗生𣪘は格伯𣪘に同じ）の条、四二六、四三〇頁。韡華、丙、一〇ウ。積微居、巻一、二七頁。

（96）孫詒譲『古籀余論』一九〇三年序、巻三、一七ウ─一八オ。韡華、丙、十一オ。積微居、巻一、二七頁。文録、二十六ウ。注（95）の通釈、四三三頁。

（97）注（89）の岐山県文化館・陝西省文管会前掲論文、唐氏前掲論文、等参照。

(98) 注（89）の唐氏前掲論文、五七頁。
(99) 両周、四六オ―四九オ。通釈第一五輯、一九六六年、也毀（筆者注・也毀は沈子毀に同じ）の条。断代（五）、考古学報一九五六年第三期、一〇五―一〇七頁。
(100) 両周、四八オ。注（99）の通釈、一七頁。
(101) 鄭師許「沈子它敦蓋新釈」中山大学文史学研究所月刊第一巻第五期、一九三三年。
(102) 注（39）の松丸氏前掲論文。
(103) 注（99）の断代、一〇六頁。
(104) 両周、四八ウ。文選上三、ニウ。文録、三、三十五ウ。注（99）の通釈、一八―一九頁。
(105) 逨盤は、注（37）に同じ。赤塚忠『書経・易経（抄）』平凡社、一九七二年、二四一頁、池田末利『尚書』集英社、一九七六年、三五三―三五四頁、等参照。
(106) 俉仕謙「白公父簠銘文考釈」『古文字研究論文集』四川大学学報叢刊第十輯、一九八二年。
(107) 両周、ニウ―三オ。文録、四、三十ウ。方濬益『綴遺斎彝器款識考釈』（後、綴遺と略称）一八九四年成、巻二十四、十五ウ―十六オ。断代（一）、考古学報一九五五年第九冊、一六〇―一六一頁。通釈第三輯、一九六三年、小臣単觶の条。
(108) 断代（五）、考古学報一九五六年第三期、一一一―一一二頁、両周、六六オ、通釈第一七輯、一九六七年、競卣の条、林氏『殷周時代青銅器の研究―殷周青銅器綜覧一』図版、吉川弘文館、一九八四年、二八〇頁。
(109) 通釈第三輯、一九六三年、小臣単觶の条、等参照。
(110) 両周、ニウ。通釈第一七輯、一九六七年、一五六頁。注（107）の断代、二五頁。
(111) 綴遺巻二十四、十六オ。
(112) なお、後の列国金文には、先の蔡侯鐘銘のほかに、陳侯因資敦銘（陳侯因資敦、両周録二六〇ウ、集成四六四九）、者沪鐘銘（者汈鐘、両周録一五九オ―一六四オ、集成一二一―一三二）、鰰鎛銘（両周録二五一オ、集成二七一）、沇兒鐘銘（沇兒鎛、両周録一六五ウ―一六七オ、集成二〇三）、叔夷鎛銘（叔尸鎛、両周録二四〇オ―二四三ウ、集成二八五）、叔夷鐘銘

（叔尸鐘、両周録二四四オ―二四九ウ、集成二七二―二八四）などに「成」の字が見える。煩雑となるので詳述は略すが、西周金文の系統を引くと共に、意味も多義に分かれるようである。

(113) これらの問題については、松丸道雄「殷周国家の構造」『岩波講座・世界歴史』第四巻、一九七〇年、参等照。私見では、「宗周」と「周」について、「宗周」は「四方」領域の血縁的な同姓集団に対する宗邑であり、「周」は「宗周」を都とする「周邦」の宗邑となるのではないかと思える。又、血縁関係はやがて時代とともに、およそ枝葉に分かれて薄れてゆく傾向にあろう。

(114) 注（1）の拙稿、参照。

(115) 『周書』酒誥に「王曰、……自成湯咸至于帝乙成王畏相、御事厥棐有恭。……亦不暇惟助成王徳顕、越尹人祇辟」（王曰く、……成湯自《よ》り咸《みな》帝乙に至るまでの成王は相を畏《うやま》い、惟《こ》れ御事も厥《そ》れ棐《たす》けて恭《つつし》む有り。……（御事らが）亦成王の徳の顕《あき》らかなるを助け、人を尹《おさ》め、辟《きみ》に祇《つつし》むに越《おい》て暇《いとま》あらざりしなり）とあり、この「成王」を偽孔伝に「保成其王道」「惟助其君成王道」と釈す。しかし、ここは、周代に殷の王のことを云ったものではあるが、はじめの「成王」は「成湯より咸《みな》帝乙に至るまでの成王は」と読んで、ここの「成王」とは、本章でいう、「成」する王の「成」王の意味ではなかったかと思える。

(116) 注（21）に同じ、後者の徐氏前掲書、一一―一三頁、曹瑋編『夏商周断代工程叢書、周原甲骨文』世界図書出版公司、二〇〇二年、一頁、等参照。なお、「成湯」の称は、『周書』酒誥、君奭等にも見えている。

(117) 陳夢家『殷虚卜辞綜述』科学出版社、一九五六年、「第十二章、廟号上」、四〇九―四一二頁、注（20）の島氏前掲書、「第一篇第一章第三項、先王の王名・世系・諡称」、八〇―八三頁、等参照。この場合、殷墟甲骨文の「成」は「〓」とあって、周原甲骨文の「成湯」の「成」の「〓」とは、少し字形が異なっており、字釈に疑点もある。殷墟甲骨文の「成」（〓）の用例を、島氏の『殷墟卜辞綜類（増訂本）』（一九七一年、汲古書院）で見ると五例あるが（合集、十四例）、田猟卜辞の地名らしきもののほかは、意味不明である。これらについては、更に調べてみたいと思う。

(118) それは、同じ先秦王朝であっても、周王朝のように、殷王朝が実際の父子による世襲の相続ではなく、甲から癸の十個の王族のグループによる複雑な王位継承を行っていたと云われることと関係するかもしれない。松丸道雄「殷人の観念世界」

『シンポジウム、中国古文字と殷周文化—甲骨文・金文をめぐって—』東方書店、一九八九年、参照。

(119)「成」とともに、「宋及鄭平」(宋、鄭と平ぐ)(隠公七年)のように、「平」の用例も多い。この「成」と「平」は、「平八索、以成人」(八索を平《ただ》して、以て人を成す)(『国語』鄭語四)、「地平天成。……内平外成」(地平《たいら》かに天成《たいら》ぐ。……内平《たいら》かに外成《たいら》ぐ)(文公十八年)などとある。「内平外成」の杜注に「内、諸夏、外、夷狄」と解してある。本章でいう「中国」(ここに云う「諸夏」)の〝内〟に対し、「中国」の〝外〟(ここに云う「夷狄」)、即ち〝外国〟に当たる「蛮戎」の住む「外土」(戎生編鐘銘)を云う〝外〟の「成」に合うものであるが、秦の始皇帝の全国并兼を「平天下」(天下を平《たいら》ぐ)(泰山刻石文)、「平一宇内」(宇内を平一にす)(会稽山刻石文)などとあって、「平」の字が多く見えるのは注意してよい。又、「漢既平中国」(漢、既に中国を平《たいら》ぐ)(『史記』太史公自序)という表現もある。「平」と「成」の対照については注意して調べてみたいと思う。

(原論文の拙稿「周王朝と「成」の構造について—「成周」はなぜ「成」周と呼ばれたか—」東京大学東洋文化研究所紀要一〇九冊、一九八九年、にある《追記》)

《追記》

たまたま校正中に、新元号「平成」となった。本稿がその「成」について述べたものであったので、少し驚いたことを付記しておきたい。「平成」の「成」の意味は、元来、このようなものであったのかもしれない(一九八九年一月)。

(原載のママ)

第三章　周王朝と彤弓考
――「四方の匍有」者（王）の性格について――

はじめに

先秦王朝としての周王朝成立の一条件、「四方の匍有」（「不廷方の率懐」、「方蛮𢦚見せざるものはなし」）の「四方」（「文武勤疆土」、「四国」、「万邦」）とは周王朝成立の対象領域であり、この「四方」は「中国」（「成周」）の〝外〟の、いわば〝外国〟に当たる〝外服〟の領域であり、そこは諸侯の領域であった。

この、周初における諸侯の封建の事情を詳しく伝えるものとして、殊に有名なのは、唐蘭氏等が康王時代における作器とする、一九七三年、江蘇省丹徒縣より他の十数器の青銅器と共に出土した宜侯矢毀銘（集成四三二〇）である。[1]出土時に原器が破砕して読み難い文字も多いが、そこに

隹四月、辰在丁未。王省珷王成王伐商圖、徃省東国圖、王立于宜宗土南鄉。王令虞侯矢曰、繇、侯于宜。賜𩰫鬯一卣・商鬲一□・彤弓一・彤矢百・旅弓十・旅矢千。賜土、厥川三百□、……。賜在宜王人□又七生。賜奠七白、……。賜宜庶人六百又□□六夫。宜侯矢揚王休、乍虞公父丁隮彝。

（惟《こ》れ四月、辰は丁未に在り。王は、珷王・成王の伐てる商の図を省し、徃《い》でて東国の図を省す。王、宜の宗社

に立ちて、南鄕す。王、虔侯矢に令して曰く、繇《ああ》、宜に侯たれよ。𢹂鬯一卣・商鬲一□・𢏚弓一・𢏺矢百・旅弓十・旅矢千を賜う。土を賜う。厥《そ》の川は三百□……。宜に在《あ》る王人□有七生を賜う。奠七伯を賜う……。宜の庶人六百有□□六夫を賜う、と。宜侯矢、王休に揚《こた》えて、虔公父丁の𨽍彝を作らん。）

とある。

これによると、康王が前の「武王・成王」の伐った「商図」、更に「東国の図」を「省す」即ちその領域を巡守した時、康王は宜の社において虔侯の矢をその宜の土地に封建（移封と思える）して宜侯とした。この「東国」は「中国」より見て云う。この虔侯と宜の地の解釈については諸説定まらず、陳夢家、郭沫若氏らは虔侯と釈するが、唐蘭、李学勤氏らは虞侯と釈して揚子江下流域における呉の国の世系と結びつけて考え、封じられた宜の土地を器の出土した南方丹徒、又はその一帯とした。又、黄盛璋氏は、虞侯を呉の国と切り離して考え、宜は倭の宜陽の地とし、又、白川静氏は虎侯と釈して、殷代虎方の後であり、淮水上游の雄邦で、宜の地は虎侯の本貫より東、鄭に近い地であろう、とするなどの諸説に分かれている。(2)

いずれにしても、ここで注目されるのは、この封建の際における賜与物として、はじめから神を招く祭祀に用いられる「𢹂鬯一卣、商鬲一□」（「秬鬯、圭瓚」の類）と、そして武器類の「𢏚弓一、𢏺矢百、旅弓十、旅矢千」と、そして「土」や「在宜王人」、「奠七伯」などの土地と人々のことが数えられ、この宜の社で命じられた王の冊命書の大半に詳しく述べられていることであった。

この内、諸侯の封建に際して賜与されている、はじめの祭祀に関係する「秬鬯、圭瓚」の類とワンセットになって与えられている「𢏚弓一、𢏺矢百」は、諸氏によってしばしば指摘されているように、文献に云う「彤弓一、彤矢百」のことで、『春秋』左氏伝・僖公二十八年の杜注に「彤、赤弓、旅、黒弓」と解してある。(3) これは周王朝の諸侯、晋の文公が蛮夷と目される南方の楚を伐った時における王の賜与のところである。

この「彤弓矢」について、先秦時代のこととして、『山海経』海内経に帝俊が羿に「彤弓」等を賜わって下国を扶助せしめたと云い、又、張華の『博物志』らには、周代、同じ夷系の大国徐の偃王が「朱弓・朱矢」（即ち「彤弓矢」）を得て天瑞となし、自ら「王」号を僭称して周辺の「東夷」を率い、〝侯伯〟として江・淮海の邦々を伏従せしめ、やがて、周王朝に伐たれたと云う話が見える。更に、秦、漢王朝以降までも、王莽が漢王朝を簒奪する直前に受けた「九命之錫」の賜品の中に、「秬鬯、圭瓚」と共に、やはりこの「彤弓矢、旅弓矢」（『漢書』王莽伝）が見えている。以後、禅譲を受けて中国の皇帝となるものは、その前に「彤弓矢」を含む九錫を賜わることが恒例とされたと云われている。(4)

この「彤弓矢、旅弓矢」の賜与は、中国古代史を遡れば、確かなものとしては、先の周初金文の宜侯矢毀銘において宜侯矢が王から封建された時の賜品の中に見えるものがはじめである。そこで、本章では、周初の宜侯の封建の際における代表的賜品の「彤弓矢、旅弓矢」を取り上げ、西周青銅器銘文を中心に、その賜与の用例を集めてこれについて調べてみたい。そして、諸氏によっても部分的には比べられているが、諸例の結びつきについては金文史料に即して具体的に検討されてこなかったきらいがある。

そこで、皇帝支配の秦、漢王朝が成立するよりもそれ以前、同じ、周王朝における「彤弓矢」の賜与が見える、異族が引き起こす国際的紛争を鎮定した功績の場合と、封建の際と、そして〝射礼〟の場合との三者の結びつきが、この、先秦王朝としての周王朝の性格にとって、どのような意味をもつか、少しく考えてみたいと思う。(5)

第一節　異族が引き起こす国際的紛争を鎮定した功の場合

先ず、「四方」における異族の邦々が引き起こす国際的紛争の鎮定に際し、「彤弓矢」を賜与した例が西周金文に幾つか見えている。即ち、郭氏が夷王時代における作器とするも、孫詒讓、陸懋徳氏らの多くが、宣王時代における作器とする虢季子白盤銘（両周録八八オ、集成一〇一七三）に、(6)

……丕顯子白、壮武于戎工、経維四方。博伐玁狁于洛之陽、折首五百、執訊五十、是以先行。桓々子白、献馘于王。王孔加子白義、王各周廟宣府、爰饗。王曰、白父、孔覭又光。王賜乗馬、是用佐王。賜用弓・彤矢・其央。賜用戉。用政蛮方。……

（……丕顯なる子白、戎功に壮武にして、四方を経維す。玁狁《けんいん》を洛の陽に博伐し、折首五百、執訊五十、是《ここ》を以て先行す。桓《かん》々たる子白、馘を王に献ず。王孔《はなは》だ子白に儀を加え、王、周廟の宣府に格《いた》り、爰《ここ》に饗せり。王曰く、白父よ、孔《はなは》だ顕《あきら》かにして光有り、と。王、乗馬を賜いて、（王曰く）是を用て王を佐《たす》けよ、と。賜うに弓・彤矢・旗央を用てす。賜うに鉞を用てす。（王曰く）用て蛮方を政（征）せよ、と。……）

とある。

銘文は虢季子白が、かつて述べた、国際的紛争の収束を云う「休……有成」の型が見える多友鼎銘（集成二八三五）にも出ていた北方戎狄の「玁狁」の侵入を、「洛之陽」即ち洛水の北に伐って功績を挙げたことを云い、盤銘の内容と『詩』小雅・六月、采芑らに見える「玁狁」征伐のこととの類似が、諸氏によってしばしば指摘されている。この銘文では「玁狁」に対する征伐のことを、「経維四方」と表現しているのは、『詩』大雅・江漢に召公の「淮夷」に対する征伐を云って「経営四方」（四方を経営す）と表現しているのに等しい。「四方」を静《しず》めたことを云う。

そして、周廟において行なわれたと考えられる、子白が「玁狁」を伐ったその「献馘」の礼に対して、王が周廟の「宣廚」において飲至の礼を行ない、彼の功に対して、饗宴を行った。この「宣廚」は、『春秋』経・宣公十六年の条に「夏、成周宣榭火」（夏、成周の宣榭に火あり）とある「宣榭」で、杜注に「宣榭講武屋」とあり、諸氏の多くはそのように解釈している。宣は孔疏引く服虔注に「宣揚威武之處」と解釈してあるが、陳夢家は「宣榭乃是庠序所在」として宗廟に附設された習射講武の處だったと解している。(8) 又、楊寛氏も廳堂式の講武の處と解している。(9) これは後述する、同じ「彤弓矢」の賜与が見える〝射礼〟の行われる場所に関係する。この「賜用弓、彤矢、其央」（賜うに弓、彤矢、旗央を用てす）の読みには、諸氏の間に異論があるが、「彤弓・彤矢」が賜与されたことに異論はない。(10)

そして終りに、これらを用いて「蛮方」を征（政）せよとある。この解釈については、諸氏によってしばしば『礼記』王制の「諸侯賜弓矢、然後征、賜鈇鉞、然後殺」（諸侯、弓矢を賜わりて、然る後に征し、鈇鉞を賜わりて、然る後に殺す）の文が證として引かれている。(11) この銘文の内容は、多く韻をふんでおり、詩篇との類似が云われているが、又、作器対象もない文の構成上特異なもので、いわゆる作銘主体から云えば、諸侯が諸侯自らのために作銘したものに入ろう。(12)

又、郭氏らが、この盤と同時期における作器と云う、同じ「玁狁」に対する戦功を云う不嬰𣪕蓋銘（両周録八九オ、集成四三二八～四三二九）に(13)

唯九月初吉戊申、白氏曰、不嬰駁方、玁狁広伐西兪。王令我羞追于西。……汝多折首執訊。戎大同逑追汝、……。汝多禽、折首執訊。白氏曰、不嬰。汝小子、汝肇誨于戎工。賜汝弓一・矢束・臣五家・田十田。用逑乃事。……

（唯《こ》れ九月初吉戊申、白氏曰く、不嬰駁方よ、玁狁《けんいん》、西兪を広伐す。王、我に令して西に羞追せしむ。（白氏が不嬰に命じ玁狁《けんいん》を伐たせ、以下に戦果を挙げたことを云う）……汝、折首、執訊多し。戎、大いに同《あつ》まりて汝を従追せしに……。汝多く禽《とりこ》とし、折首、執訊《しつじん》あり、と。白氏曰く、不嬰よ。汝小子なるも、汝、戎工に肇誨《ちょうかい》せり。汝に弓一・矢束・臣五家・田十田を賜う。用て乃《なんじ》の事に従え、と。……）

とある。積微居に、この蓋銘と叔夷鐘銘（叔尸鐘、両周録二四四オ～二四九ウ、集成二七二～二八四）や先の『詩』大雅・江漢の述事次序の似ていることを述べている。[14] この不嬰が二度の戦役で「玁狁」を伐って功績を挙げたのに対し、白氏（一般に、前の虢季子白盤銘の子白その人とされる）は「弓一、矢束」らを賜わっている。

これについて、従古堂に「百矢也、周礼大司寇注古者一弓百矢」と注し、又、王国維はこのほかに『詩』魯頌の伝にある「五十矢爲束」や文侯之命、噩侯馭方鼎銘（噩侯鼎に同じ）（ともに後述）なども挙げ、束矢に五十矢、百矢の異ありと解釈している。[15] この場合は、王ではなく、白氏が賜わったものであるが、この「弓矢」が「彤弓矢」であったかどうかは分からない。しかし、後述する同じ蛮方を伐った功を記す周初の小盂鼎銘や、後に晋が王命を称して蛮夷と目される楚を伐った際における賜与物の弓矢がみな「彤弓矢」であったことからして、その可能性が推測される。[16]

又、近年出土した、馬承源氏等が西周時代の後期における作器とする晋侯蘇編鐘銘（近出二五～五〇）にも、[17] 王らが「中国」（「成周」）から見た「四方」の「東国、南国」の領域を「省」（この場合も、王朝の経営領域に「省」の行為が行われた）して東夷の「夙夷」を伐ち、功績を挙げた晋侯蘇に対して

隹王三十又三年、王親遹省東国・南国。……王親令晋侯穌……伐夙夷。……丁亥、旦、王御于邑伐宮。庚寅、旦、王各大室……王親齎晋侯穌秬鬯一卣・弓矢百・馬四匹。……

（惟《こ》れ王の三十有三年、王、親《みずか》ら東国・南国を遹省す。……王、親《みずか》ら晋侯蘇に令して……夙夷を伐たしむ（この後、晋侯が数回の軍事的功績を挙げたことを記す。そこにも王の晋侯に対する「親命」などが見える）。……

丁亥、旦、王、邑伐宮に御す。庚寅、旦、王、大室に格《いた》り……王、親《みずか》ら晋侯蘇に秬鬯《きょちょう》一卣・弓矢百・馬四匹を齎《おく》る。……）

とあり、「秬鬯一卣」と共に、「弓矢百」らを齎《おく》るとある。この場合は、王の「親命」、「親齎」とあり、王自らが命じ、自らがこれらを命じ賜わったとあるが（この王による自らの「親命」、「親賜」らが行われる場合については、第五章参照されたし）、この「弓矢」の賜与も服さない「夙夷」らを伐った功として、以上の例と同様に考えられる。

ところで、この「彤弓矢」の賜与については、『詩』小雅に饗宴の詩の彤弓一篇があって、その序には「彤弓、天子錫有功諸侯」（彤弓は、天子が有功の諸侯に錫う）とある。この詩篇の解釈については、「彤弓」の賜賞のことに因って嘉賓にその喜びを頒つものとするなどの解釈があるが、[18]『春秋』左氏伝・文公四年の条に、魯公が衛の甯武子を宴して湛露・彤弓の詩を賦した時、甯武子がこの彤弓の詩のことを解説して

諸侯敵王所愾、而献其功、王於是乎、賜之彤弓一・彤矢百・旅弓十・旅矢千、以覚報宴。
（諸侯、王の愾《がい》する所に敵《あ》たり、其の功を献ずれば、王、是《ここ》に於てか、之《これ》に彤弓一・彤矢百・旅弓十・旅矢千を賜いて、以て報宴を覚《あき》らかにす。）

と述べている。

後の東周時代のものであるが、杜注に「愾、恨怒也」、「覚、明也。謂諸侯有四夷之功、王賜之弓矢。又爲歌彤弓、以明報功宴楽」とあり、楊伯峻氏も荘公三十一年、成公二年の伝文を引用して「則此謂献功、依周代之礼、謂献四夷之功耳」と注している。[19] 又、『詩』彤弓・箋にこの文公四年の伝文を引用し、その疏に「愾、恨也。謂夷狄戎蛮不用王命、王心恨之、命諸侯有徳者、使征之、諸侯於是以王命興師、以討王之所恨者、爲讎敵而伐之。既勝而献其獲之功於王、王親受之、又設饗礼礼之、於是賜之弓矢也。献功者、伐四夷而勝則献之、其伐中国、雖勝不献」と解してある。

この、王に対する四夷の功による〝献俘、授馘、飲至、大賞〟などの式次第は、「彤弓矢」の賜与の見える、次の「鬼方」征伐を記す小盂鼎銘や僖公二十八年における、楚を伐った城濮の役後の献捷の礼にもおよそ見えており、先の戎狄の「玁狁」を伐った虢季子白盤銘に略して見えるものと、ほぼ一致するが如くである(20)。

これによると、「王所𢡀」即ち王命を用いない夷狄戎蛮を諸侯が伐って功績を挙げ、その献捷に対し、王より「彤弓一、彤矢百、旅弓十、旅矢千」が賜与されると解されている。これは、先の虢季子白盤銘に云う、「玁狁」を伐って、その献馘の礼に対して、「彤弓矢」らを賜与するのと同じであるが、盤銘では、その後にもう一度「蛮方」を征（政）せよと王が命じていることから考えて、この「彤弓矢」が「四方」（「四国」）における背叛した方蛮諸族の邦々が引き起こす争乱の鎮定と密接な関係をもって当時考えられていたことが分かる。彤弓の詩はその時の歌と云う。又、先の戎狄の「玁狁」を伐ったことを歌う『詩』小雅・六月の序に「六月、宣王北伐也。……湛露廃則万国離矣。彤弓廃則諸夏衰矣」（六月は、宣王の北伐するなり。……湛露廃すれば、則ち万国離る。彤弓廃すれば、則ち諸夏衰うなり）とあり、ここに「彤弓廃則諸夏衰矣」とは、「彤弓」（軍事力）による秩序が衰退すれば、四夷による諸夏（中国）への侵入が盛んになることを云うもので、後に同じく四夷を対象として「彤弓」を解釈している（やはり、後の拡大した中国から見た、〝外国〟（四方）の方蛮諸族即ち四夷について云っていることになろう）。

これらの器に見える「彤弓矢」（弓矢）の賜与は、西周時代における中期から後期のものであるが、同じく蛮方を伐った功績に対する賞賜として「弓矢」らの武器類が見えるものに、西周時代の前期、郭氏が康王時代における作器とする小盂鼎銘（両周録十九オ、集成二八三九）がある。そこに

隹八月既望、辰在甲申。昧喪、三左三右多君、入服酉。明、王各周廟。……盂以多旂、佩戜方……、入□門。告曰、王□盂、以□□伐戜方、□□馘□、執嘼二人、隻馘四千八百□十二馘、俘人万三千八十一人、……。令盂、

以厥馘入門、献西旅、□□入燎周廟。……雩若翌日乙酉、三事大夫、入服酉。王各廟、鬲。王邦賓徏。王令賞盂□□□□・弓一、・矢百、、畫虢一・貝冑一・金干一・戚戈二・矢臺八。用作□白宝隣彝。隹王廿又五祀。

（惟《こ》れ八月既望、辰は甲申に在り。味喪、三左三右多君、入りて服酒す。明、王、周廟に格《いた》る。（以下、盂が鬼方を伐った告捷献馘の礼を記す）……盂、多旂を以《ひき》いて鬼方を佩び……□門に入る。告げて曰く、王、盂に（令）して、□□を以《ひき》いて、鬼方を伐たしむるに、□□馘□、執嘼二人、獲馘四千八百□十二馘、俘人万三千八十一人……、と。……（王は）盂に令して、厥《そ》の馘を以て門に入り、西旅に献じ、□□入りて周廟に燎せしむ。……雩《ここ》に若《その》翌乙酉、三事大夫、入りて服酒す。王、廟に格《いた》り、鬲す。王の邦賓侍《じ》す。王、令して、盂に□□□□、弓一・矢百・畫虢一・貝冑一・金干一・戚戈二・矢臺八を賞せしむ。用て□伯の宝隣彝を作る。惟《こ》れ王の二十有五祀のことなり。）

とあり、盂が戎狄の「䰩方」を伐った功績に対し、「弓一、矢百」以下の武器類の賜品が見える。器は既になく、拓本は重銹のために残泐はなはだ多くて、全文が明らかがでないが、盂が「䰩方」即ち「鬼方」を伐った功績に対する、告捷献馘の礼を記していることは確かであろう。

その終りの部分に、廟における王が盂の「鬼方」征伐の功績に対する賞賜が記されている。その賞賜の品目は「弓一・矢百・畫虢一・貝冑一・金干一・戚戈二・矢臺八」とあり、このほぼ初めに「弓一、矢百」とある。「畫虢」は余論、断代に詳しく、弓矢・甲冑を蔵する皮袋、「貝冑」は貝を以て飾ったかぶと、など既に諸氏によっていろいろ考釈されているように、一致しない字釈もあるが、これらは皆武器類である。(21)

断代に、この器銘と、それぞれ射儀や、封建を記す十五年趞曹鼎銘（両周録三九オ、集成二七八四）、伯晨鼎銘（両周録九九ウ～一〇〇オ、集成二八一六）（共に後述）らの器に賜与物として見える同種の武器類の品目・次序とを比べている。(22) その「彤弓矢」の名のある伯晨鼎銘との比較からすると、ここに賜与された武器類のほぼ筆頭にくる「弓矢」は、やはり「彤弓一、彤矢百」であったろうと思われる。(23)

　このように、王朝に服従しない独立的異族の邦々に対する征討の功に対して「彤弓矢」を賜与する例が西周全期を通じて見られる。ところで、かつて述べたように、〝克殷〟後、周王朝の開設における象徴的意味をもって、「四方の匍有」者・〝武王〟の遺志により「四方」の中心地域に営まれた「中国」即ち「成周」の命名の分析から、周王朝の君主としての、「天命の膺受」者即ち天子に対置される「四方の匍有」者、(24) 即ち王の性格を、主に、「成周」（「中国」）の〝外〟の「四方」（「四国」）領域において異族が引き起こす国際的紛争の収束・〝乱〟の鎮定をなす者、又、「四方」の公平なる裁定者・調停者と想定した。(25) この周王朝の開設を意味する「四方の匍有」と云うときの「四方」の西周金文における用例が、周王朝成立の対象領域として「四方」を述べるほか、先の虢季子白盤銘の「経維四方」、「征（政）蛮方」のように、「彤弓矢」の賜与の見える争乱の征討に関して現われるものが、その大半を占めていることも事実である。(26)

　又、かつて見たように、周初、康王期の大盂鼎銘（両周録十八オ、集成二八三五）に載す王の冊命書に、周王朝の開設のことを「（武王）闢厥匿、匍有四方」（（武王は）厥《そ》の慝《かく》れたるを闢《ひら》きて、四方を匍有す）と述べ、この王朝開設の条件「四方の匍有」は、毛公鼎銘（両周録一三一オ～又一三一オ、集成二八四一）の「（文王・武王）不廷方の率懐」に当たり、又史墻盤銘（集成一〇一七五）の「方蛮[女凡]見せざるものはなし」に当たり、それは『詩』大雅・常武の徐夷を征した「四方既平、徐方來庭」（四方既に平らぐ、徐方來庭す）と「徐方」の「来廷」を云うのと同じ表現であったが、この「四方の匍有」の前に「闢厥匿」（厥の慝《かく》れたるを闢《ひら》き）と「匿」とある。(27) これについて、『左伝』僖公二十八年の条に、春秋時代の〝覇者〟晉の文公が蛮夷と目される南の大国楚を伐った城濮の役後、その楚俘を王

に献じ、王によって「侯伯」に冊命された時、そこに

丁未、献楚俘于王。……己酉、王享醴。命晋侯宥。王命尹氏及王子虎・内史叔興父、策命晋侯爲侯伯。賜之大輅之服・戎輅之服・彤弓一・彤矢百・旅弓十・旅矢千・秬鬯一卣・虎賁三百人。曰、王謂叔父。敬服王命、以綏四国、糾逖王慝。……

（丁未、楚の俘を王に献ず。……己酉、王、享して醴《れい》あり。晋侯に宥《ゆう》を命ず。王、尹氏と王子虎・内史叔興父とに命じて、晋侯に策命して侯伯と爲さしむ。之《これ》に大輅の服・戎輅の服・彤弓一・彤矢百・旅弓十・旅矢千・秬《きょ》鬯《ちょう》一卣・虎賁三百人を賜う。曰く、王、叔父に謂う。王命に敬服して、以て四国を綏《やす》んじ、王慝《とく》を糾《ただ》し逖《おさ》めよ、と。……）

とあり、やはり、その功を献ずる献捷の礼とともに、「彤弓矢、旅弓矢」の賜与が見える。

先の大盂鼎銘の「（武王が）闢厥匿、匍有四方」の「匿」は、ここに王の云う「綏四国、糾逖王慝」（四国を綏《やす》んじ、王慝《とく》を糾《ただ》し逖《おさ》めよ）と云うときの「王慝」の「慝」に本来相当するものであろう。杜注には「有慝於王者、糾而遠之」とある。そしてその「匿」（慝）は、又、先の『詩』彤弓を解説した文公四年の「彤弓矢」の賜与に関連して云われる「諸侯敵王所愾、而献共功」において、王命に服さない四夷を指すと解する「王所愾」に当たろう。僖公二十八年の会箋にもこれを引いて、「王所愾、即王慝」と解している。この僖公二十八年の蛮夷を伐った城濮の役後の献捷の礼の式次第は、先の「玁狁」を伐った功を記す虢季子白盤銘のはじめより、献捷の礼、饗礼、そして「彤弓矢」らの賜与を云って、のちに「蛮方」を征（政）せよと云うのと、次序、内容とも類似していることは注意される。

即ち、先の金文例のように、「厥匿」、「王所愾」に当たる「四方」（「万邦」）の領域における、周王朝に服従しない異族が引き起こす争乱を伐って、その献捷の礼をもたらし、又、東周時代に入っても、諸夏（中国）に侵入する蛮方

を伐った献捷の礼後、「四方」の経営とその「王懲」を糺逖せんことを云うときに、それぞれ「彤弓矢、旅弓矢」の賜与が見られた。これらからして、先秦時代における当時、「彤弓矢」が背叛する蛮方に対する征討と密接な関係をもって考えられており、その「彤弓矢」が、「四方」の領域における王命に服さない「方蛮」「不廷方」や「東夷」「淮夷」らの邦々や人々を伐つことを云う「闢厥匿」の一つの象徴的意味をもっていたのではないかと思える。よって、そこから、時代的推移も考えねばならないが、元来、この先秦王朝としての周王朝の君主、即ち〝武王〟の功績に比定される「闢厥匿、匍有四方」（大盂鼎銘）の「四方の匍有」者、つまり「王」（〝文王〟の功績に比定される天命を受けた「上下の匍有」者、即ち「天子」に対する）と云うものの、その〝武王〟の遺志によって営まれた「中国」（「成」周）の〝外〟の「四方」（「四国」）の領域に対して、その告捷、献俘らの礼をもたらす、異族の邦々や人々が引き起こす争乱を静《しず》めるための「彤弓矢」的な性格を考えることができるであろう。

　このほかにも、新出らの應侯鐘銘（集成一〇七～一〇八）に「隹正二月初吉、王帰自成周。雁侯見工、遺王于周。辛未、王各于康。焚白内、右雁侯見工。賜弓彡一・矢彡百・馬四匹。」（惟《こ》れ正二月初吉、王、帰るに成周自《よ》りす。應侯見工、王を周に遺《おく》る。辛未、王、康に格《いた》る。焚伯内《い》りて、應侯見工を右《たす》く。彤弓一・彤矢百・馬四匹を賜う）とあり、「彤弓一、彤矢百」の賜与が見える。(28) 報告者は西周時代中期の共王時代における作器とし、通釈に、應侯見工は成周より康宮までの王駕の親衛として、無事に帰還の役を果たしたことによる賜賞と解している。(29) 今までの例からして、当時、周王朝の拠点である黄河中流域の「成周」（洛邑）と「周」との間の工の往来に対してさえ、主に、戎狄の擾乱などによる、王身に対する保安上の問題があったのではないかと思える。

　又、このほか、これに類する先秦時代の文献例を見てみると、『周書』文侯之命にも、晋の文侯に対する「彤弓矢、旅弓矢」の賜与が見られる。諸説あるが、偽孔伝・孔疏には、西周末、晋の文侯が蛮戎の侵攻の難を避ける、平王の

「成周」（洛邑）への東遷を助けた時のことと解している。又、はじめて春秋の〝霸者〟となった斉（周と異姓）の桓公に対する葵丘の会での賜与物にも、「周襄王使宰孔賜桓公文武胙・彤弓矢・大路」（周の襄王、宰孔をして桓公に文・武の胙・彤弓矢・大路を賜わしむ）（『史記』斉世家）とあり、周王朝の開設者である〝文王、武王〟を祭った〝文・武の胙〟と共にやはり「彤弓矢」の賜与が見える。これも、先の晋の文公の場合と同じく、主に、後の東周時代であるが、蛮戎の侵攻に苦しむ諸夏（中国）の擁護者的な意味があったのではないかと思われる。

第二節　封建の場合

次に、「彤弓矢」の見える西周金文として、先の宜侯夨𣪘銘の場合と同じく、諸侯の封建に関する例が一例ある。即ち、郭氏が厲王時代における作器とする伯晨鼎銘に

佳王八月、辰在丙午。王命䡓侯白晨曰、嗣乃且考、侯于䡓。賜汝秬鬯一卣・玄衮衣・幽夫・赤舄・鴈戟・畫□・䩆較……攸勒・旅五旅・𢒈𢒉・旅弓族矢・□戈・虢・冑。用夙夜事、勿灋朕命。……

（惟《こ》れ王の八月、辰は丙午に在り。王、䡓侯伯晨に命じて曰く、乃《なんじ》の祖考を嗣《つ》ぎて、䡓に侯たれよ。汝に秬鬯一卣・玄衮衣・幽夫・赤舄・駒車・畫□・韟較……攸勒・旅五旅・𢒈𢒉・旅弓族矢・□戈・虢・冑を賜う。用て夙夜に事《つか》え、朕《わ》が命を灋《はい》すること勿れ、と。……）

とあり、「𢒈𢒉、旅弓旅矢」以下の武器類らの賜与が見える。

銘文の大部分は、「嗣乃且考、侯于䡓」とあるように、王による、祖考を嗣いだ䡓侯に対する嗣封の冊命書である。䡓侯については、旧釈に韓侯・恒侯などと解し、それに反対する説などあって定説はない。出土地が分からないのは

残念であるが、韡華に韓侯として『左伝』僖公二十四年の条の「邘晋應韓、武之穆也」を引いている。(30)

この銘文に載すその冊命書の大半は、賜与物によって占められており、そのことは、先の宜侯夨𣪘銘の場合と同じである。この中にある「弜彡、旅弓旅矢」の「弜彡」は、古籀に云うように「彤弓・彤矢」の合文で、(31)先の宜侯夨𣪘銘、應侯鐘銘の場合と同じである。ここの賜与物の「秬鬯」以下の礼服・車馬の具の品目については、既に通釈などに他器銘の官吏任命時に見える同じ賜物との詳しい比較がなされている。(32)しかし、官吏任命時には、「秬鬯」以下の礼服・車馬の具は見えても、「弜彡、旅弓旅矢」（又はそれを含めた武器類のワンセット）はそれらには見えないものであり、諸侯の封建の際に特徴的にこれらが見られることは注目されよう。

又、この伯晨鼎銘の封建の冊命書から礼服・車馬の具の賜品を除いて残る、その芳香が神を降して祭祀に用いる「秬鬯」と、「彤弓矢、旅弓矢」以下の武器類とは、それが丁度周初の宜侯夨に対する賜品の「㽙鬯」らと「彤弓矢、旅弓矢」とに当たっており、この二つのものが（土地と人々のほかの）、封建の際の原則的な賜物ではなかったかと思える。それはまさに後に「国の大事は祀と戎とにあり」（『左伝』成公十三年）と云う、〝祀（祭祀）〟と〝戎（軍事）〟との二つの用品からなっているのであるが、もしそうなら、一定の位階を示す礼服・車服の賜与に至る西周諸侯の捉え方の変化が問題となろう。ただ、封建に際して、いつもこのような賜与があったかどうかは、賜品がすべて史料として残るとは限らず、諸侯の周室との関係や出自、その形態や地域的相違など、さまざまな場合があったであろうし、金文史料が少なくて分からない。(33)

嗣封の際に伯晨に賜われたこれらの「弜彡、旅弓旅矢」以下の武器類は、先の周初の小盂鼎銘における、戎狄の「鬼方」を伐った功績に対して盂に与えられた「弓一、矢百」以下の武器類の品目とほぼ同じである。よって、小盂鼎銘の弓矢は「彤弓矢」であったろうと思える。又、「弜彡」の前の「旅五旅」は銕清、奇觚らは軍卒の義に、断代、通釈は干楯の義とするなどの説があるが、(34)「彤弓矢、旅弓矢」が、異族が引き起こす争乱に対する征討の功を記す小盂鼎銘と同じく、ほぼ武器類のはじめに来ている。やはり、武器類の主なるものであったのであろう。

第三節　〝射礼〟の場合

西周金文に見える「彤弓矢」（同時に賜わるそれ以下の武器類も含め）の賜与の例には、更に、〝射礼〟の場合がある。

即ち、共王時代における作器の十五年趞曹鼎銘に

隹十又五年五月既生霸壬午、共王在周新宮。王射于射盧。史趞曹賜弓矢・虎盧・冑・干・殳。趞曹……

（惟《こ》れ十有五年五月既生霸壬午、共王、周の新宮に在り。王、射盧に射せしむ。史趞曹、（王から）弓矢・虎盧・冑・干・殳を賜わる。趞曹……）

とあり、「弓矢」以下の武器類の賜与が見える。

この「王射于射盧」の「射盧」は、断代に「習射之處而以廊廡名、蓋由于陸地習射起源于序」と解して、序・射・⿸广射・榭は一字一義とし、新宮の東西廂にある廊廡のことで或いは射宮を云うとして、習射の處とされる「射盧」の起源と沿革について詳述している。(35)先の後期金文にある〝武〟を講ずる處と云う「宣射」と類似の宗廟に付設していたものであろう。上海に、共王が周の新宮で〝大射礼〟を挙行したと解している。(36)

この射儀に関する史趞に對する賜与物は、はじめに来る「弓矢」以下すべて武器類で、「盧」は両周に盧器、断代は旅で盾の属などの解釈があり、小盂鼎銘と字形がほぼ同じ「干」については、断代は甲と解し、通釈は金兜と解釈

して解の定まらぬものもある。(37) そして、断代、通釈などに、先の蛮方征討の功や、諸侯封建の際に賜与された盂・晨二鼎銘の「弓矢」以下の武器類の品目と比較してあるように、ほぼ類似した賜品が並んでいる。(38) この「弓矢」も、これらから「彤弓矢」ではなかったかと思え、射儀の場合にも「彤弓矢」（それ以下の武器類も含め）の賜与が見られるのである。更に、この射儀に関する賜与物が「彤弓矢」だけでなく、先の蛮方征討の功や諸侯封建の際を記す盂・晨二鼎銘の場合と同じ他の武器類も一緒に賜与されていたことは、射儀の性格の一端を知る上で注意されよう。

　又、郭氏が同時期における作器とする師湯父鼎銘（両周録三十九ウ、集成二七八〇）に(39)

　　隹十又二月初吉丙午、王在周新宮。在射盧、王呼宰雁、賜口弓・象弭・矢臸・彤欮。師湯父……

（惟《こ》れ十有二月初吉丙午、王、周の新宮に在り。射盧に在りて、王、宰雁を呼び、口弓・象弭・矢臸《しし》・彤欮を（師湯父に）賜わしむ。師湯父……）

とあり、やはり「弓矢」の賜与が見える。

　この「射盧」も前の射盧と同じである。この宮廟の「射盧」における師湯父に対する賜与の理由は明らかでないが、やはり〝射礼〟に関するものだったのであろう。その賜与物は、やはり「□弓」以下弓矢の属品で、「象弭」は象骨でつくった弓筈、「矢臸」は両周に金鏃翦羽、通釈に鏃のある矢、などの解釈があり、「彤欮」は余論に「以彤漆飾矢栝」としている。(40)

　これらからして、先の封建の際や蛮方征討の功に対して賜与されていた「彤弓矢」以下の武器類と、同類の賜品が習射の處とされる「射盧」における〝射礼〟の場合にも賜与されていたが、このことは、両者の密接なつながりを示すものではないかと思われる。又、蛮方征討の場合における賞賜は、先の西周後期の作器とされる虢季子白盤銘では、「射盧」と類似のものと思える〝武〟を講ずる「宣射」で行なわれていたし、この「射盧」も習射の處と云う軍事的な性格において当然征旅と共通するものであろう。

ところで、郭氏が穆王時代における作器とする静卣銘（両周録二八オ・ウ、集成五四〇八）に

隹四月初吉丙寅、王在葊京。王賜静弓。静拜稽首、……

（惟《こ》れ四月初吉丙寅、王、葊京に在り。王、静に弓を賜う。静、拜稽首して、……）

とあり、静は「葊京」で王より「弓」を賜与されている。この「弓」が「彤弓」であったかどうかは分からない。

更に、同一人の器とされる静𣪘銘（両周録二十七ウ、集成四二七三）に「隹六月初吉、王在葊京。丁卯、王令静𤔲射学宮。小子眔服眔小臣眔夷僕、学射。雩八月初吉庚寅、王以呉𠦪・呂犅卿豳盩𠂤・邦周、射于大池。静学無𦉪。王賜静鞞剢。……」（惟《こ》れ六月初吉、王、葊京に在り。丁卯、王、静に令して射を学宮に𤔲《つかさど》（司）らしむ。小子と服と小臣と夷僕と、射を学ぶ。雩《ここ》に八月初吉庚寅、王、呉𠦪・呂犅を以《ひき》いて、豳盩の師・邦周と卿（会）して、大池に射せしむ。静学《おし》えて斁《やぶ》ること無し。王、静に鞞剢を賜う。……）とあり、「王令静司射学宮」とあって、静は「葊京」の「学宮」において射儀の教官（司射）となっており、又、同一人とされる小臣静彝銘（両周録二九オ）では小臣とある。おそらく、静卣銘での「弓」の賜与は、これらの静の職掌と関係したであろう。金文で見ると、射儀が記された銘文に出てくる賜与物には、先の十五年趞曹鼎、師湯父鼎銘や、この静𣪘銘の鞞剢、麦尊銘（麦方尊、両周録二十ウ、集成六〇一五）の玄彫戈、噩侯鼎銘（両周録九〇オ、集成二八一〇）（後述）の矢五（束）など、武器類（その付属品も含め）が多いようである。

この射儀の行なわれた「学宮」について、先の『礼記』王制の「諸侯賜弓矢、然後征、……」の後

天子將出征、……受命於祖、受成於学。出征、執有罪、反、釈奠于学、以訊馘告。

（天子將に出征せんとすれば、……命を祖に受け、成を学に受く。出征して、有罪を執《とら》え、反《かえ》りて、学に釈奠《せきてん》し

て、訊馘《じんかく》を以て告ぐ。）

とあり、紛争収束のための兵謀の具体的な「成」を「学」に受ける儀式を行い、凱旋後にはその「学」に軍功の訊馘を献じている。

　かつて、〝武王〟の遺志に従って周が「中国」から「四方」の領域を支配（「四方の匍有」）しようとして、その「中国」を「成」周と命名したその紛争の収束を意味する「成」の用例を金文から考えたが、(41)このことは、この紛争収束（静《しず》める）のための具体的な「成」を受ける儀式が行われ、射儀の行われた「学宮」と征旅との密接な関係を示しており、又、『詩』魯頌、泮水に「既作泮宮、淮夷攸服。矯矯虎臣、在泮献馘。淑問如皐陶、在泮献囚」（既に泮宮を作り、淮夷の服する攸《ところ》。矯矯たる虎臣、泮に在って馘《かく》を献ず。淑問すること皐陶《こうよう》の如く、泮に在って囚を献ず）とあり、諸侯における「学宮」に当たる「泮宮」で「淮夷」を伐ったその献馘の礼がやはり行なわれている。陳夢家は「射盧」、「宣廚」、「学宮」の類似を云って、倶に廟中にありとし、積微居、楊寛氏らは「学宮」を辟雍としているが、(42)先の周初の小盂鼎銘では、馘を宗廟の西旅に献じており、金文銘に云うところと、後世に成立した『礼記』等の文献との関係が、時代的推移とともに問題となろう。

　ただ、「学」が〝武〟の教習を原義とするものではないかと云われ、(43)楊氏も「学宮」（辟雍、大学）の郷射礼での「尚功」と「練武」の目的を述べ、西周貴族の団結と戦闘を強める軍事訓練のことを指摘している。(44)又、諸侯封建の場合や蛮方征討の際における同じ「彤弓矢」以下の武器類が賜与された射儀と、実際の蛮方征討との結びつきを、先の「周廟宣射」で行なわれた、「玁狁」を伐った虢季子白に対する飲至・大賞の礼とともに、この射儀が行なわれた「学宮」における献馘の礼の中に見ることができるかもしれない。

　西周金文におけるさまざまな〝射礼〟の記述を集めて整理した劉雨氏は、この〝射礼〟が穆王前後に成熟盛行したと解している。(45) 思うに、古くから、主に周族の子弟を集めて行なわれていた軍事的な弓射などの技を磨く訓練は（元来、「田獵」との関係が云われるが）、やがて君臣の別、長幼の序などを示しながら、飲宴なども含めた複雑な儀礼化、礼楽化により飾られていったものではなかったかと思える。又、それは、王によって認められる、臣が王自身と直接親しく接触する〝場所〟でもあったろう。

よって、もともと軍事的な弓射の訓練や、教学の場における卒業生（貴族）であった者たちが、やがて、周王朝の成立とともに、「四方の匍有」（「不廷方の率懐」、「方蛮𡚸見せざるものはなし」）者である王位を助けて、王朝経営下の異族の邦々が引き起こす争乱の鎮定らのために、各地域に派遣されていったことは想像できよう。西周時代晩期頃の作器とされる戎生編鐘銘（近出二七～三四）(46)に、祖先がこの穆王の頃に「用建于茲外土、憍𤔲蛮戎、用幹不廷方」（用て茲《こ》の外土に建てられ、蛮戎を遹《ただ》し𤔲《つかさど》（司）りて、用て不廷方を幹《ただ》す）とあり、「中国」（「成周」）の〝外〟の「外土」（「四方」）に建てられて、「（王から命じられて）蛮戎を司り、用て不廷方を幹《ただ》す」と「不廷」の国を幹《ただ》すとあるが、「蛮戎」を司るとあるように、方蛮諸族の邦々や人々を治めるという、周王朝成立の対象領域である「四方」（「万邦」）領域に建てられる意味の一端が見られよう。又、そのことはかなりの移封（移動）を伴ったようである。又、この王朝の文化は、周の力を背景として、その礼的秩序に組み込まれた各地の異姓の有力者にも伝播したであろう。同じ「彤弓矢」の賜与が見える諸侯と〝射儀〟について、『礼記』射儀には「故天子之大射、謂之射侯。射侯者、射爲諸侯也。射中則得爲諸侯。射不中則不得爲諸侯。」（故に天子の大射、之《これ》を射侯と謂う。射侯とは、射《い》て諸侯爲《た》るなり。射《い》て中《あた》れば、則ち諸侯爲《た》ることを得《う》。射《い》て中《あた》らざれば、則ち諸侯爲《た》ることを得《え》ず）とある。これは後世のものと思われるが、積微居がこれらを引いて「此皆後世演変之説、非復初義、然諸侯之称源於射侯、則猶存古初命名之形影也」と解するように(47)、元来の軍事的要素を強くもつ諸侯と弓射との結びつきを示す名残りであるかもしれない。

〝封建〟と云う言葉は後世のものであり、西周金文には見えていない。周代の所謂〝封建〟制は、元来「中国」(「成周」)の〝外〟の、王朝成立の対象となる「四方」(「万邦」)の領域に対するものであったが、次の、皇帝制度が成立した秦代の「中国」(「天下」)の〝内〟に行なわれた〝郡縣〟制に対比するものと考えて、その説には後世の潤色が多いとされる。金文では先に見たように、〝封建〟の際の冊命書に「侯于宜」とか「侯于匽」のように、「侯タレヨ」とあるのも、「侯」と「候」の古字通用も考えられるが、これも、これらの弓射のことと古く関係するかもしれない。

このほかにも、「弓矢」の賜与の例として、郭氏が夷王時代における作器とする噩侯鼎銘がある。そこに

王南征、伐角鄱。唯還自征、在矿。噩侯馭方納壺于王。乃祼之。馭方侑王。王休宴、乃射。馭方卿王射。馭方休闌。王宴、咸。酓。王親賜馭方玉五瑴・馬四匹・矢五束。……

(王南征して、角鄱を伐つ。唯《こ》れ還《かえ》るに征自《よ》りして、矿に在り。噩《がく》侯馭方、壺を王に納《い》る。乃《すなわ》ち之《これ》に祼《かん》す。馭方、王に侑す。王、宴を休《たま》い、乃《すなわ》ち射す。馭方、王に卿(会)して射す。馭方に休闌あり。王、宴して咸《おわ》る。飲す。王、親《みずか》ら馭方に玉五瑴・馬四匹・矢五束を賜う。……)

とあり、王と噩侯との射儀と共に、噩侯に対する「矢五(束)」の賜与を記している。ここでは、「矢」のみが記されており、「彤弓矢」かどうかは分からない。

冒頭の王自身の「南征」を、徐中舒、白川静氏らは、同時期における作器とする虢仲盨銘(両周録一〇五ウ、集成四四三五)における王による親征を云う「伐南淮夷」に当たるとする。(48) その「南征」の還りしな矿(対南方作戦の要衝・成皋と解されている)の地で、噩侯馭方が王に「壺」を納れて祼礼が行なわれ、「(王)乃射。馭方卿王射。」とあって、王と噩侯との間で卿射が行なわれた。この時の王の「南征」と噩侯との関係はよく分からないが、周王朝の

諸侯としてこの「南淮夷」に対する作戦に参加したような、何らかの結びつきを考えるべきであろう。この時の優遇した王の「親」らの賜与物の中に「矢五（束）」とある。

この銘文の記載には、先の金文に「彤弓矢」の賜与が見えた、服従しない蛮方に対する征討（この場合は王自らであるが）と封建された諸侯（噩侯）、そして射儀との三者が共に関係して記され、更に「矢五（束）」の賜与が見えている。これらからして、この「矢五（束）」は「彤弓矢」ではなかったかと思えるが、その上の「玉五瑴、馬四匹」の賜与は、韡華、通釈に『春秋』左氏伝・荘公十八年の条における晋侯らが王へ入貢した時の同じ賜品から、諸侯入貢時の定礼の賜物かとしている。(49)

この「矢五（束）」（おそらくは「彤弓矢」）の賜与について、白川氏は「四方」専征の命を与える意味とみられるとしているが、(50)又射儀に関するものであったのか、断定的なことは分からない。ただ、この噩侯は噩侯㲃銘（両周録九〇ウ、集成三九二八～三九三〇）からすると周室と通婚関係があった南方の異族の大国であり、徐中舒氏は、周室はこの大国を重視して通婚関係を結んで藩国とし、後のこの噩侯の背叛に至るまで周辺地域の「南淮夷」、「東夷」らの邦々や人々を控制せしめていたと解釈している。(51)

やがて、この噩侯馭方は、徐氏が厲王時代における作器とするこの鼎よりすぐ後の禹鼎銘（集成二八三三～二八三四）によると、「南淮夷、東夷」を率いて「南国、東国」を広伐して周に反し、周より徹底した攻伐を受けている。そうすると、それまで周王朝によって居住する、楚荊を南に見て、淮水上流、湖北における噩の地域の経営を周に認められて早く噩侯となり、「四方」（「万邦」）領域の内、周辺地域の淮・漢方面における「淮夷」諸族らの邦々や人々に対する〝乱〟の鎮定権を与えられていた異族の有力な大国ではなかったかと思える。想像にすぎないが、この「南征」の際における王との宴礼、射礼後の「矢五（束）」の賜与も、封建時の「彤弓矢」の賜与に類して、そのあたりの内容（「しっかりやってくれ」と云うような）と関係があるかもしれない。

はじめに見た「彤弓矢」を得た江・淮海方面における異族の「徐夷」の偃王伝説との間に類似性が認められるが、その意味からしても、はじめは淮水上流域の要地の大国として、姻戚関係を結んで周王朝に友邦として従い、やがては周辺地域の異族を率いて「四方」の「南国、東国」において周に反し、周に伐たれた異文化をもった噩侯とのここの詳しい〝射礼〟の記載は、周辺の〝漢東〟の諸姫の邦々らや楚荊の北進の問題を含めて、歴史的に大変注目されよう。

最後に、これ以外の西周金文に「弓矢」のみを記す賜与には、通釈にそれぞれ昭穆期、穆王期における作器とする同卣銘（集成五三九八）、戴殷銘（集成四〇九九）がある。[52] しかし、周の王の賜与でなく、短銘であって、賜与前後の事情は分からない。又、郭氏が孝王時代の作器とする曶鼎銘（曶鼎、兩周録八三オ、集成 一八三八）の「矢五秉」は訴訟の供託品、共王時代の作器とする豆閉殷銘（兩周録六〇ウ、集成四二七六）の「邦君𤔲馬・弓矢」は官名であろう。

おわりに

周初、宜侯の封建の際において「王」によって賜与された「秬鬯、圭瓚」の類と、「彤弓矢、旅弓矢」は、後の皇帝制度が成立した秦、漢王朝期以降までも、「九命之錫」の賜品の中に見えるものであった。本章では、宜侯に対する賜品の中から、この「彤弓矢、旅弓矢」を取り出して、西周金文に見えるその賜与の実態を集めて基本的に整理してみた。そうすると、主に三つに分類できるようである。

即ち、王朝に服さない方蛮諸族の引き起こす争乱の収束に関して現れる場合、諸侯の封建（移封、嗣封）の場合、〝射礼〟の場合、の三つである。この三者は、密接に結びついていたように思える。又、それらは、周王朝の成立を意味する条件「四方の匍有」（「不廷方の率懐」、「方蛮𫝄見せざるものはなし」）とも、その背景において最大に結びついたものであったろう。そのことは、皇帝制度の秦、漢王朝成立前、王朝成立の対象領域（「四方」）において、独立的な、多種多様な文化等をもった邦々や人々の違いを超えて一つに統合しようとする、この先秦王朝と云うものの性格を考える場合に重要であろう。

この「彤弓矢」を、異族の邦々や人々が引き起こす争乱鎮定の功や〝射儀〟と同じく、諸侯の封建時にも受けていたことは、やはり、主として封建された地域やその周辺の異族の〝乱〟（「王匿」、「王所慽」）の鎮定権をはじめから意図したものであったと思える。諸侯封建を記す宜侯夨毀銘の冒頭に見える「中国」（「成」周）から見た「東国」や「省」（巡守）の西周金文での用例が、それぞれ「淮夷」の征討に関し、又、「四方」領域（「東国」・「南国」等）の巡察按撫の義として頻見するのも、次の宜侯封建の冊命文と組み合わせて納得できるのである。異族の大国である諸侯の噩侯への「矢五（束）」の賜与の場合も、想像通りとすれば、周辺地域における方蛮（「淮夷」「東夷」等）諸族の〝乱〟の鎮定権を噩侯に与えるものとして、これに類するものとなろう。噩侯の時代的変遷は大変注目に値する。

又、同じく「彤弓矢」の賜与が見える、蛮方征討の功と射儀は、共に軍事的な性格をもつ。しかも、西周時代の中期以降盛行した〝射礼〟の行なわれた「射盧」に類する、習射講武の處とされる「周廟宣府」での蛮戎征討の功による〝献俘、授馘、飲至、大賞〟の礼とともに、「射盧」と同じ〝射礼〟の行なわれた「学宮」と、蛮方を伐った献馘の礼との結びつきを示す文献も残されていた。一方、〝射礼〟と諸侯も弓射という甲兵のことと深く結びついたものであったろう。これらからすると、周王朝成立を意味する「四方の匍有」（「不廷方の率懐」、「方蛮𫝄見せざるものはなし」）に対する〝射礼〟（習射、学射をも含め）に関する重要性が浮かび上がってくるように思える。又、それに参加する貴族集団の意識の構造も問題であろう。楊寛氏も、射儀の軍事的性格を指摘し、又、その郷を単位とする西周軍事組織との関係にも言及している(53)。

ここで、西周金文に見える「彤弓矢」の賜与という視点に絞って見た以上の三者の結びつきは、多様な異族の邦々や人々が居住する「四方」（「万邦」）領域を経営する、即ち、先秦王朝である周王朝における「四方の匍有」者（「王」）に対応してその性格を考える場合に一助になると思える。今後更に、射儀への参加者や西周の軍事組織（諸侯や六師等）との関連、そして射儀が行なわれた大学らの周王朝における学校制度など、多くの問題を調べてみたいと思う。

一方、先に見た周初の宜の社神において行われた宜侯の封建の際に、王によって武器類の「彤弓矢、旅弓矢」とワンセットとして、もう一方の宜侯に賜われた祭祀に用いる「𩰫鬯、商鬲」（「秬鬯、圭瓚」の類）と土地や人々の方は、この周王朝の君主一身上にもつ二つの性格、周王朝成立の二条件である「四方の匍有」者（「王」）に対置される「天命の膺受」者、即ち「上下の匍有」者である徧き「上下」諸神の祭祀の主体者と、それを条件として結合する「民」と「疆土」（土地と人々）（又は「万邦」）を天から「受」けた者、即ち「天子」の側に対応するものとなって整合してくる(54)。

いわば、〝祀（祭祀）〟と〝戎（軍事）〟との関係にあるのだが、周初の康王時代における作器と云われる宜侯夨𣪕銘の冊命書ではこの土地と人々を数えており、この時、周王朝の君主が天から一つにして「受」けたという「民」と「疆土」（又は「万邦」）は、彼を通じて邦君に与えられたが、そのように主張されたように実際に与えられた土地（「疆土」）に関するおおよその地図（「圖」）が作られたであろうし、そこに住む人々の数を把握したものも作られたであろう(55)。史墻盤銘に周初の同じ〝康王〟の功績について「遂尹億疆」（遂《したが》いて億疆を尹《ただ》す）とあり、「億疆」を尹《ただ》すと云うのはこれらと関係するかもしれない。ここに記された邦君諸侯である宜侯の「土」と「在宜王人」・「奠七伯」・「宜庶人」などの土地と人々は、この周王朝成立の条件としての「天命の膺受」に当たる、経済的富の生産（〝年穀の豊穣〟など）を意味する「上下の匍有」（徧き神々の祭祀）を条件として結びつく、天から一つにして「受」けたという「民」と「彊土」（又は「万邦」）という、「万邦」（「四方」）の「民」と「彊土」らに対応してくるのではないかと思われるのである（第四、第七章等を参照されたし）。

注

（1）唐蘭「宜侯矢毁考釈」考古学報一九五六年第二期。「集成」は、中華社会科学院考古研究所編『殷周金文集成』（集成と略称、後に同じ）全十八冊、中華書局、一九八四―一九九四年。

（2）宜侯矢毁銘については、注（1）の唐氏前掲論文のほか、陳夢家「宜侯矢和它的意義」文物一九五五年第五期、同氏「西周銅器断代」（後、断代と略称）（一）考古学報一九五五年第九冊、郭沫若「矢毁銘考釈」考古学報一九五六年第一期、岑仲勉「宜侯矢毁銘試釈」『西周社会制度問題』上海人民出版杜、一九五七年、白川静『金文通釈』（後、通釈と略稱）第一〇輯、一九六五年、宜侯矢毁の条、黄盛璋「銅器銘文宜、虞、矢的地望及其与呉国的関係」考古学報一九八三年第三期、李学勤「宜侯矢簋与呉国」文物一九八五年第七期、等参照。

（3）「彤弓矢」の朱塗りの赤には、武威の発揚や、邪霊を調伏せしめるなどの意味が、本来あったものと思われる。

（4）西嶋定生「第二篇古代東アジア世界の形成、第三章親魏倭王冊封に至る東アジアの情勢」注（31）、四九九―五〇〇頁、『中国古代国家と東アジア世界』東京大学出版会、一九八三年、参照。

（5）弓や矢の形そのものについては、林巳奈夫『中国殷周時代の武器』京都大学人文科学研究所、一九七二年、第七章弓、第九章矢、参照。

（6）「両周録」は、郭沫若『両周金文辞大系図録攷釈・録』（両周録と略称、後に同じ）一九三五年。虢季子白盤銘については、

呉式芬『攈古録金文』一九五〇年頃成、三の二、三七オ―四九オ、孫詒譲『籀膏述林』一九一六年、巻七、二十一ウ―二十三オ、郭沫若『両周金文辭大系攷釈』（後、両周と略称）一九三五年、一〇三ウ―一〇六オ、陸懋徳「虢季子白盤研究」燕京学報一九五〇年第三十九期、通釈三十二輯、一九七〇年、虢季子白盤の条、等参照。

（7）陳夢家、通釈など、ともに、この献馘の礼も周廟宣府で行なわれたと解している（陳氏「射与郊」清華学報一九四一年第十三巻第一期、一二八頁、注（6）の通釈、八〇六頁）。なお、「宣府」は、鄦𣪘銘（両周録一四八オ―一五〇オ、集成四二九六―四二九七）には「宣射」とある。

（8）注（7）の陳氏前掲論文、一二八頁。

（9）楊氏「〝射礼〟新探」『古史新探』中華書局、一九六五年、三一一頁。

（10）このように、「彤弓矢」とのみ記されている場合、その時「旅弓矢」も賜与されたのかどうかは分からない。後考に俟ちたい。

（11）殷代のことであるが、『史記』殷本紀に「（紂王が周の、のちの文王昌に対し）賜弓矢斧鉞、使得征伐、爲西伯」とある。

（12）西周青銅器銘文の史料批判の問題については、松丸道雄「西周青銅器製作の背景―周金文研究・序章―」松丸道雄編『西周青銅器とその国家』東京大学出版会、一九八〇年、所収（原論文は東京大学東洋文化研究所紀要第七二冊、一九七七年、所収）、同氏「西周青銅器中の諸侯製作器について―周金文研究・序章その二―」同右（原論文は『東洋文化』第五九号、〝特集・西周金文とその国家〟、東洋文化研究所東洋学会、東京大学出版会、一九七九年、所収）、等参照。

（13）両周一〇六オ―一〇七オ。なお、この蓋と同銘の𣪘が、一九八〇年に山東滕縣で出土している（集成四三二八）（文物一九八一年第九期、万樹瀛「滕縣后荊溝出土不嬰簋等青銅器群」）。

（14）楊樹達「不嬰𣪘四跋」『積微居金文余説』一九五九年、巻一、一二二―一二三頁。

（15）徐同伯『従古堂款識学』一八五四年頃成、巻十、三十八ウ。王国維「不嬰敦蓋銘考釈」『観堂古金文考釈』所収。

（16）後の注（23）参照。

（17）馬承源「晋侯蘇編鐘」『上海博物館集刊』第七期、一九九六年、馮時「晋侯蘇鐘与西周暦法」考古学報一九九七年、第四期、等参照。

(18) 白川静『詩経研究』通論篇、朋有書店、一九八一年、六〇八―六〇九頁。

(19) 楊氏『春秋左伝注』第二冊、中華書局、一九八一年、五三六頁。

(20) 献捷の儀式については、楊希枚「先秦諸侯受降・献捷・遺俘制度考」『中央研究院歴史語言研究所集刊』第二十七本、一九五六年、等参照。

(21) 小盂鼎銘については、孫詒讓『古籀余論』(余論と略称、後に同じ)巻三、五十四オ~五十七オ、両周三五オ―三八ウ、断代(四)考古学報一九五六年第二期、小盂鼎の条、通釈第十二輯、一九六五年、小盂鼎の条、等参照。

(22) 注(21)の断代、九三頁。

(23) ここで、宜侯夨毀銘と蛮方征討の功に見える弓矢らの賜与物を対照しておく。

宜侯夨毀銘	矤𢒉一、𢒉矢百、旅弓十、族矢千、𩰫鬯一卣、商瓚一
虢季子白盤銘	彤弓矢、旗央、戉、乗馬
不嬰毀蓋銘	弓一、矢束、臣五家、田十田
晋侯蘇編鐘銘	弓矢百、秬鬯一卣、馬四匹
小盂鼎銘	弓一、矢百、畫虢一、貝冑一、金干一、戚戈二、矢臺八
僖公二十八年の条(城濮の役後)	彤弓一、彤矢百、旅弓十、旅矢千、大輅之服、戎輅之服、秬鬯一卣、虎賁三百人

小盂鼎銘の弓矢は、伯晨鼎銘(本文後述)らとの比較から「彤弓矢」と考えられる。

(24) 「四方の匍有」者(王)については、拙稿「周王朝の君主権の構造について―「天命の膺受」者を中心に―」(補訂して、本書の第一章に入る)(原論文は『東洋文化』第五九号、〝特集・西周金文とその国家〟、東洋文化研究所東洋学会、東京大学出版会、一九七九年、所収)松丸道雄編『西周青銅器とその国家』東京大学出版会、一九八〇年、所収、三九八―四一一頁、同「周王朝と「成」の構造について―「成周」はなぜ「成」周と呼ばれたか―」（補訂して、本書の第二章に入る）東洋文化研究所紀要第一〇九冊、一九八九年。

（25）注（24）の後者の拙稿に同じ、二三五頁。

（26）「四方」経営と、その「東国、南国」などにおける服従しない蛮方の争乱については、注（24）の後者の拙稿、二一二、二三三頁、等参照。

（27）注（24）の前者の拙稿に同じ、三九九―四〇一頁、四〇五―四〇六頁。

（28）靭松・樊維岳「記陝西藍田縣新出土的應侯鐘」文物一九七五年第一〇期、通釈第四八輯、一九七八年、雁侯鐘の条、等参照。なお、この器銘は、日本・書道博物館旧蔵の編鐘銘につづくものである。

（29）注（28）の靭松・樊維岳前掲論文、通釈、二三二頁。最近、保利芸術博物館に入蔵した應侯見工段（一対）（近出二編四三〇―四三一）に「唯正月初吉丁亥、王在……雁侯見工侑、賜玉五㲉・馬四匹・矢三千。……」（唯れ正月初吉丁亥、王は……に在り、……應侯見工（王に）侑す、（王が）玉五㲉・馬四匹・矢三千を賜う）（《保利蔵金》編輯委員会『保利蔵金（続）』嶺南美術出版社、二〇〇一年）とある。この大量の「矢三千」について、王を護衛したこの同じ見工の應侯（見工）鐘銘と関係があるとすれば、成周の南方に当たり、河南平頂山付近を封地とするらしい、武王の子孫とされる應侯による王身の扞敔が当時期待されていたのかもしれない。「近出二編」は、劉雨・嚴志斌編『近出殷周金文集録二編』（近出二編と略称）全四冊、中華書局、二〇一〇年。

（30）伯晨鼎銘については、呉栄光『筠清館金文』（後、筠清と略稱）一八四二年、巻四、十一ウ―十二ウ、孫詒讓『古籀拾遺』（後、古籀と略称）一八七二年成、下、一七ウ―二十オ、劉心源『奇觚室吉金文述』（後、奇觚と略称）一九〇二年、巻十六、十オ―一三オ、柯昌濟『韡華閣集古録跋尾』（韡華と略称、後に同じ）一九一六年頃成、乙中、五四ウ―五五オ、断代（四）考古学報一九五六年第二期、小盂鼎の条、九三頁、通釈第二二輯、一九六八年、伯晨鼎の条、等参照。

（31）注（30）の古籀、一九オ―一九ウ。

（32）注（30）の通釈、三二一―三三頁。

（33）『春秋』左氏伝・定公四年の条に、魯・衛・晋の封建の話が出てくるが、そこに挙げる賜物中には、「彤弓矢、旅弓矢」の名は見えていない。
（34）注（30）の銙清、一三オ、奇觚、一三オ、断代、九三頁、通釈、三五頁。
（35）断代（六）考古学報一九五六年第四期、趞曹鼎二の条、九八頁。
（36）上海博物館『上海博物館蔵青銅器』（上海と略称）一九六四年、四五、趞曹鼎の条。
（37）両周六九ウ。注（21）の断代、九三頁。通釈第二〇輯、一九六七年、趞曹鼎二の条、三八七―三八八頁。
（38）注（21）の断代、九三頁。注（37）の通釈、三八六―三八七頁。
（39）両周七〇オ。
（40）両周七〇オ―七一オ、通釈第二〇輯、一九六七年、師湯父鼎の条、三九四―三九五頁、余論巻三、九ウ―十オ、等参照。
（41）注（24）の後者の拙稿に同じ。
（42）注（7）の陳氏前掲論文、一三二頁。楊樹達「静𣪘跋」『積微居金文説』（積微居と略称、後に同じ）一九五二年、巻七、一九〇頁。楊寛「我国古代大学的特点及其起源」『古史新探』中華書局、一九六五年、一九九―二〇〇頁
（43）白川静「釈師」『甲骨金文学論叢三集』一九五五年、三四―三六頁。
（44）注（42）の楊氏前掲論文、二〇三―二〇四頁、等参照。
（45）劉氏「西周金文中的射礼」考古一九八六年第十二期、一一一六―一一一七頁。ここに戦国時代のものとされる青銅器上の射礼の図象が挙げられ、射盧と思えるものが見えている（注（9）の楊氏前掲論文にも同じものが既に挙げてある）。
（46）「近出」は、劉雨・盧岩『近出殷周金文集録』（近出と略称）全四冊、中華書局、二〇〇二年。李学勤「戎生編鐘論釈」《保利蔵金》編輯委員会『保利蔵金』嶺南美術出版社、一九九九年、同論文は文物一九九九年第九期、にほぼ同じ。裘錫圭「戎生編鐘銘文考釈」、馬承源「戎生鐘銘文的探討」《保利蔵金》編輯委員会『保利蔵金』嶺南美術出版社、一九九九年、等参照。
（47）積微居巻一「矢令彝三跋」、二四頁。
（48）徐氏「禹鼎的年代及其相関問題」考古学報一九五九年第三期、通釈第二五輯、一九六九年、𩁹侯鼎の条、等参照。

(49)　韡華乙中、五二ウ、注（48）の通釈、二六五頁。
(50)　注（48）の通釈、二六五頁。
(51)　注（48）の徐氏前掲論文、六三頁。
(52)　同卣、通釈第二四輯、一九六八年、散氏盤の条。歔㲃、通釈第一八輯、一九六七年、卻㫜㲃の条。
(53)　注（9）の楊氏前掲論文、三三四頁。
(54)　注（24）の前者の拙稿に同じ、四三五頁。
(55)　西周時代の中期に、宗廟の室を「圖室」と呼ぶ例が見られる。無叀鼎（両周録一四三ウ、集成一八一四）、善夫山鼎（集成二八二五）。「受民、受疆土」とつながるこの地図等のものを、それを与えたという天と直接通じる、その天の神のところに一緒にいて陟降する、先王の祭所宗廟に保存されていたのかもしれない。

第四章　周王朝と「上下」考

――「上下の匍有」者（天子）の性格について――

はじめに

かつて述べたように、周王朝成立の二つの条件の「天命の膺受」と「四方の匍有」の内、〝文王〟の功績に比定された「天命の膺受」者の具体的内容は、西周中期には、「上下を匍有して、迨《あ》わせて万邦を受く」（「匍有上下、迨受万邦」）（史墻盤銘、集成一〇一七五）とあり、この後者の「迨わせて万邦を受く」の部分は、周初には「民と彊土を受く」（「受民、受彊土」）（大盂鼎銘、両周録一八オ、集成二八三七）とあった。即ち、この「天命の膺受」者の内容は、「上下の匍有」者である徧き「上下」の神々を祭る主体者と、それを条件として結びつく「万邦」又は「民」と「彊土」を合わせて天より受けた者との、二つの部分から成っていた[1]。つまり、中国思想のエッセンスの源となる天による命は、それが周代に始まったとき、DNAとしてはじめから「上下の匍有」ということを内にもっていたことになる（物事の始まりは、歴史的に見てもとても大事な問題であろう）。

又、この「上下の匍有」は、もう一方の王朝成立の条件である、〝武王〟の功績に比定された現実的な「四方の匍有」（「不廷方の率懐」、「方蛮𡚬見せざるものはなし」）と、「上下」「四方」の対語で説かれ[2]、この「上下の匍有」と

「四方の匍有」という、「上下」と「四方」との双方を偏く秩序立てることによって、又、「天」と「民」の上下面と、「中国」と「四方の」水平面のその双方に対応してはじめて、多種多様な文化等をもった邦々や人々を、その違いを超えて一つにまとめる周王朝の成立を意味していたと思える。周王朝の君主権はこれらに対応している。

　そして、周王朝成立の条件として、〝武王〟の「四方の匍有」よりも先に来る、〝文王〟の功績に比定される「天命の膺受」の内容のこの「上下の匍有」は、「上下の若否と四方とに虩許《つつし》めよ」（毛公鼎銘、両周録一三一オ〜又一三一オ、集成二八四一）や、「克《よ》く上下に奔走す」（周公毀銘（焚作周公毀）、両周録二〇オ、集成四二四一）、「㞢《つつし》んで上下を祀る」（召誥）等とある、祭祀対象となる「上下の匍有」における「上下」の神々に対して、周初の「（天子は）克く上下に奔走して、帝、命を有周に終えることとなし」（周公毀銘）や、「我が後嗣子孫に在りては、大いに克《よ》く上下を恭せず（んば）、……乃《すなわ》ち其れ命を墜《お》とさん」（君奭）等とあるように、克くこの「上下」の神々に奔走、恭敬することが、それと結びついて周王朝における天命の永続につながることが主張されており、(3)又、王自身が述べているように、天命を与える「皇天」（配皇天）と「上下」（配上下）の神々とは等置され、置き換えが可能なものであった（五祀㝬鐘銘、集成三五八）。そして更に、先の周初の「帝、命を有周に終えること無し」（周公毀銘）や、「丕顕なる文・武、皇天弘《おお》いに厥《そ》の徳に猒《あ》き、我が有周に配して、大命を膺受す」（毛公鼎銘）等のように、〝文王〟の〝受命〟と共に、〝文王〟が出自する「有周」（＝「周邦」）自身の〝受命〟を考えることによって、氏族的紐帯をもった世襲（血統）主義との結合が図られていた。(4)

　そこで、周王朝開設の条件である、この「天命の膺受」を構成する、〝彤弓矢〟的な「四方の匍有」に対置する「上下の匍有」（＝「上下」を偏く秩序立てること）の最大の目的とするところと「民」と「彊十」（＝「万邦」）との関係、この偏く祭祀された、天が問題にした「上下」の神々の具体的内容について考えてみたい。

そして〝文王〟の「上下の匍有」の下文に結びついて、後者に「迨わせて万邦を受く」（「受民、受疆土」）と云う、周代にはじまる天命思想との結びつきの意味するところについて考えてみたいと思う。

第一節　現天子（共王）が、周王朝の開設者・〝文王、武王〟の功績を受け継いだことについて

周王朝開設における一条件と考えられた、「上下の匍有」即ち徧き「上下」の神々の祭祀の目的に解答を与えるのは、やはり、〝文王〟の「上下の匍有」を記す史墻盤銘である。(5)長文の盤銘は、史墻の先祖考五代の功績を後半部に列挙し、前半部に、それに対応するように〝文王〟と〝武王〟以来の周王朝における六王の功績を列挙していた。(6)

作器者がこの対照をなし得たのは、史墻家の系譜が同出の関連器と合わせ、微史刺祖、作冊折（祖辛）、史墻と称し、又、折、豊（乙公）、𤼈諸器に冊形の図象銘を加えるように、史墻家が代々史官をもってつかえた家柄であり、元来、殷系の、当時有数の知識階級であったことと無関係ではあるまい。(7)このことは、周天子の系譜表の原型やその成立過程を考える時に示唆を与えるものである。今、このことは措くとして、盤銘は、初めに六王の功績を挙げた後、次の史墻家の先祖考を列挙する間、現天子（即ち共王）を讃えて次のように述べている。即ち

天子𩰫屖文武長剌、天子亹無匄、褱祁上下、亟獄逗慕。昊炤亡吳、上帝司夒、尤保受天子綰命。厚福豊年、方蛮亡不𢦏見。……

（天子𩰫《つつし》みて文・武の長烈を屖《つ》ぎ、天子亹《つと》めて匄《そこな》（害）うこと無く、上下を褱祁して、逗慕《かんぼ》を亟《きわ》（極）め熙《ひろ》む。昊炤にして吳《いと》（斁）うこと亡く、上帝司夒して、尤《おお》いに天子の綰命を保受（授）す。厚福豊年にして、方蛮𢦏見せざるものはなし。……）

とある。

この一節は、文意がとり難いと云われているが、この文章を解く鍵は、この文章の最初に、現天子即ち共王が周王朝の開設者・〝文王〟と〝武王〟との功績を受け継いだことを云う点にある。

即ち、はじめの「天子、〓《つつし》みて文・武の長烈を〓《つ》ぎ」とは、「〓〓」の「〓」は、金文に「〓〓」の連文が習見する。通釈に『書』の盤庚「天命を恪謹す」に近いとして、「〓」を恪謹の義とする。徐中舒、李学勤、裘錫圭の各氏も、積微居などを引いて恪の義とする。李氏に「毛公鼎〝〓夙夕敬念王畏不惕〟、首字楊樹達《積微居金文説》読為恪、是正確的」とある。(8) 敬、恪の義でよい。「〓」は、徐氏は『玉篇』を引いて、「纘之古文、纘与纘通、纘、継也」と解する。李氏、唐氏に同じ。(9) 即ち、「纘」は纘で、継ぐの意味である。「文・武の長剌」の「長剌」は長烈。そうすると、ここは現天子が〝文王、武王〟の長烈を継いだことを云う。〝文王、武王〟とは、この周王朝の開設者、烈とは功業、功績である。

そうすると、現天子が〝文王、武王〟の功績を受け継いだと云うことは、同じ、この史墻盤銘の冒頭自身等に云う、王朝開設の条件、即ち〝文王〟の功績に当たる「上下の匍有」等と、〝武王〟の功績に当たる「四方の匍有」との両方を継いだことを云うことになるであろう。(10)

現天子（「嗣天子王」）が受け継いだと云う〝文王〟と〝武王〟との当時考えられていた具体的功績を念頭に入れて、以下の文章を読む必要がある。従来の解釈者の弱点は、王朝開設の条件、即ち、この〝文王〟と〝武王〟とのそれぞれの功績を具体的につかんでいないことである。この視点から以下の文章を読み、周王朝開設の一条件、「四方の匍有」と「上下」、「四方」の対語となる「上下の匍有」の最大の目的が、文化、風俗・習慣等の異なった多種多様な邦々や人々を一つに包み込む、違いを超えた共通の願いである〝年穀の豊穣〟（即ち祈年祭）にあったことを証明したい。

次に「天子、釁《つと》めて匄《そこな》（害）うこと無し」は、「釁」は李氏、唐氏は金文に習見する眉寿で、「匄」は害、そして『詩』・悶宮の「眉寿にして害有るなし」等を引く。裘氏は「釁」を眉寿の眉とするも、亹或は勉に読み、「〝匄〞似当讀為〝害〞、二字古通、頗疑漢代成語〝文無害〞就是由〝釁無匄〞演変来的」とする。通釈も、釁（亹）は亹《び》々の義で、銘文の意は『詩』大雅・文王の「亹《び》々たる文王、令聞已《や》まず」の意に近いとする。そして、馬瑞辰の毛詩伝箋通釈を引いて、「天子亹《つと》めて匄《や》むこと無し」と読み、〝文王、武王〞の功烈を襲いて、これを墜《お》とさざる意とする(11)。いずれにせよ、上文に現天子が周王朝の開設者・〝文王、武王〞の功績を受け継いだことを云うのでから、ここは、それをうけて、現天子がそれによくつとめて誤りなく、咎めなきことを云うものであろう。

次の「上下を𧟨祁して、逗《かん》慕《ぼ》を亟《きわ》（極）め熙《ひろ》む」は、その現天子（即ち共王）が上文に云う〝文王〞と〝武王〞との功績を受け継いで、よくつとめた具体的内容である。

第二節　「上下の匍有」と「豊年」について

周王朝の開設者である〝文王〞・〝武王〞の功績を受け継ぐ周王朝の君主、即ち現天子がよくつとめた具体的内容を云う、現天子が「上下を𧟨祁して、逗《かん》慕《ぼ》を亟《きわ》（極）め熙《ひろ》む」の内、先ず前者の「上下を𧟨祁して」を見る。

この「上下を𧟨祁す」の「𧟨祁」は、徐氏は「𧟨」は「𢹷」で抜取、「祁」は提の義とし、「提抜上下各級大臣之意」と解する。李氏は「𧤛祁」と釈して、虔諟と読み、「上下」は「指君臣」として「本句是上下虔諟的倒文」とする。唐氏は「𧟨」は挙で、「祁」は示とし「宣示上下」の義とする。裘氏は「𨯃邢」と釈して、読みて褰産となし、詰詘の義で、「含有曲意奉事的意思」と解し、又、「上下」は「上下之神」（即天神地祇）で、ここの全体の意味を「大概

是詰詘以事上下之神的意思」と解する。通釈も蹇々の義として、その神事につとめる意とする。(12)

ここの「上下」を徐氏、李氏、唐氏等のように、「上下各級大臣」とか「君臣」等と解するのは、これらの諸氏が、この盤銘冒頭の〝文王〟の功績としてある「上下を匍有す」の「上下」を、「広有天下臣民」とか「上下指君民、意思是説文王諸臣能上利于君、下佑于民」、「概括各方面」と解したのと同じで、かつて述べたように誤りである。(13)「上下の匍有」が神秘的な範疇に属する「天命の膺受」の一部分を構成し、王朝の君主の〝位〟が、現実の「四方」に対する支配権の確立を意味する〝武王〟の「四方の匍有」と「上下」、「四方」の対語で説かれていること、即ち、換言すれば、この両者を合わせて、初めて周王朝が成立したと考えていること、そして、「上下」の用例が、密接に天と関係し、殷墟甲骨文や西周金文、又『周書』、『詩』などの古い成立をもつ文献等において、すべて「上下」諸神の意味に使ってあることが理解されていたとは思えない。史墻盤銘冒頭に見える「上下の匍有」の「上下」は、かつて論証したように、偏く祭祀される「上下」諸神の意味であった。(14)

この盤銘以外に見える西周金文の「上下」の用例は、かつて見たように、周公𣪕銘に(15)

……拝稽首、魯天子寎厥順福、克奔走上下、帝無終令于有周。……

（……拝稽首して、魯《おお》いなる天子は厥《そ》の順福を造《な》し、（天子は）克《よ》く上下に奔走して、帝、命を有周に終えることなし。……）

とか、毛公鼎銘に(16)

……王曰、父厝。……泰于小大政、甹朕位、虩許上下若否雩四方、死毋童。……

（……王曰、父厝よ。……（汝は）小大の政を泰《つつし》み、朕《わ》が位を甹《たす》けて、上下の若否と四方とに虩許《つつし》み、死《おさ》めて動せしむること毋《なか》れ。……）

などとあった。これらの「上下」は、「天命の膺受」や君主の〝位〟に関係して説かれ、「上下に奔走す」、「上下の若否」と神意に関する「奔走」、「若否」とあるように、「上下」諸神の意味で使われているのである。そこで、この「上下を龏祁して」の「上下」だけが、しかも同じ盤銘冒頭の〝文王〟が「上下を匍有す」の「上下」と異なり、「上下臣民」、「君民」などの意味で使われているとは、到底思えない。ここは直ぐ上に、現天子が〝文王、武王〟の功績を受け継いだとあったように、〝文王〟の功績としての「上下の匍有」の「上下」と同じく、「上下」諸神の意味で使ってあるのであり、その意味で「上下の神」とする裘氏の解釈は至確であろう。

この「上下を龏祁して」の意味は、「克く上下に奔走して」（周公𣪘銘）、「上下の若否に虩許《つつし》み」（毛公鼎銘）、「上下に陟否し」（蔡侯𪗫盤銘、集成一〇一七一）、「克く上下に恭《つつし》み」（君奭）、「毖《つつし》んで上下を祀る」（召誥）などのように(17)、盤銘冒頭の、周王朝の開設者・〝文王〟の功績とされる「上下の匍有」に対応して、克く「上下」の神々につとめ、祭祀、恭敬したことを云うものである。

そうすると、上文で、現天子が王朝の開設者・〝文王〟と〝武王〟との功績を受け継いだと云い、その内、〝文王〟の功績に当たる「上下の匍有」に対応して、「上下の龏祁」即ち克く「上下」諸神につとめたなら、もう一方の後者の「亘慕を亟獄す」は、〝武王〟の功績に当たる「四方の匍有」（「不廷方の率懐」）に克くつとめたことを云うものであることが、その対応から推測される。それは又、下文にある「四方」領域における安寧秩序を云う「方蛮𡚬見せざるものはなし」（「四方の匍有」に当たる）にもよく対応しているのである。

この、〝文王〟の「上下の匍有」に当たる「上下を龏祁す」と対になっている、「亘慕を亟獄す」は、まず「亟獄」は、唐氏は、「亟」は「極」で、「獄」は煕。通釈に、『詩』大雅・文王、周頌・昊天有成命等を引いて「極め煕む」と読む(18)。この「極」（亟）の西周金文での用例は、「四方」の内、「東国」に起こった蛮方の争乱の鎮定を記す周初の班𣪘銘（両周録九オ、集成四三四一）に、(19)「王位を甹《たす》けて、四方の極と作り、……三年にして東国を静め、成せざるは亡し」とあり、「四方の匍有」の「四方」の準則として、「王」の〝位〟と共に説かれている。断代にも、毛公鼎銘の「汝に命じて、一方に極たらしむ」、君奭の「汝を民極と作す」、商頌・殷武の「商邑翼翼、四方の極」等を引いて釈してある。(20)

「亘《かん》慕《ぼ》を極め獄《ひろ》む」の「亘慕」は、唐氏は「亘」は桓で大の義、「慕」は謨に通じ、謀と解する。裘氏は「桓謨」と釈して、桓は大、そして「桓謨」は盤銘上文にある、穆王が「宇誨に型帥す」の「訏謀」（「宇誨」）に近いとする。通釈にほぼ同じ。(21) この「宇誨」は、「宇」は大、「誨」は李氏が『説文古籀補』を引いて、「誨」は謀に通ず、又謀は謨に通ずと解し、(22) 諸氏もほぼ同じである。「慕」、「謨」、「謀」、「誨」らは皆同義であろう。

この「宇誨」の例として、裘氏は『詩』大雅・抑を引く。(23) そこに、周王朝の「四方」（「四国」）経営を述べて

……無競維人、四方其訓之。有覚徳行、四国順之。訏謨定命、遠猷辰告。……修爾車馬、弓矢戎兵、用戒戎作、用逿蛮方。……

（……競《つよ》きこと無からんや維《こ》れ人、四方其れ之《これ》に訓《したが》う。覚たる徳行有り、四国之《これ》に順う。訏《う》謨《ぼ》命を定め、遠猷辰《とき》に告ぐ。……爾《なんじ》の車馬、弓矢戎兵を修め、用て戎の作《おこ》るを戒め、用て蛮方を逿《とおざ》けよ。……）

とあり、やはり「四方の匍有」の「四方」の準則を言うと共に、「訏謨」や「遠猷」とある。「訏謨」は毛伝に大謀。「宇誨」と同じ。この詩には、「訏謨」、「遠猷」と共に、周王朝成立の対象となる「四国」、「四方」領域の経営を云い、下文に軍事甲兵のことを云って「蛮方を逿《とおざ》けよ」の語句が見える。この「謨」、「遠猷」も、「亘慕」、「宇誨」と同義であろう。

この「訏謨」、「遠猷」と同義となる、この盤銘の「亘慕」の「慕」の西周金文での用例を見ると、やはり、「四方」

経営の安寧秩序について述べている。即ち、禹鼎銘（集成二八三三～二八三四）に、「南淮夷」、「東夷」が引き起こした「南国、東国」における争乱を禹が鎮定したことについて(24)

禹曰、丕顕桓桓皇祖穆公、克夾䀌先王、奠四方。……亦唯噩侯馭方率南淮夷・東夷、広伐南国・東国、至於歴内。……肆武公廼遣禹率公戎車百乗・斯馭二百・徒千、曰、于匡朕粛慕、叀西六𠂤・殷八𠂤、伐噩侯馭方、……

（禹曰く、丕顕にして桓桓《かんかん》たる皇祖穆公、克く先王を夾䀌《たす》けて、四方を奠《さだ》む。……亦唯《こ》れ噩侯馭方、南淮夷・東夷を率いて、南国・東国を広伐して、歴内に至れり。……肆《ゆえ》に武公廼ち禹を遣わして、公の戎車百乗・斯馭二百・徒千を率《ひき》いせしめ、曰く、于《ここ》に朕《わ》が粛慕を匡《おおい》にし、西六師・殷八師を叀《いまし》めて、噩侯馭方を伐ち、……）

とある。

この「朕が粛慕」の「慕」も謀猷の義で、上文に云う「四方」（「南国・東国」）の異族の争乱の収束を指す。又、厲王自身の自作器と云う㝬𣪘銘（集成四三一七）に(25)「王曰、有余隹小子、……簟𢿘朕心、墜于四方。……其各前文人、……憲烝宇慕遠猷」（王曰く、余、小子なりと雖も、……朕《わ》が心を簟𢿘して、四方に墜《およ》ぼせり。……其れ前文人に格《いた》るまで、……宇慕遠猷を憲烝せられんことを）とある。この王が「朕が心を簟𢿘して、四方に墜《およ》ぼせり」（意訳、朕が志を広めかがやかして、四方におよぼさんとす）の「四方に墜《およ》ぼせり」は張亞初氏は「四方の匍有」の義に近いとする。(26)「王」位の性格から云ってそうであろう。そして下文の「宇慕遠猷を憲烝せられんことを」（意訳、宇慕遠猷を示しみちびかれんことを）も、先の「亘慕」、「粛慕」、「宇誨」、「訏謨」、「遠猷」と皆同義で、上文に云う王の「四方」（「四国」）経営（「四方の匍有」）における安寧秩序に関し、その「宇慕、遠猷」即ちそのための謀猷を指すであろう。

又、「桓慕」、「宇慕」と同義の、この㝬𣪘銘や大雅・抑の「遠猷」の「猷」も、西周金文に「四方の匍有」における「四方」経営に関してしばしば見えている。即ち、㝬鐘銘（宗周鐘、両周録二五オ、集成二六〇）に「南国」の方

蛮諸族が引き起こした争乱の鎮定を云って(27)

王肇遹省文武勤疆土。南国𠬝子敢臽虐我土。王敦伐其至、𢦏伐厥都。……南夷・東夷、具見二十有六邦。……朕猷有成亡競。……㝬其万年、畯保四国。

（王肇《はじ》めて文・武の勤めし疆土を遹省す。南国の服子、敢えて我が土を陥虐す。王、敦伐して其れ至り、厥《そ》の都を𢦏伐す。……南夷・東夷の具《とも》に見するもの二十有六邦なり。……朕猷成有りて競うことなし。……㝬（厲王自身のこと）其れ万年、畯《なが》く四国を保《やす》んぜん。）

とあって、「南夷・東夷」の具に見するもの「二十有六邦」を云って、「朕猷成有り」とある。

この「朕猷」の「猷」とは、やはり謀猷で、上文の「南夷・東夷」の蛮方による争乱の鎮定を指し、末文に云う「四国」（「四方」）を保んぜんことを願う「朕猷」の成就が「朕猷成有り」である。(28) この器の作器者「㝬」は、先の㝬𣪘と同一人の厲王胡説が有力である。(29) 又、近年出土した逨盤銘（近出二編九三九）における「（朕皇高祖恵仲盠父）有成于猷、用会卲王穆王、盗政四方、𢦏伐楚荊」（（朕が皇高祖恵仲盠父は）猷を成する有り、用て卲王、穆王と会し、四方を盗政して、楚荊を𢦏伐す）の「猷」も、「四方」の経営に関し、昭王、穆王期に南方の大国「楚荊」を伐ったことを云うものであろう。(30)

又、『詩』大雅・常武に「王」が東夷の「徐方」を征した時のことを、「彼の淮浦に率《したが》いて、此の徐土を省せよ。……測られず克《か》たれず、濯《おおい》に徐国を征す。王猷允《まこと》に塞《み》つ、徐方既に来る。……四方既に平ぎ、徐方来庭す」とある。この「王猷」の「猷」も謀猷で、宗周鐘銘の「朕猷」と同じ。その対象も、「四方」の内、徐夷の住む「徐土」経営の安寧秩序に対して云う。又、「徐方来庭す」は、かつて述べたように、〝武王〟の「四方の匍有」に当たる、「四方」が王命に服し、王庭に来朝せざるものはなしの意味の「不廷方の率懐」（毛公鼎銘）と同じで、(31) この史墻盤銘下文の

「方蛮䖆見せざるものはなし」と全く同義である（後述）。このほか、周初の作器の禽𣪘銘（両周録四、ウ、集成四〇四一）にある「䕫侯を伐ち、周公某《はか》り、禽祠す」の周公の「某（謀）」も征伐に関しており、毛公鼎銘、師詢𣪘銘（両周録一三二オ、集成四三四二）の王の命書中にある「我邦小大猷」、『周書』文侯之命の「王若《か》くのごとく曰く、……小大の謀猷に越《おい》て、率従せざるものはなし」等も皆同義である。又、偽古文尚書、湯誥の「克《よ》く厥《そ》の猷を綏《やす》んぜしむるは惟《こ》れ后《きみ》たり」も同じであろう。

これらから、「亘慕」、「粛慕」、「宇慕」や「宇誨」、「訏謨」、「遠猷」、「朕猷」、「王猷」等の語句と一緒に見える用語や内容例は、「四方」、「四国」経営と異族が引き起こす争乱の収束（「静《しず》める」）に関することがその大半である。

このことは、周王朝の君主即ち「王」の謀猷において、その最も重要なものは、王朝経営の対象領域である「四方」（「四国」）領域の安寧秩序であり、それに反する最大のものは、主として異族の引き起こす争乱であったろう。これは、王朝の開設者〝武王〟の功績とされる、周王朝成立の対象領域である「四方」（「万邦」）を現実的に偏く秩序立てる〝彤弓矢〟的な「四方の匍有」（「不廷方の率懐」）に対応するものであろう。又、先の第二章で見た、「四方」における異族が引き起こす争乱収束を意味する「成」を、成定の謀と解釈されているのも類例であろう。

又、「亘慕」の「亘」の方は、諸氏ほぼ桓と釈す。その金文例を見ると、先のこれら異族の争乱の鎮定を記す禹鼎銘に「丕顕にして𧺳𧺳たる皇祖穆公、……四方を奠《さだ》む」とあり、虢季子白盤銘（両周録八十八オ、集成一〇一七三）に(32)、蛮方を伐って功績を挙げたる子伯について、「戎功に壮武にして、四方を経維す。……𧺳𧺳たる子白、……用て蛮方を政（征）せよ」とある。これらの「𧺳𧺳」は諸氏「桓桓」と釈す(33)。そして、『周書』牧誓の「尚《ねがわ》くは桓桓たること虎の如く」の伝に「武貌」とあり、又、『詩』周頌・桓に「桓桓たる武王、厥《そ》の士を保有し、于《ここ》に四方に以《もち》いて」とあり、序に「桓は、武を講じ……武志なり」とある。

又、魯頌・泮水にも、「淮夷」を伐って「桓桓として于《ここ》に征し、彼の東南を遯《しりぞ》く」とある。「遯」は先の大雅・抑の「訏《う》謨《ぼ》命を定め、遠猷辰《とき》に告ぐ。……弓矢戎兵を修め、用て戎の作《おこ》るを戒め、用て蛮方を逷《しりぞ》けよ」の「逷」と同じ。この「遯」は、「方《あまね》く不享を遯《しりぞ》く」（逨盤銘）、「克《よ》く淮夷を遯《しりぞ》く」（曾伯霥簠銘、両周録二〇七オ、ウ、集成四六三一～四六三二）、「以て四国を綏《やす》んじ、王慝を糺遯せよ」（『左伝』僖公二十八年の条、晋文の侯伯となる王の命書）の「遯」と同じで、(34)伐ちて治める意味であろう。王の命書の「王慝」の「慝」は「（武王）……厥《そ》の慝《かく》れたるを闢《ひら》きて、四方を匍有す」（大盂鼎銘）の「慝」に同じ、「四国を綏《やす》んじ」は、「四方の匍有」に近い。「四方」、「四国」、「蛮方」、「王慝」、「不享を遯《しりぞ》く」、「蛮方を遯《しりぞ》く」、「訏謨」、「遠猷」等は周王朝成立の条件であった「四方の匍有」（「四方」領域の経営）に関し、当時、一つのグループを作っていた語句である。以上の金文の「桓桓」は、連言するが、「四方」領域の経営に対する〝武事〟を云う例である。又、『逸周書』謚法解にも(35)「桓」を「土を辟《ひら》（闢）き遠きを服するを桓と曰う」と解釈している。これらは、「桓慕」の「桓」の意味を考える時に、周王朝における「四方」経営の武貌を云う例として注目される。

以上からして、史墻盤銘の上文に云う、この現天子が王朝の開設者・〝文王〟と〝武王〟との功績を受け継いでよくつとめた具体的内容である、この「上下を䵼祁す」と「亘慕を極獄す」とは、その〝文王〟の功績としての「上下の匍有」即ち偏き「上下」の神々の祭祀と、〝武王〟の功績としての「四方の匍有」即ち現実的な「四方」経営の安寧秩序とに、それぞれよく対応していることが分かる。それはまさに、先の毛公鼎銘に「王」が云う「朕《わ》が位を甹《たす》けて、上下の若否と四方とに虩許《つつし》めよ」の「上下」、「四方」とにも、それぞれよく対応しているのである。

次に、「昊炤にして吳《いと》（斁）うこと亡く、上帝司夒して、尢《おお》いに天子の綰命を保受（授）す」とある。「昊炤にして吳（斁）うこと亡く」は、徐氏は、「昊」は昊天、「昭」（「炤」）は照臨の照で、「吳」は師詢段銘、静段銘を引いて

「吴与斁同、師訇簋、静簋之吴字皆釈為斁、可証。亡吴即亡斁、古常用語。斁厭也、厭与饜同、言飽足也」とし、斁、厭の義と解する。李氏は、『詩』大雅・抑の「昊天孔《はなは》だ昭《あき》らかなり」を引いて「昊昭」は天を指し、「亡臭」は、毛公鼎銘の「皇天臭うこと無く」を引いて古書常見の無斁とし、無厭の義とする。通釈に、「昊炤亡吴」の「亡吴」は他の器銘に「亡罢」というもので、無厭・無斁の両義があるとし、無厭ならば主語は多く皇天・昊天であり、また無斁ならば「昊炤」は状態詞となるとする。(36)ここは、毛公鼎銘の「皇天斁《いと》うこと亡く、我が有周に臨保し、先王の配命を丕鞏にす」や、師詢毀銘の「皇帝斁《いと》うこと亡く、我が厥《そ》れ周と四方とに臨保し、民、康静せざる亡し」など、ここに「無斁」は「皇天」の厭い嫌うことなき満足を云うのが参考となる。上文に云う現天子が〝文王、武王〟の功績を受け継ぎ、それによくつとめたことに対し、皇天がそれを満足し、嘉したことを云うものであろう。

次の「上帝司夒して」は、李氏は「司」は思となして語中の助詞、「夒」は柔、安、保の義とする。唐氏は、「司夒」は嗣夏で夏祝、下文の「尤保」は巫祝として下に属けて読み、裘氏は上帝と后稷に解す。通釈は「夒」を燕に近い字形として、「上帝司燕（祀宴）せられ」と読む。(37)「夒」の釈文は原字と少し異なるが、ここは次の文句からして、上の「昊炤吴《いと》（斁）うこと亡く」とともに、皇天上帝が上文の現天子の努力を嘉納したこと、その佑助を与えたことを云うものであろう。

次の「尢《おお》いに天子の綰命を保受（授）す」は、徐氏は「尢」は尪で、匡と同じで輔の義、尢、保、受（授）は三動詞の連用、「綰」は金文習見の「綰綽」とし、『詩』衛風・淇奥の「寛たり、綽たり」を引いて、「綰綽即寛綽也、綰命、即寛綽的命運」と解する。李氏は、「尢」は卬で語首助詞、「保受」は「両字連文同義、《書・召誥》〝保受王威命明徳〟」と解し、「綰命」は、同じ金文求福の辞を引いて、「綰令、即緩命。西周銘文常見綽綰、前人已指出就是《説文》的綽緩」として、長命の意とする。(38)

裘氏も、「綰命」は、金文の求福の辞の「綰綽」や「綽綰」が「永命」や「眉寿」と連言するとし、「綰綽」は寛緩の意と近く、「綰命」は、やはり、おおむね長命の意味とする。通釈は、「木」と釈されている字はおそらく副詞で、「保受」は二字連文とし、「綰命」は晋姜鼎銘の「晋姜、用て眉寿を綽綰することを祈り」を引いて、このように永命を求める辞に用いるとする。そして、前後の文意が、天子が神事につとめ、その宏謨に努力し、上帝もこれを嘉して福禄を与えるということであるから、上帝が天子の徳を称して長寿を与えることを云うとする。(39) これらの解釈でよいように思える。この「綰命」には、このほか、善夫山鼎銘（集成二八二五）に(40)「用て眉寿綽綰にして、永命霊終ならむことを祈匃す」や、蔡姞𣪘銘（両周録一九二オ、集成四一九八）に「用て眉寿を祈匃し、永命を綽綰す」などとある。やはり、天子自身に眉寿、霊終を与えるものであろう。

以上は、上文に現天子が王朝の開設者、〝文王〟と〝武王〟との功績を受け継ぎ、その内容として、「上下を䵹祁して、亘慕を極獄す」と云う、それによくつとめたことを云うから、皇天上帝が現天子（即ち共王）を嘉して、現天子に福禄・佑助を与えたことを云うのであろう。その結果として、次の文、即ち「厚福豊年にして、方蛮𡚱見せざるものはなし」が来る。

この「厚福豊年にして、方蛮𡚱見せざるものはなし」の後は、作器者・史墻家の五代の先祖考の功績が始まるから、周王朝の現天子に関する銘文はここで終っている。

つまり、現天子が王朝の開設者・〝文王、武王〟の功績、具体的には、〝文工〟の功績に当たる「上下の匍有」者としての、偏き「上下」祭祀の主体者と、〝武王〟の功績に当たる「四方の匍有」者としての、王として、「四方」（「四国」）領域における異族が引き起こす争乱の収束・〝乱〟の鎮定をなす者との双方を受け継ぎ、その結論部分として、現天子に対しこの「厚福豊年にして、方蛮𡚱見せざるものはなし」が来ている。

この内、前者の「厚福豊年」は、「厚福」は抽象的だが、大きな福禄を受けると云う、上文の「上下に禴祁す」の「上下」諸神につとめるのと同じく、神秘的な範疇に属する。[41]「豊年」は稔り豊かである。「年」は「みのり」の意味である。〝年穀の豊穣〟を云う。

一方の、この「厚福豊年にして」と対となる「方蛮𢦚見せざるものはなし」は、徐氏は「𢦚」は跪いて戈を献上する献の本字で、戦いに敗れ武装を解除する字とする。李氏は、「方蛮」は即ち蛮方、「𢦚」は侍の義で、「遠方的方国部落無不前来侍見」と解し、裘氏は「𢦚見」は「慽見」の義で、「四方蛮夷無不来朝」と解する。[42]この「見」は、先の𨭪鐘銘の「南夷・東夷の具《とも》に見するもの二十有六邦なり」や𩰫父𦉜蓋銘（集成四四六四）[43]の「高父に逨《したが》いて南淮夷を見せしむ」などの「見」と同義である。即ち、ここは「蛮方」（「方蛮」）の庶邦が皆周王朝に入朝したこと、即ち王庭に来朝せざるもの（「不廷方」）なしの意味である。

それは、かつて見た、周初、大盂鼎銘の「（武王）……厥《そ》の慝《かく》れたるを闢きて、四方を匍有す」の、「四方」領域を全体的に秩序立てる、〝武王〟の功績とされる現実的な「四方の匍有」に相当する。[44]又、それは、その「四方の匍有」に当たる毛公鼎銘の「不廷方を率懐す」と云う、不朝の国の来朝を云う、率循、懐柔を指す。又、それは戎生編鐘銘（近出二七〜三四）の「蛮戎を司りて、用て不廷方を幹《ただ》す」の「蛮戎」における「不廷方」を「幹《ただ》」すと同じである。[45]

又、それは、先の大雅・常武の「彼の准浦に率《したが》いて、此の徐土を省せよ、……濯《おおい》に徐国を征す、王猷允《まこと》に塞《み》つ、徐方既に来る、……四方既に平ぐ、徐方来庭す」の「徐方来庭す」に当たり、又、これらの異族の邦々が引き起こした「四方」領域での国際的紛争の収束を云う、先の「四方の匍有」に対応していた「王肇《はじ》めて文・武の勤めし疆士を遹省す。南国の服子、敢えて我が土を陥虐す。王、敦伐して其れ至り、……朕猷成有りて競うことなし。……其れ万年、畯《なが》く四国を保《やす》んぜん」（𨭪鐘銘）や、「（皇祖穆公）……四方を奠《さだ》む。……噩侯馭方、南淮夷・東夷を率《ひき》いて、南国・東国を広伐して、……休にして、厥《そ》の君馭方を獲《え》て、肆《ここ》に禹成有り」（禹鼎銘）、「戎功に壮武にして、四方を経維す。……用て蛮方を政（征）せよ」（虢季子白盤銘）とも、皆同義であろう(46)。

即ち、この「方蛮𡚸見せざるものはなし」とは、現実的な「四方」領域の経営を指し、まさに、上文で現天子が王朝の開設者、〝文王〟と〝武王〟との功績を受け継いだと云う、その〝文王〟の功績に当たる「上下の匍有」に対置する、〝武王〟の功績に当たる現実的な「四方の匍有」（「不廷方の率懐」）即ち「四方」（「四国」、「万邦」）経営の安寧秩序に相当しているのである。

そうすると、この「厚福豊年にして、方蛮𡚸見せざるものはなし」の「厚福豊年にして」の方は、現天子（即ち共王）が受け継いだ王朝の開設者、〝文王〟と〝武王〟との功績の内、「方蛮𡚸見せざるものはなし」が〝武王〟の功績である、主として、「四方」（「万邦」）領域の方蛮諸族が引き起こす国際的紛争の収束などを云う「四方の匍有」（「不廷方の率懐」）に対応するものであれば、もう一方のこの「厚福豊年にして」の方は、同じ神秘的範疇に属する、〝文王〟の功績に当たる「上下の匍有」、即ち同領域における偏き「上下」諸神の祭祀の側に対応していることが分かるであろう。

この「厚福豊年」と「方蛮𡚸見せざるものはなし」との両者が合わさって、それは周王朝の君主が秩序立てんとする偏き「上下」（の神々）と「四方」との双方、又、上下面と水平面との双方に対応したものであるが、多種多様な文化等をもった邦々や人々を一つに統合する、これらの多様な世界を包括する周王朝の成立を意味していたのである。

そうすると、「上下の匍有」者による偏き「上下」の神々に対する祭祀の最大の目的は、文化や風俗・習慣等の異なった邦々や人々にとっても共通の願いである福禄の内、主に最大の願いである飢えないという「豊年」即ち〝年穀の豊穣〟にあったことになる（そうするとこの「上下の匍有」と結合する「迨わせて万邦を受く」又は「民と疆土を受く」とは、文化等の違いを超えて、その〝年穀の豊穰〟を生み出す土地と人々（その富を生産する者）を意味してくるであろう。このことについては第七章に述べる）。

第三節　「上下の匍有」の目的とその意味について

以上のように、史墻盤銘の本文最初の、現天子（即ち共王）が周王朝の開設者・〝文王、武王〟の功績を承け継いだと云うことから、かつて論証した(47)、この〝文王〟と〝武王〟との具体的な功績を念頭に入れて、それ以下の文章を読むことによって、すべて整合的に理解することができた。

図式化すると次のようになる。

〝文王〟の「上下の匍有」↓「褻祁上下」（上下を褻祁して）↓「厚福豊年」（厚福豊年にして）

〝武王〟の「四方の匍有」↓「極獄逗慕」（逗慕を極獄す）↓「方蛮亡不⿰女丮見」（方蛮⿰女丮見せざるものはなし）

そうすると、今ここで問題にしている、〝武王〟の「四方の匍有」に対する、〝文王〟の「上下の匍有」の目的が、「厚福豊年」にあったことが分かる。この内、「厚福」は一般的に厚き福禄として抽象的であるが、その中でも「豊年」が特に明記されており、豊かな「みのり」即ち〝年穀の豊穰〟として、具体的である。即ち、先秦王朝としての周王朝の開設の一条件となる、〝武王〟の「四方の匍有」（「王」の位）に対置する、〝文王〟の「天命の膺受」（「天子」の位）即ち「上下を匍有して、迨《あ》わせて万邦を受く」の前半を構成する「上下の匍有」の最大の目的は、多くの福禄の内、〝豊かさ〟を意味する「豊年」即ち〝年穀の豊穣〟であったことが、ここに確認されたと思える。

この「豊年」が祈られる対象領域は、「天命の膺受」に当たるこの部分が、「上下を匍有して、迨わせて万邦を受く」とあったように、「上下の匍有」と結合する、下文の多種多様な異族の邦々や人々らを皆含めた「万邦」（＝「四方」）領域に対してであったろう。

この「万邦」とは、先の㝬鐘銘に「王肇めて文・武の勤めし疆土を遹省す。……南夷・東夷の具《とも》に見するもの二十有六邦なり」とあり、又、師寰𣪘銘（両周録一三五ウ～一三七オ、集成四三一三～四三一四）に「王若《か》くのごとく曰く、師寰父よ、淮夷はもと我が𧶠畮の臣なり。……今、余肇めて汝に命じて……左右の虎臣を率《ひき》いて、淮夷を征し、即《つ》きて厥《そ》の邦酋を質《ただ》さしむ」、碼父盨蓋銘に「南仲邦父は碼父に命じて南諸侯に即《つ》き、高父に逹《したが》いて南淮夷を見せしむ。……我（碼父）乃ち淮に至るに、小大邦敢えて……具《とも》に王命を逆《むか》えざるものなし」とあるように、周王朝は「南夷」、「東夷」等の方蛮諸族をも同じ「邦」の名で呼んでいる。又、爷伯𣪘銘（爷伯帰夆𣪘、両周録一三七ウ～又一三七オ、集成四三三一）に「王若《か》くのごとく曰く、爷伯よ、朕《わ》が丕顕なる祖文武、大命を膺受す。乃《なんじ》の祖克《よ》く先王を𠦪《たす》け、翼《たす》けるに他邦よりす」とあって、王の出自する「周邦」を助けた爷伯の邦を「他邦」と呼んでいる。このことからすると、〝年穀の豊穣〟が祈られた、その祈年の対象領域は、「南夷」、「東夷」、「淮夷」等の方蛮庶邦をも皆含めた、多様な文化をもった、周王朝成立の対象となる「万邦」（＝「四方」）領域に対してであったろう（この祈年の対象領域は、周初には「受民、受疆土」とあったが、多種多様な「民」や広大な「疆土」の違いを超えて（天の）神が置かれるのである）。

そして、周王朝の開設の一条件として、「上下の匍有」即ち徧き「上下」諸神の祭祀が挙げられ、その最大の目的は、以上からして〝年穀の豊穣〟にあったと思える。[48] このことは、王朝が、多種多様な文化をもった、どの異族の人々にもその違いを超えて共通の最大の願いであった「豊年」即ち〝年穀の豊穣〟を、「万邦」（「四方」）領域を一つに統合するために特に重要視していた点が、当時の先秦王朝というものの視点から注目されるのである。

そして又、周王朝の開設は、〝文王〟の功績に当たる「天命の膺受」と、〝武王〟の功績に当たる、主として、「四方」（「四国」）の異族が引き起こす国際的紛争の収束・〝乱〟の鎮定を云う、〝彤弓矢〟的性格をもつ「四方の匍有」とからなり、[49] 更に、〝文王〟の「天命の膺受」は、「上下を匍有して、迨わせて万邦を受く」とあって、「上下の匍有」と「迨わせて万邦を受く」（「受民、受疆土」）との二つの部分から成っていた。[50] この「上下の匍有」つまり徧き「上下」の神々の祭祀、即ち主に「豊年」と云う〝年穀の豊穣〟を条件として、直ちに下に続けて「迨わせて万邦を受く」（「受民、受疆土」）即ち合わせて「万邦」又は「民」と「疆土」を天から受けたと云う、周代にはじまる受命思想が結合して来ている。

そこで、この両者の結びつきが、先秦史において、歴史的に意味するところは一体何であったろうか。

この問題を考えるために、多種多様な広大な「万邦」（「四方」）領域における異族の違いを超えて、「豊年」を最大の目的とした「上下の匍有」における「上下」諸神の内容について、更に具体的に考えてみたい。

そのために、西周金文（周公毀銘、毛公鼎銘、大克鼎銘・両周録一一〇オ～一一一オ、集成二八三六、等）の僅か数例の「上下」の用例から、[51] 直接その内容を探ることはむつかしい。又、かつて見たように、『周書』洛誥の「王若《か》くのごとく曰く、……天命に奉答して、四方の民を和恒す。……惟《こ》れ公の徳は上下に明光し、四方に勤施す」や、召誥の「旦曰く、其れ大邑を作る、其れ時《これ》自《よ》り皇天に配し、毖《つつし》んで上下を祀らん」、君奭の「周公若《か》くのごとく曰く、君奭よ。……我が後嗣子孫に在りては、大いに克《よ》く上下を恭せず（んば）、……乃《すなわち》ち其れ命を墜《お》とさんとす」など、又、『詩』大雅・雲漢の「上下に奠瘞《てんえい》し、神として宗《たっと》ばざるは靡《な》し」や、周頌・閔予小子の「上下に紹庭し、厥《そ》の家に陟降す。休なり皇考、以て其の身を保明す」に見える「上下」の神々の解釈については、後世、「天・地」、「天神・地祇」、「上下神祇」などの諸説があった(52)（後世の中国史に現われる「天・地」の言説の源流を考えるときに、この系譜は意味をもってくるように思える）。

　しかし、この「上下の匍有」は、「四方の匍有」に対して「上下の匍有」と云われ、同じく「匍有」とあって「徧き（あまねき）」とあるから(53)、この「上下」は多くの神々を指したようであり、又、後述する〝武王〟の祝文から云っても(54)、天の神に対し、おそらく一般諸神の「百神」の義に解する方がよいように見うけられる。又、史墻盤銘冒頭における〝文王〟の「上下の匍有」の前文に〝文王〟に対し「上帝、懿徳・大甹を降し、上下を匍有して、迨わせて万邦を受く（けしむ）」とあったように(55)、〝文王〟の〝有徳〟を記すと共に、この「上下の匍有」即ち徧き「上下」の神々の祭祀は、「上帝」（天）がむしろそうさせたと解釈すべきものであった。

　そこで、この「上下」諸神の具体的内容について、その用例の多い、周王朝の前の時代からそれを探ってみたいと思う。即ち、〝克殷〟前、同じ「万邦」の支配を行っていた先秦王朝・殷の、やはり同じ神意を示す「上下」の具体的用例と、その「豊年」即ち〝年穀の豊穣〟のために殷王朝によって祭祀されていた多くの対象神について見てみたいと思う。

第四節　殷王朝と「上下」、そして祈年について

先に見たように、先秦王朝である周王朝開設の一条件、〝文王〟の「天命の膺受」（「天子」の位）に当たる「上下

を匍有して、洽わせて万邦を受く」（史墻盤銘）の内、「上下の匍有」即ち偏き「上下」諸神の祭祀の目的は「厚福豊年」にあった。この内、「厚福」は厚き福禄として抽象的であるが、「豊年」は豊かな「みのり」即ち〝年穀の豊穣〟として、具体的である。即ち、福禄を期待する「上下の匍有」即ち偏き「上下」の神々の祭祀の中でも、この飢えないという「豊年」（即ち祈年祭となる）が最大の目的であったろう。

そこで「上下の匍有」のその偏く祭祀される「上下」の神々の具体的内容について考えてみたい。西周金文には「上下」の用例が神々の具体的内容を示さないので、[56] 周王朝の前の時代、即ち、殷王朝の時代に見える、皆神意を示す「上下」の用例と、その〝年穀の豊穣〟のために祭祀された対象神とを見てみたい。

そしてそこから、その〝年穀の豊穣〟と結びついた、後者の天から「洽わせて万邦を受く」（「受民、受彊土」）という周代にはじまる天命思想とのつながりの意味を検討してみたいと思う。

周王朝の前の殷王朝時代における「上下」の用例については、殷墟卜辞に見える「上下」（又は「下上」）の用例はすべて、人間世界の「上下」の関係ではなく、「上下」の神々の意味にとるのが、後に各氏の諸説を挙げるように、通説となっている。今、それを島邦男氏の綜類に見てみると、[57] その用語例が四十八例挙げてある。

意味の不確かなものもあるが、不明なものを除き、それを分類、整理してみると、（一）、王の征伐に対して、「上下」（諸神）が許若して佑護を与えるか否かを問うた例。不確かなものを入れると、三十六例にのぼる。戦争の勝利のための鬼神の佑助が、重要なものであったことが分かる。例：「庚申卜す、㱿貞《と》う、王、𢀛方を征すること勿きときは、下上若《したが》わざらんか、（我に其れ佑を授け）ざらんか」（後上、一六、八、合集六三一九）。[58]（二）、「上下」（諸神）が王の疾病に関与するもので、胡厚宣氏は、「上下」（諸神）が王疾に更に兇悪を加えるか否かを問うたとするもの、[59] 一例。「貞《と》う、惟《こ》れ下上、王の疾に肇せざらんか」（乙、八〇六九、合集一四二二二正甲）。[60] この場合、「上下」を「帝」、

「多妣」に置き換えた同一卜辞の例もある（乙、七三〇四、七九一三、合集一四二二二正丙、正乙。乙、六五二四、合集二五二一正甲）。（三）、王の処罰的行為か或いは祭祀用語の「戠」に対して、それが「上下」（諸神）の意志に順うか否か、或いはそれを嘉納するか否かを問うたもの、二例。例：「貞《と》う、王、戠するに……左《さわり》あらず、下上に若《したが》わんか」（乙、二五九四、合集八〇九正）。（四）、王の政治的行為か或いは祭祀用語の「省」に対して、それが「上下」（諸神）の意志に順うか否か、或いはそれを嘉納するか否かを問うたもの、二例。例：「己卯卜す、㱿貞《と》う、出《すす》め奏《すす》めて省するに、下上若《したが》わんか」（乙、四〇六五、合集七二三九正）。（五）、「上下」（諸神）が「阜」に壱《たた》りをなすかを占ったもの、二例。例：「乙未貞《と》う、惟《こ》れ上下、阜に壱《たたり》をなさんか」（甲、五六二、合集三四一七六）[61]、などである。なお、「帝」自身が壱《たたり》をなすか否かを占ったものは、今のところ「貞《と》う、惟《こ》れ帝、我が年《みのり》に壱《たたり》するか」（乙、七四五六、七四五七、合集一〇一二四正、反）（懐、八五に同例）とあるだけで[62]、「帝」が「阜」の如く他族に対し壱《たたり》をなす例は見えないようである[63]。

これらの「上下」（諸神）に対する従来の解釈は、胡氏は、先に、上は上帝（及び祖神）、下は地祇百神とし、後に、上は天神上帝、下は人王下帝とし、陳夢家の綜述は、上は上帝神明先祖、下は地祇として、『周礼』小宗伯の「上下の神示に禱祠す」、『論語』述而篇の「爾《なんじ》を上下の神祇に禱《いの》る」や、先の綜類の（二）の例を引いている。又、島邦男氏は、上は上帝、下は祖神とし、貝塚茂樹氏に同じ。松丸道雄氏は、人間界に対し超越的存在の上・下帝と解している[64]。池田末利氏は、胡氏を引いて、祖神は帝の左右にあることから見れば、胡氏の前説が是であろうとする。又、同氏は、卜辞に頻見する「下上弗若」の語が「上下」諸神と解されていることについて、この「上下」が「上下」諸神を指すことは明らかであるが、天地の神祇を指すのか疑問とする。そして、卜辞には別に「上帝」や「土」神が存在し、これらを併せて「下上」と云ったとすることも不可能ではないが、その機能の上に大きな距離がある以上、それが平等に対置されたとは考えられないとして、この「上下」は、一般諸神か、又は上にある祖神や下にある自然的諸神を併称したものと見る(65)、などの解釈がある。この「上下」（諸神）に対しては、特定の神に対するような、犠牲の供儀を問うものが一例もないのは注意されよう。その意味で、後に云う「百神」のような、総体としての呼び方のように思える。この殷墟卜辞の「上下」（諸神）と、西周金文の「上下」諸神をただちに同じものとしてよいかは問題であるが、この殷墟卜辞の用例中には、直接、「上下」（諸神）に対する「豊年」のための卜問は見えていない。

しかし、周王朝開設の条件である「上下を匍有して、迨せて万邦を受く」の内、「上下の匍有」即ち徧き「上下」諸神の祭祀の最大の目的が、先に述べたように、多種多様な文化をもった邦々や人々を包括する、「万邦」（「四方」）領域における「豊年」即ち〝年穀の豊穣〟にあったと思える。一方、殷墟卜辞にも、この同じ〝年穀の豊穣〟のために祭祀される神々が、多数見えており、しかも、「豊年」のためのこの祈年祭が、殷代祭祀における最大のものではなかったかと云われている(66)。そして、卜辞に見える、〝年穀の豊穣〟のこの祭祀対象となる多くの神々の具体的内容は、一般的に、この殷墟卜辞の「上下」（諸神）を解釈した、同じ祖先神や地祇百神、自然的諸神などにあたっているのである。

即ち、殷王朝時代の「豊年」即ち〝年穀の豊穣〟のために祈られた、祭祀対象となる神々について、桒年、桒雨卜辞（「桒」は祈る意味である）に見てみよう。先の綜類には、桒年卜辞が百四十四例、桒雨卜辞が四十例挙げてある(67)。その祈年、祈雨の対象として祭祀された主な諸神を分類・整理してみると、（一）、祖先神・桒年卜辞に先王、先公神が四十八例（夒、王亥、上甲、示壬、大乙、大甲、祖乙、祖丁、后祖丁など）、例：「貞う、王亥に年《みのり》を桒《いの》らんか」（後上、一、一、合集一〇一〇八）、桒雨卜辞に先王、先公、先臣神が十八例（夒、上甲、大乙、大丁、大甲、大庚、大戊、仲丁、祖乙、祖辛、祖丁、先臣神伊尹など）、例：「乙丑卜す、大乙に雨を桒《いの》らんか、十二月」（金、五二三、合集三九五五四）などとある。(68)（二）、河川の神の類・桒年卜辞に「河」が三十一例、例・；「其れ年《みのり》を河に桒《いの》るに、此れ雨あらんか」（南明、四二四、合集二八二五八）(69)。「滴水」が一例、「年《みのり》を滴（水）に桒《いの》らんか」（庫、一三三、合集四〇一一〇）(70)。そのほかにも「禾を滴（水）に桒《いの》るに、大（雨）あらんか」（掇一、三八四、合集二八二四三）などとある(71)。又、桒雨卜辞の所に挙げていないが、「河に雨を桒《いの》りて尞せんか」（乙、八六八九、合集一二八五三）などとある。

（三）、山地の神の類・桒年卜辞には、「岳」（釈文には異説もある）(72)が十四例、例；「岳に年《みのり》を桒《いの》るに、此れ雨あらんか」（南明、四二四、合集二八二五八）。「𠀉」、「峀」「小山」がそれぞれ一例、「其れ年《みのり》を𠀉、峀于《およ》び小山に桒《いの》るに、豚を衅せんか」（粹、一五四〇、合集三〇三九三）(73)。「岳」は多くの議論があるが、赤塚忠氏、白川静氏等は嵩山と解している(74)。又、「河」、「岳」の祖先神的性格も云われている(75)。このほかにも、「年《みのり》を丘に桒《いの》らんか」（佚、一二四〇、合集一〇一一八）(76)、「乙卯卜す、貞《と》う、年《みのり》を高に桒《いの》るに、九牛を尞せんか」（甲、七八五、合集三三三〇五）などとある。「高」を胡氏は嵩山とするも、山地神と見ており、赤塚氏も「高」は高原の地であり高族の族神で、山地神の一つと解する(77)。「丘」も丘陵の地で、同様に解釈できるであろう。元来、自然的諸神の族神的性格が云われている(78)。又、桒雨卜辞に「岳」が二例、例・；「庚午卜す、雨を岳に桒《いの》らんか」（佚、四〇、合集一二八五五）、「山」、「旵」、「岙」がそれぞれ一例、例・；「壬午卜す、雨を桒《いの》るに、旵に尞せんか」（存下、一三三、合集三〇四五七）(79)。

このほか、山の神を対象とした祈雨には、綜述に挙げられているものを見ても、「十山」、「二山」「工山」、「好山」等、数多く見られる(80)。そして綜述には、後の『春秋』公羊伝・僖公三十一年の条の「曷為《なんす》れぞ、泰山、河、海を祭るや。山川、能く百里を潤す者なり。……崇朝ならずして、偏《あまね》く天下に雨するは泰山」や、『春秋』左氏伝・昭公元年の条の「山川の神、則ち水旱癘疫の時ならざれば、是に於てか之《これ》を禜す」、又封禅書（『礼記』祭法）の「山林川谷邱陵、能《よ》く雲を出し風雨を為し怪物を見わすを皆、神と曰う。故に天下を有する者は百神を祭り、諸侯の其の地に在るものは則ち之《これ》を祭る、其の地を亡えば則ち祭らず」等を引いて、山川の神々と降雨との密接な関係を述べている[81]。邦君諸侯もその地域の神々を祭るとある。

（四）、土（社）の神の類・：桒年卜辞には「甫土」が一例（「甫」のみ二例。「甫」は「邦」に釈文する場合有り）、「貞《と》う、年《みのり》を甫土に桒《いの》ること勿からんか」（前四、一七、三、合集八四六）[82]。通説では「甫」の地の「社」と解されている[83]。このほか受年卜辞の所に、「南土、年《みのり》を受けんか」（粹九〇四、合集九七三七）などとあり、「東土」、「西土」、「北土」の同様の例もあって、東、西、南、北の「土」に対して「年《みのり》」を受けることを卜問する例もある[84]。又、桒雨卜辞には「土」が一例、「（庚）午に卜す、方禘するに三豕と犬と、土に宰一を卯《さ》きて、雨を桒《いの》らんか」（佚、四〇、合集一二八五五）、ほかに「其れ亳土に尞するあるに、雨あらんか」（佚、九二八、合集二八一〇八）、「辛未卜す、土に雨を（桒《いの》らんか）」（人、二三七一、合集三三九五九）[85]などとある。又、雨に関して「雨ふりて既《お》えず、其れ亳土に尞せんか」（南地、六六五、八）とある[86]。「亳土」は「亳地」の「社」神と解されている[87]。このように、通説では、「土」はいわば土地神であり、後世の「社」につながるとされ、綜述では土地諸祇の類に入れてある[88]。

（五）、方（四方）神の類・：桒年卜辞には、「方」が五例、例：「年《みのり》を方に（桒《いの》るに）、大雨あらんか」（粹、八〇八、合集三〇三九五）。ほかに「其れ年《みのり》を四方に桒《いの》るに、これ豚をもってせんか」（人、一九二八、合集二八二三九）とあり、祈年対象として「四方」神がある。又、桒雨卜辞には、「東方」、「方帝」がそれぞれ一例、例：「甲子卜す、其れ雨を東方に桒《いの》らんか」（鄴三、三八、四、合集三〇一七三）。このほかに「雨を南（方）に桒《いの》らんか」（甲、七五三、合集三〇四五九）と「南（方）」とあり、「東方」と同じく、「南方」の神と解される。又、同版上（鄴三、三八、四、合集三〇一七三）[89]で「雨」を「方」と「山」とに「桒《いの》」り、又、同版上（南明、四二五、合集二八二四四）で

「年《みのり》」を「方」と「河」とに「桒《いの》」っており、祈年に対する「方」と「山」、「河」との密接な関係が見えている。

この「方」神について、綜述は、「四方」（南、北、東、西方）地主の神と解して、土地諸祇に入れる。そして、求雨、祈年の対象神として、「方」と「山」、「方」と「河」とが同版上に並列され、「四方」と「河」との同版関係から、「方」、「四方」と山川との関係を見ている。(90) 又、島氏は、この「方」は地方に行なわれる帝祀と解し、赤塚氏は「方」は「四方」に対しその諸神を旁招する儀礼と解する。又、貝塚氏は、「土に三宰を𡨦し、四方に宰を（𡨦）せんか」（人、二九七八、合集二一一〇三）とあって、「土」と「四方」とが同一卜辞に列記して卜問されていることから、中央の「社」に対して、「四方」の「社」を云うと解している。(91)

又、「方」については、諸氏はしばしば、西周時代の農事詩、『詩』小雅・甫田の「我が斉明と、我が犠羊とを以て、以て社し以て方す」や、大雅・雲漢の「祈年 孔《はなはだ》夙《はや》く、方社莫《おそ》からず」を引いている。毛伝に「方は四方の気を郊に迎えるなり」とあり、鄭箋に「四方と社とを祭る」とある。これについて池田氏は、「社」と「四方」神との祭祀と解し、白川氏は、「四方」の風気をみて季節によりその農耕の具を祈り、潔齋したものと解している。(92) このように、先の山川と「方」（四方）との関係と同じく、「社」と「方」（四方）神とが農耕儀礼として、周王朝時代にも並挙して祭られている。(93)

又、「方帝」の解釈については、胡氏は「四方」の禘祭とし、池田氏に同じ。陳氏は、後世の望祀で、各々其の方向を以て「四方」の帝を祭るものと解し、島氏は、「四方」や地方に行なわれる上帝の祭祀、とするなどの説がある。

（六）、帝：「帝」（上帝）については、「戊戌卜す、其れ年《みのり》を帝……に桒《いの》らんか」（庫、一七三八、合集四〇一一四）とあり、一例挙げてある。島氏は「上帝」に対する祈年とするが、陳氏、胡氏、赤塚氏、池田氏等は、「帝」字の下に欠落を見て、帝甲、帝臣、帝王臣などの残文と推測し、「帝」とは見ていない。そして、池田氏は、「上帝」に対する桒年、桒雨卜辞が、卜辞発現の現段階において見当たらないのは、学者間の通説として、更に島氏に反論を加えている。[94]この例はわずか一例しかなく、しかも諸氏によって綴合の必要が云われているので、「帝」については留意するにとどめたい。

以上、「豊年」即ち〝年穀の豊穣〟のために祭祀対象とされた神々としては、祖先神、自然神としての山川の神、土（社）神、四方神などが見える。とくに、用語例の数の多さや同一卜辞例からすると、先公・先王の祖先神と、山（「岳」を代表とする）と川（「河」を代表とする）の神々とが多い。これらからすると、殷代の〝年穀の豊穣〟を祈る祈年祭の中心が、およそ祖先神と、元来、それぞれの地域の族神的性格をもつと云われる山、川の神々にあったのかもしれない。[95]

このように、前王朝の殷において〝年穀の豊穣〟のための祈年祭が多く見え、その祭祀対象は、およそ祖先神、山川の神々、土地神の土（社）神や四方神の方神などであった。そうすると、次の周王朝開設の一条件、「天命の膺受」に当たる「上下を匍有して、迨わせて万邦を受く」（又は「民」と「疆土」を受く）の内、「上下の匍有」即ち、偏く「上下」の神々を祭祀する最大の目的が、同じ「豊年」即ち〝年穀の豊穣〟にあったから、これは殷王朝の同じ〝年穀の豊穣〟の目的をもった祈年祭を、質的に受け継ぐものであり、その系譜に入るであろう。

しかも、周初の大盂鼎銘[96]の王の命書にも「王若《か》くのごとく曰く、……我聞くに、殷の命を墜とせるは」とあり、周王朝の前、殷がその時まで天命を受けていたと云う。

よって、少なくとも周王朝の考えでは、殷王朝も天命と結ぶ「上下の匍有」、即ち、「上下」の神々を偏く秩序立て祭り、「豊年」即ち〝年穀の豊穣〟を祈っていたことになるが、それはおそらく実際に周王朝がとって代わった前の殷王朝時代の祈年祭の対象神であった、祖先神、山川の神々、土地神の土（社）神や四方神の方神など、これらの諸神をおよそ念頭において云ったものではなかったかと思える。

　そうすると、その周王朝における祈年祭の対象となる徧き「上下」諸神が、殷代のそれと全く異なったものとは、一般に、そのたたりを恐れる当時の人々の感覚から云っても、又、同じ「四方」（「万邦」）領域を支配する、王朝交替による人々の動揺から云っても考えられないから、そのものでなくても、周王朝開設の一条件と考えられる、〝彤弓矢〟的な「四方の匍有」（「不廷方の率懐」「方蛮𡛷見せざるものはなし」）に対置する、「豊年」即ち〝年穀の豊穣〟を最大の目的として徧く祭祀される「上下の匍有」における「上下」の神々とは、およそ前代からの、〝年穀の豊穣〟のために祭祀された祖先神、山川の神々、土地神の土（社）神や、「四方」神の方神などの「百神」を指したのではないかと考えても、あながち無理ではないように思える。それらの祭祀は、先秦的文献にも多く見える。周代の「上下の匍有」はその系譜につながるものであろう。それは、西周金文における厲王自身の自作器とされる㝬鐘銘（宗周鐘、両周録二五オ、集成二六〇）に云う、(97)戦争の勝利を、「惟《こ》れ皇上帝・百神、余小子（厲王自身のこと）を保んじ、朕猷成有り」の、「王」に擁護を与えた神々としての「上帝、百神」が参考となるかもしれない。殷代の「上下」（諸神）も、一般には、ほぼそれらの祈年の対象となる神々に解釈されている。しかし、周王朝のそれは、前王朝である殷の原初的な宗教観に基づく、かつての族神的性格から、かなり典礼化されたものではあったろう。(98)

　これについて、周初金文を中心に多く見えるものに「桒」の祭祀がある。即ち、「惟《こ》れ王初めて成周に桒《いの》る」（盂爵銘）（両周録二四オ、集成九一〇四）や「王、成周に桒《いの》る」（圉卣、圉𣪕、圉甗銘）（集成五三七四、三八二五、九三五）、又「王𨠭し、大いに禰し、桒《いの》りて成周に在り。咸《ことごと》く桒《いの》る。王呼びて厥《そ》の士を殷せしむ」（叔矢方鼎銘）（近出二編三二〇）、そして又「唯《こ》れ成王大いに桒《いの》りて、宗周に在り」（献侯鼎銘）（両周録一五オ、集成二六二六）や「惟《こ》れ王宗周に桒《いの》る」（叔隋器銘（叔𣪕））（集成四一三二～四一三三）(99)とある。これらはすべて西周初期のものとされるが、又「王莽京に饔す。王𠦪《いの》り、……咸《ことごと》く𠦪《いの》る」（伯唐父鼎銘）（近出三五六）は中期のものとされている。

これら多く周初に見える「𠦪」の祭祀を先の殷墟卜辞の「𠦪年」、「𠦪雨」と同じものと見て、殷王朝を受け継ぐ祈年祭と解釈する説があり、[100] それらは祖先神の祭祀も含まれる（祖先神の祭祀と祈年との関係は、第五―七章等参照されたし）。又、楊寛氏らは周初の大豊𣪘銘（天亡𣪘、両周録一オ、集成四二六一）の「大豊」や、麦尊銘（両周録二〇ウ、集成六〇一五）の莽京辟雍での「大豊」の礼を、殷代の豊年を祈る「𠦪年」の祭りと解釈している。確かではないが、この「𠦪」祭は西周中期から後期になると、周王朝の衰退によるのか、その祭祀場所の変化も含め、しだいに見えなくなるようである。又、同じ周初の令彝銘（矢令方彝、両周録二ウ～三オ、集成九九〇一）にある「成周」の「京宮」、「康宮」の祭祀を、『周書』召誥に云う郊と社の祭祀にあたると見て、郊は「京宮」で、殷における祈年祭のように鎮山を祀る所、「康宮」は社として、土壇を築いて諸神を招請し、〝年穀の豊穣〟と国家の繁栄を祈る祭宮とするなどの説もある。[101] 又、この召誥には、周初、周公の成王に対する言葉の中に、「成周」（「大邑」）にて「毖《つつし》んで上下を祀らんことを」と、王によるこの「上下」祭祀のことが記されているのである。

たとえそうでなくても、同じ先秦王朝における殷王朝を受け継いだ周王朝開設の一条件となる、多くの福禄をもたらす、偏き「上下」諸神の祭祀の最大の目的が〝年穀の豊穣〟即ち「豊年」にあった。よって、前王朝において行なわれた同じ〝年穀の豊穣〟即ち「豊年」を目的とした祈年祭が、多種多様な異族の住む「万邦」（「四方」）領域を、違いを超えて一つに結びつける周王朝開設の条件として、[102]「（文王）……上帝、懿徳・大甹を降し、上下を匍有して、洽わせて万邦を受く（けしむ）」（史墻盤銘）とあったように、「上帝」（天）の擁護を受けた「上下の匍有」即ち偏き「上下」諸神の祭祀として考えられ、かなり典礼化していたが、およそ前王朝を承けて行なわれたのではないかと思えるのである。それは、特に共通の願望として「豊年」が希求された、多様な「万邦」（「四方」）領域を一つに統合する重要な一手段と考えられたのであろう。〝年穀の豊穣〟という〝豊かさ〟は、異族の違いを超えてみんなが共有できるところに意味があり、周代に、その中心に（天の）神が置かれているのである。

そして、周王朝開設の一条件、この「天命の膺受」に当たる「上下を匍有して、迨わせて万邦を受く」の内、同じ王朝開設の条件「四方の匍有」と、「上下の匍有」、「四方の匍有」として対語となる「上下の匍有」の「上下」の神々の具体的内容は以上として、更に、この「豊年」即ち〝年穀の豊穣〟を最大の目的とする前者の「上下の匍有」に、下につづけて直ちに「迨わせて万邦を受く」又は「民と疆土を受く」の受命思想が結合していた。ここに前者と結んで、天命を与える「天」と、「民」（や「疆土」、即ち人々や土地）との関係が見えている（第七章参照されたし）。

第五節　「上下を匍有して」と「迨わせて万邦を受く」との結合について

先に見たように、史墻盤銘にある現天子（共王）について述べた部分を、彼が受け継いだ、周王朝の開設者、〝文王〟と〝武王〟との具体的な功績を念頭に入れて解釈することによって、〝文王〟の功績に当たる「天命の膺受」即ち「上下を匍有して、迨わせて万邦を受く」の内、前者の「上下の匍有」即ち徧き「上下」の神々の祭祀の最大の目的が、多様な「万邦」（「四方」）の人々の最大の共通の願いである「豊年」即ち〝年穀の豊穣〟にあることが分かった。

この、方蛮庶邦を含めた「万邦」（「四方」）領域を対象とした「上下の匍有」のその「上下」の神々の具体的内容は、以上見たように、周初の王の言葉の中で、前王朝殷における〝受命〟を云うように（大盂鼎銘）、周代、同じ「上下の匍有」即ち徧き「上下」の神々の祭祀による〝受命〟を述べる、その前王朝殷において、同じ〝年穀の豊穣〟

のために祭祀された、主に祖先神、山川の神々、土地神の土（社）神や「四方」神の方神などを、およそ受け継いだのではないかと考えられる。これらの神々は、先秦時代のことを記す文献にもその祭祀が数多く見えるが、それは、周王朝においては、原初的なものから、かなり典礼化されたものであったろう。

そして、更に注目すべきことは、周王朝開設の二条件、主として方蛮諸族が引き起こす、国際的紛争の収束・〝乱〟の鎮定など、〝彤弓矢〟的性格をもつ、現実的な〝武王〟の「四方の匍有」（王の位）に対する、〝文王〟の「天命の膺受」（天子の位）の内容が、「上下を匍有して、迨わせて万邦を受く」とあったように[103]、この「上下の匍有」と、それと、直ちに下に「迨わせて万邦を受く」、又は「民」と「疆土」を受く[104]という周王朝にはじまる受命思想とが結合して、「上下を匍有して、迨わせて萬邦を受く」と云う言葉が出来上がっていることである。

西周金文に見える「天命の膺受」の内容は、更に、この二つの部分から成っていたのである。

後者の、この「迨わせて万邦を受く」（「受民、受疆土」）とは、「万邦」又は「民」と「疆土」をまとめて天の神より受けたと云うこと、即ち〝受命〟のことである。この「上下の匍有」即ち徧き「上下」諸神の祭祀を条件として、それと天命との結合は、かつて見たように[105]、特に、周初の周公毁銘に「克《よ》く上下に奔走して、帝、命を有周に終えることなし」とか、『周書』召誥に「毖《つつし》んで上下を祀り、……上下に勤恤して、其れ曰く、我、天命を受く、丕《おお》いに有夏の歴年に若《したが》い、式《もっ》て有殷の歴年を替《す》てること勿く、王小民を以《ひき》いて天の永命を受けんことを欲す、と」や、君奭に「我が後嗣子孫に在りては、大いに克《よ》く上下を恭せず（んば）、……乃《すなわ》ち其れ命を墜《お》とさんとす」とかあり、この「上下」諸神と天命との両者の結びつきが明瞭に見てとれていた。そして、ここに「有周」（「周邦」）の〝受命〟を云うように、〝有徳者〟（史墻盤銘の「懿徳」、毛公鼎銘の「皇天弘厭厥徳」等）たる〝文王〟の〝受命〟と共に、又、同じく〝文王〟が君たる「有周」（「周邦」）の〝受命〟を考えることによって、この天命と氏族的紐帯をもった血統

（世襲）主義との結合がはかられていた。(106)

そうすると、元来、天が天命を与える条件とした「上下の匍有」は、前王朝殷以来の伝統をもつ、主に、多様な「万邦」（「四方」）領域の人々の最大の共通の願いである、「豊年」即ち〝年穀の豊穣〟を祈る祈年祭としての徧き「上下」諸神の祭祀であり、その祭祀対象は主に祖先神、山川の神々や、土（社）神、四方神などの「百神」であったと思われる。そしてそれと、周代にはじまる「民と疆土を受く」（「迨わせて万邦を受く」）という受命思想とが結合しているのである。

そしてそれは又、「上下の匍有」を条件としてそれと結びついた、合わせて「万邦」又は「民」と「疆土」を与えるとする天（帝）自身の祭祀を、それは特に問題とし、意味したわけではなかったらしい。これについて、『逸周書』克殷（『史記』周本紀引く）に〝武王〟が殷社で天命を受ける儀式を行なった時として、「尹逸策して曰く、殷の末孫受徳、先の成湯の明を迷わし、神祇を侮滅して祀らず、商邑の百姓を昏暴す。其れ章らかに顕れて昊天上帝に聞こゆ」とある。(107)かつて見たように、徧く「上下」諸神を祭祀することが天命の永続につながることが主張されていた。(108)よって、この祝文に云う、殷が天命の永続を断った理由として云われる「神祇を侮滅して祀らず」の祀らなかった「神祇」とは、この「上下」の神々、即ち「上下」諸神に当たろう。そしてそのことが、「昊天上帝」の耳に達したと云っているから、この「上下」の神祇には、「昊天上帝」は入っていないようである。又、〝文王〟の「上下の匍有」、即ち「豊年」を最大の目的とする徧き「上下」の神々の祭祀についても、史墻盤銘から、天（上帝）がそうせしめたと考えられるものであった。(109)

この「万邦」又は「民」と「疆土」を与えた天自身に対する祭祀が、周初よりあったかどうかは問題とされるところだが、(110)特に、「万邦」又は「民」と「疆土」を天命によって受けたとする王朝にとって、天（帝）自身を祭祀することは、本来、周王朝開設の一条件、即ち「天命の膺受」に当たる「上下を匍有して、迨わせて万邦を受く」の内、前者の「上下の匍有」という偏き「上下」諸神の祭祀を条件とした、それと結合する後者の方の、天によって「迨わせて万邦を受く」（「受民、受疆土」）という側に直接関係してくるように思える。又殷代、従来の通説では、上帝の祭祀はなかったとされ、[111]「王」号はあっても、西周金文に習見する、周代にはじまると云う受命思想に基づく、「天命の膺受」者としての「天子」の称号は見えていない。

以上のように、この「天命の膺受」に当たる「上下を匍有して、迨わせて万邦を受く」とは、先に述べた前者の「上下の匍有」即ち偏き「上下」諸神の祭祀と云う、前者の、殷王朝以来の祈年祭を最大の目的とするものに対し、この豊かさを条件として、新たに、周初に元来「受民、受疆土」（大盂鼎銘）と云い、西周時代中期には「迨わせて万邦を受く」（史墻盤銘）と云う、後者の受命思想とがここに結合して、〝武王〟〝文王〟の「天命の膺受」の内容、即ち「上下を匍有して、迨わせて万邦（又は「民」と「彊土」）を受く」と云う考えが、出来上がったのではないかと思えるのである（第一章第二節に、これについて言及している）（「受民、受疆土」の「民」と「疆土」のもつ意味については、第七章参照されたし）。天命には、周王朝に入ってそれが生まれた時、以上の考え方がＤＮＡとしてはじめから組み込まれていたのである。よってそのことは、後世、有名な「民以食為天」（民は食を以て天と為す）（『史記』酈食其伝）などの言説を生み出していったのであろう。

以上の推論については、更に考えてみたいが、そうだとすると、「上下を匍有して、迨わせて万邦を受く」と云う語句の分析から、両者の結びつきに天命の考えがはじめて中国史に生まれた時の、歴史的意味が考えられるであろう。やがて、時代と共に、後世、支配の中央集権化が進むと、「上下の匍有」という前者に比して、天がまとめて「民」（と「疆土」）を君主に与えたという（権力的な）後者の方が、殊にその時代の権力者によって強調されてゆくように思える。

この〝受命〟の中心となる天自身の祭祀は、特に、後者の「万邦」又は「民」と「疆土」を一つにまとめて天の神より与えられたという、その権威の来源となる天を祭ることによって、君主の〝位〟の権威化、その、天より与えられた「万邦」又は「民」と「疆土」に対する支配権の強化につながるものであろう。よってそれは、秘儀ではなく、公開されたものと思える。後世の君主（皇帝）の特権としての祭天儀礼（天の祭祀の主張）は、この「天命の膺受」に当たる「上下を匍有して、迨わせて万邦を受く」の内、前者の、「豊年」（〝年穀の豊穣〟）を最大の目的とする「上下の匍有」即ち徧き「上下」の神々の祭祀に対し（それは周王朝治下の各邦国の君主も、「上下」に対し同じ役割をもつ）、それと結合した後者の「迨わせて万邦を受く」（「受民、受疆土」）即ちこの「万邦」又は「民」と「疆土」に対する支配権を、天より受けたという側（受命者）から、殊に強調されていくが如きである。しかしそれは、本来、その前提条件として、多様な「万邦」の人々が共有できる、主に、飢えないという「豊年」いわば経済的〝豊かさ〟を保証するという前代以来の「上下の匍有」がその条件とされていたものであった。それは、邦々を超えた人々のその〝豊かさ〟は、人々の最も重視するものであり、それ故「上下の匍有」は、支配される多様な「民」の願いを端的に表わすものであったろう。この点からすると、「天子」に「民」の擁護者的意味が生じるであろう。しかし、一方このことは、〝豊かさ〟の証や、祭祀に対する供物等の提出を邦々や人々に求め、更に強制する道を開くことになろう。

なお、周王朝の祀天が、「周邦」の始君、后稷説話と結びついて、西周時代の後期に発生したものではないかと云う説がある[(112)]。しかし、この場合も、古い伝承に基づいたものとしても、それは、本質的には、代々の先祖考を嗣ぐ旧邦の「周邦」の君でもある〝文王〟が、その「周邦」と同じ多くの邦々を合わせた「万邦」、又はその「民」と「疆土」を一つにして天より受けたという、周王朝の開設者としての殷王朝にかわる〝文王〟の〝受命〟に対するものとは異なっているようである。そしてこれらは、この後、周王室の衰退と「四方」領域における諸侯の邦々の強盛そしてその受命思想と共に、その中から、拡大した中国を占有する秦、漢王朝（「秦邦」、「漢邦」）による中央集権の皇帝支配が成立するが、それは新しい展開をたどっていったように思える。

おわりに

以上のように、周王朝における開設の条件である「四方の匍有」と、「上下の匍有」、「四方の匍有」という「上下」、「四方」の対語となる「上下の匍有」、即ち、徧き「上下」諸神の祭祀を行なう最大の目的は、史墻盤銘に〝文王〟の「上下の匍有」に対応して「厚福豊年」とあるように、多くの福禄の内、特に「豊年」即ち〝年穀の豊穣〟にあったと思われる。周王朝における君主の機能は、この「上下」と「四方」、又上下面と水平面の双方に対応しているのである。

王朝開設の対象領域、「方蛮」「蛮戎」や「東夷」「淮夷」等の異族を皆含んだ、この多様な「万邦」（「四方」）領域における人々の最大の共通の願いである、多くの福禄の内、みんなが共有できる「豊年」即ち〝年穀の豊穣〟を最大の目的として徧く祭祀される「上下の匍有」の、この「上下」諸神の内容は、およそ、周代に、同じ〝受命〟を考えた前王朝殷以来の系譜をもつ、主に祖先神、山川の神々、土地神としての土（社）神や「四方」神としての方神などの、多くの神々を指したものではなかったかと思われる。そしてその祭祀は、かなり典礼化したものであったろう。そしてそれに、周代にはじまる血統（世襲）主義と結びついた、「迨わせて万邦を受く」又は「民と疆土を受く」の受命思想が結合して、〝武王〟の功績に当たる、現実的な「四方の匍有」に対置する王朝開設の一条件、〝文王〟の功績に当たる、「天命の膺受」の内容即ち「上下を匍有して、迨《あ》わせて万邦（又は「民」と「疆土」）を受く」が出来ていたのではないかと思えるのである[113]。

換言すれば、「受民、受疆土」（「迨受万邦」）という天から「民」と「疆土」（「万邦」）を受ける前提条件として、その前者にこれらの「上下の匍有」即ち徧き「上下」の神々の祭祀による、「万邦」領域の文化、風俗・習慣等の違いを超える、皆が共有する願いの〝年穀の豊穣〟、いわゆる〝豊かさ〟の保証が天の神に命じられてあったということである。そこに神（多様な人々の違いを超えた普遍性をもつ）が置かれているのである。

本書の〝序〟に述べた安部健夫氏等が指摘する『詩』、『書』等に見える、周王朝開設時における、いわば上下面の「天」と「民」との一体化の考えは、第一章でも触れたが、周王朝にはじまる天より「迨わせて万邦を受く」又は「民（と疆土）を受く」という受命思想が主に主張されたものである。即ち前者の「上下の匍有」と結びついた、後者の天より「民（と疆土）を受く」の側に特に関係するものであろう。しかし、その〝受命〟のための前提条件として、その前者に以上述べた、前王朝殷以来の「上下の匍有」即ち徧き「上下」の神々の祭祀による「万邦」における〝年穀の豊穣〟即ち〝豊かさ〟が条件として来ているのである。この点を天命が初めて現われた時のこととして、特に注意しておく必要がある。

天命は、その成立のはじめ、ＤＮＡとしてそのことを内に含んでいたのであり、それ故、後に「民は食を以て天と為す」などの言説を生み出すことにもなろう。

それは又、史墻盤銘に「天命の膺受」者・〝文王〟の「徳」を云うように、〝有徳〟の概念とも強く結びつくものであろう。人間の「徳」が「上下の匍有」を媒介としてはじめて「天」と結びついたのである。

そうすると、皆が共有できる神々の福禄、特に〝年穀の豊穣〟（「民」が生産活動に従事する、いわば経済的なもの）を主な目的とする祭祀儀礼は、各邦国（方蛮諸族の邦々も皆含め）の人々にとっても重要な意味があったことになり、その祭祀儀礼への各邦国やその人々の参加が考えられるし（又求められ）、その参加形態や、そして祭祀用の供物などの提出等が問題になるであろう。又、その〝豊かさ〟の証となる邦々の産物の入貢は、「上下を匍有」するその君主の「徳」が「万邦」（「四方」）領域に及んだ証拠として、その証のものとして、周王朝の君主の「徳」にとって、又、周王朝経済にとってしても重要な意味があったのではないかと思われる。そのための巡視（「省」）も、人々が富を生産している土地土地、即ち「圖」（彊土等）に行なわれるべきものとなる（邦国も王朝への報告が求められたであろう）。そしてそれらは又、為政者にとって、容易に強制的なもの（富の簒奪など）にも転化しやすかったであろう。(114)

いずれにしても、この、偏く「上下」の神々を祭祀する、「豊年」即ち〝年穀の豊穣〟を最大の目的とする「上下の匍有」は、主に、異族が引き起こす国際的紛争の鎮定や「四方」（「万邦」）の公平なる裁定・調停を行なうという、「四方」（「万邦」）を「静《しず》」める安寧秩序のための〝彤弓矢〟的な「四方の匍有」（「不廷方の率懐」「方蛮虩見せざるものはなし」）とワンセットとなって、独立的な多種多様な異族の住む「万邦」（「四方」）の領域を一つに統合するための、重要な一手段と考えられたのであろう。(115)

周王朝開設の条件、「天命の膺受」とは、これらの内容をもつのである。

注

（1）拙稿「周王朝の君主権の構造について―「天命を膺受」者を中心に―」（補訂して、本書の第一章に入る）松丸道雄編『西周青銅器とその国家』東京大学出版会、一九八〇年、所収、四一五―四三五頁、参照（原論文は『東洋文化』第五九号、〝特集・西周金文とその国家〞、東洋文化研究所東洋学会、東京大学出版会、一九七九年、所収）。なお、田中柚美子氏（「王と天子―周王朝と四方（一）―」『中国古代史研究・第六』研文出版、一九八九年、所収）は、拙稿に対し、「天子」が内服に対応する称号ではないと述べている。しかし、それは全く氏の誤解で、私が述べたのは、〝文王〞の受命と共に考えられた「周邦」（有周）の受命は、無論、〝文王〞の場合と同じく、「万邦」（多種多様な世界）に対するためのものであり、王朝規模で云ったつもりである。「集成」は、中華社会科学院考古研究所編『殷周金文集成』（集成と略称、後に同じ）全十八冊、中華書局、一九八四年～一九九四年。「両周録」は、郭沫若『両周金文辞大系図録攷釈・録』（両周録と略称、後に同じ）一九三五年。

（2）注（1）の拙稿、三九八―四一〇頁、拙稿「周王朝と「成」の構造について―「成周」はなぜ「成」周と呼ばれたか―」東京大学東洋文化研究所紀要第一〇九冊、一九八九年、二三一―二三六頁。同「西周王朝と彤弓考―「四方の匍有」者（王）の性格について―」（補訂して、本書の第三章に入る）東方学第八〇輯、一九九〇年、一三―一四頁、等参照。

（3）注（1）の拙稿、四二一―四二九頁、参照。

（4）注（1）の拙稿、四四〇―四四三頁、参照。

（5）史墻盤銘については、陝西周原考古隊「陝西扶風庄白一号西周青銅器窖蔵発掘簡報」文物一九七八年第三期、唐蘭「略論西周微史家族窖蔵銅器群的重要意志―陝西扶風新出墻盤銘文解釈―」文物一九七八年第三期、裘錫圭「史墻盤銘解釈」文物一九七八年第三期、李学勤「論史墻盤及其意義」考古学報一九七八年第二期、徐中舒「西周墻盤銘文箋釈」考古学報一九七八年第二期、白川静『金文通釈』（後、通釈と略称）第五〇輯、一九七九年、史墻盤の条、等参照。

（6）西周青銅器銘文の史料としての性格については、松丸道雄「西周青銅器製作の背景―周金文研究・序章―」松丸道雄編『西周青銅器とその国家』、東京大学出版会、一九八〇年、所収（原論文は東京大学東洋文化研究所紀要第七二冊、一九七七年、所収）、同氏「西周青銅器中の諸侯製作器について―周金文研究・序章その二―」同右（原論文は『東洋文化』第五九号、〝特集・西周金文とその国家〞、東洋文化研究所東洋学会、東京大学出版会、一九七九年、所収）、等参照。

（7）注（5）に同じ。

（8）注（5）の通釈、三五五頁、徐氏前掲論文、一四三頁、李氏前掲論文、一五二頁、裘氏前掲論文、三二頁、注⑪。
（9）注（5）の徐氏前掲論文、一四三頁、李氏前掲論文、一五二頁、唐氏前掲論文、二三頁、注⑩。
（10）〝文王〟の「上下の匍有」と、〝武王〟の「四方の匍有」の「上下」、「四方」の対置については、注（1）の拙稿、四一八―四二九頁、参照。
（11）注（5）の李氏前掲論文、一五二頁、唐氏前掲論文、二三―二四頁、注㊶、裘氏前掲論文、二七頁、通釈、三五五―三五六頁。
（12）注（5）の徐氏前掲論文、一四三頁、李氏前掲論文、一五二―一五三頁、唐氏前掲論文、二三頁、二四頁、注㊷、裘氏前掲論文、二七―二八頁、通釈、三五六―三五七頁。
（13）注（1）の拙稿、四一八―四二〇頁。
（14）西周金文や『詩』、『書』等に見える「上下」の用例については、注（1）の拙稿、四二一―四二九頁、参照。
（15）周公𣪘銘については、内藤虎次郎「周公彝釈文」支那学論叢特別号、一九二八年、于省吾『双剣誃吉金文選』（後、文選と略称）上二、一九三三年、邢侯彝の条、同氏「井侯𣪘考釈」考古社刊四期、一九三六年、陳夢家「西周銅器断代」（後、断代と略称）（三）、考古学報一九五六年第一冊、井侯𣪘の条、通釈第一一輯、一九六五年、𤎼𣪘の条、等参照。
（16）毛公鼎銘については、孫詒譲『籀膏述林』巻七、一九一六年、毛公鼎釈文、文選、上二、毛公𢉩鼎の条、呉闓生『吉金文録』巻一、一九三三年、毛公鼎の条、楊樹達『積微居金文説』（後、積微居と略称）、一九五二年、毛公鼎跋、通釈第三〇輯、一九七〇年、毛公鼎の条、等参照。
（17）注（14）に同じ。
（18）注（5）の唐氏前掲論文、二四頁、注㊸、㊹、通釈、三五七、三六八頁。
（19）『西清古鑑』巻十三、一七五一・二年成、一二オ―一四オ、郭沫若「《班段》的再発現」文物一九七二年第九期、等参照。
（20）断代（一）、考古学報一九五五年第一〇冊、班𣪘の条、七一頁。
（21）注（5）の唐氏前掲論文、二四頁、注㊺、裘氏前掲論文、二八頁、通釈、三五七頁。

(22) 注（5）の李氏前掲論文、一五二頁。
(23) 注（5）の裘氏前掲論文、二七頁。
(24) 禹鼎銘については、注（2）の前者の拙稿、二〇五―二〇七頁、徐中舒「禹鼎的年代及其相関問題」考古学報一九五九年第三期、通釈第二七輯、一九六九年、禹鼎の条、等参照。
(25) 㝬𣪘銘については、羅西章「陝西扶風発現西周厲王㝬𣪘」文物一九七九年第四期、張亜初「周厲王所作祭器㝬簋考―兼論與之相関的幾個問題―」『古文字研究』第五輯、中華書局、一九八一年、陳秉新「害即胡簋之胡字説」考古与文物一九九〇年第一期、松丸道雄「金文の書体―古文字における宮廷体の系譜―」『中国書法ガイド1、甲骨文・金文』二玄社、一九九〇年、等参照。後の宗周鐘と同一人の作器とすると、宗周鐘は㝬鐘と名づけて、厲王の自作器となる。
(26) 張氏前掲論文、一五三頁。意訳は、『中国法書選1、甲骨文・金文、殷・周・列国』二玄社、一九九〇年、松丸道雄釈文、等参照。
(27) 㝬鐘（宗周鐘）については、柯昌済『韡華閣集古録跋尾』甲篇、一九一六年頃成、宗周鐘の条、五ウ～六ウ、文選、上一、宗周鐘銘の条、郭沫若『両周金文辞大系考釈』（後、両周と略称）、一九三五年、宗周鐘の条、五一オ～五三ウ、通釈第一八輯、一九六七年、宗周鐘の条、等参照。
(28) 㝬鐘（宗周鐘）の「朕猷有成」については、注（2）の拙稿「周王朝と「成」の構造について―「成周」はなぜ「成」周と呼ばれたか―」、二〇四―二〇五頁、参照。
(29) 注（25）に同じ。
(30) 「近出二編」は、劉雨・嚴志斌編『近出殷周金文集録二編』（近出二編と略称、後に同じ）全四冊、中華書局、二〇一〇年。陝西省考古研究所、宝鶏市考古工作隊、眉縣文化館、楊家村聯合考古隊「陝西眉縣楊家村西周青銅器窖蔵発掘簡報」、馬承源、王世民他「陝西眉縣出土窖蔵青銅器筆談」、李学勤「眉縣楊家村新出青銅器研究」、裘錫圭「逨盤銘文札記三則」、張培瑜「逨鼎之月相紀日和西周年代」、劉懐君・辛怡華・劉棟「四十二年、四十三年逨鼎銘文試釈」、劉懐君・辛怡華・劉棟「逨盤銘文試釈」文物二〇〇三年第六期、等参照。

(31) 注（1）の拙稿、四〇五—四〇六頁、参照。
(32) 虢季子白盤銘については、呉式芬『攈古録金文』三の二、一八五〇年頃成、虢季子盤の条、呉大澂『愙斎集古録』（後、愙斎と略称）第一六冊、一八九六年成、虢季子白盤の条、劉心源『奇觚室吉金文述』（後、奇觚と略称）巻八、一九〇二年、虢季子白盤の条、文選、上三、虢季盤銘の条、陸懋徳「虢季子白盤研究」燕京学報一九五〇年第三九期、通釈第三二輯、一九七〇年、虢季子白盤の条、等参照。
(33) 注（32）に同じ、愙斎、十六、一一ウ、奇觚、八、一八ウ、文選、上三、二六オ、通釈、八〇五頁、など。
(34) 注（2）の拙稿「西周王朝と彤弓考—「四方の匍有」者（王）の性格について—」、六—七頁、参照。
(35) 朱右曾『逸周書集訓校釈』巻六諡法第五十四（国学基本叢書）、黄懐信等撰『逸周書彙校集注、下』巻六諡法解第五十四、上海古籍出版社、一九九五年、参照。
(36) 注（5）の徐氏前掲論文、一四三頁、李氏前掲論文、一五三頁、通釈、三五七頁。
(37) 注（5）の李氏前掲論文、一五三頁、唐氏前掲論文、二四頁、注㊽、㊾、裘氏前掲論文、二八頁、通釈、三五七—三五九頁、三六八頁。
(38) 注（5）の徐氏前掲論文、一四三頁、李氏前掲論文、一五三頁。
(39) 注（5）の裘氏前掲論文、二八頁、通釈、三五九頁。
(40) 朱捷元・黒光「陝西省博物館新近徴集的幾件西周銅器」文物一九六五年第七期、等参照。
(41) 霊的な範疇に属する「上下」諸神と「天命の膺受」の関係は、注（1）の拙稿、四二九頁、参照。
(42) 注（5）の徐氏前掲論文、一四三頁、李氏前掲論文、一五三頁、裘氏前掲論文、二八頁。
(43) 呉大焱・羅英傑「陝西武功県出土・駒父盨蓋」文物一九七六年第五期、等参照。
(44) 注（1）の拙稿、三九八—四〇一頁、四〇五—四〇六頁、参照。
(45) 注（1）の拙稿、四〇五—四〇六頁、参照。「近出」は、劉雨・盧岩編『近出殷周金文集録』（近出と省略、後に同じ）全四冊、中華書局、二〇〇二年。戎生編鐘銘については、李学勤「戎生編鐘論釈」《保利蔵金》編輯委員会『保利蔵金』嶺南美

術出版社、一九九九年、同論文は文物一九九九年第九期、にほぼ同じ。裘錫圭「戎生編鐘銘文考釈」、馬承源「戎生鐘銘文的探討」《保利蔵金》編輯委員会『保利蔵金』嶺南美術出版社、一九九九年、等参照。
(46) 注（1）の拙稿、四〇六頁。注（2）の拙稿「周王朝と「成」の構造について――「成周」はなぜ「成」周と呼ばれたか――」、二〇四―二〇七頁、同「西周王朝と彤弓考――「四方の匍有」者（王）の性格について――」、二一―三頁、参照。
(47) 注（1）の拙稿、参照。
(48) 『儀礼』少牢饋食礼に、宗廟祭祀に対する「神」（尸）の嘏辞に、〝年穀の豊穣〟と〝眉寿万年〟が云われていることは、同じ形として注目される。拙稿「成周王朝とその儀礼――「王」と臣下、又は神との間の意志の伝達方法について――」（補訂して、本書の第五章に入る）史滴一九九一年第一一号、二八頁、参照。
(49) 注（2）の拙稿「周王朝と「成」の構造について――「成周」はなぜ「成」周と呼ばれたか――」、二三五頁、同「西周王朝と彤弓考――「四方の匍有」者（王）の性格について――」、参照。
(50) 注（1）の拙稿、四五〇―四五二頁、参照。
(51) 注（1）の拙稿、四二一―四二六頁、参照。
(52) 注（1）の拙稿、四二一―四二九頁、参照。
(53) 「匍有」の意味については、注（1）の拙稿、四〇〇―四〇一頁、参照。
(54) 拙稿「成周王朝と「上下」考（下）――「上下を匍有して、迨わせて万邦を受く」の分析について――」（補訂して、本書の第四章に入る）鳥取大学教育学部研究報告（人文・社会科学）一九九二年第四二巻第二号、五〇頁、参照。
(55) 注（1）の拙稿、四一五―四一八頁、参照。
(56) 注（1）の拙稿、四二一―四二九頁。
(57) 島邦男『殷墟卜辞綜類』汲古書院、一九七一年（増訂本）、一四九―一五〇頁。
(58) 羅振玉『殷虚書契後編』（「後」と略称。後の本文に、甲骨文引用の書名略称に同じ）、一九一六年。「合集」は、中国社会科学院歴史研究所『甲骨文合集』（「合集」と略称。後の本文に、甲骨文引用の書名略称に同じ）全十三冊、中華書局、一九七八―一九八二年。
(59) 胡氏「殷卜辞中的上帝和王帝（上）」歴史研究一九五九年第九期、四三―四四頁。
(60) 薫作賓『小屯・殷虚文字乙編』（「乙」と略称。後の本文に、甲骨文引用の書名略称に同じ）、一九四九年。
(61) 薫作賓『小屯・殷虚文字甲編』（「甲」と略称。後の本文に、甲骨文引用の書名略称に同じ）、一九四八年。
(62) 許進雄『懐特氏等収蔵甲骨文集』（「懐」と略称）、一九四八年。
(63) 「帝」の権威の分類については、陳夢家『殷虚卜辞綜述』（後、綜述と略称）科学出版社、一九五六年、「第十七章、宗教」、五六二―五七一頁、等参照。「上下」の用例を甲骨文の五期区分から見ると、圧倒的に第一期が多く、次いで第五期（征伐）のようである。
(64) 胡氏「殷代之天神崇拝」『甲骨学商史論叢初集』斉魯大学国学研究所専刊之一、一九四四年、所収、七オ、ウ。同氏「殷卜辞中的上帝和王帝（下）」歴史研究一九五九年第一〇期、九六頁。陳氏前掲書、「第一七章、宗教」、五六八頁。島氏『殷墟卜辞研究』中国学研究会、一九五八年、「第一篇第三章、外祭」、一九八頁。貝塚茂樹・伊藤道治『甲骨文字研究、本文篇』同朋舎、一九八〇年、二七八頁。松丸氏「殷人の観念世界」『シンポジウム、中国古文字と殷周文化―甲骨文・金文をめぐって―』東方書店、一九八九年、所収、一三五頁。上帝、下帝については、更に考えてみたい。
(65) 池田氏『殷虚書契後編釈文稿』創元社、一九六四年、巻上、七七頁。同氏「「配天」考」『中国古代宗教史研究―制度と思想―』東海大学出版会、一九八一年、所収、五八九頁（原論文は「福井博士頌寿記念東洋文化論集」早稲田大学出版部、一九六九年、所収）。
(66) 赤塚忠「殷王朝における「𢀛」の祭祀」『中国古代の宗教と文化』角川書店、一九七七年、所収、七五頁（原論文は『甲骨学』第六号、一九五八年、所収）。
(67) 注（57）の島氏前掲書、「𡴞年」は一九四―一九五頁、「𡴞雨」は二〇六頁。
(68) 方法斂『金璋所蔵甲骨卜辞』（「金」と略称）、一九三九年。
(69) 胡厚宣『戦後南北所見甲骨録』（明義士舊藏甲骨文字）（「南明」と略称。後の本文に、甲骨文引用の書名略称に同じ）、一九五一年。
（70）方法斂・白瑞華『庫方二氏蔵甲骨卜辞』（「庫」と略称。後の本文に、甲骨文引用の書名略称に同じ）一九三五年。
（71）郭若愚『殷契拾掇』（「掇一」と略称）、一九五三年。
（72）注（64）の島氏前掲書、「第一篇、殷室の祭祀、第三章、外祭」、二二三―二二七頁、等参照。
（73）郭沫若『殷契粋編』（「粋」と略称。後の本文に、甲骨文引用の書名略称に同じ）、一九三七年。
（74）注（66）の赤塚氏前掲論文、一〇四頁。白川氏「羌族考」『甲骨金文学論叢』九集、一九五八年、所収、八〇頁。
（75）諸説については、注（64）の島氏前掲書、「第一篇、殷室の祭祀、第三章、外祭、第二節、自然神」、二二一―二二三頁、二二五頁、等参照。
（76）商承祚『殷契佚存』（「佚」と略称。後の本文に、甲骨文引用の書名略称に同じ）、一九三三年。
（77）胡氏「卜辞中所見之殷代農業」『甲骨学商史論叢二集上冊』斉魯大学国学研究所専刊之一、一九四五年、所収、一二四オ。注（66）の赤塚氏前掲論文、一三二―一三三頁、同氏「甲骨文に見る神々」同氏前掲書所収、二〇八―二〇九頁（原論文は『甲骨学』第九号、第一〇号、一九六一、六四年、所収）。
（78）赤塚氏「殷王朝における「河」の祭祀」同氏前掲書所収、七〇～七二頁（原論文は『甲骨学』第四・五合併号、一九五六年、所収）、等参照。
（79）胡氏『甲骨続存』（「存」と略称）、一九五五年。
（80）綜述、「第一七章、宗教、第六節、山川諸示」、五九四―五九六頁。
（81）綜述、「第一七章、宗教、第六節、山川諸示」、五九六頁。
（82）羅振玉『殷虚書契（前編）』（「前」と略称）、一九一二年。
（83）綜述、「第一七章、宗教、第五節、土地諸祇」、五八四頁、注（64）の島氏前掲書、「第三章、外祭、第二節、自然神」、二二七―二三一頁、等参照。
（84）赤塚氏「殷王朝における「土」の祭祀」同氏前掲書所収、一七七～二〇四頁（原論文は「甲骨文に見える「土」について」

『高田真治博士古稀紀念論文集』大東文化大学漢学会、一九六三年、所収）。
(85) 貝塚茂樹『京都大学人文科学研究所蔵甲骨文字』（「人」と略称。後の本文に、甲骨文引用の書名略称に同じ）、一九五九年。
(86) 姚孝遂・肖丁『小屯南地甲骨』（「南地」と略称）、一九八〇年。姚孝遂・肖丁『小屯南地甲骨考釈』中華書局、一九八五年、参照。
(87) 注（83）に同じ。
(88) 綜述、「第一七章、宗教、第五節、土地諸祇」、五八二―五八四頁。
(89) 黄濬『鄴中片羽三集』（「鄴三」と略称。後の本文に、甲骨文引用の書名略称に同じ）、一九三九年。
(90) 綜述、「第一七章、宗教、第五節、土地諸祇」、五八三―五八九頁。
(91) 注（64）の島氏前掲書、二〇五頁。赤塚氏「殷王朝における上帝祭礼の復原」同氏前掲書所収、五五二頁（原論文は『二松学舎大学論文集・昭和四一年』、一九六三年、所収）。注（64）の貝塚氏等前掲書、六八一頁。
(92) 池田氏「卜辞中の上帝祭祀問題―一九八七年九月中国殷商文化国際討論会発表原稿―」、三一一頁。白川氏「第三章、農事詩の研究」『詩経研究―通論篇―』朋友書店、一九八一年、三一七頁。
(93) 注（64）の前者の胡氏前掲論文、二四オ。池田氏「四方百物考」同氏前掲書所収、一三一頁（原論文は大東文化大学漢学会誌三号、一九三五年、所収）。綜述、「第一七章、宗教、第四節、帝之一些問題」、五七八頁。注（64）の島氏前掲書、「第三章、外祭」、二〇三頁。
(94) 注（64）の島氏前掲書、「第三章、外祭」、二〇〇頁。綜述、「第一七章、宗教、第四節、帝之一些問題」、五七九頁。注（64）の後者の胡氏前掲論文、一〇七頁。注（77）の後者の赤塚氏前掲論文、五〇三―五〇四頁。注（92）の池田氏前掲発表原稿、二六頁。
(95) 𠦪年、𠦪雨、𠦪禾卜辞に限ってみると（合集、その計三三一例）、合集に甲骨文の五期区分の殷末・第五期の例はわずか二例で、第二期とともに極めて少なく、それは一般の人々が飢えないという切に願望することであり、特に殷末のこれらの占卜下命の軽視・怠慢が目立つようである。松丸道雄「第二章　殷」松丸道雄等編『世界歴史大系　中国史1』二〇〇三年、山川出版社、参照。そのことは、周代に入って、天命とともに「上下の匍有」の強調につながるかもしれない。又、殷周革命を考えるときに、このことは、宗教的雰囲気にある多様な「民」の動向に影響を与えたかもしれない。

(96) 積微居巻二、一九五二年、五八—六二頁、断代（三）、考古学報一九五六年第一冊、大盂鼎の条、通釈第三一輯、一九七〇年、大盂鼎の条、等参照。

(97) 注（27）に同じ。後であるが雲夢睡虎地秦簡、日書・建除に「邦郡得年……以祭上下、群神享之」とある（王子今『睡虎地秦簡《日書》甲種疏証』湖北教育出版社、二〇〇三年、等参照）。

(98) 大盂鼎銘や『周書』酒誥には、殷の墜命を飲酒の風に帰している。それは、殷王朝における、原初的な宗教観に基づく、支配者の頻繁な日常的祭礼の饗宴飲酒に因ってくる堕落であったのかもしれない。なお、この自然神の霊能であった「みのり豊か」や「降雨」らの平等性と、「公」の源流との関係については、拙稿「東アジア世界における公平、平等の源流を求めて—甲骨文に見える「公」について—」記念論集刊行会『福井重雅先生古希・退職記念論集　古代東アジアの社会と文化』汲古書院、二〇〇七年、参照。

(99) 注（96）の断代、史叔隋器の条、通釈第二輯、一九六二年、叔隋器の条。

(100) 注（99）の通釈、叔隋器の条、八〇頁、注（78）の赤塚氏前掲論文、五七頁。同氏は、殷の祈年祭が、第五期には天邑商に固定し、且つ祖先祭に包摂されつつあったと思えると述べている。「殷王朝における上帝祭礼の復元」、同氏前掲書、五四二頁（原論文は『二松学舎大学論文集、昭和四一年』一九六六年、所収）参照。李伯謙「叔矢方鼎銘文考釈」文物二〇〇一年第八期、中国社会科学院考古研究所灃西発掘隊「張安張家坡M183西周洞室墓発掘簡報」、張政烺「伯唐父鼎、孟員鼎、甗銘文釈文」考古一九八九年第六期、等参照。ここに「𠦪」を祓と釈する解がある。〝除災求福〟の意味とするものであると思え、その対象は不明であるが、このもたらされる「厚福」の最大のものは、史墻盤銘にあるように〝年穀の豊穣〟であったろう。この周初に限って多く見える「成周」（「中国」）における「𠦪」祭と「殷」礼（第二章、注（26）、参照）とは、「上下の匍有」（祭祀）と「四方の匍有」（内・外服の官僚層を集める）とに対応しているように見える。叔矢方鼎（晋出土）や圉卣（燕出土）らによれば、それぞれの器の晋や燕（北京市）という出土地からすると、これらの祭祀にそれらの各邦国の参加が考えられるかもしれない。なお、召誥に「旦曰、其作大邑、……毖祀于上下」（周公）旦曰く、其れ大邑を作る、……毖《つつし》んで（ここより）上下を祀り（云々）とあり、周公が成王に「成周」（「大邑」）で「上下」の神々を祀ることを云っているが、西土の「周邦」とは別に、周王朝としての全体の祭祀であろう。各邦国も「上下」祭祀が義務づけられていたと思えるが、宗周での「𠦪」祭は、王の出自する「周邦」乃至西土に対するものであったかもしれない。

(101) 楊寛「第六編第二章、西周大学（辟雍）的特点及其起源」『西周史』上海人民出版社、一九九九年、六七二―六七三頁（原論文は、学術月刊一九六二年八月号、同氏『古史新探』所収、一九六五年、中華書局、に加筆修訂）、赤塚忠氏も大豊殷銘の祭祀について、殷の祈年祭の継承を云っている（同氏『甲骨・金文研究』赤塚著作集第七巻、研文社、一九八九年、五八一頁（原論文は『甲骨学』第八号、日本甲骨学会、一九六〇年、所収）。令彝銘については、注（84）の赤塚氏の前掲論文、一九七頁、貝塚茂樹「第四節、金文の編年的研究、二、西周初期金文」『中国古代史学の発展』弘文堂、一九六七年、一四七―一四八頁、参照。

(102) 周王朝成立の一条件としての「上下の匍有」を云う、「天命の膺受」の内容については、注（1）の拙稿、四一五―四一八頁。

(103) 注（1）の拙稿、三九八―四三五頁。

(104) 注（1）の拙稿、四三〇―四三五頁。後であるが、『左伝』桓公六年の条に、随の所で、「民は、神の主なり」と云い、神を祭って告げて曰く、「博碩肥腯。謂民力之普存」（博碩肥腯なりと。民力の普く存するを謂う）、「潔粢豊盛。謂其三時不害而民和年豊」（潔粢豊盛なりと。其の三時害あらずして民和し年豊《みのり》かを謂う）とある。家畜が太り、年豊《みのり》かを、「民」の重大事として、それを神の祭祀と結びつけて述べている。ここは事実に反して、神に対する矯挙らを戒めた部分である。

(105) 注（1）の拙稿、四二一―四二九頁。

(106) 注（1）の拙稿、四四〇―四四三頁。

(107) 注（35）に同じ、前者の巻四克殷第三十六、後者の、上、巻四克殷解第三十六、参照。

(108) 注（1）の拙稿、四二一―四二九頁。

（109）注（1）の拙稿、四一七頁。

（110）池田氏「中国における至上神儀礼の成立―宗教史的考察―」注（65）の後者の同氏前掲書所収。（原論文は日本中国学会報第一六集、一九六四年、所収）。

（111）綜述、「第一七章、宗教、第4節、帝之一些問題」、五七七頁、五八〇頁。注（64）の前者の胡氏前掲論文、6ウ、注（59）の同氏前掲論文、四七頁、等参照。

（112）注（110）の池田氏前掲論文、四五九頁。注（92）の白川氏前掲書、「第八章、雅頌詩篇の展開、二、大雅詩篇の展開」、五八三頁、等参照。

（113）天子の各地巡視とその祭祀は、征伐のほか、「上下を匍有して、迨わせて万邦（又は「民」と『疆土』）を受く」の性格からして、「圖」を見て回るという、その理由もあったのではないかと思える（周初、宜侯矢毀銘・集成四三二〇に、「商圖、東国圖」を「省」しているのは、これに類するかもしれない）。

（114）西周中期から後期における作器と思われる、兮甲盤銘（両周録一三四オ、集成一〇一七四）に、王の言葉として「淮夷は、もと我が貟晦の人なり」や師寰毀銘に「淮夷は、もと我が貟晦の臣なり」とそれぞれあって、この「貟晦」は布帛の類と農産物で、しばしば反する「淮夷」も、もと「淮夷」の入貢すべきものとして述べられている。又、『左伝』僖公四年の条に、斉桓が蛮夷と目された楚を責めた言葉として「爾《なんじ》の貢ずる茅苞入らざれば、王の祭り供《そな》わらず」とあり、「茅苞」を楚の入貢すべきものとして述べられている。〝克殷〟の頃、楚は友邦であったが、得意な分野で祭祀に参加し、文化的に気持ちを一緒に成す意味があったのであろう。以上の記事は、それぞれ、禹貢にある徐州と荊州とにおける「淮夷」らの入貢品の記事と合っている。本来、周初において、このような姿が求められたのであろう。なお、『周礼』天官・大宰の条その鄭注等に、邦々の〝九貢〟について、祭祀用や産物などが詳しく説明されている。又、「万民」の「民」の職種とするものが挙げられ、農牧系以外に職人、商人等も「民」に含まれている。

（115）「上下の匍有」者・〝文王〟における〝文〟の意味は、〝武王〟における〝武〟の意味が「四方の匍有」（「四方の適征」）という軍事的なことと深く関係したように、〝武王〟の「四方の匍有」と「上下の匍有」「四方の匍有」の対語となる〝文王〟

の「上下の匍有」という、「豊年」を最大の目的とする神々の祭祀のことと関係があろう。即ち、天命によって「上下」の神々を偏く秩序立てることを〝文〟と云うものではないかと思え、そこに神が置かれるのである。この「上下の匍有」について、後世の解釈において多く「天地」を偏く秩序立てることと解するが、『逸周書』謚法に「経緯天地曰文」（天地を経緯するを文と曰う）とあり、天地を秩序立てることを〝文〟と云うとする。それは多くの福禄の内、特に〝年穀の豊穣〟のため、四時らの天地間の正しい循環や自然秩序を、偏く神々に祈る祭祀を意味したらしい。古代的であるが、それは地上で生活をしている人々を取り巻いている「天地」、今日で云う〝環境〟の問題ともいえる。この春夏秋冬の四時や正しい自然秩序という〝環境〟の問題は、例えば殷代に四季の神々やその使者・風神は東極らの四方の極にそれぞれ居るとしたように、元々陸続きの大陸において、一地域や邦々を超えてくるであろう。そこに違いを超え、既に（今日の地球温暖化などと同じく）経済としてのグローバル性がある。そして又、この「天地」を経緯し、秩序立てる形ある具体的なものを示すと〝暦〟であろう。そこに時を示す〝暦〟のもつ重要性がある。この「経緯天地曰文」は、「上下」を天地と解釈する説に従っているようである。「上下の匍有」者・〝文王〟における〝文〟は、虢季子白盤銘に侵入した「蛮方」を伐つことを「四方を経維す」と述べており、「経維」は「経緯」に近い。それが「四方の匍有」、即ち「四方」を偏く秩序立てるということになるが、そうすると、対語となる「上下の匍有」は「上下を経緯す」、即ち「上下」の神々を偏く秩序立てるということになり、それは「天地を経緯するを〝文〟と云う」のに相当しているのではないかと思える。「上下の匍有」が下に結んで「民」と「疆土」（この「民」と「疆土」が、農業等の経済的富の生産活動と深く関係していたことは、第七章参照されたし）を天から「受」けてその〝年穀の豊穣〟を云うように、〝文王〟における〝文〟は、神々の生産的エネルギーに関して、これらのことと深く関係しているように思えるのである。「上下の匍有」・「四方の匍有」の〝文〟・〝武〟のワンセットを考えるとき、このことを注意しておく必要があろう。

　古く多様性を認める中で、邦々や人々を一つにまとめるためにこの両面双方から見ているのは、人類史の上で、又東アジア史の上で、それ自身考えさせられる問題である。

第五章　周王朝とその儀礼

――王と臣下、又は神との間の意志の伝達方法について――

はじめに

中国古代文明の成立に大きな貢献をした、秦、漢王朝による皇帝制度成立前の先秦王朝である周王朝における儀礼の研究は、歴史的にも、その儀礼行為が、当時の政治的情況の中でどのような意味をもつのかを理解するために、又、文化史精神史的にも、中国民族の成立過程において生み出された民族的特質を探るために（そのためにも他民族との比較も重要であるが）必要であろう。筆者がかつて、東周時代における晋邦の〝武宮〟における「朝廟の礼」について考えたのも[1]、このような中国における儀礼の深層にあるものを探るためであった。

そこで、本章では、中国古代史の最初期に属する、周王朝における儀礼研究の一環として、主に、西周時代における王と臣下、又は王と神との間の意志の伝達方法（王と臣下の場合は、主として王命の授受）という点に絞って少しく考えてみたいと思う

第一節　王と臣下の場合

王が命令を出す形式の内、確実な史料としては、西周青銅器銘文に西周中期頃に成立してくる、いわゆる冊命形式金文の冊命儀礼がある。陳夢家は「西周的策名制度」の中で、その儀礼の代表例として頌鼎、大克鼎銘を挙げているが、今、ここでは郭沫若が共王時代における作器とする頌鼎銘（両周録四五オ～四六オ、集成二八二七～二八二九）を挙げておく(2)。

即ち、そこに

佳三年五月既死覇甲戌、王在周康邵宮。旦、王各太室即位。宰弘右頌入門、立中廷。尹氏受王令書。王呼史虢生冊令頌。王曰、頌、令汝官嗣成周寅甘家、……頌拜稽首、受令冊、佩以出。反入堇章。頌敢対揚天子丕顕魯休、用作朕皇考龔叔・皇母龔姒宝鼎。……

（惟《こ》れ三年五月既死覇甲戌、王、周の康邵宮に在り。旦、王、太室に格《いた》り位に即く。宰の弘、頌を右《たす》けて門に入り、中廷に立つ。尹氏、王に令書を受《さず》く。王、史の虢生を呼びて頌に冊令せしむ。王曰く、頌よ、汝に令して成周の寅二十家を官嗣（司）せしめ、……（以下賜与の品に及ぶ）、と。頌、拜稽首して、令冊を受け、佩びて以て出ず。堇章を返納す。頌敢えて天子の丕顕なる魯休に対揚して、用て朕《わ》が皇考龔叔・皇母龔姒の宝隮鼎を作る。……）

とある。

ここに記されていることは、「周」の宗廟の「康邵宮」において(3)、王が「頌」に冊命して官職を任命し、同時に賜物を与える儀式である。陳氏はその図を示しており、この儀礼次第は、既にしばしば諸氏によって述べられている。しかし、史料上の制約から完全なものはない。

今、その儀礼をほかの冊命形式金文等を参考として大約見てみると、後にも述べるように、王は堂上の「大室」に至って、〝位〟に即き、南面しており、左に冊命書を秉る「尹氏」、右にこの冊命書を読み上げる史官の「虢生」がいる。一方、堂下の「中廷」には、「宰孔」が右者として導いて「門」を入って来た冊命を受ける「頌」と、その右に右者の「宰孔」が所定の〝位〟に即いて、北面している。

この王が〝位〟に即く「大室」は、『周書』洛誥に云う、宗廟の中廷で犠牲を屠った後、「王入太室祼」（王、太室に入りて祼す）の「太室」で（「大」と「太」は同じ）、馬融注に「廟中之夾室」、王粛注に「太室、清廟中央之室」とあり、孔疏にこれを引いて「廟有五室、中央曰太室、……清廟神之所在、故王入太室祼、献鬯酒以告神也」とある。又、『礼記』月令にある「天子居大廟大室」（天子、大廟の大室に居る）の鄭注にも「大廟大室、中央之室」とある。又、『春秋』経・文公十三年の条に「大室屋壊」（大室の屋壊る）とあり、「大室」上には屋根があり、この「大室」を賈服注等みな「大廟之室」とする。又、文公十三年のこの記事を引く『漢書』五行志の「前堂曰太廟、中央曰太室、屋、其上重屋尊高者也」（前堂を太廟と曰い、中央を太室と曰い、屋とは、其の上の重屋の尊高なる者なり）などから、堂上の「大室」上には屋根があり、それは「重屋」と云われている。(4) 又、『左伝』昭公十三年の条に、楚の共王が五人の子から適子を立てる時、「曰、当璧而拜者、神所立也。誰敢違之。……埋璧於大室之庭」（曰く、璧に当りて拜する者は、神の立つる所なり。誰か敢えて之《これ》に違わん、と。……璧を大室の庭に埋める）とあり、杜注に「大室、祖廟也」とある。これからすると、「大室」の前には「庭」があり、この場合、その「大室」の「庭」から、五子をして堂上の祖廟、「大室」の祖神に向かって拝せしめたことになる。

陳氏は、この冊命儀礼について、先の論文の中で、王のいる堂上の「大室」と、受命者のいる「中廷」を図示しており、又、この西周の宗廟の建築址と云われるものが、一九七六年以来、周の本拠地たる岐山県鳳雛村で発掘されており、その復原図も発表されている。(5) その図から、松丸道雄氏も、その図の階上の前室が王の立つ処、「中庭」が受命者の立った庭であろうとしている。(6)

しかし、先に、貝塚茂樹氏は、『礼記』郊特牲に天子が堂から下って諸侯の入朝に対面するのは夷王以後とあるのは、『儀礼』覲礼の天子が堂上に於て諸侯に接見する礼を周室本来の典礼としたものだが、これは全く事実と逆とし、天子は本来宗廟大室中廷に於て臣下に策命し、堂上で策命することはなかったとする。そして、郊特牲の天子下堂接見の礼こそ、この後期の西周金文の策命儀礼と正しく合致するものとした。(7) 郊特牲のこの部分は、「天子無客礼」（天子に客礼無し）について述べたところであるが、もし、貝塚氏が、王が堂から下りて、受命者と同じ「中廷」上で冊命が行われたと解するならば、陳氏の作図等と相違してくる。

これについて、白川静氏は、夷王下堂の礼を変礼として事実と認め、貝塚説を否定しているようであり、又、赤塚忠氏も、松丸氏と同様、策命の儀礼は王は堂上、受命者は「中廷」に居て行なうとしている。(8) ただ、同じ冊命形式金文の、郭氏が西周末年の作器とする弭叔毀銘（弭叔師察毀、集成四二五三〜四二五四）に、(9) 頌鼎銘の「王各大室即位」のところが、「（王）各于大室、即位中廷。井叔内右師宋。王呼尹氏（云々）」（（王は）大室に格《いた》り、位に中廷に即く。井叔内《い》りて師宋を右《たす》く。王、尹氏を呼び（云々））とあり、このまま読めば、王は「大室」に至り、階を下りて〝位〟に「中廷」に即くことになり、これは下堂接見の礼にあたるかもしれない。しかし、「（王）各于大室」のすぐ後に「即位中廷」とあるのは、今のところ、多くの冊命形式金文の中ではこの一例のみで、他の冊命形式金文では、常に、例えば師虎毀銘（両周録五八オ、集成四三一六）の「（受命者）即位中廷北嚮」（（受命者は）位に中廷に即きて北嚮す）のように、この「即位中廷」は受命者側について述べられている。そこに弭叔毀銘の「即位中廷、井叔内右師宋」の部分が、確かではないが、「井叔内右師宋、即位中廷」とあるべきところを、誤って上・下文逆になったのではないかという疑点も強いのである。

そもそも、この〝位〟というものは、王、受命者ともに、どこに立ってもよいというものでなく、きちんと決められた場所があり、それが〝位〟であろう。異論のない受命者について云えば、その場所を「中廷」に指定されていたはずで、そこに目印となる何かが置いてあったかしたのであろう。それが金文で云う「即立（位）」の「立つ」が決められた場所であり（「位」は原字では「立」の字である）、つまり〝位〟ということになろう。王の〝位〟についても同様であるが、これに関係あるものとして、礼書には、王の〝位〟について、堂上では、『儀礼』覲礼に「天子設斧依於戸・牖之間、左右几。天子冕袞、負斧依」（天子、斧依《ふい》を戸・牖《よう》の間に設け、几《き》を左右にす。天子冕袞《こんべん》して、斧依《ふい》を負《お》う）とあり、又『礼記』曲礼に「天子當依而立、諸侯北面而見天子曰覲」（天子、依に當りて立ち、諸侯北面して天子に見《まみ》えるを覲と曰う）などとあって、「戸・牖の間」、「依の前」にある。堂下では、『礼記』祭統に、「故祭之日、一献、君降立于阼階之南、南郷」（故に、祭の日に、一献して君降りて阼階の南に立ちて、南郷す）（筆者注、尸（神）が堂上にいるためか）」、又『礼記』曲礼に「天子當宁而立、諸公東面、諸侯西面曰朝」（天子、宁《ちょ》に當りて立ち、諸公東面し、諸侯西面するを朝と曰う）などとあり、又曲礼の場合は、天子（王）は廷上で臣下と向い合っていない。この〝位〟については、宗廟と朝廷の違いも考えねばならないであろう。これらの当時の〝位〟の問題については、第一級の史料となる金文に、礼書のような詳しい叙述は見えないが、更に考えてみたいと思う。

又、貝塚氏の引くこの覲礼は、王と〝外服〟の臣である諸侯との間の礼であり、覲礼は賓礼でもある。よって、この〝外服〟の臣の賓礼と、この西周金文の〝内服〟の臣の冊命の礼とを等置してよいのかも考えてみなければならなるまい。郊特牲篇の成立時期など、これらの問題は多いが、この西周金文における官吏任命の冊命儀礼は、王と臣下の立場が確認される儀礼であり、王に対して臣下が服従と忠誠を誓う儀礼でもある。そのことからすると、王が一段高い堂上におり、臣下が下の「中廷」に王に向い合って立っていた方が、一般的に云って、君臣の義を明らかにするのに相応しいように思える。今、この頌鼎銘に関しては、そのまま陳氏の作図等の通り[10]、王は「大室」上（堂上）の〝位〟に即き、そこから堂下の「中廷」の〝位〟に立つ受命者・「頌」に対して冊命したと見て、この問題は後考に俟ちたいと思う。

次いで、頌鼎銘では、「尹氏」が冊（令書）」を王に渡すと、王はそれを自分で読まず、史官の「虢生」に与えて読ませる。この「王呼史虢生冊令頌」は、先の同じ冊命形式金文の師虎毀銘に「王呼内史呉、曰、冊令虎。王若曰（云々）」（王、内史の呉を呼びて、曰く、虎に冊令せよ、と。王若《か》くのごとく曰く（云々））とあるのからすると、「冊令頌」は、王自身が直接声を出して史官の「虢生」に命じた言葉であろう。「冊令頌」の上に「王曰」の語句を補えばよい。王に代わって宣命する「史虢生」が王の右にいることについては、『礼記』祭統の「史由君右、執策命之」（史、君の右由り、策を執りて之《これ》に命ず）や少儀の「贊幣自左、詔辞自右」（幣を贊《たす》くるは左自《よ》りし、詔辞は右自《よ》りす）などが、諸氏によってしばしば引かれている。

次の「王曰、頌」以下は、「史虢生」が冊命書を読み上げている内容である。「王曰」は、陳氏らが指摘するように、王の言葉の伝達形式で、他器に見えるように、「王若曰」とあるのが一般的である。この表現は殷墟甲骨文から見えている。この「令書」の冒頭が「王若曰」（「王曰」）から始まっていたのか、又は、年月日がその辞令書のはじめの部分に書いてあったのかは分からないが、ここは、「（史虢生曰）、王曰、頌」と、王命の伝達者である「史虢生曰」を補って考えればよい。

「史虢生」が「頌」に対する「令書」（辞令書）を読み終えると、「頌」は「拜稽首」し、士が堂上におれば、おそらく、堂下よりか、或いは階段を上下して「令冊」を受け、又、その時、拜礼がなされたであろう。

これ以後の礼については省略するが、頌鼎銘の「頌敢対揚天子丕顕魯休」以下は、同じ冊命形式金文の同銘の盠方尊、盠方彝銘（集成六〇一三、九八九九・九九〇〇）、又盠駒尊銘（集成六〇一一）や無㠱𣪘銘（両周録一〇七オ～一〇九ウ、集成四二二五～四二二八）に、頌鼎銘のこの部分にあたる直ぐ上に「盠曰」（盠駒尊銘）とか「無㠱拜手稽首曰」（無㠱𣪘銘）などと「曰」とあることから、「頌敢」以下は「頌」自身の「中廷」における答辞であったのではないかと考えられている。(11)

ただ、冊命形式金文に見えるこれらの答辞は、さまざまな表現・語句がついていても、常に、骨格として、ここに云う「対揚天子丕顕魯休、用作朕皇考龏叔・皇母龏姒宝䵼鼎」とあるのと同一の形式をもっていることが知られる。よって、常に同じことが云われていることからすると、少なくともこの部分が受命者の自由な精神で述べられたものでなく、無論これらは、儀礼の中で、すでに定礼化されていたが、そのように云わねばならぬもの、そのように云わされていたものではなかったかと思える。このことは、所謂青銅器の「作器者」について考える時、(12)又、当時の貴族社会の秩序理念を考える時に、注意しておく必要があろう。殊に、この「王休」に対する祖先祭祀の作器は、受命者が冊命を受け入れる重要な証左となるものであったと考えられる。

ところで、この西周時代の冊命儀礼との比較の上から、諸氏によってしばしば引用されるものに、後の春秋時代（東周時代）であるが、晋の文公重耳に対し、王が侯伯となした冊命儀礼がある。

即ち、『左伝』僖公二十八年の条に、文公が蛮夷と目された南方の楚を伐った献捷の礼があった後、王は踐土の王宮において、文公に対し、

己酉、王享醴。命晋侯宥。王命尹氏及王子虎・内史叔興父、策命晋侯為侯伯。賜之大輅之服・戎輅之服・彤弓一・彤矢百・旅弓十・旅矢千・秬鬯一卣・虎賁三百人。曰、王謂、叔父、敬服王命、以綏四国、糾逖王慝。晋侯三辞従命。曰、重耳敢再拝稽首、奉揚天子之丕顕休命。受策以出。出入三覲。……

（己酉、王、享《きょう》して醴あり。晋侯に宥《ゆう》を命ず。王、尹氏と王子虎・内史叔興父とに命じて、晋侯に策命して侯伯と為さしむ。之《これ》に大輅の服・戎輅の服・彤弓一・彤矢百・旅弓十・旅矢千・秬鬯一卣・虎賁三百人を賜う。曰く、王謂う、叔父よ、王命に敬服して、以て四国を綏《やす》んじ、王慝《とく》を糾《ただ》し逖《おさ》めよ、と。晋侯三たび辞して命に従う。曰く、重耳敢えて再拝稽首して、天子の丕顕なる休命を奉揚せん、と。策を受けて以て出ず。出入に三たび覲《まみ》ゆ。……）

とある。

これについて、鄭司農の春秋伝に「王命内史叔興父、策命晋侯為侯伯。策謂以簡策書王命。其文曰、王謂、叔父、敬服王命、以綏四国、糾逖王慝。晋侯三辞、従命受策以出」とあるように、王（襄王）が命じて、直接には「内史」の「叔興父」が「晋侯」に「策命（冊命）」して「侯伯」となしたと一般に解されている。これも、「内史」の「叔興父」が「策（冊）」を読み上げ、王命を伝達したのであり、王自らの行為ではない。

又、ここの記述では、先に「晋侯」への賜与物のことを云い、後に「侯伯」への任命のことが記されている。これは、先の冊命形式金文の内、卻咎𣪘銘（集成四一九七）、盠方尊銘（集成六〇一三）、即𣪘銘（集成四二五〇）、庚季鼎銘（集成二七八一）、豆閉𣪘銘（両周録六〇ウ、集成四二七六）などに見える冊命書に、先に賜与物のことを云い、後に官職の任命のことを記しているのと順序が類似している。或いは、この「晋侯」への冊命書の書式と、ここに見える記述の順序とは、何らかの関連があるのかもしれない。又、この「曰、王謂、叔父、敬服王命（云々）」の「曰」

は「(内史叔興父) 曰」の「曰」であったろう。「王謂」以下は、「内史叔興父」が王(天子)自身の言葉をそのまま晋侯に伝達しているのである。「叔父」は同姓諸侯に対する呼びかけである。

次いで、冊命に対し「晋侯」が三たび辞した後の「曰」は「(晋侯) 曰」のことであり、この「(晋侯) 曰、重耳敢再拝稽首、奉揚天子之丕顕休命」は「晋侯」の答辞である。先の冊命形式金文の対揚(奉揚)語との類似が諸氏によってしばしば指摘されている。会箋には、この冊命儀礼が堂上で行われ、「内史」が王命を述べて「晋侯」が「三辞」した後、「晋侯」が階段を下って両階の間に北面して再拝稽首した時、その答辞がなされたと解している。そして、「晋侯」は再び階段を登り、拝を成してこの「策(冊)」即ち冊命書を受けたとしている。

この儀礼について、会箋など、注釈者の多くは、堂上で行なわれる、諸侯が王に謁見する『儀礼』覲礼を引いており、この「晋侯」への冊命は、先の冊命形式金文の、王は堂上で臣下は堂下、又は、王、臣トともに堂下の礼とは異なり、王、諸侯ともに堂上にあって、「内史」が王命を伝達して行なわれたと考えられている。又、『周礼』大宗伯に「王命諸侯則儐」(王、諸侯に命ずれば則ち儐《ひん》す)とあり、鄭注に「儐進之也。王将出命、假祖廟、立依前南郷。儐者進當命者、延之命使登。内史由王右、以策命之。降、再拝稽首、登、受策以出」としている。やはり、諸侯に対する王命は、堂上で、「依の前」に立つ王の右より「内史」が伝達すると解している。

又、この晋文の儀礼に関して参考となるものに、同じ侯伯である斉の桓公が葵丘の会の時に、王より〝文・武の胙〟の賜与を受けた儀礼がある。

即ち、『左伝』僖公九年の条に

……王使宰孔賜斉侯胙。曰、天子有事于文武、使孔賜伯舅胙。斉侯将下拝。孔曰、且有後命。天子使孔曰、以伯舅耋老、加労賜一級、無下拝。対曰、天威不違顔咫尺、小白余敢貪天子之命無下拝、恐隕越于下、以遺天子羞。

敢不下拝。下拝登受。……

（……王、宰の孔をして斉侯に胙《そ》を賜わしむ、曰く、天子文・武を事《まつ》ること有り、孔をして伯舅に胙《そ》を賜わしむ、と。斉侯将に下りて拝せんとす。孔曰く、且つ後命有り、天子孔をして曰わしむ、伯舅の耋《てつ》老するを以て、加労して一級を賜い、下りて拝すること無からしむ、と。対《こた》えて曰く、天威顔を違《さ》ること咫尺《しせき》ならず。小白余、敢えて天子の命を貪りて下り拝すること無くんば、恐らくは下に隕越して、以て天子に羞を遺《おく》らん。敢えて下りて拝せざらんや、と。下りて拝し登りて受く。……）

とある。

この儀礼も、王使（宰孔）、受賜者（斉侯）ともに堂上にいるものである。王が「宰孔」をして、斉侯に王朝の開設者・〝文王、武王〟を祭った祭肉の〝文・武の胙〟を賜わった。次の「曰、天子有事于文武」とは、上の王が主語ではないかと思えるが、又天子とあるから「宰孔」の言葉ともなる。ところで、この部分が『国語』斉語では「葵丘之会、天子使宰孔致胙於桓公。曰、余一人之命、有事於文武、使孔致胙。且有後命、曰、以爾自卑労、実謂爾伯舅無下拝」（葵丘の会に、天子は宰の孔をして胙《そ》を桓公に致さしむ。曰く、余一人の命ずらく、文・武を事《まつ》ること有り、孔をして胙《そ》を致さしむ、と。且つ後命有り、曰く、爾《なんじ》自ら卑労するを以て、実に爾《なんじ》伯舅に謂う下りて拝すること無かれ、と）とあり、「曰、余一人之命、有事於文武」とある。

この「余一人」について、『左伝』の記事に合わすと使者が天子を称したとも思えるが、今、西周金文に見える王（天子）の自称を概観すると、「余」が多く、「我」、「朕」、「余小子」、「我一人」、「余一人」などが見える。この「余一人」について云えば、王の自称として殷墟甲骨文から見えるものであり、[13] 西周金文では師𩛥鼎銘（集成二八三〇）、毛公鼎銘（両周録一三一オ～又一三一オ、集成二八四一）、塱盨銘（両周録一三二ウ～一三三オ、集成四四六九）などの王の命書中に自称としてのみ見える。又、『周書』にも議論の分かれる金縢の例を除き、みな「王曰」又は「王若曰」の中に王の自称として見えるほか、この『左伝』中の昭公三十二年、成公二年、昭公九年、哀公十六年の条にも、五箇所に王自身の言葉の中で「余一人」の自称が使われている。あとの一箇所は、哀公十六年の条に、孔子の死を悼んだ魯公の誄の中で、魯公の自称として使われているもので、これに対し子贛の「稱一人、非名也」（一人と稱するは、名に非ざるなり）の批判が記されている。

　これらの、多くの王自身の言葉の中での「余一人」の使用例からして、斉語の「曰、余一人之命」以下は、王（天子）自身の言葉ではなかったかと思え、そうすると、「（天子）曰、余一人之命」となる。即ち「宰孔」が王（天子）自身の言葉をそのまま斉侯に伝達しているのである。よって、補えば「（宰孔曰、天子）曰、余一人之命、有事於文武」となろう。『左伝』、斉語のしたがった史料系統や改編などが問題であろうが、その祖本にあたるものは、このようなものであったのかもしれない。そして後文の「孔曰、且有後命」は無論「宰孔」の言葉で、先の、天子の命に対し、更に後命があると云って、「天子使孔曰」の次の「以伯舅耋老」以下「無下拝」までは大子（王）自身の言葉となる。「伯舅」は異姓諸侯に対する呼びかけである。「宰孔」がやはり王の言葉を斉桓にそのまま伝達しているのであろう。しかし、斉桓は堂を下りて拝し、登りて天子が〝文王、武王〟を祭った〝胙〟を受けたとある。この儀式も、王使、諸侯ともに、堂上にあって行なわれたものである。

　なお、王使が王の言葉をそのまま伝達した書法の例として、西周金文の、郭氏が成王時代における作器とする安州六器の中甗銘（両周録八オ、集成九四九）に

　　王令中先、省南国、貫行、埶応。……史兒至、以王令曰、余令汝使小大邦、厥有舍汝扣量。……

（王、中に令して、先んじて南国を省し、貫行して、応を埶《おさ》めしむ。……。史兒（が中の所に）至り、王令を以

てして曰く、余、汝に令して小大邦に使せしむ。厥《そ》れ汝に抑糧を舍《あた》えること有らん。……）とある。(14) この「曰、余令汝」以下は、「余令汝」とあるように、王自身の言葉である。即ち、王の命令で先に「南国」を適省した「中」の所に「史兒」が来たって、王の言葉をそのまま伝達したものと思える。よって、もし、ここを補えば「（史兒）曰、（王曰）、余命汝（云々）」となろう。

又、同じ天子（王）の言葉をそのまま伝達する表現は、諸侯が王に見える、春秋・戦国期以降の儀式を集めたと思える『儀礼』の覲礼に、「天子賜舍。曰、伯父、汝順命于王所。賜伯父舍。侯氏再拝稽首」（天子、舍を賜う。曰く、伯父よ、汝、命に王所に順う。伯父に舍を賜う、と。侯氏再拝稽首す）とある。即ち、まだ天子が諸侯と会う前、諸侯に舍を賜わるこの「曰、伯父」以下の天子の言葉は、「（天子）曰」とあっても、使者が天子の言葉をそのまま「侯氏」に伝達しているものであろう。又、覲礼の期日を諸侯に告げる「天子使大夫戒。曰、某日、伯父帥乃初事。侯氏再拝稽首」（天子、大夫をして戒《つ》げしむ。曰く、某日、伯父、乃《なんじ》の初事に帥《したが》え、と。侯氏再拝稽首す）の「曰」以下も天子の言葉をそのまま伝達したものであろう。又、覲礼後の三享の礼の時、「擯者曰、予一人将受之。侯氏升致命」（擯者曰く、予一人、将に之《これ》を受けんとす、と。侯氏升りて命を致す）とある。この「擯者曰、予一人将受之」は「擯者曰」とあっても、前文にも「天子曰、非他、伯父実来。予一人嘉之。伯父其入。予一人将受之」（天子曰く、他に非ずして、伯父実れ来《こ》る。予一人、之《これ》を嘉《よみ》す。伯父其れ入らんかな。予一人将に之《これ》を受けんとす、と）とあり、「予一人」を第三人称で使ったと全く考えられないわけはないが、やはり前文の例からして「擯者」が天子の言葉の「予一人将受之」をそのまま侯氏に伝達したものであろう。もし補えば「擯者曰、（天子曰）、予一人将受之」となる。編纂された史料を読む上では、このような具体的な立ち振るまいを頭に描く必要があろう。(15)

このほか、文献に見える西周時代における王命の伝達としては、『周書』康王之誥における康王即位の朝見の儀での王のお言葉がある。即ち「王若曰、庶邦侯甸男衛、惟予一人釗報誥」（王若《か》くのごとく曰く、庶邦の侯・甸・男・衛よ、惟《こ》れ予一人釗報誥せん）以下は、はじめに、陳氏の云う王命の伝達形式「王若曰」とあるから、伝達者によって王の命書が、同じ廷上の諸侯に対し読み上げられたものであろう。

又、西周初のこととして、『周書』多士に、成周洛邑が建設され、周公が殷の遺民に告げて

　惟三月、周公初于新邑洛、用告商王士。王若曰、爾殷遺多士、弗弔旻天、大降喪于殷。……

（惟《こ》れ三月、周公初めて新邑洛に于《ゆ》き、用て商の王士に告ぐ。王若《か》くのごとく曰く、爾《なんじ》殷の遺せる多士よ、弗弔なる旻天、大いに喪を殷に降す。……）

とある。ここでは、周公が「王若曰」以下の王命を「商王士」に伝達したものと思える。つまりここは、補えば「（周公曰）、王若曰」となる。

又、多方において周公が四国多方らに告げて

　周公曰、王若曰、猷、告爾四国多方、惟爾殷侯尹民。……

（周公曰く、王若《か》くのごとく曰く、猷《ああ》、爾《なんじ》四国多方と、惟《こ》れ爾《なんじ》殷侯・尹民とに告ぐ。……）

とあるのも、多士と同じで、周公が「王若曰」以下の王命を「四国多方」に伝達したものである。そして、多士、多方も、その王の命書の冒頭が「王若曰」で始まっていたのであろう。

以上のように、王命というものが人を介して臣下に伝達されている場合に対し、一方では、王が人を介さない、王の直接的行為を示す「親命」、「親賜」等を記す西周金文もある。「親」は一般には、次の陳氏のように、〝みずから〟と解されているようである。

既に陳氏は、先の論文で、西周金文における宮廟での策命、賞賜を分類した時、「王親命」と「史官代宣王命」と

に分け、「親」字の見える「王親命」の項を設けて、又、「但大略言之、成・康時代金文的〝王令〟很可能是王親命、史官宣命似盛于成・康以後、康王時的大盂鼎是惟一可推的例外」と述べている。その是非は別として、明らかに王の「親命」を記す西周金文として穆王時代の遹𣪘銘（両周録二七オ、集成四二〇七）に

隹六月既生霸、穆王在葊京。呼漁于大池。王郷酒。遹御亡遣。穆王親賜遹觲。遹拜首稽首、敢対揚穆王休、用作文考父乙障彝。……

（惟《こ》れ六月既生覇、穆王、葊京に在り。（遹を）呼びて大池に漁せしむ。王、郷酒す。遹、御して譴《とが》亡し。穆王、親《みずか》ら遹に觲を賜う。遹、拝首稽首し、敢て穆王の休に対揚して、用て文考父乙の障彝を作る。……）

とあり、又、郭氏が懿王時代の作器とする史懋壺銘（両周録八〇ウ、集成九七一四）に

隹八月既死霸戊寅、王在葊京溼宮。親令史懋路筭。咸。王呼伊伯賜懋貝。懋拜稽首、対王休、用作父丁宝壺。

（惟《こ》れ八月既死覇戊寅、王、葊京の溼宮に在り。親《みずか》ら史懋に令して路筭せしむ。咸《おわ》る。王、伊伯を呼びて懋に貝を賜わしむ。懋、拝稽首し、王の休に対えて、用て父丁の宝壺を作る。）

とあり、又、郭氏が懿王時代の作器とする先の盠駒尊銘に(16)

隹王十又三月、辰在甲申。王初執駒于㡿。王呼師豦召盠。王親旨盠駒。賜両。……

（惟《こ》れ王の十有三月、辰は甲申に在り。王、初めて駒を㡿に執る。王、師豦を呼びて盠を召さしむ。王親《みずか》ら盠に駒を詣《いた》す。両を賜わる。……）

とある。又、郭氏が夷王時代の作器とする克鐘銘（両周録九三ウ～九七オ、集成二〇四～二〇八）に

……王在周康剌宮。王呼士曶召克。王親令克遹涇東、至于京𠂤。賜克甸車・馬乗。克不敢墜、専奠王令。克敢対揚天子休、用作朕皇祖考伯宝榃鐘、……

（……王、周の康剌宮に在り。王、士曶を呼びて克を召さしむ。王、親《みずか》ら克に令して涇東を遹（省）して、京自に至らしむ。克に甸車・馬乗を賜う。克、敢えて墜《お》とさず、溥《ひろ》く王令を奠《さだ》む。克、敢えて天子の休に対揚して、用て朕《わ》が皇祖考伯の宝𧖴鐘を作り、……）

とあり、そして、郭氏が夷王時代の作器とする噩侯鼎銘（両周録九〇オ、集成二八一〇）に

王南征、伐角𨞫。唯還自征、在矿。噩侯馭方納壺于王。乃裸之。馭方侑王。王休宴、乃射。馭方卿王射。馭方休闌。王宴、咸。酓。王親賜馭方玉五瑴・馬四匹・矢五束。馭方拜手稽首、敢対揚天子丕顯休釐、用作𨽍鼎。……

（王南征して、角𨞫を伐つ。唯《こ》れ還《かえ》るに征自《よ》りして、矿に在り。噩侯馭方、壺を王に納《い》る。乃《すなわ》ち之《これ》に裸《かん》す。馭方、王に侑す。王、宴を休《たま》い、乃《すなわ》ち射す。馭方、王に卿（会）して射す。馭方に休闌あり、王、宴して咸《おわ》る。飲す。王、親《みずか》ら馭方に玉五瑴・馬四匹・矢五束を賜う。馭方、拜手稽首して、敢えて天子の丕顯なる休釐《たまもの》に対揚して、用て𨽍鼎を作る。……）

とあり、又、馬承源氏等が西周後期の作器とする、晋侯蘇編鐘銘（近出三五～五〇）[17]に、

隹王三十又三年、王親遹省東国・南国。……王親令晋侯穌……伐夙夷。……王隹返帰、在成周、……六月初吉戊寅、旦、王各大室……王親賜駒四匹。………丁亥、旦、王御于邑伐宮。庚寅、旦、王各大室……王親齎晋侯穌秬鬯一卣・弓矢百・馬四匹。……

（惟《こ》れ王の三十有三年、王、親《みずか》ら東国・南国を遹省す。……王、親《みずか》ら晋侯蘇に令して……夙夷を伐たしむ（この後、晋侯が数回の功績を挙げたことを記す。そこにも王の「親省」や晋侯に対する「親命」のことが見えている）。……王惟《こ》れ返《かえ》り帰りて、成周に在り、……六月初吉戊寅、旦、王、大室に格《いた》り……（晋侯に）王、親《みずか》ら駒四匹を賜う。………丁亥、旦、王、邑伐宮に御す。庚寅、旦、王、大室に格《いた》り……王、親《みずか》ら晋侯蘇に秬鬯一卣・

弓矢百・馬四匹を齎《おく》る。……）

とある。

又、西周後期の作器とされた、新出器の四十二年逨鼎銘（一〜二、近出二編三二八〜三二九）に(18)

……王若曰、逨、丕顕文武、膺受大令、匍有四方。……汝敏于戎工、弗逆朕親令。……

（……王若《か》くのごとく曰く、逨よ、丕顕なる文武、大令（命）を膺受し、四方を匍有す。……（逨らが玁狁《けんいん》を伐つ話が来る）汝（逨のこと）戎工に敏《いそ》しみて、朕《わ》が親令に逆らわず。……）

とある。

ここに、王の「親令」、「親賜」、「親旨」、「親齎」とある（「寴」は「親」に同じ(19)）。

先に見た頌鼎銘らの官吏の任命を記す冊命儀礼では、王命は伝達者によって宣命され、王の「親令（命）」、「親賜」などの語は見られなかった。時代的推移も考慮しなければならないが、その儀礼は君臣の義を明らかにするものであったように思える。しかし、これらの「親」字の見える銘文では、王と臣下（貴族）個人との間の直接の接触が、親しく仲介者ぬきでなされていた。

遹毀、史懋壺銘の場合は、「葊京」での辟雍儀礼に関するものである。遹毀銘では、王の饗酒に近侍した「遹」に、辟雍大池での儀礼で獲たと思える鳥（一説では野鴨の一種）を(20)、「寴賜」とあって王親らが自分の手で直接賜与するような、そのような親しい行為があったのであろう。

又、史懋壺銘は、「(王) 寴令史懋路筭」の「路筭」を綴遺、積微居、通釈らは、「路筮」と釈し、卜筮に関することを云うと解している(21)。この「筮」について、例えば『儀礼』特牲饋食礼に「宰自主人之左贊命。命曰、孝孫某、筮来日某、諏此某事、適其皇祖某子。尚饗。筮者許諾」（宰、主人の左自《よ》り命を贊《たす》く。命じて曰く、孝孫某、来日某を筮《うらな》い、此の某事を諏《はか》りて、其の皇祖某子に適《ゆ》く。尚《こいねがわ》くは饗《う》けよ、と。筮者許諾す）とあり、「主人」が筮を命ずる辞を直接でなく、「宰」が「考孫某」以下「尚饗」までの「主人」の言葉を筮人にそのまま伝達している。しかし、ここの辟雍儀礼においてはこれと異なり、王が「筮」することを仲介者をおかず、「親令」と、親ら「史懋」に命じたと、「親」字が入っている。壺銘の解釈は確かではないが、この場合、王が親しく言葉を発して、受命者に命じたのであろう。この「史懋」は後の冊命形式金文の免卣銘（両周録八〇オ、集成五四一八）においては、王の冊命書を読む宣命者としてその名が挙げられている。

これらのように、王を含めた周貴族等の公共活動の場所とされる(22)、この「周邦」における弇京辟雍即ち大学での神事に関する儀礼において、王が「親命」、「親賜」しているのは、王個人と臣下（貴族）とが親しく接する場合の例として、又、その場所として、この葊京辟雍における祭祀儀礼（神事）を注目してよかろう。

又、馬のかたちをもつ盠駒尊銘は、郭氏は執駒の礼を現わすものとし、通釈に馬祭・頒馬の礼を云うと解している(23)。おそらく、軍政にもつながる神事であろう。「盠」はその儀礼に関して、両駒を王親ら賜与されたらしい。この「王親旨盠駒。賜両」は、郭氏は「旨殆読為詣、言王親到盠處。〝駒錫両〟者錫駒二匹」とし、通釈に「旨は頣の頁を省した字。……諸家は多く「駒賜両」を句とするが語法に合わず、駒は上属。従がって頣はこの場合致贈の義……親頣は親易と同義である」とするなどの解がある(24)。上文に「王呼師豦召盠」とあるが、この後、『親旨』と云う、「盠」に対する直接の、王親らの行為があったのであろう。同出の盠方尊銘においては、「盠」は西六師の軍団の官司などを命じられており、大規模な馬政・先牧を祭る儀礼における賞賜とともに、当時の王が認めた、特に親頼すべき人物であったようである。

このような祭祀或いは神事を中心とする儀礼は、それが王個人の身と臣下（貴族）との直接の親しい接触の場所となり、その親近を養うとともに、又、臣下がその才能を王に認めてもらう機会となりうる〝場〟でもなかったかと思える。

一方、克鐘銘の「王呼士曶召克。王親令克遹涇東、至于京𠂤」は、馬形盠尊銘と同じく呼召形式の金文で、王が関係器の多い雄族の「克」を召し、王はその「克」に対して直接「親命」している。この場合の王より親命された「遹」（省）とは王の出自する「周邦」の北辺、おそらくは南下してくる戎狄（玁狁）の侵攻にそなえるものと思え、この銘文は軍令に関するものである。

又、噩侯鼎銘の「噩侯馭方」は、淮水上流における湖北の異族（姞姓）の大国であり、周王室は姻戚関係を結んで友邦とし、周の諸侯として南に楚を見て南方の鎮えとしていた。この王の南征の時、王自身と「噩侯」との間に〝射儀〟と宴礼が行なわれ、その時、王は「噩侯」に「（方玉）五瑴、馬四匹、矢五（束）」を「親賜」した。王が仲介者をおかず「親」しく賜わったのは、周辺の南方蛮夷の小大邦の〝乱〟を鎮定させる、「噩侯」に対する優遇措置であろう。これも王にとって重要な軍事的要請からくるものであろう。

又、晋侯蘇編鐘銘の「窺省」や「窺令」、「窺齎」らも、東夷の「夙夷」等を伐った時の命令、軍功によるものであった。[25]又、同じく四十二年逨鼎銘における「戎」を伐つ王命も、「王」が親しく言葉を与えた「親命」であったらしい。

このほか、王ではないが、王命を受けた王臣による親命として、かつて述べた、異族の起こした争乱鎮定の功を云う、「休……有成」の型が見える。[26]劉雨氏等が宣王時代における作器とする多友鼎銘（集成二八三五）に、[27]「多友」が北方から侵入した「玁狁」を伐って功績を挙げたのに対し、

……武公在献宮、乃命向父召多友、乃延于献宮。公親曰多友曰、余肇使汝、休、不逆、有成事。多禽、汝静京師。賜汝圭瓚一・湯鐘一肆……

（……（武公に命じられ多友が玁狁を伐った話が来る）武公、献宮に在り、乃《すなわ》ち向父に命じて多友を召し、乃《すなわ》ち献宮に𨑒《すす》めしむ。公、親《みずか》ら多友に曰いて曰く、余は肇《はじ》めて汝を使するに、休にして逆らわず、成事有り。多く擒《とりこ》として、汝、京師を静めたり。汝に圭鬲一・湯鐘一肆……を賜う、と。）

とある。「武公」がその臣の「多友」を賞して、「乃命向父召多友」の「命……召……」の「命」と「呼」は同義で、呼召形式と同じ。そして、ここでは、「（武公）親曰」とあるように、「武公」が親ら「多友」に言葉を与えて賞賜したものと思える。この「親曰」も、軍功に対するものである。

又、『詩』大雅の韓奕に

奕奕梁山、維禹甸之。有倬其道、韓侯受命。王親命之、纘戎祖考、無廃朕命。夙夜匪解、虔共爾位。朕命不易。幹不庭方、以佐戎辟。……以先祖受命、因時百蛮。王錫韓侯、其追其貊、奄受北国、因以其伯。……

（奕奕たる梁山、維《こ》れ禹之《これ》を甸《おさ》めたり。倬《たく》たる其の道有り、韓侯命を受く。王親《みずか》ら之《これ》に命ず、戎《なんじ》の祖考を纘《つ》ぎ、朕《わ》が命を廃する無れ。夙夜解《おこた》るに匪《あら》ず、爾《なんじ》が位を虔共せよ。朕《わ》が命易《あらた》めず。不庭方を幹し、以て戎《なんじ》の辟《きみ》を佐《たす》けよ。……先祖命を受け、時《こ》の百蛮に因《よ》りしを以て、王、韓侯に錫《たま》う、其の追《たい》其の貊《はく》、北国を奄受して、因りて以て其れ伯たり。……）

とある。王が北方戎狄（主として玁狁）の備えとなる韓侯に対して、先祖考の職位を継ぐことを命じたもので、ここに王の「親命」とある。韓侯は「百蛮」を治める「北国」の「伯」としての重要な地位にあり、この時の「親命」も、「たのむぞ」と云う、やはり軍事的要請からくるものであろう。

これらは、軍事に関係して出てくる「親命」、「親賜」、「親曰」の「親」であった。又、軍事はその性格から当然特別の意味をもったであろうが、この軍事に関しても、元来、先の祭祀（神事）に関して王の「親命」、「親賜」の見えた、貴族の団結をはかる共同体的成員の活動の場とされる辟雍・大学で、その首長たる王自身を含め、尚功や練武を目的とする射儀の競争・競技（軍事訓練）や王命に服さぬ蛮方の征討による献捷の礼が実施されていた(28)。

そして、後のものであるが、『左伝』成公二年の条に、王の言葉として

……蛮夷戎狄、不式王命、淫湎毀常。王命伐之、則有献捷。王親受而労之、所以懲不敬勧有功也。……

（……蛮夷戎狄、王命を式《もち》いず、淫湎常を毀《やぶ》る。王命じて之《これ》を伐たしむれば、則ち捷《しょう》を献ずる有り。王親《みずか》ら受けて之《これ》を労《ねがら》うは、不敬を懲《こ》らし有功を勧《すす》むる所以なり。……）

とある。軍事に関する、王命に服さぬ蛮夷戎狄の征討における献捷（捕虜など）の礼を、やはり「王」が親ら受けて、〝献俘、授馘、飲至、大賞〟（僖公二十八年の条）と云うように、有功者を饗礼する酒宴を開くとするものであろう。

以上のような、莽京辟雍などでの〝祭祀〟（神事）と、そして〝軍事〟とに関して見える、仲介者を置かぬ王が自らする「親命」、「親賜」、「親受」などの例は、「親」字のない場合の判断や陳氏の云う時代的推移も考慮しなければならないが、官吏を任命する冊命儀礼とは別に、古代国家の特徴を云う、「国の大事は祀と戎とにあり」（『左伝』成公十三年の条）の〝祀〟と〝戎〟とによく符号していることは注目される。即ち、以上の祭祀（神事）は、異分子の諸集団らも包み込む、氏族性的貴族社会の、団結のための重要手段であり、軍事は、この貴族成員にとっての重大事であった。想像にすぎないが、ここでの君臣関係が、単なる命令と服従ではない、祭祀と軍事を共にする氏族性的貴族社会の古来からの姿の反映があるかもしれない。

第二節　王と神の場合

次に、西周時代を中心に、王と神との間の意志の伝達方法について見てみたい。西周初のものとして、「武王」が〝克殷〟後、殷の社で天命を受ける儀式を行なった時、『逸周書』克殷に(29)

……師尚父牽牲。尹逸筴曰、殷末孫受徳、迷先成湯之明、侮滅神祇不祀、昏暴商邑百姓。其章顕聞于昊天上帝、武王再拝稽首。……

(……師尚父牲を牽《ひ》く。尹逸筴《さく》して曰く、殷の末孫受徳、先の成湯の明を迷わし、神祇を侮滅して祀らず、商邑の百姓を昏暴す。其れ章顕して昊天上帝に聞えたり、と。武王再拝稽首す。……)

とある。

これを引く『史記』周本紀には、「尹佚筴祝曰、殷之末孫季紂(云々)」(尹佚筴祝して曰く、殷の末孫季紂(云々))とあり、「筴」(「策」に同じ)のところが「筴祝」になっている。「筴祝」は「冊祝」に同じ。正義に「尹佚読筴書祝文、以祭社也」とある。「尹逸筴曰」以下「武王再拝稽首」に至るまでの言葉は、「尹逸」が「武王」に代わって祝文を読み上げ、神に伝達したものであろう。よって、その後、「武王」が神に対し「再拝稽首」している。「武王」自身が直接読み上げたものではない。

又、この〝克殷〟後、「武王」が病気になった時、「周公旦」が「武王」の身がわりにならんことを祖先神の先王に祈り、亀卜した時のことについて、『周書』金縢に

……(周公)乃告太王・王季・文王。史乃冊祝曰、惟爾元孫某、遘厲虐疾。……以旦代某之身。予仁若考、能多材多芸……乃玄孫不若旦多材多芸、不能事鬼神。……今我即命于元亀……。乃卜三亀、一習吉。啓籥見書、乃井是吉。公曰、體……。公帰、乃納冊于金縢之匱中。王翼日乃瘳。……

(……(周公は)乃ち太王・王季・文王に告す。史乃《すなわ》ち冊祝して曰く、惟《こ》れ爾《なんじ》の元孫某、厲虐なる疾に遘《あ》う。……

旦を以て某の身に代えよ。予は仁にして考、能《しか》して多材多芸……乃《なんじ》の玄孫、旦の多材多芸に若《し》かず、能く鬼神に事《つか》える能わず。……今我れ命を元亀に即《つ》く……、と。乃ち三亀を卜せしに、一に吉を習ぬ。籥《やく》を啓《ひら》きて書を見るに、乃《すなわ》ち并びに是れ吉なり。公曰く、體《よ》し……、と。公帰り、乃ち冊を金縢の匱の中に納む。王、翼日乃《すなわ》ち瘳《い》ゆ。……）

とある。

「史乃冊祝曰」以下の「史」が「冊祝」して読み上げた「冊」の辞は、その中で「旦」と云っているように、「周公旦」自身の言葉である。「予」、「我」とあるのも「周公旦」自身を指す。即ち、「史」が、「周公旦」が作ったか作らせた「周公旦」の言葉を書いた「冊」をもって、「周公旦」に代わってそのまま「冊祝」しているのであり、「周公旦」自身が冊祝したわけではない。

「史」が神に伝達したこの「周公」の言葉を記した「冊」は、後に金縢の匱中におさめられた。『周礼』春官・占人の鄭注に「書曰、王与大夫盡弁、開金縢之書、乃得周公所自以為功代武王之説。是命亀書」とあり、この「冊」は亀に命じた書と解してある。

これについて、これは亀卜でなく筮の場合であるが、『儀礼』少牢饋食礼に祭日を筮うところで、「史」が「主人」の命を受けて、「（史）東面受命于主人。主人曰、孝孫某、来日丁亥、用薦歳事于皇祖伯某、以某妃配某氏。尚饗。史曰、諾。西面于門西、……遂述命曰、假爾大筮有常、孝孫某、來日丁亥、用薦歳事于皇祖伯某、以某妃配某氏、尚饗。乃釋韇立筮。……卒筮、……乃退占。……以告于主人。占曰従。（云々）」（史は）東面して命を主人に受く。主人曰く、孝孫某、来日丁亥、用いて歳事を皇祖伯某に薦《すす》め、某妃を以て某氏に配せんとす。尚《こいねがわ》くは饗《う》けよ、と。史曰く、諾、と。門の西に西面して、……遂に命を述べて曰く、爾《なんじ》大筮の常有るに假《よ》り、孝孫某、來日丁亥、用いて歳事を皇祖伯某に薦《すす》め、某妃を以て某氏に配せんとす、尚《こいねがわ》くは饗《う》けよ、と。乃《すなわ》ち韇《つつ》を釋《お》きて立ちて筮《うらな》う。……筮《うらな》うことを卒《お》われば、……乃ち退きて占う。……以て主人に告ぐ。占に曰く従う、と。（云々））とある。ここの「（史）遂述命曰」以下の「假爾大筮有常」は「史」自身の言葉、次の「孝孫某」以下「尚饗」までは、前にある「主人」が「史」に命じた言葉と全く同一であり、この場合も、やはり「史」が「主人」の命をそのまま筮の霊に伝達したものである。ただ、この場合は、「冊」はなかったようである。「冊」の有無やその理由を、王命についても一般に考えてみる必要がある。そして、「史」が占って、「主人」に「吉」を告げている。同内容の特牲饋食礼には、「（筮者）告于主人、占曰吉」（（筮者）主人に告ぐ、占に曰く吉なり、と）とある。又、亀卜の場合、筮の「假爾大筮有常」にあたる卜人自身の言葉は、『礼記』曲礼に「假爾泰亀有常」（爾《なんじ》泰亀の常有るに假《よ》る）とある。

一方、金縢の「乃卜三亀」以下について、孔疏に「洪範」卜筮の法を引いて「三人占則従二人之言」とし、「毎亀一人占之、其後君与大夫等摠占三代之亀、定其吉凶」と述べている。又、蔡沈の『集註』に「卜筮必立三人、以相参考、三亀者三人所卜之亀也」とし、又、『儀礼』士喪礼の葬日を卜するに「占者三人」（占者、三人）も注釈によく引用されている。又、『史記』魯周公世家には、この部分が「於是乃即三王而卜。卜人皆曰吉。発書視之信吉。周公喜開籥乃見書。遇吉」（是に於て乃《すなわ》ち三王に即《つ》きて卜す。卜人皆曰く、吉なり、と。書を発《ひら》きて之《これ》を視るに信《まこと》に吉なり。周公喜び籥《やく》を開き乃《すなわ》ち書を見る。吉に遇う）とあって、「卜人皆曰吉」とある。「三亀」の意味が問題ではあるが、これらの解釈は、複数の卜人らが吉凶を判断し、更に占書によって確認したとするものである。

これらは後の解釈であるが、比較的周初の作とされる『周書』五誥の一つ大誥では、殷の叛乱軍征討の亀卜の結果を多邦の君や御事に示している。その亀卜の方法はよく分からないが、貝塚氏は殷より亡命した九人の巫よりその兆を判定せしめたのではないかと解している。(30)又、洛誥によると、「周公」は洛邑造営の卜兆を成王に献じている。しかし、その吉凶の判断は、既に「周公」らによってなされていたと解され、成王の独占的判断を待って、洛邑造営が始まったわけではない(31)。これらは、卜が吉であることを主張するが、それは、ほかでもない「周公」や王なる者が神意を判断したことを、その判断の正しさの証左として主張したものではない。又、大誥からすると、群臣もそのように考えていないようである。

　この周初の頃の亀卜については、一九七七年に出土した周原甲骨文がある。文例は少なく極めて不確かではあるが、そのハッキリしない断片の刻辞に「王貞」と釈されているものがあり(32)、もしそうなら、この王が周の王として、王が自ら亀に命ずることがあったと解されるかもしれない。しかし、殷墟甲骨文に見える「王固曰」（王固《うらない》みて曰く）のように、王一人が直接独占的に、その吉凶の判断をなしたことを特に主張するが如き例は、確かではないが見あたらないようである。

　周原甲骨文に見える卜法については、更に考えてみたいが、元来、周の卜筮においては、主人、金縢の場合では、「周公旦」自らが神の意志を唯一独占的に判断するものでなく、仲介者（卜人など）があったと考えられており、金縢では少なくとも、最終的には、「周公」一人の判断でなく、占書に依って吉と判定している。「周公」は王ではないが、又『周礼』にも春官・宗伯の条に、卜筮の吉凶を判断する〝官〟として、大卜、占人、筮人の名が見えており、唯一、王のみが独占的に神意を判断する者、知りうる者とはしていない。

　なお、『左伝』にも、後の春秋時代であるが、諸侯の卜筮に、官の卜史らが神意の仲介者となっている例はしばしば見られる。又、『国語』晋語四に、亡命中の晋の文公重耳が晋国へ帰って晋君となる願いをこめて、「公子親筮之」（公子親《みずか》ら之《これ》を筮《うらな》う）と親ら筮をたてた話が出ている。しかし、この場合も、少牢饋食礼や周公世家のように、その卦を占ったのは「筮史」らの他の人がやっている。又、『左伝』哀公十七年の条にも「衛公」が「親筮」しているが、筮史の「胥彌赦」が「不害」と、これを占った話が載っている。その後に「衛侯貞卜」（衛侯、貞卜す）とあるが、その判定者は分からない。このように、占卜を命じた者自身の、神意の唯一独占的判断がなされないのが、確かではないが、当時一般的であったのではないかと思われる。

次に、西周初において、武王の死後、成王時に「四方」支配の中心の都として「新邑」洛（＝成周）が建設され、この時成王が「周公旦」に新邑の経営をまかせたことについて、『周書』洛誥に

……戊辰、王在新邑烝祭、歳、文王騂牛一、武王騂牛一。王命作冊逸祝冊、惟告周公其後。王賓、殺、禋、咸格。王入太室祼。王命周公後、作冊逸誥。在十有二月。……

（……戊辰、王、新邑に在りて烝祭し、歳《ころ》すに、文王には騂牛一、武王にも騂牛一もてす。王、作冊逸に命じて祝冊せしめ、惟《こ》れ周公に其の後を告げしむ。王賓し、殺し、禋《や》きて、咸格《みないた》らしむ。王、太室に入りて祼《かん》す。王、周公に後を命じ、作冊逸、誥《つ》ぐ。十有二月に在り。……）

とある。

新たに建設された「新邑」洛（＝成周）において、周王朝の開設者である「文王、武王」が祭られ、その時、成王は「作冊逸」に命じて、「文王、武王」に祝冊せしめ、「周公」の洛邑経営のことを「文王、武王」の神霊に告げせしめた。この場合も、「祝冊」とあるから、「文王、武王」の神霊に対する成王の言葉を記した「冊」が、成王自身でなく、「作冊逸」によって読まれ、神霊に伝達されたものであろう。なお、『周礼』春官・大祝の条に、「大祝」が掌る六祝の命辞の中に、この「冊祝」（策祝）が見えている。

このように、周初に見える、殷社の儀式や金縢、そして洛誥からすると、周王朝の王は神と直接通ずることはなかったようであり、又、確かではないが、自らが直接、唯一独占的に神の意志をうらなうことも、常法ではなかったので

はないかと思われる。

これに関して、西周初、成王時の作器とされる⿰犭可尊銘（集成六〇一四）に、成王はその言葉の中で、「武王」の〝克殷〟後、「武王」が天に告げた祝文を述べて(33)

……王誥宗小子于京室曰、昔在爾⿰犭可公氏、克逨玟王、肆玟王受茲大令。隹珷王既克大邑商、則廷告于天曰、余其宅茲中国、自之乂民。……

（……王、宗小子に京室に誥《つ》げて曰く、昔、爾《なんじ》・⿰犭可の公氏に在りては、克《よ》く玟王を逨《たす》け、肆《ここ》に玟王は茲の大令を受く。惟《こ》れ珷王は既にして大邑商に克《か》ち、則ち天に廷告して曰く、余は其れ茲《こ》の中国に宅《お》りて、之《これ》自《よ》り民を乂《おさ》めん、と。……）

とある。

即ち、この「（武王）廷告于天曰」以下の「武王」が「天」に「廷告」した祝文は、「（武王）廷告于天曰」とあっても、以上のことからして、「武王」自身が「天」に直接告げたものではなく、「尹逸」のような伝達者が「武王」の言葉を記した冊をもって、神に、「武王」の面前で王の言葉そのまま祝冊したものではなかったかと思える。

このような人間と〝神〟との間の仲介の例は、礼書にもしばしば記されている。例えば、『儀礼』聘礼に、諸侯から使者を命じられた卿「（賓）」が、そのことを父の廟（禰廟）に報告した時、「主人」（「賓」）と「祝」が廟に入り、「祝」が「主人」の言葉を、「主人」の父の神霊に伝達し、「主人」はその前・後に神に「再拝」している。又、「賓」が使者として行った国の君から饔《よう》を賜わった時、「賓」は自分の先祖考を祭り、その時「祝」が「賓」の言葉の「孝孫某、孝子某、薦嘉礼于皇祖某甫・皇考某子」（孝孫某、孝子某は、嘉礼を皇祖の某甫、皇考の某子に薦《すす》む）を「祝曰」以下そのまま神霊に伝達している。

又、少牢饋食礼にも、陰厭の礼（尸が入る前の神祭り）の時に、やはり、「主人」の「孝孫某……用薦歳事于皇祖伯某、以某妃配某氏。尚饗」（孝孫某、……用て歳事を皇祖伯某に薦《すす》め、某妃を以て某氏に配す。尚《こいねがわ》くは饗《う》けよ、と）の言葉を「祝祝曰」（祝、祝して曰く）以下、「祝」がそのまま「主人」の祖考の神霊に伝達している。そして、「主人」はその前・後に、神霊に対し「再拝稽首」している。

一方、逆に「神」（尸）が祭主に嘏辞を与える場合も、この少牢饋食礼に

……上佐食兼受、摶之以授尸。尸執以命祝。卒命祝、祝受以東北面于戸西、以嘏于主人曰、皇尸命工祝、承致多福無疆于汝孝孫。来汝孝孫、使汝受禄于天、宜稼于田、眉寿万年、勿替引之。……

（……上佐食兼《あわ》せ受け、之《これ》を摶《まる》めて以て尸に授く。尸執りて以て祝に命ず。祝に命ずることを卒《お》われば、祝受けて以て戸の西に東北面し、以て主人に嘏《か》して曰く、皇尸、工祝に命じ、多福の無疆を汝孝孫に承《つた》え致さしむ。汝孝孫に来《たま》いて、汝をして禄を天に受け、稼を田に宜《よ》からしめ、眉寿万年、替《すた》る勿《な》く之《これ》を引《なが》くせしめん、と。……）

とある。

「尸」（神）が「祝」に「黍」と「命」を与え、「祝」はその「尸」（神）の嘏辞を「主人」に伝達している「（祝）以嘏于主人曰」以下の、「皇尸命工祝」は「祝」自身の言葉、「承致多福無疆于汝孝孫」以下「（使）勿替引之」までは、「尸」（神）の言葉の内容となるもので、それを「祝」が「主人」に伝達したものであろう。その最初に、「祝」をして、祖先「神」は祭祀に対する「多福」として、天から「禄」を受けさせ収穫が豊かであること（「宜稼于田」、それが「多福」の一番に来る）、そして次に長「寿」のことを告げている（祖先神と天が一緒にいて親しい間柄であることは、第六章参照されたし）。やはり、「祝」が「尸」（神）と「主人」との間の仲介者となっている。[34] 又、この「祝」の仲介については、『礼記』礼運にも「脩其祝嘏」（其の祝嘏《か》を脩め）、「祝以孝告、嘏以慈告」（祝、孝を以て告

げ、嘏《か》、慈《じ》を以て告ぐ）とあり、鄭注に「祝、祝為主人饗神辞也、嘏、祝為尸致福於主人之辞也」とある。又、収穫祭を歌う『詩』小雅・楚茨の「工祝致告。徂賚孝孫。苾芬孝祀、神嗜飲食」（工祝致して告ぐ。徂《ゆ》きて孝孫に賚《あた》う。苾芬たる孝祀、神飲食を嗜《う》ける）以下の「尸」（神）の嘏《か》辞にあたる言葉や、「工祝致告。神具酔止」（工祝致して告ぐ。神具《とも》に酔えり）などにも、「工祝」が「尸」（神）の辞を、「主人」（「孝孫」）に仲介者として伝達している様相が、生き生きと描写されている。

なお、これも後の春秋時代ではあるが、神かけて盟誓が行なわれた時の盟書、即ち載書の文言について、一九七九年に河南省温県に出土した晋の温県盟書には、(35) 冒頭に「圭曰」（圭に曰く）「圭命曰」（圭命に曰く）、「圭命之言曰」（圭命の言に曰く）とあるものがある。「圭」は載書を指すと思え、「圭命」とはそれに書かれた文辞を指すのであろう。「圭命曰」、「圭命之言曰」とは、参盟者に代わって、神霊との仲介者がいて、載書に書かれた参盟者の文辞を読み上げたものではなかったかと見られる。

この載書の作成について、『左伝』哀公二十六年の条に、宋の景公の寵臣「大尹」が公の死後、六卿と盟わんとして、「祝」の「襄」に「載書」をつくらせている。「祝」の「襄」はこの「載書」をもって六卿のいる唐盂にゆき、大司馬の「皇非我」に話をした。この後、「大尹」は「皇非我」らに伐たれるのであるが、会箋に「祝」が「載書」をつくることについて、「周礼、詛祝作盟詛之載辞」とあり、この春官・詛祝の条に「掌盟・詛・類・造・攻・説・禬・禜之祝號、作盟詛之載辞（云々）」（盟・詛・類・造・攻・説・禬・禜の祝號《のりと》を掌る。盟詛の載辞を作り（云々））とある。先の「圭命之言曰」のこの載書を読み上げているのは、これらの祝官の類（巫覡祝史など）であったのかもしれない。又、同じ『周礼』の秋官・司盟の職に、「明神」にその載書を読み告げる職務が記されている。いずれにしても、そのような官職の存在があったとするものである。

又、『左伝』定公四年の条に、晋の文公が行なった践土の盟の時の載書には、

……其載書云、王若曰、晋重・魯申・衛武・蔡甲午・鄭捷・斉潘・宋王臣・莒期。蔵在周府。可覆視也。……

（……其の載書に云く、王若《か》くのごとく曰く、晋の重・魯の申・衛の武・蔡の甲午・鄭の捷・斉の潘・宋の王臣・莒の期、と。蔵《おさ》めて周の府に在り。覆視《ふくし》す可きなり。……）

とある。その「載書云」の次に「王若曰」とあるから、この場合は「王若曰」以下が載書の文辞であろう。即ち、周の宗盟におけるこの載書は、王命の形をとったものである。この「王若曰」は、陳氏が云う先の冊命形式金文の王命の伝達形式と同じであるから、無論、この場合も、王自身でなく、伝達者によって「王若曰」以下が読み上げられ、王命に対する服従が神かけて誓われたものと思われる。この形式は、先の冊命儀礼でも誓約が行なわれており、その類似が注目される。

又、一方では、『左伝』襄公九年の条には、晋が鄭に強いて盟った時、鄭の六卿のひとり「公子騑」が進み出て鄭の載書を読み上げている。確かではないが、誰が載書を読むかが問題にされていない所を見ると、必ずしも、専門の官が神霊に告げるとは限らなかったようである。このことは、その他の理由があるかもしれないが、宗教性よりも、漸次来る、現実の人間重視の時代的趨勢を、そこに見ることが出来るかもしれない(36)（このことは、卜筮の占者についても云えるようである）。

このほか、論述する紙幅はないが、『左伝』には、「祝宗」や「祝史」の類が「主人」と神との間の仲介をしている例は、数多く見られる(37)。

おわりに

以上、主に西周時代における王と臣下（貴族）、又は神との間の意志の伝達方法について、少しく考えてみた。前者では、西周中期以降における、特に官吏任命の冊命儀礼における伝達者の存在などの儀式次第を見、又、命の授受における儀礼において、王は堂上、臣下は堂下の廷上、王・臣下ともに堂上、又はともに堂下の廷上にいる、などの儀礼上の相違が、両者の関係から注意された(38)。

又、王が伝達者を置かぬ、受命者に対する王自らの「親命」・「親賜」などの例は、西周金文に、特に、祭祀（神事）と軍事に関して見えていた。この王個人の身と臣下（貴族）との親しい接触を、祭祀（祀）と軍事（戎）をともにする、異分子をも包み込む氏族制的貴族成員の姿から少しく想像してみた。そこに王個人との親しい直接の接触や軍事の重要性という、又臣下側から見ても、その才能を認めてもらうなどの重要な意味があったかもしれない。

しかし又、命令と服従という君臣の義を明らかにする官吏任命の冊命儀礼においても、宗廟という宗教的権威を背景に行なわれていたし、又、典礼化されているが、受命者が祖先を祭るための作器を云わしめられていた。このことは、そこから、当時の貴族の、氏族制的社会を秩序立てる理念的背景らを読みとることが出来るかもしれない。

一方、王と神の間も、王は直接神と通ずることはなかったようであり(39)、又自らが直接、唯一独占的に神の意志を判断することも、確かではないが、一般にはなかったのではないかと思われる。史料的に乏しいが、周王朝の王は、そのことを主張していないように思える。ところで、その前の殷王朝の王について、白川静氏は、その性格から巫祝王とし、松丸道雄氏は「貞人が焼灼してできた卜兆を見て、その吉凶を判定しうる地上唯一人の存在」と述べている(40)。

殷王朝の王は、殷の時代的推移が問題となるかもしれないが、そのことを主張しているようである。もしそうであれば、この点に関して、同じ先秦王朝でも、殷と、これに替わった周王朝における王の性格とは、少しく相違していたのではないかと思われる。

注

（1）拙稿「晋の武宮と朝廟の礼」史滴第四号、早稲田大学東洋史懇話会、一九八一年。

（2）陳氏「西周的策命制度」「西周銅器断代」（三）、考古学報第一一冊、一九五六年、所収。冊命儀礼については、このほか黄然偉『殷周青銅器賞賜銘文研究』龍門書店、一九七八年、等参照。「集成」は、中華社会科学院考古研究所編『殷周金文集成』（集成と略称、後に同じ）全十八冊、中華書局、一九八四—一九九四年。「両周録」は、郭沫若『両周金文辞大系図録攷釈・録』（両周録と略称、後に同じ）一九三五年。

（3）陳氏は「康邵宮」を王宮とするも、唐蘭・楊寛氏らは、宗廟と解している（唐氏「西周銅器断代中的〝康宮〟問題」考古学報一九六二年第一期、楊氏『中国皇帝陵の起源と変遷』尾形勇・太田有子共訳、学生社、一九八一年、五一頁）。楊氏等が云う、当時の宗廟の重要性から見て宗廟説をとりたい。

（4）この重屋について、『礼記』明堂位の「復廟重檐、……天子之廟飾也」（復廟重檐あり、……大子の廟飾なり）の鄭注に「復廟、重屋也」などとある。

（5）杅鴻勛「西周岐邑建筑遺址初歩考察」文物一九八一年第三期、等参照。

（6）松丸道雄・永田英正『中国文明の成立』《ビジュアル版》世界の歴史5、講談社、一九八五年、八八頁。

（7）貝塚氏「第一章、金文学の発展、西周後期金文」『中国古代史学の発展』弘文堂書房、一九六七年、一八五頁。

（8）白川氏『金文の世界—殷周社会史—』平凡社、東洋文庫一八四、一九七一年、一七六—一七八頁。赤塚氏『書経・易経（抄）』平凡社・中国古典文学大系1、一九七二年、三二三頁。

（9）郭氏「弭叔簋及訇簋考釈」文物一九六〇年第三期、六頁、等参照。
（10）ただ、陳氏論文中には、少しく作図と矛盾する表現もあるようである。
（11）白川静『金文通釈』（後、通釈と略称）第二二輯、無𠬝𣪘の条、一九六八年、六六頁。伊藤道治「第一章、西周金文とは何か―恩寵と忠誠―」『中国古代国家の支配構造』中央公論社、一九八七年、四九―五〇頁、五六―五七頁、等参照。伊藤氏はこの中で松丸道雄氏への批判として、「対揚」以下の語は、受命者の自らの自発的意志によって述べられたものと解している。しかし、本文の次に述べるように、たとえ王の恩寵に不満があっても、このように云わねばならぬもの、即ち、それが当時の〝礼〟ではなかったかと思える。
（12）松丸道雄「西周青銅器製作の背景―周金文研究・序章―」松丸道雄編『西周青銅器とその国家』東京大学出版会、一九八〇年（原論文は東京大学東洋文化研究所紀要第七二冊、一九七七年、所収）、同氏「西周青銅器中の諸侯製作器について―周金文研究・序章その二―」同右（原論文は『東洋文化』第五九号、〝特集・西周金文とその国家〟、東洋文化研究所東洋学会、東京大学出版会、一九七九年、所収）、等参照。
（13）胡厚宣「重論余一人問題」『古文字研究論文集』四川大学学報叢刊第十輯、一九八二年、等参照。なお、斉桓の〝文・武の胙〟の賜与については、拙稿「周天子による〝文・武の胙〟の賜与について―成周王朝とその儀礼その意味―」史観第一二七冊、一九九二年、注（1）の拙稿、参照。
（14）白川静「安州六器通釈」『甲骨金文学論叢』十集、一九六二年、等参照。
（15）『儀礼』の訳については、池田末利訳注『儀礼』Ⅰ―Ⅴ、東海大学、一九九六―二〇〇〇年、等参照、以下に同じ。
（16）郭氏「盠器銘考釈」考古学報一九五七年第二期、等参照。
（17）「近出」は、劉雨・盧岩編『近出殷周金文集録』（近出と省略）全四冊、中華書局、二〇〇二年。馬承源「晋侯蘇編鐘」『上海博物館集刊』第七期、一九九六年、馮時「晋侯蘇鐘与西周暦法」考古学報一九九七年、第四期、等参照。
（18）「近出二編」は、劉雨・嚴志斌編『近出殷周金文集録二編』（近出二編と略称）全四冊、中華書局、二〇一〇年。陝西省考古研究所、宝鶏市考古工作隊、眉縣文化館、楊家村聯合考古隊「陝西眉縣楊家村西周青銅器窖蔵発掘簡報」、馬承源、王世民他「陝西眉縣出土窖蔵青銅器筆談」、李学勤「眉縣楊家村新出青銅器研究」、裘錫圭「逨盤銘文札記三則」、張培瑜「逨鼎之月相紀日和西周年代」、劉懐君・辛怡華・劉棟「四十二年、四十三年逨鼎銘文試釈」、劉懐君・辛怡華・劉棟「逨盤銘文試釈」文物二〇〇三年第六期、等参照。

(19) このほか、やはり冊命形式金文ではない農卣銘（集成五四二四）に「王窺令白啓（云々）」とあるが、他の親字と字形が少し異なっており、陳氏も（？）をつけている。難解な文章で、他の西周金文に比べておかしな用語もあり、意味内容ははっきり分からない。

(20) 陳夢家「西周銅器断代」(六)、考古学報第十四冊、一九五六年第四期、八七頁。

(21) 方濬益『綴遺斎彝器款識考釈』（綴遺と略称）一八九四年成、十三巻七。楊樹達『積微居金文説』（積微居と略称）二四七—二四八頁。通釈第二十一輯、史懋壺の条、一九六八年。

(22) 楊寛「我国古代大学的特点及其起源」『古史新探』中華書局、一九六五年、二〇二頁。

(23) 注(16)の郭氏前掲論文に同じ。通釈第一九輯、盠駒尊の条、一九六七年。

(24) 注(23)に同じ、それぞれ、四頁、三二八頁。

(25) 注(17)に同じ。

(26) 拙稿「周王朝と「成」の構造について—「成周」はなぜ「成」周と呼ぱれたか—」（補訂して、本書の第二章に入る）東京大学東洋文化研究所紀要第一〇九冊、一九八九年、参照。

(27) 劉氏「多友鼎銘的時代与地名考訂」考古一九八三年第二期、等参照。

(28) これについては、拙稿「西周王朝と彤弓考—「四方の匍有」者の性格について—」（補訂して、本書の第三章に入る）東方学第八十輯、一九九〇年、参照。

(29) 朱右曾『逸周書集訓校釈』巻四克殷第三十六（国学基本叢書）、黄懐信等撰『逸周書彙校集注、上』巻四克殷解第三十六、上海古籍出版社、一九九五年、参照。。

(30) 貝塚氏「亀卜と筮」東方学報（京都）第十五冊第四分、一九四七年、のち『貝塚茂樹著作集』第三巻、殷周古代史の再構成、中央公論社、一九七七年、所収。

（31）注（8）の赤塚氏前掲書、池田末利『尚書』集英社、一九七六年、それぞれ洛誥の条参照。

（32）陝西周原考古隊・周原岐山文管所「岐山鳳雛村両次発現周初甲骨文」考古与文物一九八二年第三期、二〇頁、徐錫台『周原甲骨文綜述』三秦出版社、一九八七年、八九頁、等参照。

（33）唐蘭「牁尊銘文解釈」文物一九七六年第一期、等参照。

（34）卿大夫の礼とされる少饋食礼に対し、士礼とされる特牲饋食礼では「尸」が親ら「主人」に嘏しており、賈疏に「士尸卑、礼質故也」とある。

（35）河南省文物研究所「河南温縣東周盟誓遺址一号坎発掘簡報」文物一九八三年第三期、吉本道雅「晋国出土載書考」『古史春秋』第二号、一九八五年、朋友書店、等参照。

（36）周王朝の盟誓の方法については、別途に分類整理してみたい。

（37）狩野直喜「支那上代の巫、巫咸に就いて」哲学研究第四号、一九一六年、同氏「説巫補遺」芸文第八年第三号、一九一七年、同氏「続説巫補遺」芸文第九年第六号、一九一八年、のち、皆、同氏の『支那学文藪』みすず書房、一九七三年、所収、藤野岩友「巫について、四、巫と祝・宗・史との関係」『巫系文学論』大学書房、一九五一年、等参照。

（38）仲介者の性格については、白川静「作冊考」『甲骨金文学論叢』二集、一九五五年、等参照。なお、新出の殷末の器と思われる子尊銘（文物一九八六年第一期、西周初期のものと云う、集成六〇〇〇、殷或西周早期と云う）に「乙卯、子見在大室、伯□□琅九、……」（乙卯、子、見して大室に在り。伯□□琅九、……）とある。前代であるが、これによると、「子」は、「大室」、つまり堂上で「王」に見事の礼を行なったらしい。この面謁の儀礼は、「王」・臣下ともに堂上の礼となるが、注目される記述である。更に考えてみたい。

（39）これは諸侯の楚の霊王についてであるが、『国語』楚語上に「余左執鬼中、右執殤宮」（余、左に鬼中を執り、右に殤宮を執れり）とあり、鬼神に通ずる話が見える。この行為は、よく鬼神と通ずる巫祝に類するが、この霊王は虐にして殺されたと云うように、それは否定的意味で使ってあるようである。

（40）白川氏『甲骨文の世界』平凡社、東洋文庫二〇四、一九七二年、二六―三二頁。松丸氏「殷人の観念世界」『シンポジウム、中国古文字と殷周文化―甲骨文・金文をめぐって―』東方書店、一九八九年、所収、一四五頁。これらからすると、それまでの神と通じる巫祝の類（「民」の代表者的役割）は漸次、周代に入ってその官制の中に組み込まれていったのではないかと思える。

第六章　西周金文に見える、王の出自する「家」について

――婦人の婚姻そして祖先神、領地など――

はじめに

かつて述べたように[1]、周王室は、何をもって周王朝が成立したと考えたのかと云うと、王の誥文や命書等の中では、〝文王〟の「天命の膺受」、即ち「上下の匍有」とそれと結合した「迨《あ》わせて万邦を受く」「受民、受疆土」と云うことと、〝文王〟を嗣いだ〝武王〟の「四方の匍有」（「克大邑商」）、即ち「不廷方の率懐」「方蛮𡛥見せざるものはなし」と云うことの、二つのことが考えられていた。例えば、両周が周初の康王時代における作器とする大盂鼎銘（両周録一八オ、集成二八三七）に載す王の冊命書冒頭には「王若曰、盂、丕顕玟王、受天有大命、在珷王、嗣玟作邦、闢厥匿、匍有四方、畯正厥民」（王若《か》くのごとく曰く、盂よ、丕顕なる玟王、天の有する大命を受く。珷王に在りては、玟（王）の作《おこ》せし邦を嗣《つ》ぎ、厥《そ》の慝《かく》れたるを闢《ひら》きて、四方を匍有し、畯《なが》く厥《そ》の民を正す）とあった。ここで、〝文王〟の「天命の膺受」そして〝武王〟は「嗣玟（王）作邦」（玟（王）の作《おこ》せし邦を嗣《つ》ぎ）と云っているように、〝文王〟が君となる「邦」即ち西周金文に頻出する「周邦」の君の位を嗣いで、周王朝開設の条件、「四方の匍有」者になったことを云っていた。この「周邦」は、西周中期、史墻盤銘（集成一〇一七五）の「（成王）用肇徹周邦」（（成王は）

用て肇《はじ》めて周邦を徹《おさ》む）の〝成王〟が治める「周邦」であり、又、周王朝成立の対象領域となる「四方」とは「周邦」から見れば、「中国」（「成周」）の〝外〟の、いわば〝外国〟となる「方蛮」「蛮方」等のいる領域に当たっていた。これらからして、周王朝における君主がその地位の公的根拠の対象として、「周邦」と「四方」との両者を挙げていたことが分かる。そしてこの王の出自する「周邦」と、もう一つの王朝開設の条件、〝文王〟の「天命の膺受」との関係についても、「周邦」の〝受命〟として血統による世襲主義との結びつきを、かつて述べた。[2]

又、郭氏が厲王時代における作器とする師克盨銘（集成四四六七～四四六八）にも、同じように、王は冊命書冒頭で、周王朝の開設について〝文・武〟の「天命の膺受」と「四方の匍有」を述べ、その直ぐ下に「周邦」に対する師克の「先祖考」よりの労勤を述べている。又、穆王時代の作器とする彔伯㦰𣪘銘（両周録三五オ、集成四三〇二）の王の冊命書冒頭でも、「周邦」に対する彔伯の「祖考」よりの労勤と、「四方」、「天命」とによく勤めたことを云っている。[3]一方、王の臣下側から見ても、両周が厲王時代における作器とする大克鼎銘（両周録一一〇オ～一一一オ、集成二八三六）に、克の言葉として「克曰、……天子其万年無疆、保乂周邦、畯尹四方」（克曰く、……天子其れ万年疆り無く、周邦を保乂して、畯《なが》く四方を尹《おさ》めんことを）とあって、周王朝の君主に対して、「周邦」と「四方」とを万年疆りなく保《やす》んじ治めんことを願っている。又、近年出土の逨盤銘（近出二編九三九）にも逨の言葉として「逨曰、……天子其万年無疆、……保奠周邦、諫乂四方」（逨曰く、……天子其れ万年疆り無く、……周邦を保奠して、四方を諫乂せんことを）とあり、ほぼ同じように、周王朝の君主に対して「周邦」と「四方」とを保《やす》んじ治めんことを願っている。これらのことは、周王朝における君主の権威の正当性を示す即位儀礼においても、『周書』顧命に、〝喪服〟を着替え〝吉服〟して、新たに即位する釗（康王）は前王（成王）の遺言として「臨君周邦」と「燮和天下」との冊命を受けて、やはり「周邦」と「四方」（「天下」）とに対する二つの君の位に即くことが命じられていた。[4]

これらの「周邦」と「四方」との二つを治めることは、先の西周金文とすべて整合している。

しかしながら、周王朝の君主が治めるところについて、王の冊命書等には、更に、両周が宣王時代における作器とする毛公鼎銘（両周録一三一オ〜又一三一オ、集成二八四一）に

王曰、父厝、……命汝乂我邦、我家内外。惷于小大政、嘽朕位、虩許上下若否雩四方、……王曰、父厝、……命汝亟一方、弘我邦、我家。……

（王曰く、父厝よ、……汝に命じて我が邦、我が家の内外を乂《おさ》めしむ。（汝は）小大の政を惷《つつし》み、朕《わ》が位を嘽《たす》けて、上下の若否と四方とに虩許《つつし》み……、と。王曰く、父厝よ、……汝に命じて一方に極たらしめ、我邦、我家を弘《おおい》ならしむ。……）

とあって、臣下の父厝に対する王の冊命書に「我邦、我家」即ち王自身が云う「我邦」、「我家」の語句が二カ所見えており、ここに治めるべきものとして王が云う「我邦」と共に「我家」とあって、王の出自する「我家」の「家」とある。

前者の「乂我邦、我家内外」の「乂」とは、先の「（天子が）保乂周邦」（大克鼎銘）の「乂」と同じで、両周に「乂（治）」とし、文録に尨敦（後述の蔡𣪘銘）を引いて「尨敦従治王家外内」等とあり、治める意味である。後者の「弘我邦、我家」の「弘」は、愙斎に弘で宏と通ずとし、文録は弘、通釈は張皇の意で、邦家の勢威を張皇せよと解する。(5)

いずれにしても、王自身の言葉の中に、並べて「我邦」、「我家」を治めんことが述べられている。通釈に、邦とは政治的統体をいい、家とは宗法的統体をいうとして、「家」は王家、王室の意に解している。又、この「我邦」、「我家」は、両周が厲王時代の作器とする叔向父𣪘銘（両周録一二九オ、集成四二四二）に、「叔向父禹曰、余小子、……

賁保我邦、我家」（叔向父禹曰く、余小子、……我邦、我家を賁保せん）とあり、この場合は、臣下側の叔向父の言葉として、王の場合と同じ「我邦、我家」の表現が見えている。(6)

又、近年出土した、西周後期、厲王胡自身の自作器とされる㝬𣪘銘（集成四三一七）にも

王曰、……用康恵朕皇文剌祖考、其各前文人、……用𩐋保我家、朕位、㝬身。阤々降余多福、憲烝宇慕遠猷。……

（王（厲王のこと）曰く、……（祭器を作りて）用て朕《わ》が皇文烈祖考より、其れ前文人に格《いた》るまで……康恵せん。……（王の先祖考が帝廷より陟降して）用て我が家、朕《わ》が位、㝬の身とを令保す。阤々として余に多福を降し、宇謀遠猷を憲蒸（宣導）せられよ。……）

とあり、「𩐋保」は、張亜初等に善保、令保などと解されているが、ここに王の先祖考が保《やす》んずる者として、王自身の言葉の中に「我家、朕位、㝬身」の三つが挙げられている。(7)「朕位」は、直接には先の「四方の匍有」の「四方」の君主としての王の位を指すであろうが、又同時に王自身の「我邦」である「周邦」の君主となる位、それと結びついた天子の位をも含めているであろう。次の「㝬身」は厲王胡自身を指している。

そして、王が保《やす》んぜられんことを云うこの「家」と「位」と「身」との三つの冒頭に、「朕位」とは別に、先の「我邦、我家」の内の「我家」が挙げられている。「我家」は、公《おおやけ》に「周邦」と「四方」の君主となる「朕位」の〝位〟や、そして次の唯一人（天子、王）の㝬自身の「身」とは別にして、しかも、この「我家」は、この三者の最初に挙げられるものであった。そこに、王にとってその治めるべき「家」の重要性があろう。

このように、周王朝における開設の条件として〝文王〟の「天命の膺受」と、〝文王〟を嗣いで「周邦」の君となった〝武王〟の「四方の匍有」が述べられ、又、臣下側からも王に対し「周邦」と「四方」とを治めんことが云われていた。そして又、王位継承儀礼においても、公的に「周邦」と「四方」（天下）とを治めることが前王の遺言の形で

冊命されていた。そこには、王自身が「我邦、我家」という、王が出自する、「我家」の「家」についての表現は（「家」の代表者としての立場を王が嗣いだと思えるが）、脱簡があるかもしれないが、述べられていなかった（「家」の代表者となる儀礼については、顧命によると、成王が崩じた後、九日目に行われた子釗（康王）の〝吉服〟した正式の即位式の前に、〝喪服〟した子釗の喪主としての儀礼が述べられており、それが「家」の代表者になることと関係するように思える。これについては、第七章参照されたし）。

しかし、西周金文に見える、周王朝の君主の位が対象とする「周邦」と「四方」とのほかに、更に、もう一つ、王が代表者となる、王の出自する「我家」の「家」が、厲王自身の言葉の中で、重要な意味をもって述べられていた。そこで、西周金文に見える「家」についての用例を基本的に整理し、少しくその意味について考えてみたい。そしてそこから、「家」に付随してよく出てくるものや、婚姻夫婦の女性などの問題について考えてみたいと思う(8)。

第一節　王の「家」と婦人の婚姻について

先の毛公鼎銘における王の命書中に、「王曰、父厝、……命汝乂我邦、我家内外」とあって、「乂我邦、我家内外」とあったが、これと類似した表現が、両周が夷王時代における作器とする蔡𣪘銘（両周録八七ウ、集成四三四〇）の王の冊命書中に「死嗣王家。外内（入）……」として見えている。即ち

隹元年……、王若曰、蔡、昔先王既令汝作宰、嗣王家。今、……令汝眔曶……死嗣王家。外内毋敢有不聞。嗣百工、出入姜氏令。厥有見、有即令、厥非先告蔡、毋敢疾有入告。汝毋弗善效姜氏人。……

（惟《こ》れ元年……、（王は蔡に冊命して）王若《か》くのごとく曰く、蔡よ、昔、先王既にして汝に令して宰と作《な》し、王家

を嗣《つかさど》（司）らしむ。今、……汝と舀とに令して……王家を死嗣（司）せしむ。外内（人）するに敢えて聞《ぶん》せざる有ること毋《なか》れ。（王家の）百工を嗣《つかさど》（司）り、姜氏の令を出入せよ。厥《そ》れ見《まみ》えんとするもの有り、令に即《つ》かんとするもの有るときは、厥《そ》れ先に蔡に告ぐこと非ざれば、敢えて疾《ゆる》して入れ告げしむる有ること毋《なか》れ。汝、姜氏の人を善效せざること毋《なか》れ。……）

とあり、「王若曰」の中に「死嗣王家」（王家を死嗣せしむ）とあり、上文にも「嗣王家」（王家を嗣らしむ）とあって、「王家」の語が見える。即ち、王の即位元年に、蔡が舀と共に、先王の時代より引き続いて任命された、王が出自する「王家」を「嗣」、「死嗣」する「宰」とは、両周に、「内宰、一種宮宰」として、『礼記』祭統の「宮宰宿夫人」、又「奄尹」として月令の「仲冬、命奄尹、申宮令、審門閭、謹房室、必重閉」等を引いている。この「家」と結びつく「宰」の名が、後の春秋器の銘文にその名が多く見えるようになるのは、「家」の勢力の増大など歴史的に意味があろう。この王の冊命書中にある、「宰」が「出入姜氏命」の「姜氏」の「命」を出入する「姜氏」とは、文録に「王后」、文選に「荘云、姜氏后妃也」と解するように、王が、姜姓の女性である、自分の嫡妻を呼んだ云い方である。(9)劉啓益氏は、この「姜氏」を、西周中期、懿王の妃としている。(10)又平凡は、王后の「姜氏」の「命」を出納せよとの言葉がある点から見ると、蔡は内宰を司る宮宰となったのであろうと解している。(11)上文の「外内（入）」とは、外からの「王家」への上奏であろう。

ここに云う、王に命じられて蔡が、「嗣王家」、「死嗣王家」の「王家」を司るとは、具体的には、この王が出自する「王家」の「家」を司ることとは、婦人、この場合は、主に王と夫婦である王の嫡妻「姜氏」のことが述べられ、「嗣王家」の「家」と嫡妻が結びついて出ている。それは、王との婚姻を前提としたものであるが、「王家」即ち「家」を司ることが、王后即ち王の嫡妻を問題にしているところが、特徴的である。

「王家」の用例は後述するように、今の所五例見えているが、その内三例は、「畢」等、直轄する王領地の経営（それに属する民人の官司や財産等の管理など）に関係したもののようであり、他の一例が、累代の祖先神の中でとらえた「王家」で、他の一例が、この王の男女の婚姻夫婦に関係したものである。この「王家」に出てくる王の嫡妻については、先の周王朝の君主の君主たる根拠、「天命の膺受」と「四方の匍有」、そして「周邦」のところに関しても、又、王位継承儀礼においても、それは見えていなかったものである。それが王が云う「我邦、我家」の「我家」、即ち「王家」の「家」のところで出ている。そこは、女性と深く関係したところであったようである。

この「王家」を司るの「家」に出て来る王后について、この王の「姜氏」の表現は、一九七四年、陝西省周至縣出土の王作姜氏障設銘（集成三五七〇）にも「王作姜氏障設」（王、姜氏の障設を作る）とあり、報告者は西周後期の王室の器とし、劉氏は、この「姜氏」を厲王の妻として、『詩』大雅・崧高から、「申国」（姜姓）の女、「申姜」と解している。(12)そうすると、この「姜氏」も王から見て嫡妻を称したものとなろう。又、窓斎等に著録される王伯姜鬲銘（集成六〇六～六〇七）に「王伯姜作障鬲。永宝用」（王伯姜、障鬲を作る。永く宝として用いん）とあり、周存等に著録される王伯姜壺銘（集成九六二三～九六二四）に「王伯姜作障壺。其万年永宝用」（王伯姜、障壺を作る。其れ万年、永く宝として用いん）とあって、「王伯姜」とある。その時代について、林巳奈夫氏は王伯姜鬲を西周ⅢBに置いている。又、劉氏はこの「王伯姜」の「伯姜」を、懿王の后妃としている。(13)この場合、王の嫡妻「王伯姜」自身が宗廟の祭器を作ったとするものであり、王に嫁いだ女性として「王伯姜」と呼ばれたものであろう。女性の王后婦人に関係する器については、更に後述する。

一方、蔡設銘の王の言葉にある「嗣百工、出入姜氏令」とは、劉氏は「管理王家外内之事、治理百工、并且出納姜氏的命令」と解し、通釈は、これらの「百工」は「王家」の使役する百官隷属で、「姜氏」に属するものであり、下文の「姜氏人」と共に、これらの「百工」はこの「姜氏」の統轄下にあるとする。又「善效」は教導の意味で、「姜氏」の徒隷をよく指導して指使に従わせよと命じたものと解している。(14) この「百工」は、両周が厲王時代における作器とする伊毁銘（両周録一一六オ、集成四二八七）の王の冊命書に「(王在周康宮)……冊命伊、𬪩官嗣康宮王臣妾、百工」（(王、周の康宮に在り)……伊に冊命せしむ。併《あわ》せて康宮の王の臣妾、百工を官嗣せよ）とあり、王の三都の一つ、「周」の「康宮」に属する王の「臣妾、百工」と同じ類に当たるものであろう。この伊毁の両周に、臣下側の「家」が出ている、厲王時代における作器とする師毁毁銘（師獸毁、両周録九八ウ、集成四三一一）の「白龢父若曰、師毁、乃祖考又労于我家。……余令汝死我家、𬪩嗣我西隔東隔僕馭、百工、牧、臣妾」（白龢父若《か》くのごとく曰く、師毁よ、乃《なんじ》の祖考より我が家に労有り。……余は汝に令して我が家を死《おさ》めしめ、併《あわ》せて我が西隔・東隔の僕馭、百工、牧、臣妾を嗣《つかさど》（司）らしむ）の例を挙げて、「康宮」中の王に直属するところの「臣妾、百工」を管理する意に解している。通釈も、伊は「王家」を死嗣する職にあり、兼職として「周」の「康宮」における王の「臣妾、百工」の管理を命ぜられたものと解している。(15)

この「王家」や、臣下側の「家」と関係する「臣妾、百工」について見ると、この師毁毁銘に白龢父が「師毁」に先「祖考」より「我家」に勤めたことを云って、「令汝死我家」と見え、「死」は「死嗣」と同じ。「𬪩」は藉か摂、併と解されているが、「西隔、東隔」は、両周に「左伝所謂『卒偏之両』者。一称左右戯、見師虎毁。此四字当連『僕馭百工牧臣妾』為読、乃命師毁管理両偏卒中之此等下属人員」とあるように、軍の編成に関するものである。(16) 即ち、ここの「我家」の「家」は軍事について述べており、「白龢父」の「家」に属する、当時の軍団の構成を見ることができる。その「家」に属して軍用に関係するものとしてその下に続けて「僕馭、百工、牧、臣妾」とあり、この「臣妾、百工」の名が見える。又、先の大克鼎銘に「王若曰、克、……賜汝井家匔田于𤲞、以厥臣妾」（王、若《か》くのごとく曰く、克よ、……汝に井家の劓田を昢に賜い、厥《そ》の臣妾と以《とも》にす）とあり、「劓」は通釈に繫属の意、伊藤道治氏は「劓」という所にある「田」等とする。(17) いずれにしても、「井家」の「家」には、その「家」の領有する特定の「田」とそれに結びついた「臣妾」とが見えており、それが一緒に賜与されていた。このように、種々「臣妾、百工」らはよく王や臣の「家」に付属して出てくる。先の「宰」はその王が代表する「家」が直接支配する民人や土地等の財産を司ったようであり、又それは「家」を監督する女性の嫡妻と、深く関係していたようである。

王の出自する「家」を云う先の蔡𣪘銘の、その王の命書にある「出入姜氏命」から「善效姜氏人」の間にある「厥有見、有即命、厥非先告蔡、毋敢疾有入告」とは、王によって「宰」の蔡が命じられた「𤔲王家」、「死𤔲王家」に対するものであるが、この句が「姜氏」の間にある所を見ると、「姜氏」の命令を出入し、入る者を管理して、入見や命に即くには、先ず蔡に告ぐことを命じたものであろう。新たに即位した王より命じられた、この「死𤔲王家。外内（入）……」以下、この「王家」が、ここでは王の嫡妻「姜氏」の命令に関係して述べられているのである。

当時、「𤔲王家」、「死𤔲王家」の「王家」、即ち王自身の云う「我家」の「家」と云えば、王と婚姻夫婦であるその配、嫡妻の王后が意識されていたことが分かる。又そこに、女性を意識するこの「家」の管理をおこなう「宰」となる者の重要な点もあろう。

この「家」とそこに意識される婚姻夫婦の関係を見ると、両周が穆王時代における作器とする縣改𣪘銘（両周録三八オ、集成四二六九）に、「縣伯」に嫁ぐ改姓の女性縣改に「白屖父」が「（白屖父曰く）乃、仜縣伯室。賜汝婦爵・𡛷（祼）之弋（柲）・周（琱）玉黃□」（（白屖父曰く）乃《なんじ》、縣伯の室を仜《やす》んぜよ。汝に婦爵・𡛷（祼）の弋（柲）、周（琱）玉黃□を賜う）とあり、そして銘末に「（縣改曰く）我不能不眔縣伯万年保」（我、能く縣伯と万年まで保たずんばあらず）とあって、「我」即ち女性の縣改が、一生、夫となる「縣伯」と添い遂ぐことを誓ったとしている。「仜

「縣伯室」の「仜」は、古文審は佐で佐助の意、河出は「タモツ」等とある。そして、この縣改に対する「婦爵」以下の賜与物について、両周に「琟」は祼で、「祼圭之柲、用珝玉為之」とし、「黄」は、『詩』・旱麓の祭祀に関する「玉瓚之〝黄流〟」や、攷工記に云う「辺璋之〝黄金勺〟」を引き、通釈にも婦は寝廟につかえてその家廟を守るものとして、爵、弋、周玉黄□をみな廟祭に用いる器としている。[18]

そうすると、縣改が「縣伯」に嫁いで嫡妻となる時、これらの廟祭の器を受けたとすれば、そのことが、「縣伯」の妻となる彼女にとって、家廟を守るものとして、嫁ぎ先の祖先神等の祭祀が重要であったことを意味するであろう。なお、この「縣伯室」の「室」には、報告者が西周晩期における作器とする逆鐘銘（集成六〇～六三）に「叔氏若曰、逆、乃祖考許政于公室。……用歆于公室僕庸、臣妾、小子室家」（叔氏若《か》くのごとく曰く、逆よ、乃《なんじ》の祖考、公室を許政せり。……（汝は）用て公室の僕傭、臣妾、小子の室家とを歆《おさ》めよ）と「室家」とあり、「叔氏」は逆に対し汝の先「祖考」より「公室」に勤めたことを云って、「小子の室家」を治めさせている。この「小子」は、おそらく「叔氏」の率いる子弟族人であろう。いずれにしても、「家」と「室」とは併称されるものであった。又、後述する卯毀銘に「死嗣焚公室」とあり、又、それを「我家」とも云い換えている。よって「縣伯」の「室」はその「家」と云ってもよいものであろう。女性の縣改はその「縣伯」の「家」に嫁いだのである。この「室」に付属する財産としてこの逆鐘銘に「僕庸、臣妾」とあり、やはり「臣妾」の名が見えている。[19]

この婦人の使うものと思える「婦爵」の「婦」の用例について、ほかの西周金文に見ると、両周が宣王時代における作器とする五年召伯虎毀銘（両周録一三三ウ、集成四二九二）に「余献婦氏以壺」（余は婦氏に献ずるに壺を以てす）とあり、「婦」（婦）と「壺」と云う、おそらくは祼礼らに用いる祭器がやはり、女性の「婦」と共に、献じられて出てくる。[20]又、両周が成王時代における作器とし、松丸道雄氏が周室工房の成周工房による作器とする令毀銘（作冊矢令殷、両周録二オ、集成四三〇〇～四三〇一）の末文に「（矢令）用作丁公宝殷。……婦子後人永宝」（矢令は用て丁公の宝殷を作る、……婦子後人、永く宝とせん）と「婦子」とある。即ち、「矢令」は、王の嫡妻たる「王姜」（後述）の賜与に対して、「令敢展皇王宧、用作丁公宝殷。用障事于皇宗、用卿王逆造、用廏寮人。婦子後人永宝」（令、敢えて皇王の宧《たまもの》に展《こた》えて、用て丁公の宝殷を作る。用て皇宗に障事し、用て王の逆造を饗し、用て寮人に廏《きゅう》せん。婦子後人、永く宝とせん）とある。「展」は西周金文に云う「対揚」、「宧」は「休」の異文であろう。つまり、王の賜与を寵栄とし、それに対揚する意味である。即ち、令が「皇王」の「休」に対揚して「丁公」を祭る「宝殷」を作り、それを以て「皇宗」に「障事」即ち祭るなどの以下のことを述べる。そうすると、その「丁公」を祭るための「宝殷」を「永宝」して、用いて祭祀儀礼等を行う「婦子後人」とは、「後人」は先祖考を嗣ぐ後嗣のことであるが、「後人」と並記される「婦子」即ち女性も、祖神らの祭祀儀礼に重要な役割をもって参加するものとして、対等的に意識されている。(21)

この「家」と祖先神の関係については、元来、殷代の甲骨文字に「㠯于上甲家」（上甲の家に㠯せんか）（拾一、七、第一期、合集一三五八一）、「郷父庚父甲家」（父庚・父甲の家に郷せんか）（甲編二七七九、三、第三期、合集三〇三四五）、「𠕋萑妣辛家」（妣辛の家に𠕋萑せんか）（後下三三、一、第三期、合集二八〇〇一）、「保于母辛家」（母辛の家に保せんか）（前一、三〇、七、第二期、合集二三四三二）などと「家」とあり、即ち、「上甲」、「父庚」、「父甲」、「妣辛」、「母辛」の男女祖神の「家」と云うことになるが、この「家」について、綜述には、「卜辞「某某家」当指先王廟中正室以内」と解し、諸氏も皆、この場合の「家」の意味を宗廟の意味にとっている。(22) このように、元来「家」には、祖神を祭る宗廟の意味があったと思える。又、一九七九年、扶風縣豹子溝出土の、報告者が西周後期における作器とする南宮乎鐘銘（集成一八一）に「嗣土南宮乎作大林協鐘。……先祖南公、亞祖公仲、必父之家」（嗣土の南宮乎、大林協鐘を作る。……先祖南公、亞祖公仲、必父の家なり）とあり、南宮乎の「家」を、累代の「先祖南公、亞祖公仲、必父之家」とあって、先祖考の中で、「家」と称している。王の臣下側であるが、「南公」の「家」とその祖先神が結びついて出ている例である。(23) そうすると、先の婚姻夫婦の嫡妻が具体的に述べられた「王家」、「我家」と云う、王の出自する女性と結ぶ「家」も、同じように祖先神と強く結びついて考えられていたのではないかと思われる。

この「王家」の「家」を祖先神と結びつけて述べた例として、先の大克鼎銘に

克曰、穆々朕文祖師華父、……肆克龏保厥辟龏王、諫乂王家、……永念于厥孫辟天子。天子明哲、顯孝于神、経念厥聖保祖師華父、勵克王服、出内王令、多賜宝休。……

（克曰く、穆々たる朕《わ》が文祖師華父、……肆《ゆえ》に克《よ》く厥《そ》の辟《きみ》共王を恭保し、王家を諫（諫）乂して、……永く厥《そ》の孫の辟《きみ》たる天子に念《おも》わる。天子明哲にして、孝を神に顕らかにし、厥《そ》の聖保なる（克の）祖の師華父を経念して、克を王服に勵《かな》わしめ、王令を出納せしめて、多く宝休を賜わる。……）

とあり、克の言葉として「諫乂王家」と「王家」とある。「諫乂」は述林に「猶言正治」とする。つまり、克の祖神の「師華父」が、かつて先王の共王を敬輔し、「王家」を治めよく勤めたことを云う。その結果として、共王の子孫の「孫辟天子」、即ち「王家」を血統的に世襲した今王にそのことを念われた。そして、今王は克の祖先の「師華父」がよく「王家」即ち「我家」に勤めたことを念い（「経念厥聖保祖師華父」）、「天子明哲、顕孝于神」とあって文録に「謂孝祀祖考」とあり、通釈に杜伯盨「其用享孝于皇神祖考」の簡略の形式としているが、今王は「孝」を「家」の祖先「神」（即ち先王の共王）に盡して、「師華父」の子孫克に多くの「宝休」を賜ったという。即ち、この王の出自する「王家」の「家」は、累代の祖先神の中で捉えられている。(24)

このように、「王家」の「家」は、一、婚姻夫婦、女性の嫡妻と結びついて説かれ、又、一、祖先神の中で捉えられていた。この両者の関係を見てみると、先に女性の縣改が嫁ぐのに、廟祭等に使用される「婦爵」等の祭器を賜与されたと考えられたし、又、矢の「婦」人も、宗廟の祭祀儀礼等に重要な役割をもって参加することが記されていた。これについて、卿大夫の宗廟の祭りと云う『儀礼』少牢饋食礼には、祖神の祭りに、「主人」のほか、嫡妻「主婦」が参加し、彼女が「尸」（祖神）に献じ、「尸」が「主婦」に「酢」い、「主婦」が「祝」に献ずるの礼等が記されている。又、この礼の初めのところで、「祭日」を筮うのに、（皇祖）某の妃（＝その妻）を（皇祖の）某氏に配祭することを云う。即ち、夫婦で祭ると同時に、祖先神も、男性、女性の祖神が共に祭られている。又、下文の「嚢」の礼では、「主人」に対する嘏辞に、「祭」の「福」を受け、永く「家室」を「保」んぜんことを云っている。[25] これらの祖先神について、西周金文に見ると、作器の祭祀対象に男性、その配の女性の祖神の名を一緒に共に記したものには、例えば、一九七五年に陝西省扶風縣に出土した、報告者が穆王時代における作器とする、その内容が特殊で諸侯作銘と思える㦰方鼎一銘（集成二七八九）に「其用夙夜享孝于厥文祖乙公、于文妣日戊」（其れ用て夙夜、厥《そ》の文祖乙公と文妣日戊とに享孝せん）や、両周が共王時代における作器とする、冊命形式金文の頌壺銘（両周録五六オ・ウ～五七オ、集成九七三一～九七三二）に「用作朕皇考龏叔、皇母龏姒宝隮壺」（用て朕《わ》が皇考龏叔、皇母龏姒の宝隮壺を作る）や、宣王時代における作器とする、廷礼が銘末にあって諸侯作銘と思える詢𣪘（集成四三二一）、師詢𣪘銘（両周録一三二オ、集成四三四二）に「用作文祖乙伯、同姫隮𣪘」（用て文祖乙伯、同姫の隮𣪘を作る）、「用作朕剌祖乙伯、同姫宝𣪘」（用て朕《わ》が剌祖乙伯、同姫の宝𣪘を作る）などとあり、冊命形式金文では、この部分は冊命を受けた受命者の実際に発した答辞の言葉と云われる。[26] これらから、確かに、男性と女性の祖先神が共に祭られるものであったことが分かる。

しかし、又、女性の祖先神のみを作器対象とするものもあり、先の西周時代後期における作器とされる王作姜氏障毀銘、又同（近出四二九）や、両周が成王時代における作器とし、松丸氏が周室工房の作器とする趞尊銘（両周録五ウ、集成五九九二）に「用作姞宝彝」（用て姞宝彝を作る）、断代が成王時代における作器とする匽侯旨鼎銘（集成二六二八）に「用作姒宝障彝」（用て姒の宝障彝を作る）、報告者が穆王時代における作器とし、その軍事における「文母」の助力を云う内容等から諸侯作銘と思える戜方鼎二銘（集成二八二四）に「用作文母日庚宝障䵼彝」（用て文母日庚の宝障䵼彝を作る）、六月戜毀銘（集成四三二二）に「用作文母日庚宝障毀」（用て文母日庚の宝障毀を作る）、冊命形式金文で両周が穆王時代における作器とする趩毀銘（趩鼎、両周録二九ウ、集成四二六六）に「作季姜障彝」（季姜の障彝を作る）、又静毀銘（両周録二七ウ、集成四二七三）に「用作文母外姞障毀」（用て文母外姞の障毀を作る）など、作器対象として女性の名が多く見えている。(27) 比較的、女性神のみを作器の祭祀対象として取り上げているのは、西周時代前半に多く見えるようである。おそらく、その祖神、その外家一族らの福禄、援助が期待されているのであろう。又、銘文中にも郭氏が成王時代における作器とする班毀銘（両周録九オ、集成四三四一）に「毛公」を「文王、王姒聖孫」（文王、王姒の聖孫）と、「文王」とその嫡妻である「王姒」の子孫であることを云い、宣王時代とする五年召伯虎毀（琱生毀一、両周録一三三ウ、集成四二九二）、六年召伯虎毀銘（琱生毀二、両周録一三五オ、集成四二九三）にも「（召伯虎曰く）我考、我母令」（（召伯虎曰く）我が考《ちち》、我が母の令）、「（召伯虎曰く）我考幽伯、幽姜令」（（召伯虎曰く）我が考《ちち》幽伯、幽姜の令）などとあって、我が父母の命令という表現も見えている。(28)

又、先の蔡毀銘の両周解釈に、「王家」を司る内宰の例として引く『礼記』祭統における「宮宰宿夫人」（宮宰、夫人を宿《いまし》む）の下文に、「（君と夫人が）然後会於大廟、……君執圭瓚祼尸、……及迎牲、君執紖、卿大夫従、……宗婦執盎従。夫人薦涗水、君執鸞刀、羞嚌、夫人薦豆。此之謂夫婦親之」（（君と夫人が）然る後に大廟に会し、……君、圭瓚を執りて尸《し》に祼《かん》し、……牲を迎えるに及び、君、紖《しん》を執り、卿大夫従い、……宗婦盎《おう》を執りて従う。夫人は涗《せい》水を薦《すす》め、君は鸞《らん》刀を執りて、嚌《さい》を羞《すす》め、夫人は豆を薦《すす》む。此を之れ夫婦之《これ》を親《みずか》らすと謂う）とあり、「謂夫婦親之」とある。この「大廟」は、鄭注、孔疏に始祖廟としているが、「君」と「夫人」が祖神の「尸」に対して、親ら祭祀を行うことを云っている。

同じく、夫婦が一緒に祭ることは、祭義らに「親」（考、妣）に対する祭祀の場合にも見えている。これらでは、夫が犠牲礼に関係しているように、「夫婦」でそれぞれ分担があったようである。又、女性の「宗婦」、「命婦」らの助祭もここに見えている。又、先の「𤔲王家」の「家」が婚姻夫婦、嫡妻と関係していたが、先の祭統には、その前文に、この婚姻は神を祭るための「助」けであり、「必」ず「夫婦」で自ら一緒に「宗廟、社稷」を祭ることを云う。これは、先の縣改が嫁ぐのに、廟祭の器を賜与されていたのと関係するであろう。又、郊特性に婚姻夫婦は「尊卑」を同じくすると云い、『儀礼』士婚礼では、嫡妻を迎えることについて、「父」は「子」に、「汝」（爾）の「相（たすけ）」（妻）を迎え、「我」が「宗」廟の祭祀を「承」けつぎ、「先妣」（母の後）を「嗣」ぐことを云っている。又、『礼記』雑記にも夫婦の離婚に際し、夫は彼女と共に「社稷、宗廟」に仕えられぬことを云う。これらの夫婦の祭祀における一体化は、後の漢王朝の時代も、皇帝が帝嗣を定めぬ内に死んだ時の、皇后の役割からも、指摘されている。(29)『礼記』、『儀礼』等の成立は時代が下るが、ここに云う女性の「命婦」、「宗婦」等の助祭について、両周が康王時代における作器とする庚嬴鼎銘（両周録二二ウ、集成二七四八）に「王客□宮、衣事。丁巳、王蔑庚嬴暦、賜祼璋・貝十朋。対王休、用作宝鼎」（王、□宮に格《いた》り、衣事す。丁巳、王、庚嬴の暦を蔑し、祼璋・貝十朋を賜う。王の休に対《こた》えて、用て宝鼎を作る）、愙斎等に著録される奢彝銘（奢殷、集成四〇八八）に「隹十月初吉辛巳、公姒賜奢貝。在葊京。用作父乙宝彝」（惟《こ》れ十月初吉辛巳、公姒、奢に貝を賜う。葊京に在り。用て父乙の宝彝を作る）とある。

前者の鼎銘の庚嬴は「庚」に嫁いだ嬴姓の女性である。「衣事」とは、文録に殷祭、通釈に衣祀で、祖考の合祀を云うと解し、庚嬴は公侯の夫人として助祭のことに与ったとする。又、庚嬴は庚嬴卣銘（両周録二一ウ～二二オ、五四二六）では「対揚王休、用作厥文姑宝障彝」（王休に対揚して、用て厥《そ》の文姑の宝障彝を作る）とあり、彼女の嫁ぎ先である夫の亡母「姑」の祭器を作っている。(30) 両器、作銘主体がいずれにしても、先の王伯姜鬲、縣改毀銘と共に、女性の婦人自身を作器者名とするのに何の不足もなかったようである。又、後者の彝銘の「公姒」は、「公」に嫁いだ姒姓の女性である。「葊京」の名は西周前期金文によく見え、種々の祭祀儀礼が行われる所であった。この器もその頃のものであるが、婦人の「公姒」が「奢」に賜与したのは、「葊京」の助祭の功によるものであろう。又、同じ婦人の器である断代が昭王時代における作器とする公姑鼎銘（公姑鬲、集成七五三）にも、「天君」（君后）による公姑即ち「公」に嫁いだ姑姓の女性に対する「魚」の賜与が記されており、彼女による「天君」（婦人）の賜与に対する作器とする。断代、通釈は、彼女の「葊京」儀礼（断代は葊京を鎬京辟雍とする）への参加として解釈している。(31)

このように、多くの婦人が、多様な祭祀儀礼に参加していた。これらの婦人の頂点に立つのは、周王朝の君主が出自する「王家」の「家」における婚姻夫婦、王の嫡妻であろう。

即ち、断代が成王時代における作器とする叔隋器銘（叔毀、集成四一三二～四一三三）に「隹王桒于宗周。王姜使叔于大保。賞叔鬱鬯・白金・□牛。叔対大保休、用作宝尊彝」（惟《こ》れ王、宗周に桒《いの》る。王姜、叔をして大保に使せしむ。叔に鬱鬯・白金・□牛を賞す。叔、大保の休に対《こた》えて、用て宝尊彝を作る）とある。この周初に多く見える「桒」の祭祀についてかつて述べたが、周王朝成立の条件、「天命の膺受」の内容に当たる「上下」祭祀（「上下の匍有」）の目的としての祈年祭とする解釈がある。ここの「王姜」は王に嫁いだ姜姓の女性で、これには武王、成王、康王、昭王の嫡妻の諸説がある。「大保」は、周初の元勲「大保」召公奭であろう。このとき、「王姜」は王と共に、「宗周」

の「㚔」の祭祀に参加したものと思えるが、彼女はこの祭祀に関係して、叔を使者として元勲「大保」のもとに遣わしたと考えられる(32)。又、先の周室工房である成周工房の作器とされる令𣪘銘に、「隹王于伐楚伯、在炎。隹九月既死覇丁丑、作册矢令𬯿宜于王姜。姜賞令貝十朋・臣十家・鬲百人、……。令敢展皇王宦、用作丁公宝𣪘」（惟《こ》れ王、于《ここ》に楚伯を伐ちて炎に在り。惟れ九月既死覇丁丑、作册矢令、王姜に𬯿宜す。姜、令に貝十朋・臣十家・鬲百人、……を賞す。令敢えて皇王の宦《たまもの》に展《こた》えて、用て丁公の宝𣪘を作る）とあり、下文に先の「王休」に対する作器が記されていた。即ち、王が「楚伯」を伐って「炎」に在った時、「作册矢令」は「王姜」に「𬯿宜」し、「王姜」はそれに対し、矢令に「貝十朋、臣十家、鬲百人」の多くの賜わりものをしている。令𣪘銘は、「王姜」も参加した、王の親征先での儀礼であるが、この「𬯿宜」は、「伐楚伯」と関係した祭祀儀礼であろう。又、賜与された「臣」に「家」を称しているのも注意される(33)。

　そして特にここで注目されるのは、王の嫡妻「王姜」による賜与に対して、令はそれを王の「休」として作器を述べていることで、「王姜」と王とを同一視して述べている。これについては後述する。

　又、一九七二年に陝西省眉縣に出土した、郭沫若等が成王時代における作器とする旟鼎銘（集成二七〇四）に「唯八月初吉、王姜賜旟田三于待□。師獻、酤兄。用対王休。子々孫々、其永宝」（唯《こ》れ八月初吉、王姜、旟に田三を待□に賜う。師獻、酤貺す。用て王休に対《こた》う。子々孫々、其れ永く宝とせん）とある。ここでは、「王姜」は旟に「田三」を賜わっている。この旟について、史言氏は寧鼎銘、員卣銘に出てくる、夷系諸族の「東夷」等を征伐した史旟と同一人としている。両器は同時期の作器とされるが、そうであれば、この「王姜」の賜与は、先の「伐楚伯」の令𣪘銘と同じく、これらの「四方」の領域に対する軍征と関係があったのかもしれない(34)。そしてここでも「王姜」の賜与に対して、それを「王休に対《こた》う」としている。

又、両周が成王時代における作器とする睘卣銘（両周録五オ、集成五四〇七）に「隹十又九年、王在庁。王姜令作册睘安夷伯。夷伯賓睘貝布。揚王姜休、用作文考癸宝障器」（惟《こ》れ十有九年、王、庁に在り。王姜、作册睘に令して夷伯を安ぜしむ。夷伯、睘に貝布を賓《おく》る。王姜の休に揚《こた》えて、用て文考癸の宝障器を作る）とある。「王姜」が作册睘に命じて「夷伯」を安んじた理由は諸説あるが、文録に「安猶寧也、盂爵王令盂寧鄧伯、与此同」とある。そうすると、周初の盂爵銘（両周録二四オ、集成九一〇四）は「桒于成周」（成周に桒《いの》る）と「桒」の祭祀に関係して使者を派遣しており、先の叔隋器銘と同じように、何かの祭祀儀礼による使者の派遣であった可能性がある。なお、松丸氏が睘卣銘の改作銘器とする睘尊銘（集成五九八九）では、「王姜」のところが「君」と書き改められている。「君」は女性の尊号となっている。[35] 又、暦朔が昭王、劉氏が穆王時代における作器とする不寿毀銘（集成四〇六〇）に「隹九月初吉戊戌、王在大宮。王姜賜不寿裘。対揚王休、用作宝」（惟《こ》れ九月初吉戊戌、王、大宮に在り。王姜、不寿に裘を賜う。王休に対揚して、用て宝を作る）とあり、「王姜」が不寿に「裘」を賜与している。[36] 又、ここもそれを「王休」としている。又、羅西章、呉鎮烽氏等が穆王時代における作器とする、先の戜方鼎銘に「隹九月既望乙丑、在高師。王⿰宜刂姜使内史友員、賜戜玄衣朱虢裣。戜拝稽首、敢対揚王⿰宜刂姜休、用作宝𩰫障鼎」（惟《こ》れ九月既望乙丑、高の師に在り。王⿰宜刂姜、内史友員をして、戜に玄衣朱虢裣を賜わしむ。戜拝稽首して、敢て王⿰宜刂姜の休に対揚して、用て宝𩰫障鼎を作る）とある。ここで「王⿰宜刂姜」が「内史友員」をして、戜に賜与を行っている。この「王⿰宜刂姜」は、羅氏等や唐蘭、劉氏は穆王の后と解するが、この器を西周中期の作器とすることでは、諸氏皆一致している。同出の六月戜毀銘にも同じく「在高師」（高師に在り）とあって、同出の戜方鼎二銘と共に、戜は「淮戎」を伐って多くの功績を挙げたことを云う。六月戜毀銘には、この戦いにおいて、戜は「朕文母」の佑助を受けたことを云い、それ故、銘末に「対揚文母福剌、用作文母日庚宝障毀」（文母の福剌に対揚して、用て文母日庚の宝障毀を作る）とある。そこで、劉氏は戎胡に対する㦰の戦勝により、「王䣄姜」が「内史友員」を派遣して㦰に賞賜したのであろうと解している[37]。

このほかにも、一九六〇年に洛陽市が収蔵した、洛陽馬坡村南出土と云われる叔勉方彝銘（叔䳎方彝、集成九八八八）、一九五〇年入館のフリア美術館所蔵の叔勉尊銘（叔䳎方尊、集成五九六二）は共に同銘で、セットとなったものである。そこに「叔勉賜貝于王姒、用作宝尊彝」（叔勉、貝を王姒に賜わる、用て宝尊彝を作る）とあり、「王姒」が「貝」を叔勉に賜わり、それに答えて器を作っている。先の文王の妻の「王姒」、奢彝銘の「公姒」と同じ姒姓の女性である。この器を侯鴻鈞氏は西周時期とし、平凡に西周初、赤塚氏は殷末器とする。劉氏、呉鎮烽氏は成王時代として、この「王姒」を成王の后と解する、等の説がある[38]。

これらの内、多く見える「王姜」については、彼女を一人として、その夫の王を貝塚茂樹氏、郭氏は武王、断代、通釈等は成王、劉氏、呉氏等は康王、唐蘭、伊藤氏は昭王とする、等の説がある[39]。武王の后邑姜説に対しては通釈に批判があるが、林氏は旟鼎、睘卣を大盂鼎と同じ西周ⅠB、令毀を西周ⅡAにおいて、西周前期の後半から西周中期の前半に入れている[40]。武王の后だと西周中期に入るのは、通釈に云うように長すぎよう。それ以外の説については確かでないが、林氏は成王時代における作器の㺇尊銘を西周ⅠAにおいており、先の令毀をⅡAとしていたが、劉氏等が云うように、叔勉尊銘等の「王姒」が成王の嫡妻となると、「王姜」は康王以下の嫡妻説が出て来て、時代が従来の説より少し下る可能性がある[41]。関連器や形式学的編年、暦法などの問題等があり、更に考えてみたい。

いずれにしても、西周時代の前半、婚姻夫婦に基づく王の嫡妻の賜与、命令について、睘卣、㦰方鼎一銘では「王姜」、「王䣄姜」の「休」に「対揚」して作器されていたが、注目されるのは、令毀、旟鼎、不寿毀銘では「王姜」の賜与に対して、「王休」即ち王の恩寵に「対揚」して作器されたと述べられていることである。即ち、王とその嫡妻の行為が同一視されている。これについて、通釈は、王姜の出身の地が東方の河南諸姜の一つであり、周の東方経営に有利な点から、この問題を考えている。確かに、周族にとって、外戚としての姜族との協力は、「四方」（「万邦」）支配の上から重要な意味をもっていたであろう。劉氏によれば、西周時代の十二人の王后の内、七人が姜族出自である。(42) しかし、王の嫡妻が「万邦」、「万民」、「四方」にただ一人の王（天子）の公的行為を代行し、それを「王休」と同一視されているのは、王とその臣下側の両者にそのような考え方が当時あったことを前提とした問題であろう。

逆に云えば、公的な「天命の膺受」者と「四方の匍有」者としての唯一人（天子、王）の周王朝の君主の行為を、婚姻夫婦という、いわば、私的な、王の出自する「王家」、「我家」の「家」の女性の嫡妻が代行出来るという考え方である。何故に、彼女は公的に代行出来ると考えられたのであろうか。

ここで問題となるのは、先の「王家」、即ち王の云う「我家」を司ることが、嫡妻の命令の出納をも意味していたように（蔡毀銘）、王后が夫婦の基礎を置く「王家」の「家」である。この「家」は、先に見たように、婚姻夫婦と累代の祖先神とに密接に関係していた。

この「家」の祖先神について、その居る場所は、当時の考え方では、王の祖先神（「先王」）も含め、「上」の、公的権威の源泉である天の神、「上帝」の左右身辺とされていた。即ち、両周が武王時代における作器とする大豊毀銘（天亡毀、両周録一オ、集成四二六一）に「丕顕考文王、事喜上帝、文王臨在上」（丕顕なる考《ちち》文王、上帝に事喜す、文王臨みて上に在り）、懿王時代における作器とする猶鐘銘（戦狄鐘、両周録六八ウ、集成四九）に「先王其厳在帝左右」（先王其れ厳として帝の左右に在り）、厲王時代における作器とする虢叔旅鐘銘（両周録一一八ウ～一二三ウ、集成二三八～二四四）に「皇考厳在上、翼在下」（皇考厳として上に在り、翼《たす》けられるものは下に在り）とあり、そして先の厲王胡自身による自作器とされる㝬毀銘を改めて示すと

王曰、……用康恵朕皇文剌祖考、其各前文人、其瀕在帝廷陟降。䨻豩皇上帝大魯令、用𩛥保我家、朕位、㝬身。陁々降余多福、……

（王（厲王のこと）曰く、……（祭器を作りて）用て朕《わ》が皇文烈祖考より、其れ前文人に格《いた》るまで、其れ瀕《しき》りに帝廷に在りて陟降するを康恵せん。皇《おお》いなる上帝の大魯令を緟継し、用て我が家、朕《わ》が位、㝬の身とを令保す。陁々として余に多福を降し、……）

などとあって、張氏は「是指其先祖有文徳之人、能够上接于帝庭、靠近在上帝身辺。……《詩大雅文王》伝講得最清楚、「文王陟降、在帝左右」、伝云文王「升接天、下接人也」」等と解している。[43]即ち㝬毀銘によれば、厲王胡の先「祖考」が上の「帝廷」（天の朝廷）、即ち天の神の左右身辺にあって、その宗廟の祭祀によって「我家、朕位、㝬身」を安んじて、天上と地上とを「陟降」するという。「在上」とは、そのことを云ったものであろう。「帝廷」に居る祖先神は、周王朝の君主である王（天子）の「朕位」、「㝬身」の王自身のほかに、先ず一番に「我家」を「保《やす》」んずるのである。

そうすると、これらの先「祖考」は、親しく上の天の神、上帝と一緒に「帝廷」に居り、公的な権威の源泉であるこの天の神、上帝に頼んで（祖先神を介して）、自分を祭った宗廟の祭主に、天の神の福禄、佑助を与えてもらうことが、それは又祖先神が与える「多福」（㝬毀銘）でもあるが、出来ると考えられるのである。これについては、かつて述べたように、先の少牢饋食礼に、祭祀を受けた祖先神（「尸」）が祭主に与える「嘏辞」の初めで、汝に天の神から福「禄」を「受」けさせ、「田」からの収穫が豊かであろうぞよと、下文の「眉寿万年」のほかに「多福」として祝していた。[44]これは卿大夫の祭祀とされるが、又、「上下の匍有」の偏き「上下」諸神の祭祀に祖先神を含み、その最大の目的は同じ「豊年」即ち〝年穀の豊穣〟であったと考えられた。[45]この例のように、上に居って「陟降」する祖先神の祭祀が、特に、その「多福」の初めにあるように、天の神による「田」からの収穫の豊かさとして、一般的な「民」（「万民」）の経済的生活の〝豊かさ〟という、公的な意味に転化することが可能なのは、以上のような「上」の「帝廷」即ち天の神の左右身辺に祖先神が共に一緒に居るという、両者の親密な間柄から考えられるのではないかと思えるのである（祖先神の嘏辞については、第五章参照されたし）。

しかも、その祖先祭祀は、先に見たように、夫の「相（たすけ）」として、婚姻夫婦で行わねばならないと考えられていた。先の祭器銘から見て、実際にそれは行われていたと思える。ここに「王家」、「我家」と結びついてくる女性である嫡妻は、夫の王と共に宗廟の祭主となり、又「家」や「王位」を安んじるその「帝廷」に居る祖先神（先王等）の祭祀を介して「万邦」、「万民」、「四方」（多様な文化等をもった邦々や人々を皆含む）を治める公的な権威の源泉である天の神、つまり上帝に、嫡妻自身通じていたのではないかと思えるのである。そこに、「四方」、「周邦」の君主である余一人の王を代行する彼女自身の公的権威があったろう。又、多くの私的な「家」の内、王朝の開設者、〝文王、武王〟を祖先神として祭る「王家」は、その周王朝の開設者としての公的権威をもつ〝文王、武王〟の神霊と直接交わり、〝文王、武王〟と、彼らがその左右に居て、その願いを聞きとどける天の神との福禄、佑助を受けることが出来るのも、「王家」における宗廟の祭主、その嗣である、王とその嫡妻の女性との二人であったろう[46]。

以上のことからして、「王家」の婚姻夫婦、嫡妻は、周王朝における唯一人の君主としての冊命を受けていなくても、夫の王（天子）の公的行為を代行できたし、それはその女性自身の性格にもよったであろうが、又その賜与は、王の恩寵と同一視されたのであろう。しかし、婦人関係の器が主に西周時代前半に出て来て、後半に少なくなるのは、周王権の衰微、即ち偏き「上下」、「四方」の「匍有」の衰退らと関連づけて考えることが出来るかもしれない。そうであれば、婦人の活躍は、主に、偏き「上下」諸神に対する祭祀儀礼に重要な役割で参加することにより、文化等の異なった多様な「万邦」（「四方」）領域における「厚福豊年」と云う〝豊かさ〟によってそれらの邦々や人々を皆一つに統合せんとすることや、「四方」（「万邦」）領域における国際的紛争の収束、その安寧（平和）によって同じく一つに統合することに、その神への願いや外家の問題も含めて、大きな力があったことになろう。やがて、西周時代の中期以後になると、「周邦」を主に、男性中心の、官職を任命する冊命形式金文が盛んに見えるようになって来るようである。

このように、神々の祭祀は、主に多様な人々の違いを超えて、〝年穀の豊穣〟即ち経済的〝豊かさ〟（飢えない）等を目的とし、これらの祭祀に、王の嫡妻など、多くの女性が参加していたと思える。周王朝開設の条件である「天命の膺受」やその内容「上下の匍有」（遍き神々の祭祀）など、当時の祭祀と女性との密接な関係を示すものであろう。

第二節　王の「家」、臣下側の「家」について

「王家」の用例は、このほか、両周が恭王時代における作器とする望毀銘（両周録六二ウ、集成四二七二）に、

……王在周康宮新宮。……宰倗父右望入門、……王呼史年冊令望。死嗣畢王家、賜汝赤◎市・鑾、用事。……

（……王、周の康宮の新宮に在り。……宰倗父、望を右《たす》けて門に入り、……王、史年を呼びて望に冊命せしむ。畢の王家を死嗣（司）せよ、汝に赤韍市・鑾を賜う、用て事《つか》えよ、と。……）

とあり、「死嗣畢王家」とある。「宰」が右者となっている。両周に「尸嗣在畢之先王宗廟」として、先の伊毀銘の「官嗣康宮王臣妾、百工」の例と同じとする。「畢」は『史記』周本紀集解等によると、〝文王〟の墓陵の地とされ、諸氏はそのように解釈している。又、両周が昭王時代における作器とする段毀銘にも「王在畢、烝」（王、畢に在り

て、烝す）とある。「畢」の「王家」は、「畢」の地とことわってあり、韡華に「王地之在畢者」と解しているように、そのように「王家」と云われるものは、多くあったらしい。(47) この「畢」の地には、周の〝文王〟の陵墓、建物等に関係した、「王家」の直轄領があったもので、そこの王に直属する土地、人等の財産も含め、それを望が「死嗣」する「畢」の「王家」と云っているのであろう。そこには、先の伊毀銘等と同じように、「死嗣」すべき「百工、臣妾」等が、「王家」の所有する王領の地と共にいたと思われる。なお、甲骨文と違い、「家」を直接宗廟の意味にとる確かな例は、西周金文には見えないようである。又、この「畢」の地については、両周が康王時代における作器とする史䛐彝銘（史䛐毀、両周録二二ウ、集成四〇三〇～四〇三一）に「王誥畢公」（王、畢公に誥《つ》ぐ）とあり、昭王時代における作器とする献彝銘（両周録二三オ、集成四二〇五）に「献身在畢公家、受天子休」（献の身は畢公家に在りて、天子の休を受く）とある。(48) そうすると、「畢」は、周王室と同族と解釈されている「畢公家」の領地であったようであり、よって、そこに〝文王〟の陵墓の地として、「王家」の経営地もあったのではないかと思われる。

更に、両周が懿王時代における作器とする康鼎銘（両周録七一オ、集成二七八六）に

唯三月初吉甲戌、王在康宮。燮伯内右康。王命死嗣王家、……康拜稽首、敢対揚天子不顕休、用作朕文考釐白宝障鼎。……奠井

（唯《こ》れ三月初吉甲戌、王、康宮に在り。燮伯、内《い》りて康を右《たす》く。王命ず、王家を死嗣（司）せよ、（以下賜与の品に及ぶ）……、と。康、拝稽首して、敢えて天子の丕顕なる休に対揚して、用て朕《わ》が文考釐白の宝障鼎を作る。……奠井）

とあり、王は康に「王家」の「死嗣」を命じている。この「康宮」について両周に「即井叔康之宮、非周之康宮也、因『康宮』上未冠以周字、与它器不類」とする。儀礼の記述が簡略であり、器名の末に「奠井」と自署があるが、こ

の康が、両周、断代、通釈等、奠井叔康盨銘（両周録七一ウ、集成四四〇〇～四四〇一）に見える「奠井叔康」と解することでは一致している。井字の関連器を断代等に挙げて分類、分析しているが、この器の外、奠井叔鐘（両周録七二オ・ウ、集成二一～二二）、奠井叔蒦父鬲（集成五八〇～五八一）、井季㚤卣（集成五二三九、尊五八五九、鼎二一九九、に同銘）等は、康鼎の器と一グループを構成するようである。両周には、この「奠井叔康」について、「康名、井叔字、奠食邑所在地也」と解している。(49) この「奠」の地は、諸氏は西周中期頃の作器とする大𣪘、免觶銘等や三年瘐壺銘の「王在奠」、免簠銘の「奠還」の「奠」と解釈している。そして、この「奠」の地を、漢書地理志京兆尹鄭縣に引く、『竹書紀年』に依ったとされる臣瓚に「穆王以下都于西鄭」とあり、太平御覧一百七十三等に引く『竹書紀年』に「穆王所居鄭宮、春宮」とある、王が居したと云う、この「西鄭」に当てて考えている。又、西周金文に見える「奠還」や「豊還」の「還」を「縣」の意にて、縣制の初めとする説があり、そうすると、王が居したと云い、又、〝文王〟の都した「豊還」即ち「豊京」と同じように、「奠」の地も王の経営地である可能性が出てくる。この銘文には「死𤔲王家」としかないが、この「奠井叔康」が、「王家」の「死𤔲」を命じられているのは、そのことと関係があるかもしれない。徐中舒氏は、この「王家」を「鄭」（「奠」）の地にあった「王家」の意味にとっている。(50)

又、羅西章氏が、おそらく西周中晩期の夷王時代における作器とする宰獸𣪘銘（近出四九〇）に(51)

……王在周師録宮。……王呼内史尹仲冊命宰獸。曰、昔先王既命汝。今余唯或𤕌𦎫乃命、更乃祖考事、歁𤔲康宮王家臣妾、僕庸。外入毋敢無聞知。（以下賜与の品に及ぶ）……

（……王、周の師録宮に在り。……王、内史尹仲を呼びて、宰獸に冊命せしむ。曰く、昔、先王、既にして汝に命ず。今、余は唯《こ》れ或《また》乃《なんじ》の命を𤕌𦎫《かさ》ね、乃《なんじ》が祖考の事を更《つ》ぎ、併《あわ》せて康宮の王家の臣妾、僕傭を𤔲《つかさど》（司）らしむ。外入するに敢えて聞知せざるあること毋《な》かれ。……）

とあり、王は宰獣に「歁𤔲康宮王家臣妾、僕傭」とある。「歁」は先の伊毀銘等と同じで、兼官の意である。宰獣の「宰」は、羅氏は「〝宰〟為官名。其職奇到百官之首、小可致貴族家臣之長。宰獣之宰、則応是管理康宮之長官」と解し、「康宮」の「王家」を管理する長官の意とし、「王家臣妾、僕傭」は、「是指服役于康宮中王家男女奴隷」と解している。[52]「王家」の「家」と、それと共に出てくるその「家」の管理を担当する「宰」の関係が注目される。又、先の伊毀銘に「王家」の名は見えていないが、「康宮」以下と類似のものであろう。「宰」の獣は「康宮」の「王家」に所属する「臣妾」等を司るのである。又、「外入毋敢無聞知」の意味も、先の蔡毀銘に見えるものとおよそ同じであろう。「王家」への上奏を司るのである。これらの「王家」の用例は、西周中期頃に頻出するようである。

一方、臣下側の「家」については、今まで述べた「我邦、我家」（叔向父毀銘）、「労于我家」、「死我家」（師毀毀銘）、「賜汝丼家𠟭田于𥄳」（大克鼎銘）、「先祖南公、亞祖公仲、必父之家」（南宮乎鐘銘）、「小子室家」（逆鐘銘）、「畢公家」（献彝銘）の「家」のほか、両周が懿王時代における作器とする卯毀銘（両周録七三オ、集成四三二七）に

……𤇾季入右卯立中廷。𤇾伯呼令卯曰、載乃先祖考、死𤔲𤇾公室。……不盄、取我家寀、用喪。……賜汝馬十匹・牛十。賜于乍一田。賜于𡨦一田。……

（……𤇾季入りて卯を右《たす》け、中廷に立つ。𤇾伯、呼びて卯に命ぜしめて曰く、乃《なんじ》の先祖考に在りては、𤇾公の室を死𤔲（司）せり。……不淑なりしとき、我が家の朱を取りて、用て喪せしめたり。……汝に馬十匹・牛十を賜う。乍に一田を賜う。𡨦に一田を賜う。……）

とあり、又、一九七五年、山西長治市博物館収集、長子縣出土の𧊒鼎銘（集成二七六五）に

隹三月初吉、𧊒来遘于妊氏。妊氏令𧊒事保厥家、因付厥祖僕二家。𧊒拝稽首、曰、休、朕皇君弗忘厥宝臣、対揚

用作宝障。
(惟《こ》れ三月初吉、螢来りて妊氏に遘う。妊氏、螢に令して事《つか》えて厥《そ》の家を保《やす》んぜしめ、因りて厥《そ》の祖の僕二家を付《あた》う。螢拝稽首して、曰く、休なるかな、朕《わ》が皇君の厥《そ》の宝臣を忘れざるや、対揚して用て宝障を作らん、と。)

等とある。(53)

前者の卯毀銘の「(先祖考が)死𤔲熒公室」の「死𤔲」は、従古は令終の義、韓華は治とする。「死𤔲」、「死」らの用例は、「𤔲王家」(王家を𤔲《つかさど》らしむ)(蔡毀銘)、「死𤔲畢王家」(畢の王家を死𤔲せよ)(望毀銘)、「死𤔲王家」(王家を死𤔲せよ)(蔡毀銘)(康鼎銘)、「死我家」(我家を死《おさ》めしめ)(師毀毀銘、両周録九八ウ、集成四三一一)とあって、「家」を治めることに多く用いられていたが、ここは「熒公」の「室」に対し用いられている。ここを、通釈に、先祖以来、熒公に事えて、その家事を治めていたと解している。下文の「我家」の部分は、両周に「不弔昊天、取去我家柱石之臣、因以不禄也」とし、通釈にいま卯の先人の死に当たって、喪紀の用として主家の朱を賜うた、とする等の解釈がある。(54) 先の王等が云う「我家」と同じ表現の、この「我家」は、「熒季」も右者として出てくるが、「熒伯」が代表する「熒公」の「家」を意味するであろう。又、その賜与から、この「家」もやはり多数の「牛、馬」や、広大な土「田」の財産を自ら所有していたことが分かる。「家」に付して「百工」「僕庸」「臣妾」や軍団、又土「田」「牛、馬」等が財産として見えているのである。

又、後者の螢鼎銘は、林氏は、この器を西周中期に入れている。(55)「妊氏」は、先の「姜氏」と同じように妊姓の女性であろう。西周金文に見える「遘」は、見や助祭等の解釈がある。ここで、「妊氏」は螢に「家」に「事《つか》」えて「保《やす》」んぜんことを命じ、付与した彼女の所有する「僕」も「家」を称していることが注目される。そして、彼女が夫を亡くすか、又はその「家」が実家を指すかなど、この間の事情は分からないが、婦人の「妊氏」が女性として君臣関係にある萓に「君」（この場合女性）として臨み、その「祖」の財産の付与を行っていることが重要で、「家」とその代表者となる婦人、女性との密接な関係がここにも見えている。女性は、以上見たように、財産等や累代の祖先神の中でとらえられる「家」と、深く結びついていたように思える。

おわりに

周王朝成立の対象となる「四方」（「万邦」）領域における、異族等の邦々や人々を一つに統合する周王朝の君主は、西周金文や即位儀礼から見るとその公的な〝位〟（天子、王）が対象とする「周邦」と「四方」（「万邦」）との君主となるほかに、彼自身が代表者となる「王家」、「我家」の「家」が重要な意味をもって語られていた。

この「家」と云えば、西周金文では、いわば私的な婚姻夫婦、嫡妻の女性が意識され、又、その「家」は歴代の祖先神の中でとらえられ、そのほか、財産として直接経営する領地等が、「王家」で云えば「畢」やおそらく「奠」の地が、この「家」と深く結びついて出て来る。又、女性と結びつく「家」の管理を担当する「宰」の名も目につくのである（よって、王から見れば、「万邦」（「四方」）や「周邦」は直接支配しているのではないが、「王家」に付属する民人や土地等の財産は、直接支配下にあるものである。周代、やがて金文において王や臣下の「家」のことが頻出して来るのは、その「家」を官司する者や、土地等の財産争いも含めて、又一族内においても、「家」のもつ重要性の高まりを示すかもしれない）。

当時、多くの婦人が活躍していたが、公的な、周王朝の開設者〝文王、武王〟による「万邦」（「万民」）の〝豊かさ〟を云う、「上下」に対する祭祀儀礼と結ぶ「天命の膺受」と、「四方」（「万邦」）の国際的紛争の収束を云う「四方の甸有」（「不廷方の率懐」、「「方蛮䝨見せざるものはなし」」）という王朝開設の二つの条件や、君位継承儀礼のところにおいても見えなかった、王の婚姻夫婦、嫡妻がこの唯一人の王（天子）の公的行為を代行し、それは王の恩寵とされ、王とその嫡妻の行為は同一視されて見えていた。その理由を、本来、「王家」を称さなくても、この王室の「家」に基礎をおく一体化した婚姻夫婦と、「家」の祖先神の祭祀との密接な関係、そしてその祖先神が、公的な最高の権威の源泉である、（天命を与える）天の朝廷（「帝廷」）において天の神（上帝）の左右身辺に一緒に居て陟降すると云う（㝬𣪘銘）、両者の緊密な間柄から考えた。又、西周期前半を中心に、これらの祭祀儀礼らと女性の密接な関係の器が見えていた。そのことは、「四方」（「万邦」）を治める周王朝開設の条件から注目される。

西周金文に現われた「王家」の「家」を調べることは、自然に女性関係と結びついたが、そのこと自身に大きな意味があろう。この西周金文に見える女性関連器と祭祀儀礼から見ると、それらに参加する婦人（女性）たちの、先秦王朝における、独立的な、多様な文化等をもった邦々や人々を一つに統合するために果たした役割は大きかったようである。やがて、その王権（王令）の衰微と共に、中期以後の西周金文では、「周邦」を主とする、男性中心の、官吏を任命する冊命形式金文が盛んに見られるようになって来るようである。

なお、確かではないが、ここの「王家」を司ることを対象とする内容は、その器の時代は西周中期の〝共王〟以下に多いようである。後期に入る頃のこの時期、金文の頻度からすると、「王家」を特に問題にするような歴史的状況（臣下の「家」も含め、私的な「家」に関する問題）が、先にも触れたように、王の出自する、一方の治めるべき「周邦」の内部に起こりつつあったのではないかと思われる。

次の、特に西周金文に見える臣下側の「家」についても、一緒に出てくる、王の場合と同じ婦人や祖先神等との結びつきのほかに、「家」（又は「室」）が所有するものとして多くの「田」や「牛、馬」等が見え、又、「家」（「室」）

に属するものとして「百工、臣妾」や、軍事的な「我が西偏・東偏の僕馭、百工、牧、臣妾」とか「僕庸、臣妾、小子室家」などが挙げられていた。これらの「家」と結合する職事や、又、その財産において「王家」における「家」の財産等との重層的類似性が考えられるのではないかと思われる。

注

（1）拙稿「周王朝の君主権の構造について——「天命の膺受」者を中心に——」（補訂して、本書の第　章に入る）（原論文は『東洋文化』第五九号、〝特集・西周金文とその国家〟、東洋文化研究所東洋学会、東京大学出版会、一九七九年、所収）松丸道雄編『西周青銅器とその国家』東京大学出版会、一九八〇年、所収、同「周王朝と「成」の構造について——「成周」はなぜ「成」周と呼ばれたか——」（補訂して、本書の第二章に入る）東京大学東洋文化研究所紀要第一〇九冊、一九八九年、同「西周王朝と彤弓考——「四方の匍有」者（王）の性格について——」（補訂して、本書の第三章に入る）東方学第八〇輯、一九九〇年、同「成周王朝と「上下」考（上）——「上下の匍有」と豊年——」（補訂して、本書の第四章に入る）鳥取大学教育学部研究報告（人文・社会科学）第四三巻第一号、一九九二年、同「成周王朝と「賓」（一）——西周青銅器銘文に現れた「賓」について——」鳥取大学教育学部研究報告（人文・社会科学）第四三巻第二号、一九九三年、等参照。「両周録」は、郭沫若『両周金文辞大系図録攷釈・録』（両周録と略称、後に同じ）一九三五年。「集成」は、中華社会科学院考古研究所編『殷周金文集成』（集成と略称、後に同じ）全十八冊、中華書局、一九八四——一九九四年。「両周」は、郭沫若『両周金文辞大系攷釈』（両周と略称、後に同じ）一九三五年。

（2）注（1）の拙稿「周王朝の君主権の構造について——「天命の膺受」者を中心に——」、四四五——四四九頁。

（3）師克盨は、郭沫若「師克盨銘考釈」文物一九六二年第六期、等参照、「王若曰、師克、丕顕文武、膺受大令、匍有四方。……（乃先祖考）有労于周邦、干害王身、作爪牙」（王若《か》くのごとく曰く、師克よ、丕顕なる文武、大令を膺受し、四方を匍有す。……（乃《なんじ》の先祖考は）周邦に労有りて、王身を干害《まも》り、爪牙と作れり）。彔伯𢦚毀は、両周、彔伯𢦚毀、六二オ——六四ウ、揚樹達『積微居金文説』彔伯𢦏𣪘再跋、一九五二年、等参照、「王若曰、彔伯𢦏、繇、自乃祖考、有労于周邦、佑闢四方、恵弘天命」（王若《か》くのごとく曰く、彔伯𢦏よ、繇《ああ》、乃《なんじ》の祖考より、周邦に労有りて、四方を佑闢し、天命を恵弘す）。

（4）両周、大克鼎一二一オ―一二二ウ。「近出二編」は、劉雨・嚴志斌編『近出殷周金文集録二編』（近出二編と略称、後に同じ）全四冊、中華書局、二〇一〇年。逨盤は、陝西省考古研究所、宝鶏市考古工作隊、眉縣文化館、楊家村聯合考古隊「陝西眉縣楊家村西周青銅器窖蔵発掘簡報」、馬承源・王世民他「陝西眉縣出土窖蔵青銅器筆談」、李学勤「眉縣楊家村新出青銅器研究」、裘錫圭「逨盤銘文札記三則」、張培瑜「逨鼎之月相紀日和西周年代」、劉懐君・辛怡華・劉棟「四十二年、四十三年逨鼎銘文試釈」、劉懐君・辛怡華・劉棟「逨盤銘文試釈」文物二〇〇三年第六期、等参照。注（1）の拙稿「周王朝の君主権の構造について―「天命の膺受」者を中心に―」、四四五―四四九頁。

（5）両周、一三四ウ―一三九オ、呉闓生『吉金文録』（文録と略称、後に同じ）一九三三年跋、一、一オ―五オ、呉大澂『愙斎集古録』（愙斎と略称、後に同じ）一八九六年成、四、五オ―十一ウ、白川静『金文通釈』（通釈と略称、後に同じ）第三〇輯、一九七〇年、毛公鼎の条、白鶴美術館、家については、同通釈、六五七頁、等参照。

（6）両周、一三二オ、ウ、通釈第二七輯、一九六九年、叔向父禹𣪘の条、等参照。

（7）羅西章「陝西扶風発現西周厲王㝬𣪘」文物一九七九年第四期、王慎行「㝬𣪘銘文考釈」人文雑誌一九八〇年第五期、張氏「周厲王所作祭器㝬簋考―兼論与之相関的幾個問題」『古文字研究』第五輯、中華書局、一九八一年、『中国法書選1、甲骨文・金文、殷・周・列国』二玄社、一九九〇年、釈文、松丸道雄、等参照。

（8）主として皇帝制度成立後の「家」については、尾形勇『中国古代の「家」と国家』岩波書店、一九七九年、参照。他、滋賀秀三『中国家族法の原理』創文社、一九六七年、小倉芳彦「補論、国家と民族」『講座、現代中国』Ⅱ、大修館書店、一九六九年、所収、江頭廣『姓考―周代の家族制度』風間書房、一九七〇年、堀敏一「第一章、二、家・室の語義と用例」『中国古代の家と集落』汲古書院、一九九六年、等参照。

（9）両周、一〇二ウ―一〇三ウ、文録、三、一二オ―一三オ、于省吾『双剣誃吉金文選』（文選と略称、後に同じ）一九三三年、上三、八オ、ウ、等参照。「宰」については、松井嘉徳「第Ⅱ部第一章、王家の宰」『周代国制の研究』汲古書院、二〇〇二

年（原論文は、「宰の研究」東洋史研究第五十四巻第二号、一九九五年）、参照。

（10）劉啓益「西周金文中所見的周王后妃」考古与文物一九八〇年第四期、八七―八八頁。

（11）大島利一、尨毀の条、『書道全集　第一巻』（平凡と略称、後に同じ）平凡社、一九六五年、一八八頁。女性と「宰」について、拙稿「内蒙古自治区出土の邢国青銅器―中国北方地域の民族と中原との交流―」地域学論集（鳥取大学地域学部紀要）第二巻第三号、二〇〇六年、参照。西周晩期から春秋早期とされるこの器には、作器者として銘文の初めに「邢姜大宰巳」とあり、邢侯夫人の姜氏の宰とあって、女性姜氏と宰の結びつきが示されており、大宰巳は、邢侯の家室を司ったと解釈されている。

（12）劉合心「陝西省周至縣発現西周王器一件」文物一九七五年第七期、劉氏、注（10）に同じ、八八―八九頁。別に同銘の「王作姜氏隮毀」（近出四二九）の一器がある。「近出」は、劉雨・盧岩編『近出殷周金文集録』（近出と省略、後に同じ）全四冊、中華書局、二〇〇二年。

（13）王伯姜鬲、窓斎、十七、七ウ、王伯姜壺、鄴安『周金文存』（周存と略称）一九一五―一九二一年、五、五二オ、林氏『殷周時代青銅器の研究、殷周青銅器綜覧一、図版』吉川弘文館、一九八四年、六六頁、等参照。注（10）の劉氏前掲論文、八九頁。洛陽出土の王妊作毀（集成三三四四）に「王妊作毀」（王妊、毀を作る）とあり、この「王妊」は昭王の后妃の可能性が云われている（洛陽市文物工作隊『洛陽北窑西周墓』文物出版社、一九九九年、三六一頁）。

（14）注（10）の劉氏前掲論文、八七頁、通釈第二三輯、一九六八年、蔡毀の条、等参照。

（15）両周、一二五ウ、通釈第二十八輯、一九六九年、伊毀の条、等参照。『周書』費誓に「馬牛其風、臣妾逋逃」（馬牛其れ風し、臣・妾逋逃するも（決して隊伍を乱して逐ってはならぬ））とあり、「臣妾」は鄭注に厮役の属とある。

（16）曹発展・陳国英「咸陽地区出土西周青銅器」考古与文物一九八一年第一期、逆鐘の条、十一頁、等参照、両周、一一四オ―一一五オ、『春秋』左氏伝・宣公十二年、成公七年等の条、参照。王の西六師、殷八師のほか、王臣たる「家」も、私的に、当時かなりの軍事力を保有していたことが分かる。

（17）通釈、第二十八輯、一九六九年、大克鼎の条、伊藤氏「第三章、土地と農民の支配」『中国古代国家の支配構造』中央公論社、一九八七年、一七六頁、等参照。

(18) 両周、六七オ—六八オ、劉心源『古文審』一八九一年、一三オ—一五ウ、赤塚忠、縣改毀の条、『定本書道全集、第一巻』(河出と略称)河出書房、一九五六年、七三頁、通釈、第一七輯、一九六七年、縣改毀の条、等参照。

(19) 曹発展・陳国英「咸陽地区出土西周青銅器」考古与文物一九八一年第一期、王輝「逆鐘銘文箋釈」『古文字論集』(一)考古与文物叢刊第二号、一九八三年、馬承源編『商周青銅器銘文選』(後、銘文選と略称)(三)、文物出版社、一九八八年、逆鐘の条、等参照。逆に対する「盾」らの賜与物から軍事に関係したかもしれない。「室」については、松本光雄「中国古代の「室」について」史学雑誌第六五編第八号、一九五六年、尾形勇「「漢家」の意義と構造—中国古代における家父長制的秩序と国家秩序—」山梨大学教育学部紀要第五号、一九七四年、堀敏一「第一章、二、家・室の語義と用例」『中国古代の家と集落』汲古書院、一九九六年、等参照。

(20) 両周、一四二オ—一四三ウ、通釈第三三輯、琱生毀一の条、一九七一年、等参照。

(21) 両周、三ウ—五ウ、松丸氏「西周青銅器中の諸侯製作器について—周金文研究・序章その二—」松丸道雄編『西周青銅器とその国家』東京大学出版会、一九八〇年(原論文は『東洋文化』第五九号、〝特集・西周金文とその国家〟、東洋文化研究所東洋学会、東京大学出版会、一九七九年、所収)、所収、一七四—一七五頁。令毀の解釈は、両周のほか、文選、上三、四オ、ウ、文録、三、五ウ—三、六オ、郭沫若『金文叢攷』矢令毀の条、一九三二年、通釈第六輯、一九六四年、令毀の条、等参照。

(22) 「拾」は、葉玉森『鉄雲蔵亀拾遺』一九二五年、の略称。「合集」は、中国社会科学院歴史研究所『甲骨文合集』(合集と略称、後に同じ)全十三冊、中華書局、一九七八—一九八二年。「甲編」は、董作賓『小屯・殷虚文字甲編』一九四八年の略称、屈万里『殷虚文字甲編考釈上』中国考古報告集之二、中央研究院歴史語言研究所、一九六一年、五九三—五九四頁、参照。「後下」は羅振玉『殷虚書契後編下』一九一六年の略称。池田末利『殷虚書契後編釈文稿巻下』創元社、一九六四年、一三一頁、参照。「前」は羅振玉『殷虚書契(前編)』一九一二年の略称、葉玉森『殷虚書契前編集釈』大東書局石印本、一九三三年、一、一〇四オ、参照。陳夢家『殷虚卜辞綜述』(綜述と略称)科学出版社、一九五六年、「第十三章　廟号下」四七一頁、劉克甫「西周金文〝家〟字辨義」考古一九六二年第九期、白川静『説文新義』巻七、「家」の条、五典書院、一九七一年、羅琨・張永山「家字溯源」考古与文物一九八二年第一期、等参照。

（23）羅西章「扶風出土的商周青銅器」考古与文物一九八〇年第四期、銘文選（三）、南宮乎鐘の条、等参照。

（24）注（1）の拙稿「周王朝の君主権の構造について―「天命の膺受」者を中心に―」、四二五頁、孫詒譲『籀膏述林』（述林と略称）一九一六年、七、一二ウ―一七オ、文録、一、十八オ―十九オ、注（17）の通釈に同じ、等参照。

（25）池田末利『儀礼Ⅴ』少牢饋食礼の条、東海大学出版会、一九七七年、川原寿市『儀礼釈攷』第十二冊、少牢饋食礼の条、朋友書店、一九七六年、等参照。

（26）𢦏方鼎一は羅西章・呉鎮烽・雒忠如「陝西扶風出土西周伯𢦏諸器」、唐蘭「伯𢦏三器銘文的訳文和考釈」文物一九七六年第六期、頌壺は頌鼎に同銘、両周、七二オ―七三ウ、訽𣪘は郭沫若「弭叔簋及訇簋考釈」文物一九六〇年第三期、師訽𣪘は両周、一三九オ―一四〇ウ、注（17）の伊藤氏前掲書に同じ、「第一章、西周金文とは何か」、五七頁、等参照。

（27）注（21）の松丸氏編前掲書に同じ、松丸氏「西周青銅器製作の背景―周金文研究・序章―」（原論文は東京大学東洋文化研究所紀要第七二冊、一九七七年、所収）、四八頁、趞尊は両周、一五ウ、匽侯旨鼎は陳夢家「西周銅器断代」（断代と略称、後に同じ）（二）考古学報第十冊一九五五年、匽侯盂の条、𢦏鼎二、𢦏𣪘一は注（26）の𢦏方鼎　の論文に同じ、趞𣪘（鼎）は両周、五七ウ―五八オ、静𣪘は両周、五五ウ―五六オ、等参照。

（28）班𣪘は郭氏「《班𣪘》的再発現」文物一九七二年第九期、六年召伯虎𣪘は両周一四四ウ―一四五ウ、等参照。なお、婦人の地位の問題は、未婚の女性等も含めて考えねばならない問題である。

（29）池田末利『儀礼』士婚礼の条、東海大学出版会、一九七三年、谷口やすよ「漢代の皇后権」史学雑誌第八七編第一一号一九七八年、等参照。

（30）庚嬴鼎は、両周、四三オ―四五オ、文録、一、三十八ウ、通釈第十六輯、一九六六年、庚嬴鼎の条、庚嬴卣は、両周、四三オ、ウ、等参照。奢彝は、愙斎（公姒敦）、八、十三オ、等参照。

（31）断代（五）、考古学報第十三冊一九五六年、公姞齊鼎の条、通釈、第十四輯、公姞鼎の条、一九六六年、等参照。通釈で、

この「天君」を昭王時代の康王の后妣と解釈している、八〇〇頁。

(32) 断代（三）、考古学報第十一冊一九五六年、史叔隋器の条、「寮」については、拙稿「成周王朝と「上下」考（下）―「上下を徧有して、迨わせて万邦を受く」の分析について―」（補訂して、本書の第四章に入る）鳥取大学教育学部研究報告（人文・社会科学）第四三巻第一号、一九九二年、四九頁、等参照。

(33) 注（21）に同じ。

(34) 郭氏「関于眉縣大鼎銘辞考釈」、史氏「眉縣揚家村大鼎」文物一九七二年第七期、等参照。

(35) 両周、一四オ―一五ウ、文録（尊）、四、九ウ―十オ、盂爵銘は、両周、四九ウ―五〇オ、注（21）の松丸氏前掲論文に同じ、「一、諸侯改作銘器の事例」、二〇―五四頁、等参照。

(36) 呉其昌『金文歴朔疏証』（歴朔と略称、後に同じ）一九三六年、二、三一、注（10）の劉氏前掲論文、八七―八九頁、通釈第五輯、不寿毀の条、一九六三年、等参照。

(37) 㦰諸器は注（26）に同じ、唐蘭『西周青銅器銘文分代史徴』中華書局、一九七八年、附件一、㦰方鼎一の条、四〇六頁、注（10）の劉氏前掲論文、八七頁。

(38) 侯氏「洛陽市在文物普査中収集到西周珍貴銅器」文物一九六二年第一期、五六、五七頁、平凡、拓、四四頁、考釈、一七六頁、赤塚氏「殷金文考釈」『中国古代の宗教と文化』角川書店、一九七七年、七四七―七四九頁、劉氏、注（10）に同じ、八五―八六頁、呉氏『金文人名匯編』中華書局、一九八七年、二四頁、ほか、周初とするものに持井康孝「西周時代の成周鑄銅工房について―洛陽出土の熔笵をめぐって―」松丸道雄編『西周青銅器とその国家』東京大学出版会、一九八〇年、所収、二三〇―二三四頁、がある。

(39) 貝塚氏「第三章、金文より見た周代の文化」『中国古代史学の発展』弘文堂、一九六七年、三二三―三二四頁、注（34）の郭氏前掲論文に同じ、注（32）の断代に同じ、注（21）の通釈に同じ、注（10）の劉氏前掲論文に同じ、注（38）の呉氏前掲論文に同じ、唐氏「論周昭王時代的青銅器銘刻」『古文字研究』第二輯、中華書局、一九八一年、注（26）の伊藤氏前掲論文に同じ、三七頁。

（40）注（21）の通釈に同じ、注（13）の林氏前掲書に同じ、一七、二七三、一一一頁。

（41）林氏、注（13）の林氏前掲書に同じ、二三〇頁、注（10）の劉氏前掲論文に同じ、平勢隆郎『中国古代紀年の研究―天文と暦の検討から―』東京大学東洋文化研究所叢刊第十八輯、汲古書院、一九九六年（原論文「西周紀年に関する試論」中国史学第四巻、一九九四年）、等参照。

（42）注（36）の通釈に同じ、注（10）の劉氏前掲論文に同じ。

（43）大豊𣪘、両周、一オ―二ウ、猶鐘、両周、八三オ、ウ、虢叔旅鐘、両周、一二七オ、ウ、㝬𣪘、注（7）の張氏前掲論文に同じ、一五五頁、注（7）の『中国法書選1、甲骨文・金文、殷・周・列国』、小南一郎「天命と徳」東方学報第六十四冊一九九二年、等参照。

（44）拙稿「成周王朝とその儀礼―「王」と臣下、又は神との間の意思の伝達方法について―」（補訂して、本書の第五章に入る）史滴十一号一九九〇年。

（45）注（1）の拙稿「成周王朝と「上下」考（上）―「上下の匍有」と「豊年」―」鳥取大学教育学部研究報告（人文・社会科学）第四三巻第一号、一九九二年、注（32）の拙稿に同じ。注（25）の川原氏前掲書に同じ。そこで『蔡中郎集』から、漢代の「高祖」を祭ってその祝辞と比べると、そこに「田ニ稼スルニ宜シ」（豊年）がない所に注目している。先秦王朝の王（天子）と皇帝支配後との、この比較はとても重要である。

（46）王朝の開設者、〝文王、武王〟については、注（1）の拙稿「周王朝の君主権の構造について―「天命の膺受」者を中心に―」のほか、同「周天子と〝文・武の胙〟の賜与について―成周王朝とその儀礼その意味―」史観第百二十七冊、一九九二年、等参照。

（47）両周、八〇オ、段𣪘は、両周、五〇オ―五一オ、柯昌済『韡華閣集古録跋尾』（韡華と略称、後に同じ）一九一六年成、丙、二オ、等参照。

（48）史䛐彝、献彝は、両周、四五オ―四六ウ、注（27）の断代に同じ、献𣪘の条、通釈第九輯、一九六五年、献𣪘、史䛐彝の条、等参照。

（49）両周、八四ウ―八五ウ、断代（六）、考古学報第一四冊、一九五六年、免𣪘の条、通釈第二十六輯、一九六九年、康鼎の条、等参照。
（50）注（49）の両周、断代、通釈に同じ、李家浩「先秦文字中的〝縣〟」文史第二十八輯一九八七年、注（9）の松井氏前掲書に同じ、「第Ⅳ部第一章、県制の遡及」（原論文は、「「県」制遡及に関する議論及びその関連問題」泉屋博古館紀要第九巻、一九九三年）、徐氏「禹鼎的年代及其相関問題」考古学報一九五九年第三期、五五頁、等参照。
（51）羅西章「宰獣簋銘略考」文物一九九八年第八期、八三―八七頁、参照。近出二編四四一に同銘𣪘が著録されている。
（52）注（51）の羅氏前掲論文に同じ、八五―八六頁。
（53）卯𣪘は、両周、八五ウ―八六オ、螸鼎は、王進先「山西長子縣発現西周銅器」文物一九七九年第九期、銘文選、（三）、螸鼎の条、伊藤道治「螸鼎銘とその社会的意義」研究論集第五十六、一九九三年、ここでは女性の財産相続の問題がとり上げられている、等参照。
（54）徐同伯『従古堂款識学』（従古と略称）一八五四年、六、三六オ―三八オ、𩏂華、丙、三五ウ―三六オ、通釈第二十六輯、一九六九年、卯𣪘の条、三一七―三二〇頁、注（53）の両周に同じ、等参照。
（55）注（13）の林氏前掲書に同じ、一九頁。

第七章　周王朝の君主とその位相について

――豊かさと安寧――

はじめに

周王朝成立の条件として、西周前期金文の有名な大盂鼎銘（両周録一八オ、集成二八三七）などに、(1)元来、それぞれ〝文王〟と〝武王〟との功績に当てられる「天命の膺受」と、「四方の匍有」（四方を敷《あまね》く有する）との両者が挙げられ、〝文王、武王〟を嗣《つ》いだ周王朝の君主はこの両者をその一身に受け受け継いだものと思われる。そしてその内「天命の膺受」の内容として、かつて述べたように、天から与えられたとして「受民、受疆《きょう》土」（天から「民」と「疆土」を受く）とあった。又𣄰尊銘（集成六〇一四）には、「四方の匍有」者・〝武王〟の遺志によって営まれた「中国」（「成周」）から、その経営領域の「民」を治めんことが述べられていた。(2)

そしてこの同じ周王朝の〝文王、武王〟による王朝成立の説明は、西周時代中期の作器とされる史墻盤銘（集成一〇一七五）には、「古の文王、……上下を匍有《ほゆう》して、迨《あ》わせて万邦を受く（「上帝」から見れば、「万邦」を授けた）、䋎圉《じんぎょ》なる武王、四方を遹征《いっせい》し」とあり、〝武王〟の「四方の匍有」と対語となる、〝文王〟は「天命の膺受」が「上下の匍有」即ち徧《あまね》き「上下」の神々の祭祀を条件として、その下文に先の「受民、受疆土」が「迨受万邦」（天から合わせて「万邦」を受く）に、〝武王〟は「四方の匍有」が「四方の遹征」（四方を遹《したが》い征する）に云い換えられて説明されていた。そうすると、周王朝の君主によって「上下の匍有」（〝文王〟の功績に当てられる）「四方の匍有」（〝武王〟の功績に当てられる）という、「上下」「四方」の双方を偏く統べる役割が考えられている。周王朝の君主は天と「民」の上下面と「中国」（「成周」）と「四方」の水平面、又「上下」、「四方」の双方にその機能が対応しているのである。

又、この〝文王〟と〝武王〟とを開設者とする周王朝は、初めて「中国」（天下）の〝内〟を行政的に一元支配した秦、漢王朝が成立したあと、後の『後漢書』東夷伝に、「中国」の〝外〟のことを記す〝外国〟伝のところに、下文の倭（日本）や朝鮮等と並んで「管蔡畔周、乃招誘夷狄。周公征之、遂定東夷。……後徐夷僭号、乃率九夷以伐宗周、西至河上。穆王畏其方熾。……厲王無道、淮夷入寇、……宣王復命召公伐而平之（云々）」（管、蔡周に畔《そむ》き、乃《すなわ》ち夷狄を招誘す。周公之《これ》を征し、遂に東夷を定む。……後、徐夷僭号《じょいせんごう》し、乃《すなわ》ち九夷を率《ひき》いて以て宗周を伐ち、西のかた河の上《ほとり》に至る。穆王其の方《まさ》に熾《さか》んなるを畏《おそ》る。……厲王無道にして、淮夷《わいい》入寇し、……宣王復《ま》た召公に命じて伐ちて之《これ》を平《たい》らげしむ（云々））とあり、この周王朝における歴代の経営のことがこの「中国」の〝外〟のことを記すところに述べられ、そこに王に対して叛服常なき「東夷」、「淮夷」、「徐夷」等の異族のことが記されている。

そこで、この先秦王朝としての周王朝の「四方」（「万邦」）経営のことが、〝光武帝〟の倭（日本）に対する金印の賜与や朝鮮の邦々について並び記すこの同じ東夷伝のように、後の「中国」の〝外〟の、外民族を云う〝外国〟伝のところに周王朝の経営が記されていることは、先の周王朝成立の条件として云う、「上下の匍有」や天の神から受けた「受民、受疆土」（「迨受万邦」）と、「四方の匍有」（「不廷方の率懐《そつかい》」、「方蛮㚸見せざるものはなし」）との二つのことと、そのことがどのように関係しているのであろうか。

そして何故、この王朝の君主にとって、その「四方」（「万邦」）領域を治める君主となるために、この「上下の匍有」「四方の匍有」という「上下」と「四方」とのワンセットとなる二つのことが必要と考えられたのであろうか。なぜ、周王朝の君主は、後の〝外国〟伝にあるような多様な人々が住む領域（「四方」、「万邦」）を統合するために、この「上下」と「四方」との双方に対する機能を必要としたのであろうか。その理由は何であったのか。

又、この〝武王〟が「（文王の）作《おこ》せし邦を嗣《つ》ぎ」（大盂鼎銘）の「邦」は、〝文王〟〝武王〟等の王自身が出自する前王朝以来の累代の「周邦」（史墻盤銘等）を云う。(3) そして、〝文王〟の受命は、同時に「周邦」が受命したと考えられ、天命が、「周邦」の君主の血統による世襲主義と結合していたこと、又、周王朝の君主は「周邦」と、「四方の匍有」の「四方」との、両者の君主の〝位〟に即いたことはかつて論じた。(4) そして、西周金文に見える「邦」の用例は、王自身の云う「我邦」、「邦」（毛公鼎銘、両周録一三一オ〜又一三一オ、集成二八四一）のほか、西周時代を通じ、「邦賓」（小盂鼎銘、両周録一九オ、集成二八三九）、「邦冢君」（班𣪘銘、両周録九オ、四三四一）、「井邦」（禹鼎銘、集成二八三三〜二八三四）、「邦君厲」（五祀裘衛鼎銘、集成二八三二）等のほかに、「南夷、東夷」「南淮夷」「淮夷」等を指して、それぞれ「二十有六邦」（㝬鐘銘（宗周鐘）、両周録二五オ、集成二六〇）、「小大邦」（駒父盨蓋銘、集成四四六四）、「邦酋」（師寰𣪘銘、両周録一三五ウ〜一三七オ、集成四三一三〜四三一四）、などと云っている。即ち、先の天から合わせて「万邦」を受く（「受民、受疆土」）の「万邦」とは、当時「東夷」、「淮夷」、「南夷」等と呼ばれた「邦」々の人々をも皆含めた、程度の差はあれ、文化等の多様性をもった世界を指していたと思える。(5) そして、西周時代後期の乖伯𣪘銘（乖伯帰夆𣪘、両周録一三七ウ〜一三八オ、集成四三三一）に載す王の冊命書に

王若曰、乖伯、朕丕顕祖玟珷、膺受大命。乃祖克𠦪先王、翼自他邦、又芇于大命。我亦弗曠享邦。……乖伯拝手稽首、天子休弗望小裔邦。帰夆敢対揚天子不㕻魯休、用作朕皇考武乖幾王。……

（王若《か》くのごとく曰く、乖伯よ、朕《わ》が丕顕《ひけん》なる祖玟珷、大命を膺受《ようじゅ》す。乃《なんじ》の祖、克《よ》く先王を𠦪《たす》け、翼《たす》けるに他邦自《よ》りし、大命に茀《つと》むる有り。我も亦享邦を曠《むな》しうせず。……、と。乖伯、拝手稽首す。天子の休にして、小裔邦を忘れたまわず。帰夆、敢えて天子の丕㔻なる魯休に対揚して、用て朕《わ》が皇考武乖幾王の尊毀《き》を作る。……）

とある。周王朝の先王を「他邦」より助けた乖伯を淮夷、南夷の異族の一系とする説もあるが、(6) ここで、王は冊命書で乖伯の「邦」を「他邦」、「享邦」と呼び、一方乖伯は、自らの「邦」を「小裔邦」と云っている。乖伯に対して王が云う「他邦」と云う言葉は、時代的問題もあるが、自らの「周邦」「我邦」に対して、対等的、並立的な表現であり、それらは、「万邦」と云うその多元的世界を是認した上での表現であろう。

そこで、文化等の多様性を認めた、独立的多元的な「万邦」世界を一つに統べるその方法は、巨視的に見て、どのような人類史的或いは東アジア的意味があったのであろうか。なぜ、周王朝の君主は「上下」と「四方」の双方を問題にしたのか。またその多元的世界を一つに統合する為に、どのようなコスモロジー的世界が考えられ（天の神が置かれる）、何故そのことを必要としていたのであろうか。

又、この周王朝の君主の〝位〟を象徴するものとして、先秦王朝に代々受け継がれ、皇帝制度成立の秦の〝始皇帝〟の時には失われていたと云う〝九鼎〟伝説（『左伝』、宣公三年の条、等）がある。(7)〝九鼎〟とは、有名な「鼎の軽重を問う」の方鼎（現実に、殷末、周初の巨大な器は、皆方鼎である）のことで、これはもともと祭器である。同じく、この王朝における君位継承儀礼の盛典を記す『周書』顧命には、新王に対する冊命（前王の遺言）と同時に、その君主の〝位〟を象徴する具体的な物が新王に授与されていた。そこで、以上述べて来たことを考えながら、多元的な、さまざまな邦々や人々の住む領域を文化等の違いを超えて一つに統合した、周王朝の君主の〝位〟を象徴する形ある宝物とは一体何であったのか、君位継承儀礼の手続きの中から直接検討し、合わせて、先の周王朝の君主の君主たる根拠との関わりについて考えてみたい。

そして、広く多様な邦々や人々が共に住んで来た東アジア地域における地域統合の始源の姿について、かつて東アジア世界が自ら生み出したその方法を考えてみたいと思う。

第一節　「天命の膺受」と「受民、受彊土」について

1　「受民」の「民」は、もともと多様な異族を皆含んでいることについて

周王朝における君主の君主たる根拠の一つ、「天命の膺受」の内容となる天の神が与えた「受民、受彊土」とは一体何を意味していたのか。先ず、それを西周金文の「受民」（大盂鼎銘）の「民」とは何かについて、「民」の用例を西周金文に見てみると、前にも挙げた西周前期の㹍尊銘に〝武王〟の言葉が載せてあり(8)

……（王曰く）隹珷王既克大邑商、則廷告于天曰、余其宅茲中国、自之乂民。……

（……（王曰く）惟《こ》れ珷王は既にして大邑商に克《か》ち、則ち天に廷告して曰く、余は其れ茲《こ》の中国に宅《お》りて、之《これ》自《よ》り民を乂《おさ》めん、と。……）

と「民」を「乂《おさ》」めるとあった。克商後、〝成王〟によって伊水、洛水の間に営まれたこの「中国」（洛邑）即ち「成周」は、後にこの「中国」（中心の場所の意味）が拡大して、その〝内〟（「天下」）の行政的一元支配が王朝成立を意味した秦、漢王朝より前、周王朝成立の対象領域となる「四方」の中心となる大邑で、天に告げて〝武王〟が云うこの「中国」（洛邑）より乂める「民」とは、「中国」（中国のコスモロジー的意味については後述）の〝外〟の、いわば〝外国〟に住む「民」を指している。この「民」について、馬承源氏は、征服した「商」や東方の「東夷」、南方

の「淮夷」を云うと解している。(9)

又、先の大盂鼎銘にも、同じ〝武王〟が「四方を匍有《ほゆう》し、畯《なが》く厥《そ》の民を正す」とあった。この「厥《そ》の民」の「厥《そ》の」は、上の「四方の匍有」を承けたと思え、「四方」の「民」を云う。この「四方の匍有」はかつて論じたように、(10)同じ周王朝の開設を述べる西周時代中期、後期の「(王朝に対して)方蛮⿰女凡見せざるものはなし」(史墻盤銘)や「(文・武が)不廷方を率懐《そつかい》す」(毛公鼎銘)、「あまねく不享を逖《しりぞ》く」(逨盤銘、近出二編九三九)等に当たっており、王朝成立の対象領域となる「四方」の「民」とは、また周に叛服常なき多様な異族、諸夷らの「方蛮」「不廷方」とか「東夷」「淮夷」などと呼ばれる邦々の人々を皆等しく含んで云っている。つまり王の出自する「周邦」の人々のみを「民」と云ったものではない。上に居る天は多様なそれらを、すべて同じように差別なく「民」としてとらえたのである。

この「四方」についての西周金文での現われ方は、西周時代を通じ、国際的紛争と共に頻出し、その紛争を起こす「四方」の語句と異族の同出の例としては「東国」の「痏戎」(班𣪘銘)、「南国」の「服子」や「南夷」「東夷」(㝬鐘銘)、「南国」や「東国」の「南淮夷」「東夷」(禹鼎銘)、「玁狁」(虢季子白盤銘、両周録八八オ、集成一〇一七三)、そのほか「淮戎」(戜方鼎二銘、集成二八二四)、「戎」(六月戜𣪘銘、集成四三二二)、「夷」(駒父盨蓋銘)等、それはいわゆる独立的な「方蛮」、「不廷方」を指しており、「四方」における「民」とは、「東国」「南国」等、程度の差はあれ、「東夷」「淮夷」等(11)、さまざまな異族を皆一つに統合して「民」と云ったものである。即ち、周王朝の君主が、上に居る天の神より与えられた「受民」の「民」とは、文化、風俗・習慣等の異なった多様な邦々の人々を皆含めて、文化等を超えて一つにして云ったものであった。例えば、西周金文に見える「東夷」「淮夷」と呼ばれる人々は、当時の出土文物によると、現在の山東、蘇北、安徽、江淮の間、淮北地区を中心に居住し、その多元的世界の文化交流

は盛んに行われたが、又、周族と異なる、それぞれの異族独自の伝統文化をも色濃くもっていたと解されている。(12)

しかも、これらの「東夷」「淮夷」等は、後に「中国」の拡大と皇帝制度が誕生した秦、漢王朝の成立後は、先の『後漢書』東夷伝のように、「中国」の〝外〟のことを記す〝外国〟伝の東夷伝に倭（日本）らと一緒に並んで記述されていた。同じ「中国」（「成周」）の〝外〟の、これらの多様な人々を一つに統合することこそが、本来、この周王朝における君主の君主たる根拠であったと思える。即ち、王朝成立の対象領域はこの「中国」の〝外〟、いわば〝外国〟（「中国」（「成周」）から見て「四方」や「東国」、「南国」などと呼ばれた）に当たる独立的庶邦の領域である。問題は、先秦王朝における君主権を代表したという〝九鼎〟伝説のような、それらの多様な文化をもった領域を一つにまとめてゆくその方法である。推測すれば、それらは、文化、風俗・習慣等が異なっても、みんなの共有できるこの多様な人々の共通の願いを汲んだものであったはずである。

いずれにせよ、以上のことは、かつての先秦王朝である周王朝がその対象領域として「中国」（「成周」）の〝外〟を問題としたのに対し、秦、漢王朝の成立以後、王朝の開設が、主に「中国」（天下）の〝内〟の行政的官僚的な一元支配（皇帝支配）を意味していたのとは根本的に異なっている。

又、西周時代中期の作器とされる班毀銘に「東国」の「痟戎」を伐って

（王が毛伯に命じて）甹王位、作四方亟、秉緐蜀巣令。……（王が毛公（毛伯）に命じて）伐東国痟戎。咸。……三年静東国、亡不成。……公（毛公のこと）、告厥事于上。惟民亡𢓊、在彝。恙天令。……

（（王が毛伯に命じて）王位を甹《たす》けて、四方の極（望）と作《な》り、緐、蜀、巣の令を秉《と》らしむ。……（冊命が）咸《おわ》る。……（王が毛公（毛伯）に命じて、邦冢君等を率いて）東国の痟戎を伐たしむ。（征伐の王命が）咸《おわ》る。……（その戦役の結果として、毛公等が）三年にして東国を静《しず》め、成せざるは亡し。……公（毛公のこと）、厥《そ》の事を

上に告ぐ。惟《こ》れ民出ずること亡く、彝《い》に在り。天令に态《つと》めたり。……）

と「民」とある。(13)「出」は拙である。この「惟《こ》れ民出ずることなく、彝《い》に在り」の「民」とは、征伐を受けた「東国」の異族の人々、直接的には「東国」の「痏戎」等を指している。「彝」は常（道）で、服すること。この西周金文での「東国」の用例は、かつて「東国」、「南国」の争乱について述べたが、西周前期の明公毀銘（両周録四オ、集成四〇二九）にある「東国を伐つ」は、両周は令毀銘（作冊夨令毀、両周録二オ、集成四三〇〇～四三〇一）の「楚伯を伐つ」と同時の事とし、通釈は、淮夷、徐戎等東方の諸族は、西周期を通じて叛服常なく、成康期彝器の大半は東征南征に関するものであると解する。(14)又、後期における作器の禹鼎銘（集成二八三三～二八三四）の「噩侯馭方、南淮夷・東夷を率いて、南国・東国を広伐する」の「東国」も、「南淮夷」「東夷」と密接に関係して出てくる。これについて、徐中舒氏は「南淮夷は一に非ず、徐が最も大国である。淮に居りて又成周の南に在るにより、南淮夷と称され、徐が自称である」として、『尚書』費誓の「淮夷、徐戎並びに興《た》つ」を引く。(15)このように、「東国」と云えば、後の〝外国〟伝の東夷伝へとつながる、「東夷」「淮夷」「徐戎」等の居住地として考えられ、班毀銘の三年をかけて大規模に「静《しず》」めた「東国」の「民」とは、彼らを指すと考えて大差あるまい。これも、〝文王〟乃至「周邦」が上に居る天の神より受けた「受民」の「民」、「四方」の「民」とも皆同じものである。

又、西周時代後期の作器とされる大克鼎銘（両周録一一〇オ～一一一オ、集成二八三六）に

克曰、穆々朕文祖師華父、沖讓厥心、……肆克龏保厥辟龏王、諫乂王家、恵于万民、𩟄遠能犾。肆克□于皇天、頊于上下、……天子其万年無疆、保乂周邦、畯尹四方。……

（克曰く、穆々たる朕《わ》が文祖師華父、厥《そ》の心を沖讓して、……肆《ゆえ》に克《よ》く厥《そ》の辟《きみ》共王を恭保し、王家を諫（諫《かん》）乂《がい》して、万民を恵み、遠きを柔《やわ》らげ邇《ちか》きを能《やす》んず。肆《ゆえ》に克《よ》く皇天に□して、上下に頊《あら》われ、……丕顕なる天子、天

子其れ万年疆《かぎ》りなく、周邦を保乂して、畯《なが》く四方を尹《おさ》めんことを、と。……）

とあり、克の祖先の師華父が〝共王〟を助けて「諫乂王家、恵于万民、𩞁遠能𤜵」とあって、「万民」を恵むとある。(16)「万民」の下の「遠きを柔《やわ》らげ邇《ちか》きを能《やす》んず」」の語句は、西周時代後期の作器の番生𣪘銘（両周録一三〇オ、集成四三二六）にも「用て大令に𤔲《つつし》み、王位を甹《たす》け、……用て四方を諫《おさ》めて、遠きを柔《やわ》らげ邇《ちか》きを能《やす》んず」とあり、この語句は、上文の「大命（天命）」、「王位」と関係し、直ぐ上の「四方」を治めると類似の意味をもつと思える。大克鼎銘の場合も、この語句は、直ぐ上の「万民」を恵むと直接の関係をもって説かれたものであろう。新出の逨盤銘にも、逨の高祖が康王を助けて「遠きを柔《やわ》らげ邇《ちか》きを能《やす》んじ、……方《あまね》く不廷を懐《なつ》く」とあり、「不廷方の率懐」と共に述べている。この「柔」（𩞁）は、列国金文の「不廷を鎮静し、百邦を柔燮《じゅうしょう》す」（秦公鐘銘（秦公鎛銘）、両周録二八九ウ～二九一オ、集成二七〇）の「柔」の字と同じ、この「柔」も「不廷（方）」、「百邦」と関係する。又、「能」の字は、先の史墻盤銘に「（昭王）が広く楚荊を能《やす》んじ、惟れ南行を寀《ひら》く」(17)や、又、毛公鼎銘にも「（王が）康《やす》らかに四国を能《やす》んず」とあり、南方の蛮夷と目される「楚荊」や、「四国」（「四方」）を王が安んずることに「能」の字を使っている。即ち、この〝共王〟を助けて「万民を恵み」の「万民」とは、直ぐ下の語句の「遠きを柔《やわ》らげ邇《ちか》きを能《やす》んず」が意味する「四方」「不廷方」「楚荊」等の、さまざまな異族らを皆含めた意味での「万民」であろう。天は「四方の民を哀む」（『周書』召誥）と類似の義である。これも又、天の神より受けた「受民」（大盂鼎銘）の「民」と同じものである。このほか、先の史墻盤銘に「（武王が）四方を遹征し、殷に達して民を畯《ただ》す」とあり(18)、「殷」以下は克商のことを云い、ここの「民」は商の「民」であろう。(19)

又、西周時代後期、松丸道雄氏が確認しうる唯一の王（厲王胡）自身の作器と云う㝬𣪘銘（集成四三一七）に(20)

王曰、……（余は）経擁先王、用配皇天、簧黹朕心、墜于四方。肆余以餕士・献民、爯盩先王宗室、㝬作𩱛彝宝

毀、……（先祖考が）其瀕在帝廷陟降。……（余は）畯在位、作氏在下。……（王（厲王のこと）曰く、……（余は）先王を経擁《けいよう》して、用て皇天に配し、朕《わ》が心を簧帯して、四方に墜《およ》ぼせり。肆《ゆえ》に余は餘士・献民を以《ひき》いて、先王の宗室を爯盩し、猷、𧾷彝たる宝毀を作りて（祭らん）、……（先祖考が）其れ瀕《しき》りに帝廷に在《あ》りて陟降（するを康恵せん）。……（余は）畯《なが》く位に在《あ》りて、氏《もとい》を作り、下に在《あ》らん、と。……）

とあり、「余以餘士・献民」とあって「献民」とある。張亜初氏は「餘士」は文臣武将、「献民」は社会の賢達と解し、「先王の宗室に爯盩す」を「先王」の宗廟を遍祀し、以て虔敬孝順の意を示すと解す。銘文選は「餘士」は貴族、「献民」は殷の「民献十夫」（大誥）の例と同じかとしている。王慎行氏は祖廟での「先王」の祭祀とする。そうすると、この王が率いる「献民」も、上にある「帝廷」即ち上帝（天の神）の朝廷に居て「陟降」する「先王」の祭祀に参加していることが特に注目される。(21)この「帝廷」は、西周前期の作器とされる大豊毀銘（天亡毀、両周録一オ、集成四二六一）に「丕顕なる考文王《ちち》、上帝に事喜す、文王臨みて上に在り」とあり、〝文王〟が上帝に事《つか》えて「上」に居ることを云っていると思えるが、当時考えられたその場所がここに云う先王の居る「帝廷」に当たろう。(22)『周書』金縢に「（武王が）帝廷に命じられて、四方を敷佑《ふゆう》す」とある、〝武王〟が命じられた「帝廷」と同義である。天上の天宮である。ここの「献民」の「民」も、上文の王が「（余は）皇天に配し」、「（朕が志を）四方に墜《およ》ぼせり」とあり、さまざまな異族らを含めたものであろう。この「上」に居る天の神（「上帝」）が与えた「受民」（大盂鼎銘）と、上の天の神のその「帝廷」天宮に一緒に居て、「陟降」即ち上り下りして福禄を与える「先王」（祖考）、その「先王」の祭祀を行う「下」の子孫である今王との、三者の密接なる関係については、周王朝における君主の王位継承儀礼のところで後述する。

以上のように見てくると、西周金文の「民」の用例は、「中国」（成周）より「民」を乂《おさ》めることを天に告げ（𤔲尊銘）、天からの「受民」を云い（大盂鼎銘）、「痡戎」の「民」と天命のことを同時に云い（班毀銘）、「万民」を恵みて、その功績が天に達したことを云う（大克鼎銘）。即ち、上に居る天の神と、下の地上に居る「受民」の「民」とは、やはり密接に関係して出てくる。これについては既に、『周書』五誥を中心とする経書の研究から、天は常に「民」と一体的に述べられ、「民」の立場から天が把握されたと考えられており、そのことは西周金文にも確かめられる。[23]

しかし、重要なことは、その「民」とは、実は文化、風俗・習慣等の異なった多様な人々を皆まとめて等しく「民」と云っていたことである。

即ち、五誥には記されていないが、この「受民」とは、以上見てきたように、「東国」「南国」等、叛服常なき「東夷」「淮夷」「南夷」等を含めた、さまざまな異族がまとめられたものであり、そしてその多様な邦々や人々を一つに統合するために、天の神が現われているということである。それでは何故に、上に居る天の神が、異族の〝枠〟を超えて、多様な文化をもった彼らを一つに束ねることが出来ると考えられたのであろうか。なぜこの「民」の立場から天が把握されたのか。

それを考えるときに、更に重要なことは、この「受民」が、文献の五誥に「文・武の受民」（『周書』洛誥）とあっても、実は、天の神が王朝の君主に与えたのが「受民、受疆土」（大盂鼎銘）とあったように、「受民」と「受疆土」との二つでワンセットになっていたことである。即ち、従来云われるように天の神と「民」とが一体不可分であったのではなく、実際は天の神と、「民」と「疆土」とが一体不可分と考えられたのである。そこで、次に、「民」の意味をさぐるため、この「受民」と二つ並べてワンセットとなる「受疆土」とは一体何であったのか、このことについて更に考えてみたい。

2　「受疆土」の「疆土」と〝経済的〟富の生産について

上の「帝廷」に居る天の神から〝文王〟乃至「周邦」が受けた「受疆土」の「疆土」について、先の西周時代後期の㝬鐘銘（宗周鐘、先の㝬𣪘銘と同じく、厲王胡（㝬）による自作器説が有力である）に「王肇《はじ》めて文・武の勤めし疆土を遹省す。南国の服子、敢えて我が土を陥虐《かんぎゃく》す。……南夷・東夷の具《とも》に見するもの二十有六邦なり。……㝬（厲王のこと）は其れ万年、畯《なが》く四国を保《やす》んぜん」とあり、この〝文・武〟が経営した「疆土」とは、直接には、ここでは「四方」（「四国」）の内、南方系の異族と云われる「南国」の「服子」や「南夷」「東夷」の住地を指している。[24] 即ち、「受疆土」もそれとワンセットとなる「受民」と同じく、さまざまな異族の領域を皆含めている。[25] 又それは、天の神が「上下の匍有」（主に「豊年」を目的とした神々の祭祀）を条件として与えたもので、本来この土地は天の所有物であった。

一方、周王朝の君主と「疆土」との直接の関係については、先の史墻盤銘に、〝文王〟〝武王〟〝成王〟の事績を述べた後、次の周初の〝康王〟について

……粛哲康王、豖尹億疆。……

（……粛哲なる康王、遂《したが》いて億疆を尹《ただ》す。……）

とあり、周王朝の君主の〝康王〟が「遂《したが》いて億疆を尹《ただ》す」とある。この「億疆」について、徐氏は、この「疆」は土田を指して云うとして、天下の億畝の土田を正す意味に解し、李学勤氏は「疆」を「疆土」として、「億」を「万邦」の「万」と同じとしている。[26] この王朝の君主の〝康王〟が尹《ただ》し治めた「億疆」は、王朝成立の対象領域（「四方」）を皆含めたものと思え、周王朝の君主が天の神より与えられた周初表現の「受疆土」と同じものであろう。

そこで、この「受疆土」、「億疆」の「疆」とは一体何を意味していたのか。更に、「疆」の用例を西周金文に調べてみると、西周後期における作器とされる五祀裘衛鼎銘（集成二八三二）に(27)

（邦君厲）曰、余舍汝田五田。正廼訊厲曰、汝貯田不。厲廼許曰、余審貯田五田。……（参有司等は）帥履裘衛厲田四田。……厥逆（北）疆眔厲田、厥東疆眔散田、厥南疆眔散田、眔政父田、厥西疆眔厲田。……

（裘衛が邢伯等に邦君厲の約束の不履行を訴えて曰く、邦君厲は次のように云った）曰く、余は汝（裘衛）に田五田を舍《あた》えん、と。（邢伯等は）正して、廼《すなわ》ち厲に訊《と》うて曰く、汝、田を貯《おく》るや不《いな》や、と。厲廼《すなわ》ち許して曰く、余は審《つつし》んで田五田を貯《おく》らん、と。……（参有司等は）帥《ひき》いて裘衛に厲の田四田を履《ふ》ましむ。……厥《そ》の逆（北）疆は厲の田に眔《およ》び、厥《そ》の東疆は散の田に眔《およ》び、厥《そ》の南疆は散の田に眔《およ》び、政父の田に眔《およ》び、厥《そ》の西疆は厲の田に眔《およ》べり。……）

とある。おそらく領主を意味するであろう「邦君」の厲が「田四田」を裘衛に与えるに際し、参有司等の立ち会いで現地でその「田」の境界の確立が行われ、その「北（逆）疆」「東疆」「南疆」「西疆」の接する「田」を云っている。唐蘭氏等、この「田」を百畝の意味とする解釈もあるが、この「疆」は土「田」即ち農耕地の境を意味する。(28)又、この「余審貯田五田」の「貯」とは、直接的にはその「田」からの生産物を云うようである。この「貯」の西周金文の用例は、兮甲盤銘（両周録一三四オ、集成一〇一七四）の「淮夷、旧《もと》我が貟畮《ほはく》の人なり（生産物を入貢する者）、敢えて其の貟……其の貯を出さざるなかれ。……我が諸侯百姓の貯、市に即《つ》かざるなかれ。敢えて蛮（の地）に入りて貯を宄《おか》すことあるなかれ」や、裘衛盉銘（集成九四五六）の「八十朋に在りては、厥《そ》の貯は、其れ田十田を舍《あた》う」、格伯𣪘銘（倗生𣪘、両周録六四オ〜六六ウ、集成四二六二〜四二六五）の「格伯、良馬乘を倗生より取る。厥《そ》の貯は三十田」等、「田」と一緒に「貯」が出て来る場合が多いが、それは諸氏によって収穫物や「田」の租調、貯積や財貨等の意に解されている(29)。いずれにしても、「淮夷」「南夷」等、「受民」と同じく、「蛮」(「淮夷」)(兮甲盤銘)と云う異族のそれぞれの住地をも含めた、経済的生産物と、その「市」(兮甲盤銘)での物資、商品の流通を云っていることに変わりはない。ここの東西南北の「疆」は、そのような経済的富を産み出す土「田」らの境の意味で使われている。

又、李學勤氏らが、同じく西周後期、宣王時代における作器とする呉虎鼎銘(近出三六四)に、王が呉虎に土田を与えて(30)

王命膳夫豊生・嗣工雍毅、……𤔲剌王命、取呉盄旧疆、付呉虎。厥北疆窞人眔疆、厥東疆官人眔疆、厥南疆畢人眔疆、厥西疆莽姜眔疆。厥倶履封。……

(王、膳夫豊生・嗣(司)工雍毅に命じて、……厲王の命を𤔲《つ》いで、呉盄の旧疆を取りて、呉虎に付《わた》せしむ。厥《そ》の北疆は窞人(の田)と疆に眔《およ》び、厥《そ》の東疆は官人(の田)と疆に眔《およ》び、厥《そ》の南疆は畢人(の田)と疆に眔《およ》び、厥《そ》の西疆は莽姜(の田)と疆に眔《およ》ぶ。厥《そ》れ倶《とも》に封を履《ふ》ましむ。……)

とある。ここの与えた土地の「北疆」、「東疆」、「南疆」、「西疆」の四疆の順序は、先の五祀裘衛鼎銘と同じである。「旧疆」は、李氏は呉虎の土地の授給は、前の厲王時に決定されていたものと解する。又、与えるに際し、善夫豊生等の立ち会いで、五祀裘衛鼎銘らと同じく、現地でその土田の境界の確定が行われている。

又、西周後期における作器の永盂銘(集成一〇三二二)に王が永に「田」を与えて(31)

隹十又二年初吉丁卯、益公内即命于天子。公廼出厥命、賜畀師永厥田湆陽洛、疆眔師俗父田。……公廼命奠嗣徒囟父……付永厥田。厥率□、厥疆宋句。……

(惟《こ》れ十有二年初吉丁卯、益公内《い》りて命に天子に即く。公廼ち厥《そ》の命を出だし、師永に厥《そ》の田を湆陽の洛、疆は師俗父の田に眔《およ》ぶまでを賜畀《あた》う。……公迺《すなわ》ち鄭の嗣（司）徒亟父……に命じて永に厥《そ》の田を付《わた》さしむ。厥《そ》の率は□、厥《そ》の疆は宋句なり。……）

とある。この「澮陽の洛」は唐氏等は、洛水南北の地域を考えているが、この「疆」も、先の五祀裘衛鼎銘と同じく、永に「賜畀（賜与）」された「田」の境を意味すると解釈されている。後の「厥《そ》の疆は宋句」は、確釈はないが、同様の境界を云うものであろう。通釈に、田土の範囲とする。

又、西周後期における作器の散氏盤銘（両周録一二七オ、集成一〇一七六）に、矢が「田」土を散に与えたことを述べて

用矢𢧵散邑、廼即散用田。眉、自濾渉以南、至于大沽、一封。以陟、二封、至于边柳。復渉濾、陟雩、及……、以西、封于𢼸城楮木、封于芻來、封于芻道。……登于厂泉、……封于周道、以東、封于□東疆、右還、封于眉道。……矢人有嗣、……豆人虞丂・彔貞、……凡十有五夫、正眉矢舍散田。……

（矢《そく》の、散の邑を𢧵《う》てるを用て、（その償いとして矢側《そく》が）廼《すなわ》ち散に即《あた》えるに田を用てす。眉（の地）は、濾自《よ》り渉《わた》りて以て南し、大沽に至り、一封す。以て陟《のぼ》り、二封して、边柳に至る。復《ま》た濾を渉《わた》り、雩《う》に陟《のぼ》り、……に及び、以て西し、𢼸城の楮木に封じ、芻來に封じ、芻道に封ず。……厂泉を登り、……周道に封じ、以て東し、□の東疆に封じ、右に還して、眉道に封ず。……矢《そく》人の有司、……豆人の虞なる丂《こう》、彔なる貞、……凡《およ》そ十有五夫、眉の矢《そく》が散に舍《あた》える田を正す。……）

とあり、ここに「東疆」とある。初めに散に「田」を与えたことを述べて、以下与えた眉地についての境界線を述べ、川を渉《わた》り、山稜に登るなどして、ここにある「□の東疆に封ず」は、□地の「東疆」、または「眉」の「東疆」即ち東の境と解されている。銘文にある、この境界を定める時の立会人の「豆人の虞なる丂《こう》、彔（麓）なる貞」の「虞」、

「彔」（麓）は、王国維は「左伝昭公十九年の伝、『山林の木、衡鹿之《こうろくこれ》を守る』、鹿《ろく》もまた麓《ろく》」と云い、その引く『左伝』杜注に「山沢の利を守る」と云い、山林川沢等の自然保護の役目をする者である。会箋に「周礼、司徒の属、林衡《りんこう》の官有り、林麓《りんろく》の禁を巡《めぐ》るを掌る」等と解する。通釈に「虞」は、山沢の利を掌る虞人、「彔」は麓、林衡の属とする。『周礼』地官に「山虞《さんぐ》」、「沢虞《たくぐ》」があり、林木や沢中の財物の皮角珠貝等、生活資財のことを司るを云い、「林衡《りんこう》」、「川衡《せんこう》」は、山林や川沢の富を保護する者となっている。[32] そうすると、立会人に、虞人、麓人の名が見えているように、この境界を定めた山林川沢等の地にしても、それが今日云う単なる山や川では決してなく、林木や芻牧採薪、魚鼈や皮角珠貝等、それは経済生活の〝豊かさ〟、経済的富（軍事用も含む）を産み出す宝庫を意味していた。[33]

　以上の西周金文の「疆」の用法からすると、西周初に云う、多様な人々の住地を含んだ「受疆土」の「疆土」や「億疆」の解釈は、それが単なる土地でも、いわゆる政治的な国家の境を意味するものでもなかった。おそらく、「魯疆」（『左伝』桓公一七年の条）、「呉疆」（『左伝』昭公二四年の条）等の国境の意識は、後に作られていったものではなかったかと思え、宇宙の主宰者、天上の「帝廷」に居る天の神が上から下の地上に見る当時の境は、生活資財を産み出す、経済的富を産み出す土「田」（農耕地）や山林川沢等の境界の意味で使用されたものであり、国家の境界の意味ではない。

　この「受疆土」「億疆」の「疆」字の用法は、先秦時代について記す文献史料にも数多く見られる。即ち『左伝』成公二年の条に、王朝の君主について「先王、天下を疆理し、土の宜《よろ》しきを物《もの》して、其の利を布けり。故に詩に曰く、我《われ》疆し、我《われ》理し、其の畝を南東にす」とあり、「先王、天下を疆理す」とある。即ち、この「疆」が畝田という、農耕地の区画等に関して用いられたものであり、杜注等は皆、先王の役割として、それぞれの土地土地の実情を考察して有利な作物を植えることについて述べたと解釈している。西周金文に見えない「天下」は「四方」のことであり、この「先王、天下を疆理す」は、先の史墻盤銘の「(康王が) 億疆を尹《ただ》す」と類似した表現であろう。楊伯峻注に程瑤田の『通芸録』溝洫疆理小記を引いて、古人が農田水利を云うのに、常にこの「疆」等の字を用うるとして、『詩』小雅・信南山の「我疆し、我理し、其の畝を南東にす」等を証として引く。即ち、「疆」の字が、中国古典において穀物を産む農田水利と深い関係にあることを既に述べている(34)。

このように、西周金文に見える、上に居る天の神より、王朝の君主が受けた「受民、受疆土」(「迨受万邦」)の「受疆土」また「億疆」の「疆」とは、人々の飢えに対する経済的生活の資財を生み出す土「田」の農耕地や、経済的生活の〝豊かさ〟、その富を産出する宝庫としての山林川沢等の境の意味で使われていた。又、文化、風俗・習慣等の異なった人々(異族)を含めた「受民」と同じく「受疆土」も、先の㝬鐘銘のように、「東国」「南国」等、多種多様な異族の住地をも皆含めて「疆土」「億疆」と呼ぶものであった。そうすると、その「受疆土」と二つでワンセットになる「受民」の「民」とは、それらと関係するはずであるから、「淮夷」「東夷」「南夷」等の多様な人々を皆含めた、彼らの土「田」や山林藪沢等における、経済的な生産活動に直接従事する者を意味するであろう(35)。即ち、共通して労働に従事する人々である。

即ち、さまざまな人々を皆含めた、王朝の君主の君主たる根拠となる、上の天の神(上帝)から受けた「受民、受疆土」とは、異族の〝枠〟を超えて多様な人々を一つに束ねたものであり、その異族の〝枠〟を超えることが出来たのは、「疆土」、「億疆」という土「田」(農耕地)や山林川沢等が、「東国」「南国」等のいかなる異族にも関わりなく、どの人々にも共通の最大の願望である飢えに対する〝豊かさ〟、その経済的生活上の資財を、共通に産み出すものとしてとらえられていたからである(36)(そこに神が置かれている)。

そしてそのことは、先に述べた、またかつて論じたように(37)、史墻盤銘(集成一〇一七五)の〝文王〟が受けた「天命の膺受」の内容を云って、「四方の匍有」と対語となる前王朝の殷以来の系譜を引く「上下の匍有」即ち、祖先神や山、川の神々、社（土）の神々、四方神等、偏き「上下」の神々の祭祀を条件として（よって、祖先祭祀も、〝年穀の豊穣〟らの祈年祭と結びつくだろう）、それと結ぶ「迨受万邦」「受民、受疆土」つまり、天の神から「東夷」「淮夷」等の「邦」々を皆含めた「万邦」、「民」と「疆土」を受けており、その神々の祭祀の目的は盤銘下文に「厚福豊年」とあって、多くの福禄、特に「豊年」即ち〝年穀の豊穣〟がこの「万邦」（さまざまな異族を含めた「民」と「疆土」。重層的に、各邦国も祖先神や他の「上下」の神々に対し同様の役割をもつであろう）の領域に祈られていた。このことは、以上見て来たこととすべて合致している。天の神（上帝）は、豊饒をもたらす、偏《あまね》き「上下」の神々（百神）を統轄する者であった。つまり、「豊年」を最大の目的とする「上下の匍有」と、それらを産み出す「民」と「疆土」とを受けたことは、この両者の結合は、すべて整合性をもっているのである。天と「民」の一体不可分の言説は、このような背景をもつであろう。そして偏き「上下」の神々の祭祀を行う主体者としての「上下の匍有」者は、「万邦」（「万民」）のための〝豊かさ〟を求めるその祭祀を中心として、歴史的に、その理由らによって富の集積を行なおうとしたであろうし、そのために供物などが求められるのである（しかし又、それは富の収奪に転化しやすかったであろうことは、想像に難くはない。又、人々に飢えがあれば、その正統性を疑われることにもなろう）。

だからこそ、先秦王朝の君主権を象徴するものとして、もともと神々を祭る祭器としての「万邦」（「四方」）から銅を貢納せしめて作った〝九鼎〟伝説が生まれた理由もここにあろう。その祭祀の最大の目的はその「万邦」における五穀豊穣にあったろう。〝九鼎〟について述べた『左伝』宣公三年の条に、有名な「鼎の軽重」を問うた後、周側の説明として、その下文にこの祭器である〝鼎〟を用いて、「……用能協于上下、以承天休」（……用て能く上下を協し、以て天休を承《う》く）とあり、この「上下」は会箋に「言夏徳協于天地也、猶曰格于上下」と解釈してあるが、ここの「上下」の意味も、下文に「天休」とあるように、天と密接した「上下の匍有」と同じ、「上下」の神々を指しているのであろう。このことは、以上のこととすべて整合性をもつのである。

この「上下」を君臣の義に解するのは先に述べたように誤りであり、「上下」の神々（富を生産するエネルギー）をあまねく秩序立てて祭ることによって「天休」即ち「厚福豊年」（史墻盤銘）を受けるのと同義と思われる。祭器としての〝九鼎〟は多様な人々の共通の願いである〝豊かさ〟による統合のシンボルであり、直接的には働く人々を結びつけるものであり、又それによる多元的世界の統合のシンボルであった。それは、秦、漢王朝以後の君主権（皇帝権）を象徴した、官僚制中央集権の〝印璽〟、男性的な、命令と服従の行政的官僚的な意味をもつその〝印璽〟（伝国之璽）とは大きく異なっている[38]。

このように、共通の願望である、飢えに対する、経済生活の〝豊かさ〟こそが、多様な文化、風俗・習慣等の異なった、さまざまな邦々や人々の違いを超えて一つにする、周王朝の君主の君主たる第一の条件であった。いわば個々の所有の問題も認めた上での、程度の差はあれ、多種多様な人々の〝枠〟を超える、豊穣による統合である。「天命の膺受」者（「天子」）の内容となる、上の「帝廷」天宮に居る天の神から与えられた「受民、受疆土」（「迨受万邦」）とは、その意味である。

こうして、「万邦」（「四方」）の多様な「民」と「疆土」とを文化等の違いを超えて、主に「豊年」（経済的〝豊かさ〟）を共通の願いとして一つに捉えれば、それは、独立的庶邦（「万邦」）における内部の「民」と「疆土」とに、豊穣の証を求めることになり、王朝の力が及ぶことを可能にするであろう（現実的には王朝開設のもう一つの条件「四方の匍有」が必要となる）。又、「豊年」（経済的〝豊かさ〟）を主とする偏き「上下」の神々の祭祀は、元来が、自然や四季等の正しい循環など（環境の問題）、安寧秩序をも含めて一邦国を越えて所謂グローバルな性格をもつものであろう（それは統合への力にもなる）。

第二節　「四方の匍有」と国際的な安寧秩序

1　「四方」（「万邦」）と国際的紛争の収束について

一方、「上下の匍有」を内に含む「天命の膺受」と組み合わせとなって、もう一つの周王朝の君主の君主たる根拠は「四方の匍有」と云われ、それは、徧《あまね》き「上下」の神々の祭祀を云う「上下の匍有」と、「上下の匍有」「四方の匍有」の対語となっていた。

この周王朝開設の一条件である「四方の匍有」（「不廷方の率懐」、「方蛮䖵見せざるものはなし」）とは、かつて論じたように[39]、上の天の神から見て、下の地上の平面的な「四方」（「万邦」、独立的庶邦）の領域を治め、国際的紛争を収束し、又紛争の公平なる裁定、調停を意味する言葉であった。この平面的な「四方」の「方」について、国際的争乱を起こすものとして、殷代以来の某「方」の用例がしばしば見えている。

即ち、西周時代前期における作器とされる、湖北省孝感縣出土と云う安州六器の中齋銘（二、三）（中方鼎、両周録六ウ～七オ、集成二七五一～二七五二）に

隹王令南宮、伐反虎方之年、王令中、先省南国、貫行、埶王応。……

（惟《こ》れ王、南宮に命じて、反する虎方を伐たしむるの年、王、中に令して先んずせしめ、南国を省《せい》して貫行し、王の応を埶《おさ》めしむ。……）

とある。ここに「南国」の反した「虎方」を伐つと「方」とある。両周は殷墟卜辞に見える「虎方」とし、その居住

場所を江淮流域に解している。[40] この「南国」や「東国」とは、「四方」領域の中心地域となる「中国」（「成周」、「洛邑」）より見た方位で、叛服常なき南方、東方らの「四方」（「四国」）領域を呼称する。

又、西周時代前期における作器とされる小盂鼎銘に、重銹のため、不明な部分も多いが

……盂以多旂、佩馘方……、（□門に入る）。……（盂が）告曰、王□盂、以□□伐馘方、（戦果を報告する）……俘人万三千八十一人、……羊三十八羊、……。……入燎周廟。……用牲禘周王、武王、成王。……

（……盂、多旂を以《ひき》いて鬼方を佩び……、（□門に入る）。……（盂が王に）告げて曰く、王、盂に（令）して、□□を以《ひき》いて、鬼方を伐たしむるに、（戦果を報告する）……俘人万三千八十一人、……羊三十八羊、……、と。……（王は盂に命じて）入りて周廟に燎《りょう》せしむ。……牲を用て周王（文王）、武王、成王を禘《てい》す。……）

とあり、やはり盂に命じて「鬼方」を伐つと「方」とある。王国維は、「鬼（馘）方」、「昆夷」、「薫育」、「玁狁」は一族の称と解し、綜述、断代は卜辞の「鬼方」で、「鬼」は狄の一種としている。[41] ここで盂が「鬼方」の捕虜一万三千余を得たことを云い、その告捷献馘の礼の中で、周廟に燎すとあり、更に勝利に礼して「周王（文王）、武王、成王」の祖先神を祭っている。又、西周時代前期における作器とされる師旂鼎銘（師旅鼎、両周録一二ウ、集成二八〇九）に

……師旂衆僕、不従王征于方。雷使厥友弘、以告于伯懋父。……

（……師旂の衆僕、王の于方《うほう》を征するに従がわず。雷、厥《そ》の友の弘を使わして、以て伯懋父《はくぼうほ》に告げしむ。……）

とあって、師旂の衆僕が、王の「于方」を征するに従わずとあり、やはり「于方」の「方」に対する征伐を云う。両周は「于方」を卜辞に見える「盂方」と解し、その居住場所を今の河南睢縣付近に比定し、綜述は沁陽方面としている。この征伐を率いる伯懋父について、小臣謎殷銘（両周録九ウ～一一オ、集成四二三八～四二三九）に「伯懋父は

殷八師を率《ひき》いて、東夷を征す」とか呂行壺銘（両周録一一ウ、集成九六八九）に「伯懋父は北征す」とあり、この鼎銘も彼の王の軍団を率いた「東夷」に対する征伐や、「北征」と関係したであろう。(42)

又、およそ西周時代後期頃の成立とされる『詩』大雅・常武に、王の南征を云って「四方既に平らぎ、徐方《じょほう》来庭す」とあり、この王に征伐された「四方」の邦々や人々の内、南方の「徐方《じょほう》」の「方」も、これらの某「方」と同じである。(43)徐氏は先に、この「徐方」を「南淮夷」における最大のものとしているが、また、前王朝、殷末の殷金文に「夷方を征す」（小臣艅犠尊銘、集成五九九〇）とか「夷方を伐つ」（文父丁𣪘銘（小子𦉢𣪘）、集成四一三八）等、「夷方」を伐つことが多数見えており、この「夷方」は、西周時代に、「東国」、「南国」らに居住する「東夷」「淮夷」らの異族と関係すると思われる。(44)

以上のように、国際的紛争の収束を云う、「四方の匍有」（四方を遹《したが》い征する）の「四方」の「方」は、もともと某「方」の「方」を集めたものであろう。この「四方」（「万邦」）の領域における某「方」の「民」やその土地（産物を生む）も、先の上の「帝廷」天宮に居る天の神（上帝）から、下の〝文王〟乃至「周邦」が受けた「受民、受疆土」（「迨受万邦」）や、〝武王〟が「中国」（「成周」）より乂《おさ》めると云う「民」に皆含まれる。

又、西周金文には、更に、このような征伐された多数の某「方」の「方」に、「蛮」の字を加えた「方蛮」と云う呼び方も見えていた。即ち、先の史墻盤銘に冒頭から王朝の開設者、〝文王〟と〝武王〟との功績をそれぞれ述べて

曰、古文王、……上帝降懿徳・大甹、匍有上下、迨受万邦。𤔲圉武王、遹征四方、達殷畯民、永丕鞏、狄虘微、伐夷童。……厚福豊年、方蛮亡不𧠩見。……

（曰く、古の文王、……上帝懿《い》徳・大甹《へい》を降し、上下を匍有《ほゆう》して、迨《あ》わせて万邦を受く。𤔲圉《じんぎょ》なる武王、四方を遹征《いっせい》し、殷に達して民を畯《ただ》し、永く丕鞏《ひきょう》にして、虘《しょ》・微《び》を逖《しりぞ》け、夷童を伐つ。……厚福豊年にして、方蛮𧠩《か》見

せざるものはなし。……）

とあり、「方蛮𡚬見せざるものはなし」とあった。これについてかつて述べたように、(45)この王朝の君主に対する「厚福豊年」と「方蛮𡚬見せざるものはなし」との両語は、その「厚福豊年」即ち先の「受民、受疆土」（「迨受万邦」）のところで述べた〝年穀の豊穣〟は、上文の〝文王〟の「上下の匍有」とそれと結合する「迨《あ》わせて万邦を受く」（「民」と「疆土」を受く）、即ち「天命の膺受」に対応している。

一方、それとワンセットになる「方蛮𡚬見せざるものはなし」は同じく上文の〝武王〟の「四方の遹征」即ち「四方の匍有」に対応していた。この偏《あまね》き「上下」の神々の祭祀を云う「上下の匍有」と「上下」「四方」の対語となる、この周王朝の開設を云う「四方の匍有」即ち「方蛮𡚬見せざるものはなし」とは、徐氏は「𡚬」は戈を両手でかかげ、戦いに敗れて武装を解除し投降する意とし、李氏は「方蛮」は「蛮方」、「𡚬」は侍の義、裘錫圭氏は「四方」の蛮夷が来朝しないものはない、などと解する。(46)一方、この「方蛮𡚬見せざるものはなし」と対応関係にある上文の〝武王〟の功績は、「四方を遹征す」以下克商のことを述べ、そして「（武王が）虘・微を逖《しりぞ》け、夷童を伐つ」とある。これについて裘氏は、この「狄」は、曾伯霥簠銘（両周録二〇七オ、ウ、集成四六三一～四六三二）の「淮夷」を伐った「克《よ》く淮夷を逖《しりぞ》く」の「狄」で、逖に同じ。また、「虘」と「微」とは方国の名と解する。次の「夷童を伐つ」の伐たれた「夷童」は、李氏は「夷、東」と釈して、皆周朝東部の地区とし、徐氏は、紂王が「夷方」即ち「東夷」を征伐した後、その人々を各種の労役に使用した故、これを「夷童」と云うと解し、通釈も「夷」は「東夷」、「東国」の意とする。(47)

このように、「（武王が）四方を遹征す」と「四方」の領域に対する征伐を云い、それに対応して周王朝成立の対象領域「四方」（「万邦」）の邦々が皆入廷するのが、「四方の匍有」に当たる「方蛮𡚬見せざるものはなし」の意味であろう（かつて述べたように、独立的な「方蛮」の邦々の入廷は、単なる命令と服従ではない、「邦賓」（小盂鼎銘）とある「賓」且つ「臣」である関係に近いものではなかったかと思われる(48)。

又、この「方」が「蛮」や「不廷」（周王朝に入廷しない）の下に結びついた「蛮方」や「不廷方」の語も見える。即ち北方の侵入する「玁狁《けんいん》」を伐ったことを記す虢季子白盤銘に「丕顕《ひけん》なる子白、戎功に壮武にして、四方を経維す。玁狁《けんいん》を洛の陽に博伐し、折首五百、……（王曰く）用て蛮方を政（征）せよ」とあり、「蛮方」を政（征）すとある。この「蛮方」とは、直接的には北方における異族の「玁狁」そのものを指す。又、この「玁狁」を伐って「四方を経維す」は、先の常武と同じく、西周後期頃の成立とされる『詩』大雅・江漢にも南方の異族の服さぬ「淮夷」を伐って「四方を経営す」とあるのと類似の表現であろう。又、王朝の開設を云う「四方の匍有」に当たる「王若《か》くのごとく曰く、丕顕《ひけん》なる文武、……大命を膺受《ようじゅ》して、不廷方《ふていほう》を率懐《そつかい》す」（毛公鼎銘）の「（文・武が）不廷方を率懐す」とは、王廷に入廷しない邦を「不廷方」と云うものである(49)。厲王胡の自作器と思われる五祀㝬鐘銘（集成三五八）の穆海亭氏らや李家浩氏の「不廷方を雝（和）す」や「不廷方を貖（征伐）す」の解釈も同じである。又戎生編鐘銘（近出二七～三四）の晋地に建てられて「蛮戎」を司り「不廷方を幹《ただ》す」も、従わない「蛮戎」を「不廷方」と呼んだものであり、皆同じであろう(50)。これらの「四方」（「万邦」）領域における多様な「方蛮」「蛮方」「不廷方」の「民」もその土地も、先の上の「帝廷」に居る天の神から「受」けた「受民、受疆土」（「迨受万邦」）と、「天命の膺受」と「四方の匍有」との上下面と水平面で互いに接しており、両者は皆重なり合うものである。

以上のように、周王朝成立の一条件「四方の匍有」（四方を遹《したが》い征する）の「四方」とは、独立的な、叛服常なき某「方」や「方蛮」の「方」、「蛮方」「不廷方」らの「方」が本来皆一つに束ねられたものであろう。殷墟甲骨文では、「四方」は、或いは某「方」（方国）の神々をまとめた「四方」神を意味したが(51)、国際的紛争の収束を云う「四方の匍有」の「四方」（「万邦」）とは、周王朝の成立を意味する王朝支配の対象領域となっている。そして、この広大な「四方」（「万邦」）の領域は、「東国」、「南国」や「東夷」「南淮夷」など、「東」や、「南」等の方位で示される場合が多い（なお、この方位の問題は、王の「南面」、臣下の「北面」「東面」としても、しばしば冊命形式金文等に見えている）(52)。そして、この「四方の匍有」の「四方」領域における中心地域が、「四方の匍有」者・〝武王〟の遺志によって営まれた「中国」、即ち「成周」（「成」する周）であったろう。

2　「四方」の中心「中国」（洛邑）と「帝廷」天宮について

この「四方」（「四国」）と「中国」（「成周」）について、周王朝の君主は、先の厲王胡の自作器とされる㝬𣪘銘に「（王である余は）皇天に配し、……（朕《わ》が志を）四方に墜《およ》ぼせり（四方を匍有すること）」とか、比較的周初の作とされる五誥の一つ『周書』召誥に「中国」（「洛邑」）を営んだことについて「（周公曰く）王来たりて上帝を紹《つ》ぎ、自ら土中に服せよ、と。（周公）旦曰く、其れ大邑（洛邑）を作る、其れこれより皇天に配し、毖《つつし》んで上下を祀り、其れこの中（中国）より乂《おさ》めんことを」などと述べている（同じく『逸周書』作雒解にも「大邑成周を土中に作る」とある）。ここに「皇天」に配し、「上下」の神々を祭ることを云って、「（王が）この中（中国）より乂《おさ》めん」と云うのは、先の𣄰尊銘の〝武王〟自身が天に告げた「この中国に宅《お》りて、之《これ》より（「四方」の）民を乂《おさ》めん」の言葉とほぼ同じである。つまり、上天の中央にある「帝廷」天宮、即ち天の朝廷に居る天の神（上帝）に配し対応して、下の地上の平面的な「四方」（「四国」）領域の中央に、〝武王〟の後、「四方の匍有」（四方を敷《あまね》く有する）者（王）が占めるべき場所として、「中国」（「成周」）が営まれたと云うのである。また、この「四方」の中心の場所の考えは、『周礼』大司徒等にも、大地の中央（地中）は天地の合する所であり、そこに王都を建てると云う考え方が述べられている（孫詒譲の『周礼正義』に、地中を四方の中央と解釈する）[53]。

これらからすると、「四方の匍有」者の居所となる土中の「中国」（「洛邑」）は、天上の天の神の居所「帝廷」天宮と垂直軸となり、周王朝成立の条件となる「上下の匍有」と「四方の匍有」、即ち「上下」と「四方」の交わる所と解されていたようである。この当時考えられた天上の「帝廷」天宮、即ち天の朝廷の場所とは、やはり天上における中央天極の常に隠れることのない、後の『史記』天官書に云う「中宮は、天極星（北極星の星座）、……太一（天の神のこと）の常居なり」の、群星（一つの全体を形成）を従え調和（「成」）する、中央の北極星、北斗の場所に当てられていたのではないかと思える[54][55][56]（なお、王の「南面」の方位も、上天の中央にある「帝廷」即ち天上の朝廷に居る天の神から見た、北極から南を向く方位に対応したものであろう）。この天上の中心における「帝廷」天宮に居る、天の神（上帝）を主宰者とする宇宙の秩序に頼り配して、下の地上の平面的な「四方」（「四国」）の中心の場所に建設された「中国」（「洛邑」）を周初に「成周」と命名したのは、かつて論じたように[57]、西周金文では「四方」領域における「東夷」「淮夷」「南夷」等、異族が引き起こす国際的紛争の収束を「成」と呼んでおり、その「中国」の〝外〟の「東国」、「南国」など、「四方」（「四国」）領域における争乱を「成」（たい）らぐ周などの、「成」周の意味であったと思える。それは、天上の中央に居る、天の神の宇宙の秩序に擬した、地上における多様な邦々や人々の住む「四方」世界の安寧秩序、調和を意図する呼称でもあったと思われる。

ただ、重要なことは、この「中国」（「成周」）と、「中国」から見てその西方にある、「殷邦」に替わって天命を受けた王自身が出自する「周邦」（多くの邦々と並置される）とは、本来一致していなかったことである（後の秦、漢王朝以後、拡大した領域国家となった「中国」と「秦邦」、「漢邦」とは完全に一致し、「中国」が天命を占有する道が開けてゆく）。つまり周王朝は、王の出自する前代からある自らの「周邦」を中心に据えて考えたのではなく、嵩山近く、前の夏、殷王朝の所在地に近いところに営んだ、大邑の「中国」（「洛邑」、「成周」）を中心場所にして、そこから王朝成立の対象となる「四方」（「四国」）の領域を考えたことである。よって、西方にある旧邦の「周邦」と、この「中国」（「成周」）とは本来一致していなかった（王の出自する「周邦」と、「四方」の中心「中国」が一致する事態となるのは、周王室東遷後のことであろう）。

以上のように、「四方の匍有」（四方を遹《したが》い征する）とは、東方、南方等の争乱を云う、先の班毀銘の「王位を甹《たす》けて、四方の極と作《な》り、……東国の痟戎を伐たしむ。……三年にして東国を静め、成せざるは亡し」、㝬鐘銘の「王、敦伐《とんばつ》して其れ至り、厥《そ》の都を撲伐《ぼくばつ》す。……南夷・東夷の具《とも》に見するもの二十有六邦なり。……（厲王である㝬は）畯《なが》く四国を保《やす》んぜん」や、禹鼎銘の「（禹の皇祖は先王を助けて）四方を奠《さだ》む。……（反した）噩侯馭方《がくこうぎょほう》、南淮夷・東夷を率《ひき》いて、南国・東国を広伐して、……（禹は）噩《がく》に至り、噩《がく》を敦伐《とんばつ》す。……ここに禹成有り」など、「（武王が）虘・微を逖《しりぞ》け、夷童を伐つ」（史墻盤銘）とか、「鬼方」「徐方」等の某「方」を征伐し、「淮夷」、「東夷」、「玁狁」らを逖け、彼らが引き起こす国際的紛争を収束して、周王朝のもとに皆入廷せしめることであった。「成周」（「中国」）に対置される、「宗周」を中心に同姓（宗法による結束）を主とする諸侯（邦君）の封建が行われたのもそのためである。〝克殷〟に協力した友邦に対し、代々の血縁を主とする、王が出自する「周邦」自身の重視でもあろう。

このように、地上の平面的な「四方」（「四国」）領域における国際的紛争を鎮定して、その安寧（いわば〝平和〟）な「静」なる状態を作り出すことが、独立的多元的な、「東国」「南国」などのさまざまな異族の邦々や人々を一つに統合する、王朝の君主の君主たる第二の条件であった。

おそらく天の神（上帝）の居所の「帝廷」天宮に頼り配した、下の地上における王の居所、即ち「四方」（「四国」）領域の中心の場所となる「中国」（「洛邑」）を、国際的争乱を「成《たい》」らぐ周即ち「成」周と命名したように、「四方の匍有」（四方を遹《したが》い征する）者（王）とはその意味で、その為の軍事的〝彤弓矢〟（征伐権のシンボル）的要素の強いものであろう。[58]

第三節　周王朝の君位継承儀礼について

次に、周王朝における君位継承の手続きの中から、周王朝の君主の性格を直接検討し、主に、この君主の君主たる根拠との関わりを考えてみたい。その成立には問題も残るが、王国維が唯一その即位式の大典を考え得ると云う『周書』顧命は、〝成王〟の疾病と遺言、崩御から、その子の〝康王〟釗《しょう》が即位するまでの儀礼を記すものとされる（同一王朝内の「父子」相続[59]）。儀礼の欠落部分もあると思えるが、その〝即位〟部分を見ると

（乙丑の日に成王崩御の後、丁卯の日に冊命等の式次第などが作られてから）越七日癸酉、……①牖間南嚮、敷重蔑席黼純、華玉仍几。……②王麻冕黼裳、由賓階隮。……大保承介圭、上宗奉同瑁、由阼階隮。太史秉書、自賓階隮、③御王冊命。曰、「（先君の末命として）……命汝嗣訓、臨君周邦、率循大卞、燮和天下、用答揚文武之光訓」。④王再拝、興、答曰、「眇眇予末小子、其能而乱四方、以敬忌天威」。⑤乃授同瑁。⑥王三宿、三祭、三咤。⑦上宗曰、「饗」。……⑧（太保は）以異同、秉璋以酢。……王答拝。太保降、収。⑨諸侯出廟門俟。⑩王出在応門之内。太保率西方諸侯、……賓稱奉圭兼幣。……（太保）曰、「敢敬告天子。皇天改大邦殷之命、惟周文武……。今王敬之哉。張皇六師、無壊我高祖寡命」。⑪王若曰、「庶邦侯甸男衛。……皇天用訓厥道、付畀四方、乃命建侯樹屏、……綏爾先公之臣服于先王。雖爾身在外、乃心罔不在王室。……」。⑫群公既皆聴命、相揖、趨出。王釈冕、反喪服。

（(乙丑の日に成王崩御の後、丁卯の日に册命等の式次第などが作られてから）七日癸酉に越《およ》んで、……①牖間《ゆうかん》に南嚮《きょう》して重《かさ》ねたる蔑《べつ》席の純《へり》を黼《ほ》にするを敷《し》き、華玉の仍几《じょうき》あり。……②王は麻冕黼裳《まべんほしょう》して、賓階由《よ》り隮《のぼ》る。……太保は介圭《かいけい》を承《ささ》げ、上宗は同瑁《どうぼう》を奉じて、阼《そ》階由《よ》り隮《のぼ》る。太史は書を秉《と》りて、賓階自《よ》り隮《のぼ》り、③王に御《むか》いて册命す。曰く、「(先君成王は末命として）……汝、訓を嗣《つ》ぎ、周邦に臨君して、大卞《たいべん》に率循《そつじゅん》し、天下を燮和《しょうわ》して、用て文・武の光訓を答揚せんことを命ず」と。④王は再拝し、興《た》ちて、答えて曰く、「眇眇《びょうひょう》たる予《われ》末小子、それ能《よ》くして四方を乱《おさ》め、以て天威を敬忌せん」と。⑤乃ち同瑁を授く。⑥王は三宿、三祭、三咤《たく》す。⑦上宗曰く、「饗せられんことを」と。……⑧（太保は）異同を以て、璋《しょう》を秉《と》りて以て酢《さく》す。……王答拝す。太保降りて、収む。⑨諸侯は廟門を出でて俟《ま》つ。⑩王出でて応門の内に在り。太保西方の諸侯を率《ひき》い、……賓は圭と幣を兼《あわ》せたるを稱《さき》げ奉ず。……（太保）曰く、「敢て敬《つつし》みて天子に告ぐ。皇天大邦殷の命を改め、惟《こ》れ周の文・武……。今、王之《これ》を敬《つつし》まんかな。六師を張皇し、我が高祖の寡《か》命を壊《こぼ》つこと無《なか》れ」と。⑪王若《か》くのごとく曰く、「庶邦の侯・甸・男・衛よ。……皇天用て厥《そ》の道を訓《つ》げて、四方を付畀《ふひ》し、乃《すなわ》ち命じて侯を建てて屏を樹《た》てしめ、……爾《なんじ》先公の先王に臣服せしを綏《やす》んぜよ。爾《なんじ》の身は外に在ると雖も、乃《なんじ》の心は王室に在らざること罔《なか》れ。……」と。⑫群公既に皆命を聴き、相揖《あいゆう》して、趨《はし》り出づ。王冕《べん》を釈《と》きて、喪服に反《かえ》る。）

とある。

又、これらの公的な即位式以前に、顧命には、〝成王〟の崩御から、太保が仲桓と南宮毛に命じて

逆子釗于南門外、延入翼室、恤宅宗。……

（子釗を南門外に逆《むか》え、延《ひき》いて翼室に入らしめ、恤宅に宗たらしむ。……）

とある。「翼室」は、一般に〝成王〟の遺体が納棺された路寝と考えられている。又「恤宅宗」は、蔡沈は「為憂居

宗主」と解し、江聲、孫星淵等は『白虎通』宗族篇の「宗、尊也。為先祖主者也」（宗は尊なり。先祖の主を為る者なり）を引いているが、いずれにしても、ここの解釈として、〝喪服〟した子釗（後に即位した〝康王〟）が〝喪主〟となったことを云うのであろう。(60) これは、先の㝬𣪘銘にある、〝厲王〟の云う「（私の先祖考が）用⿰黹令保我家、朕位、㝬身」（（私の先祖考が）用て我が家、朕《わ》が位、㝬の身とを令保す）の内、この顧命ではこの後、この子釗《しょう》（〝康王〟）が〝吉服〟に着替えて公的に「周邦」と「四方」との君主の〝位〟に即く、即ちここの㝬𣪘銘に云う「朕位」（天子、王）の即位式が行われている（この即位儀礼が終わると再び「〝喪服〟に反る」とあって、服喪している）。そうすると、㝬𣪘銘における「我家、朕位」の「我家」と「朕位」との順番と、顧命における儀式次第などからすると、それぞれ王の出自する「我家」の主となり、次いで公的な「周邦」と「四方」とにおける「朕位」に即く即位儀礼の順番とが同じになっているようである。つまり顧命にある、公的な即位式以前のこの〝喪主〟となる儀式は、㝬𣪘銘の「朕位」の前にある、はじめの「我家」の代表者となる儀式を意味しているのではないかと思える。

ここでは、子釗《しょう》を「王家」の〝喪主〟として、葬喪儀礼としての祭奠、小斂、大斂、殯《ひん》礼等の葬事のことがとり行われたのであろう。

そして、〝成王〟崩御からは九日目の癸酉の日に〝喪服〟から〝吉服〟に着替えて〝康王〟釗の正式の君位継承儀礼が行われたと思える。その場所については路寝乃至殯所（孔疏、鄭注等）、宗廟（王国維等）など、定説はないが、その冊命儀式の後で、⑨に「諸侯は廟門を出でて俟《ま》つ」とあり、周本紀にも〝成王〟崩御から「（太保等）諸侯を率いて、太子釗を以て先王廟に見えしめ」とある。そうすると、王氏等も云う、後述の先王（祖先神）の重要性から見ても、この即位儀式の前半は廟中に移って、後半は廟門外で行われたのではないかと思え、例えば、曾運乾は「顧命を廟に受け、諸侯と朝に見え、服を殯宮に成す」と解し、尹盛平氏も、出土した当時の宗廟と云われる建築址を例として、路寝から出て、冊立儀式を東の大廟中で行ったと解釈している。[61]

先ず、初めの儀式は、①では、その儀礼が行われる堂上に四つの席と仍几《じょうき》が置かれる。これは、『礼記』祭統、『周礼』司几筵等に「筵《えん》を鋪《し》き、同几《どうき》を設けるは、神を依らしめるが為なり」（祭統）とあるように、神霊の依り代《よしろ》である。先王の神霊がこの場に降臨する神位（神席）であろう。②では、麻冕黼裳《まべんほしょう》した太子釗《しょう》は未だ君主の位に即いてないので西階の賓階より、また主人の階段の東階の阼階《そかい》からは、太子釗《しょう》（康王）に授与する、周王朝の君主の位を象徴した、太保が「介圭」を、上宗が「同瑁」を奉じて昇る（東西は主賓の関係となる）。次の③では、太史が太子釗《しょう》に前王（成王）の〝遺言〟の伝達となる冊命を行った。その内容は別論したように、『周邦』と、「四方」（「天下」）即ち「四方の匍有」者（王）との、二つの君主の位に即き、周王朝の開設者、〝文王、武王〟の教えに従うことを命ずる。[62][63] ④では、この冊命を受けた子釗《しょう》は起《た》って、「四方の匍有」の「四方」の安寧秩序と、「天威」に敬服せんことを答辞として述べる。「天威」の言葉からすると、この時、既に子釗《しょう》は天命を受けたと思われるが、その為の直接の祭祀儀礼は、この篇には見えていない。これは、〝文王〟乃至「周邦」が、〝受命〟したと考えられており、子釗《しょう》（康王）が先ず「周邦」の君主の位に即く冊命を受けた時、同時に天命を受け「天命の膺受」者（天子）になったと考えられたのであろう。[64] 実はこの時、〝康王〟と上の「帝廷」に居る天の神（上帝）とには先王（祖考）を介し緊密な関係があり、これについては後述する。

これが終わると、⑤では、太保が「介圭」を、太宗は「同瑁」を太子釗（康王）に授けたと考えられている。この「介圭」と「同瑁」は、秦、漢王朝以降の、新皇帝の即位時に授与された君主の位を象徴する中央集権の行政的官僚的な〝印璽〟に相当する。この「介圭」は、偽孔伝に「大圭尺二寸」、「同」は「爵名」、「瑁」は「諸侯の圭に冒《か》ぶせて、以て瑞信を斉する所以なり」とし（この説だと「四方の匍有」に関係する）、王氏等は、「同瑁」で一物の説をとる。(65)これについて、今文古文系（例えば今文系の『白虎通』巻一所引は同を銅に作る）の煩雑な解釈があるが、また「同」は、下文で酒を入れて酢《さく》しており、酒器である。そこで下文の⑧の「（太保が）異同を以て、璋《しょう》を秉《と》りて以て酢《さく》す」が、新王に対し自酢するのに「璋」が「圭瓚」に対する「璋瓚」と読めるところから、この「介圭」と「同瑁」、又は「同瑁」についても、諸氏の多くは、神を迎える祼礼《かんれい》に用いる、西周金文等に云う「圭瓚《けいさん》」の類や、酒器の類などに解している。(66)

この「圭瓚」は、西周前期金文の宜侯夨𣪘銘（集成四三二〇）の冒頭に、宜侯の封建に際して王が賜与した物として、「䰜鬯一卣、商鬲一□、彤弓一、彤矢百、旅弓十、旅矢千」とあり、この「商鬲」は、「圭瓚」の類、それとワンセットとなる「䰜鬯」は「秬鬯《きょちょう》」の酒の類で、この「圭瓚」は、酒と共に祼鬯に用いる祭器と考えられている。このほか西周金文には「秬鬯一卣、祼圭瓚宝」（毛公鼎銘）、「秬鬯一卣、圭瓚」（師訇𣪘銘）等とあり、また、「璋《しょう》」の方も、「瓚璋四」（卯𣪘銘、両周録七三ウ、集成四三二七）、「祼璋」（庚嬴鼎銘、両周録二二ウ、集成二七四八）等とあって、釈文に問題も残るが、これらは顧命と同じく、皆祼礼に使われる祭器であろう。(67)

中国の古典にもこれに関する記述は多く、西周時代後期頃の作とされる『詩経』大雅・旱麓に「瑟《しつ》たる彼の玉瓚は、黄流中《うち》に在り」、毛伝に「玉瓚は圭瓚なり、……（箋に曰く）黄流は秬鬯《きょちょう》なり。圭瓚の状、圭を以て柄と為す、と」とあり、圭を瓚の柄とする。同じく棫樸に「済済たる辟王は、左右璋を奉ず」、毛伝に「半圭を璋と曰う。箋に云う、璋は璋瓚なり。祭祀の礼、王祼するに圭瓚を以てす。諸臣之《これ》を助けて、亞祼《あかん》するに璋瓚を以てす、と」とある。また、先の江漢に「爾《なんじ》に圭瓚と、秬鬯一卣を釐《たま》い、文人に告げしむ」とあり、この「圭瓚」によって酒を酌みて神を迎える祼礼《かんれい》を行い、それによって、宗廟の祖先神に告げることが出来ると解している。また、『礼記』明堂位に周公を祭るのに「灌《かん》するに玉瓚、大圭を以てす」とあり、鄭注に大圭を以て瓚の柄となすと解する。また、祭統にも、宗廟の祭祀について、君主は圭瓚を執《と》りて尸《し》（祖先神）に祼し、太宗は璋瓚を執りて亞祼すと云う。また、『周礼』春官・典瑞に「祼圭に瓚有り、以て先王を肆《まつ》り、以て賓客に祼す」、鄭注に「鄭司農云う、圭頭に於《お》いて器と為し、以て鬯《ちょう》を挹《く》んで祼祭す可し。之《これ》を瓚と謂う」等とある。

そこで、太子釗が祼器の類を受けた後、この時「介圭」が「同」の柄でなければ、おそらく、それは玉器として神霊（先王）の依り代か祼礼に用いられるものであったと思えるが、次の⑥では、孔疏に「（太子釗が）三度神の坐の前に進んで、神を祭る。……酒を祭りて地に酹《そそ》ぎ爵を奠《お》く。訖《お》わりて位に復《かえ》り再拝す。……復《よ》た三たび祭る」とある。ここの解釈については、王氏が〝康王〟と、亡くなった先王〝成王〟の神霊に代わる尸の如き大保との儀礼を説くなど、諸説あって定まっていない(68)。しかし、秦、漢王朝以降の君位継承儀礼において、〝印璽〟の授与が新皇帝の位に象徴的意味をもっていたように、この「介圭」、「同瑁」をそれに比す正璽、副璽の如しとする後世の解釈もあるが(69)、この「介圭」「同瑁」の授与も、それを継承した周王朝の君主の位に、必ずや象徴的意味をもっていたはずであろう。

即ち、先の王朝の君主の根拠となる天の神から受けた「受民、受疆土」（「迨受万邦」）や「四方の匍有」（「四方を遹《したが》い征する」）と、この君位継承の手続きは当然密接に関係をもっていたと考えられ、特に、上に居る天の神から先王が受けた「受民、受疆土」（「受万邦」）と云う神秘的な事柄は、その先王の神霊が降臨した場での祭祀儀礼と深く結びついていたと思える。ほかの部分に神秘的な神霊に対する直接の儀礼が見えず、この祼器の類は、〝彤弓矢〟（軍事的）に対し、神霊を祭る物として先の周初の宜侯矢簋銘に見え(70)、又、先の江漢に「圭瓚、秬鬯」を賜わって、それでもって宗廟を祭り、文人即ち祖先神に告げさせるとあった。文献例の大半も祖先神の祭祀に用いられる物であり、『周礼』等には賓客に対する礼にも使用されている。今、この授与物が、継体の君主の位を象徴する物として考えると、この「圭瓚」の類は、先王（祖考）の神霊を祭る（または依り代となる）ための、或いは（鬯酒による）霊的な交流に用いるための祭器を太子釗に授与したことになる。それは、子釗（康王）が亡くなった父〝成王〟を嗣いで、ここに初めて、先王の神霊を祭る祭主となったことを、公的に臨席する邦君諸侯等の内外の臣下に示したことになる。具体的な「介圭」と「同瑁」をここに授与されたことは、それによって先王を祭り、先王の神霊とを結びつける（後述のように、それは先王が上の「帝廷」に居る故、近侍して、天の神とつながっていた。よって先王の神霊の祭祀は、天の神と密接につながっているのである）、それは象徴的な祭器を意味していたのではないかと考えられる。[71] そうすると、これらのことと、先に見た周王朝の君主たる根拠とは、どのような関係があったのであろうか。

〝厲王〟自身の自作器とされる、先の㝬𣪘銘によると、厲王の言葉の中で、祖考の先王が上の「帝廷」天宮即ち天の神の朝廷に居りて「陟降」し、下の今王に福禄を賜うことを云っている。即ち、先王の神霊が「上帝」即ち天の神の左右、身辺に一緒に居て、上り下りして、地上の今王に福禄を与えている。よって、天の神と先王の神霊とは、極めて近い親密な間柄にあったことがわかる（西周前期の大豊𣪘銘にも〝文王〟について、同様の内容が記されていた）。そして、祖先神の祭祀における最大の目的は、『儀礼』少牢饋食礼によると、[72] 祖先神（尸）が祭った祭主に与えた嘏《か》辞《じ》（神の福禄の言葉）冒頭に、「汝をして禄《ろく》を天より受けしめ、稼《か》を田に宜《よ》からしめん」とあり、祖先神が頼んで、天の神より〝年穀の豊穣〟を受けさせることを第一に挙げてある（つまり、直接祖先神がそれを与えるものでないようである）。殷代においても、祈年祭の一環として祖先神が祭られ、その末には、祈年祭は祖先祭に包摂されつつあったと云われる。[73] 少牢饋食礼は大夫の祭祀を示すが、祖先神を介して、天の神から〝年穀の豊穣〟を祭主に与えることが出来ると考えられたのは、王の場合はなおさらのこと、先の㝬𣪘銘に云うように、先王（祖考）の神霊が天の神（上帝）の左右即ち「帝廷」に居ると云う、その親密な間柄が前提となろう。この〝年穀の豊穣〟即ち〝豊かさ〟は、先に見たように、周王朝の君主たる根拠の一つ「天命の膺受」の内容となる「受民、受疆土」（「迨受万邦」）が意味する、多様な人々を皆含めた「民」と、彼らの土「田」（農耕地）や山林川沢等が産み出す経済的富を云う、〝年穀の豊穣〟即ち「厚福豊年」（史墻盤銘）、その経済生活の〝豊かさ〟が祈られていたのと、このことは全く合致している。即ち、王朝の君主は、上の「帝廷」即ち天の朝廷に居る先王（祖考）の神霊を通じ、天命を与えた天の神（上帝）と密接に関係し、通じていたと考えられる。この太子釗（康王）に授与された「圭瓚」の類は、その〝文王、武王〟等の先王（祖考）を祭る、宗廟の嗣としての、神霊と結ぶ象徴的な祭器であったろう。

次の⑦では、『儀礼』少牢饋食礼、士虞礼等に見える、祭祀に関する「饗」の用例はすべて神霊に対するものであるから、先王の神霊がこの祭祀を受け入れることを願ったか、また受け入れたことを告げるものであろう。⑧では、新王に対する、太保による自酢の儀礼である。これは、既に君主の位に即いた王が、〝成王〟に代わるこの度の太保の嗣位における主なる役割の労に報いたのか、また、元老太保はこの時、すべての先王の王臣の代表者の立場にあったから、新たに即位した〝康王〟が、「四方の匍有」者（王）として、王臣達を新しく信認受容する意味があったのかもしれない。偽古文尚書では康王之誥として別篇とするも、一連なりの儀式と記されている次の朝見の儀礼では、この大保等が率いる「四方」の王臣（「庶邦」、「諸侯」）側から先に新たな「四方の匍有」者（〝康王〟）に対して臣を称し、それ以前既に〝康王〟の信認を受けたものと考えている。

顧命以外の王の即位の礼については、後に王室の内紛に関して出てくるが（『左伝』昭公二十二年の条）、前王の死後、喪にあって直ぐに即位し（悼王、敬王）、踰年までは正式の王として未だ認められていないようである。ここが一連なりの儀式とすれば、次の⑨以下も踰年の前のことであり、喪にある〝康王〟は「予一人釗」と、臣下に敢えてその名「釗」を称している。

⑨では、先の儀礼に臨席した諸侯（邦君）が廟門から出て、次の新王との朝見の儀礼に臨む。次の⑩以下は、〝康

王〃と邦君諸侯との初めての朝見の儀礼である。そこで「四方」（「四国」）の諸侯側は邦君としての幣物をささげ、そして先に新王に対して特に要請したのは、〃文・武〃の受命のことを云って、「六師《りくし》」という軍事力を盛んに張ることであった。

「六師《りくし》」（又「殷八師」）とは西周金文にも出て来る王の率いる直属の軍事力である。このことは、先の「四方」（「四国」）における安寧秩序を目的とした、「東夷」「淮夷」等の異族が引き起こす国際的紛争を鎮定する（「成《たい》」らぐ、「静《しず》」める）、周王朝の君主たる根拠となる「四方の匍有」（「四方を遹《したが》い征する」）に密接した言葉であろう。これに対して⑪では、〃康王〃が「庶邦の侯・甸・男・衛よ」と呼びかけているが、これは「諸侯の侯・甸・男とにおよび、四方の令を舍《お》く」（西周前期、令彝銘（矢令方彝）、両周録二ウ―三オ、集成九九〇一）、「（王曰く）外服においては侯・甸・男・衛の邦伯」（『周書』酒誥）等と云っているのと類似している。(74) ここで新王は天命のことと、「四方」（外服）領域の邦君諸侯に対し、汝等の先公が先王に臣服したように、同じように自分によく労勤することを命ずる。これも「四方の匍有」者（王）による、周王朝成立の対象となる「東国」、「南国」等に対する「四方」（「四国」）経営の安寧秩序のように、征伐を含んだ、殊に軍事的な藩屏を命ずるものであり、「四方の匍有」（「四方を遹《したが》い征する」）、「方蛮㚸見せざるものはなし」、「不廷方を率懐す」、等）に密接した言葉であろう。

⑫では、〃成王〃の崩御による君位継承儀礼の式がここにすべて終わり、〃康王〃は即位のための〃吉服〃を脱いで、もとの〃喪服〃に戻っている。

このように、継体の君の子釗（康王）による君位継承の手続きの中に、周王朝の君主のもつ「天命の膺受」者（天子）と、「四方の匍有」者（王）としての権威、権力の来源が確かに組み込まれているのである。

おわりに

周王朝成立の条件としては、「天命の膺受」と「四方の匍有」（「方蛮娍見せざるものはなし」）の両者が挙げられる。このうち「天命の膺受」の内容となる、上に居る天の神から受けた「受民、受彊土」（「迨受万邦」）の「民」とは、「東国」、「南国」らの「東夷」「淮夷」「南夷」や「某戎」「某夷」など、天から与えられた「万邦」の多様な人々を一つにして、等しく皆含むものであった。そして「受民、受彊土」（「迨受万邦」）の条件として結びつく「上下の匍有」（偏《あまね》き「上下」の神々の祭祀）による、どの人々にも共通の最大の願望である飢えに対する、「彊土」即ち土「田」（農耕地）や山林川澤等が産み出す富、即ち経済生活の〝豊かさ〟を希求することによって、「万邦」（「四方」）の人々や邦々を一つに統合せんとするものである。一方の「四方の匍有」（四方を遹《したが》い征する）は、「四方」（「万邦」）領域の「南国」、「東国」等、異族が引き起こす国際的紛争を収束し（「四方」を「成」する、「靜《しず》」めることによって）、王朝が与えた国際的な安寧秩序、いわば〝平和〟な状態を「四方」（「万邦」）の邦々や人々に作り出すことであった。その意味で征伐的軍事的である。

王朝の君主のもつ「民」に対するいわゆる〝徳〟も、この二つの立場から見ることが出来るであろう。即ち、「天命の膺受」者・〝文王〟の「受民、受彊土」（「迨受万邦」）や「豊年」と、「四方の匍有」者・〝武王〟の「不廷方の率懐」（毛公鼎銘）や「畯《なが》く厥《そ》の民を正す」（大盂鼎銘）という、「民」に対する〝豊かさ〟と安寧秩序（平和）との二つの面からである。[75]

よって、「万邦」（「四方」）における多元的世界を是認した多様な邦々や人々の統合は、偏き「上下」の神々に祈られる〝豊かさ〟だけでも、偏き「四方」の安寧が意味する〝平和〟だけでもだめで、「上下」と「四方」とを偏く秩序立てるという、この両者が共に必要であると考えられ、王朝にとってこの二つでワンセットとなっていた。

　周王朝における君主の機能がいわゆる「天」と「民」の上下面と「中国」と「四方」の水平面に対し、又「上下の匍有」と「四方の匍有」の「上下」「四方」の双方に対応していたのはこのためである。今日的云い方をすれば、国境や多様な文化等の違いを超えて邦々や人々を一つに統合するために、いわば経済的〝豊かさ〟と〝平和〟とが必要とされたのである。

　しかし、特に刮目すべきことは、〝文王〟の功績に比定される「天命の膺受」が先にあり、飢えないという〝豊かさ〟こそが第一に考えられていたことである（そしてその中心に神が置かれていた）。無論、〝武王〟の功績に比定される「四方の匍有」の国際的紛争のない安寧な状態とは表裏一体の関係にあり、いわば〝豊かさ〟を、紛争のない〝平和〟が支えていたことになる。つまりは〝文〟（王）が〝武〟（王）に優先しており、〝文〟（王）と〝武〟（王）のそれぞれの功績に基づけば、〝文〟と〝武〟のワンセットの内、（一つに統合するため、経済的富の生産のため働く「万邦」の「民」を第一に考える）〝文〟重視の姿は既にここに見え、東アジア文化の基層にそれが流れているように思える。[76] 多様な文化等をもった人々が住む地球的規模で云えば、この特色にこそ、人類史的或いは東アジア的意味が、又、独立的な邦々や人々を一つにまとめる為に人間が生み出した知恵があるように思われる（そしてそこにコスモロジー的世界が深く関わっていた）。これが、文化等の異なった、多種多様な邦々や人々の住む東アジア世界における地域統合において、かつて考えられた始源的姿である。

　又、周王朝開設の対象となる「上下」、「四方」の面から主に見ると、周王朝の君主は、神々が陟降する霊的な空間部分（「上下」）の世界と、世俗的な平面部分（「四方」）の世界とを一つにまとめた、総合的な秩序者（「上下」、「四方」を調和する者）といえるかもしれない。「上下」は「受民、受疆土」（「迨受万邦」）や富を産み出す神々の生産的エネルギー（「上下の匍有」）（神々のエネルギーは、違いを超えて「万民」に対し公平で普遍性をもつであろう。そこに平等性が息づいている）と、「四方」は「帝廷」天宮を中心とする天の神（上帝）の世界に頼り配した、地上における中心の場所を占める「中国」（「成周」）に対応する、多様な異族の住んでいる諸侯の領域であり（そこは別々に差別化してとらえられている）、「東」、「南」などの方位と密接に関係していたと思える。

即位儀礼については繰り返さないが、君主の位を象徴する具体的な物としての祭器の圭瓚の類（介圭、同瑁）は、それによって先王を祭り（神霊と交わり）、宗廟の嗣、宗廟の祭主となることを意味していたのであろう。そのことは、上の「帝廷」即ち天の神（上帝）の左右に一緒に居て上下する先王の神霊を介して、〝年穀の豊穣〟即ち〝豊かさ〟をもたらす天の神（上帝）と密接に結びついていた。また、新王と諸侯（邦君）が対面する朝見の儀では、〝文・武〟の〝受命〟のほか、殊に軍事的な「四方の匍有」（「方蛮蜺見せざるものはなし」）の擁護が命じられていた。これらに、宇宙の中でその場にあって、多様な邦々や人々を治める「上下」と「四方」との双方を偏《あまね》く秩序立てた、周王朝における君主の位相が見えるのである。

注

（1）「両周録」は、郭沫若『両周金文辞大系図録攷釈・録』（両周録と略称、後に同じ）一九三五年。「集成」は、中華社会科学院考古研究所編『殷周金文集成』（集成と略称、後に同じ）全十八冊、中華書局、一九八四―一九九四年。

（2）拙稿「周王朝の君主権の構造について――「天命の膺受」者を中心に――」（補訂して、本書の第一章に入る）松丸道雄編「西周青銅器とその国家」東京大学出版会、一九八〇年、所収、参照。特に三九八―四〇一頁、四一八―四二九頁、四三〇―四三二頁（原論文は、『東洋文化』第五九号、〃特集・西周金文とその国家〃、東洋文化研究所東洋学会、東京大学出版会、一九七九年、所収）、同「成周王朝と「上下」考（上）―「上下の徧有」と「豊年」―」（補訂して、本書の第四章に入る）鳥取大学教育学部研究報告（人文・社会科学）第四三巻第一号、一九九二年、三一―三二頁。

（3）史墻盤については、裘錫圭「史墻盤銘解釈」文物一九七八年第三期、李学勤「論史墻盤及其意義」、徐中舒「西周墻盤銘箋釈」考古学報一九七八年第二期、白川静『金文通釈』（通釈と略称、後に同じ）白鶴美術館誌第五〇輯、一九七九年、史墻盤の条、等参照。

（4）注（2）の拙稿の前者に同じ、特に四四六―四四八頁。

（5）毛公鼎、郭沫若『両周金文辞大系攷釈』一九三五年（両周と略称、後に同じ）一三四ウ―一三九オ、小盂鼎、両周三五オ―三八ウ、班毀は郭沫若「《班毀》的再発見」文物一九七二年第九期、通釈第一五輯、一九六六年、班毀の条、禹鼎は徐中舒「禹鼎的年代及其相関問題」考古学報一九五九年第三期、五祀裘衛鼎は、岐山文化館・陝西省文管会「陝西省岐山県董家村西周銅器窖穴発掘簡報」、唐蘭「陝西省岐山県董家村新出西周重要銅器銘辞的訳文和注釈」文物一九七六年第五期、通釈第四九輯、一九七八年、裘衛鼎一の条、㝬鐘（宗周鐘）、両周五一オ―五三ウ、師寰毀、両周一四六オ―一四七オ、駒父盨蓋は郭氏「師克盨銘考釈」文物一九六二年第六期、等参照。

（6）通釈第二五輯、一九六九年、㝬伯毀の条、二八八頁。

（7）好並隆司「鼎のゆくえ―周から秦へ―」『商君書研究』渓水社、一九九二年、所収（原論文は、岡山大学法文学部学術紀要四〇、一九七九年）、等参照。

（8）𣪘尊銘については、唐蘭「𣪘尊銘文解釈」、馬承源「何尊銘文初釈」文物一九七六年第一期、通釈第四八輯、一九七八年、𣪘尊の条、等参照。

（9）拙稿「周王朝と「成」の構造について―「成周」はなぜ「成」周と呼ばれたか―」（補訂して、本書の第二章に入る）東京大学東洋文化研究所紀要第一〇九冊、一九八九年、参照。特に「中国」（洛邑）の意味について一八六―一九七頁。注（8）の馬氏前掲論文、六四頁。

（10）注（2）の拙稿の前者に同じ、四〇五―四〇六頁、後者に同じ、三八頁、参照。「近出二編」は、劉雨・嚴志珷編『近出殷周金文集録二編』（近出二編と略称、後に同じ）全四冊、中華書局、二〇一〇年。逨盤は、陝西省考古研究所、宝鶏市考古工作隊、眉縣文化館、楊家村聯合考古隊「陝西眉縣楊家村西周青銅器窖蔵発掘簡報」、馬承源・王世民他「陝西眉縣出土窖蔵青銅器筆談」、李学勤「眉縣楊家村新出青銅器研究」、裘錫圭「逨盤銘文札記三則」、劉懐君・辛怡華・劉棟「逨盤銘文試釈」文物二〇〇三年第六期、等参照。

（11）𢦔方鼎二、六月𢦔毀は、羅西章・呉鎮烽・雒忠如「陝西扶風出土、西周伯𢦔諸器」、唐蘭「伯𢦔三器銘文的訳文和考釈」文物一九七六年第六期、等参照。班毀、禹鼎、駒父盨は注（5）に同じ、虢季子白盤、両周一〇三ウ―一〇六オ。

（12）王迅『東夷文化与淮夷文化研究』北京大学出版社、一九九四年、厳文明「東夷文化的探索」文物一九八九年第九期、等参照。

（13）班毀、注（5）の郭氏前掲論文、通釈に同じ。

（14）「東国」「南国」と異族の争乱については、注（9）の拙稿参照、特に二〇一―二〇九頁。両周一〇ウ、明公毀の条、通釈第三輯、一九六三年、明公毀の条、一四〇頁。

（15）禹鼎、注（5）の徐氏前掲論文、六一頁。

（16）大克鼎について、注（2）の拙稿の前者に同じ、四二五頁、参照。

（17）逨盤、注（10）に同じ、史墻盤、注（3）に同じ。

（18）史墻盤、注（3）に同じ。

（19）摹本であるが、西周後期の師訇毀銘（両周録一三二オ、集成四三四二）の王の命書に「皇帝（即ち皇天）が、……我が厥《そ》れ周と四方とに臨保し、民、康静せざるなし」とあり、この「民」は、「周邦」と「四方」の「民」を指すであろう。ここで、上に居る天の神（皇帝、上帝）は、「周邦」の「民」と多様な異族の住む「四方」の「民」とを平等に論じており、普遍性をもっている。「四方」（「万邦」）の氏族制社会の中から「民」がとり出されている。

（20）松丸氏「金文の書体　古文字における宮廷体の系譜」『中国法書ガイド1、殷・周列国、甲骨文・金文』二玄社、一九九〇年、二八頁。又、青銅器の作器・作銘主体の問題は、松丸氏「西周青銅器製作の背景—周金文研究・序章—」（原論文は、東京大学東洋文化研究所紀要第七二冊、一九七七年、所収）、同氏「西周青銅器中の諸侯製作器について—周金文研究・序章その二—」（原論文は、『東洋文化』第五九号、〝特集・西周金文とその国家〟、東洋文化研究所東洋学会、東京大学出版会、一九七九年、所収）、共に、松丸道雄編『西周青銅器とその国家』東京大学出版会、一九八〇年、所収、参照。

(21)　張氏「周厲王所作祭器㝬毀考」『古文字研究』第五輯、中華書局、一九八一年、一五三—一五四頁。馬承源編『商周青銅器銘文選』（銘文選と略称）（三）文物出版社、一九八八年、㝬毀の条、王氏「㝬毀銘文考釈」人文雑誌一九八〇年第五期、九二頁。「献民」には、「民」の上層者や、神と通じる巫覡や祝宗の類が含まれるようである（楚語下）。時代もあるが、むしろ巫祝の類がその可能性が強いように思える。支配の中にとり込んでいったのであろう。

(22)　大豊毀は、両周一オ—二ウ、殷滌非「試論〝大豊毀〟的年代」文物一九六〇年第五期、通釈第一輯、一九六二年、大豊毀の条、等参照。

(23)　平岡武夫「第三章　天下的世界観」『経書の成立—支那精神史序説—』全国書房、一九四六年、二三三—二三五頁。なお、最近、保利芸術博物館の収蔵品に豳公盨（燹公盨、近出二編四五八、時代を西周中期としている）がある。その銘文は「天令禹敷土」で始まり、禹貢に似て、そこに「天下」、「民」等の言葉が見えている。それは「天生民而樹之君、以利之也」（『春秋』左氏伝、文公十三年）らのような、極めて思想的な内容であるが、作器対象もなく、作器時代、作器や作銘主体などの事情が詳しく分からないので、後考に俟ちたいと思う（保利芸術博物館編『燹公盨—大禹治水與為政以徳』線装書局、二〇〇二年、等参照）。

(24)　㝬鐘（宗周鐘）は楊樹達『積微居金文説』宗周鐘跋、一九五三年、通釈第一八輯、一九六七年、宗周鐘の条、等参照。厲王㝬の作器説は、注（20）の松丸氏前掲書の前者に同じ、三二頁。

(25)　『詩経』大雅・江漢にも、王が南方の「淮夷」を伐って「式《もっ》て四方を辟《ひら》き、我が疆土を徹《おさ》めよ」とあり、「淮夷」の住地を、宗周鐘銘と同じく「我が疆土」と云っている。『詩経』については、高田真治『詩経』下、集英社、一九六八年、白川静『詩経研究（通論編）』朋友書店、一九八一年、等参照。

(26) 史墻盤、注(3)の徐氏、李氏前掲論文に同じ、徐氏一四一―一四二頁、李氏一五二頁。
(27) 五祀裘衛鼎、注(5)の岐山文化館・陝西省文管会、唐氏前掲論文に同じ。
(28) 注(5)の唐氏前掲論文、五五頁。
(29) 兮甲盤(両周録一三四オ、集成一〇一七四)については、両周一四三ウ―一四四ウ、通釈第三二輯、一九七〇年、兮甲盤の条、七九二頁、等参照。裘衛盉については、前掲注(5)の五祀裘衛鼎の論文に同じ、格伯簋については、柯昌済『韡華閣集古録跋尾』丙一〇ウ、一九一六年頃、両周八二ウ、通釈第二〇輯、一九六七年、倗生簋(筆者注・倗生簋は格伯簋に同じ)の条、四二八頁、等参照。
(30) 「近出」は、劉雨・盧岩編『近出殷周金文集録』(近出と略称、後に同じ)全四冊、中華書局、二〇〇二年。李学勤「呉虎鼎考釈」、穆暁軍「陝西長安縣出土西周呉虎鼎」、張培瑜・周暁陸「呉虎鼎銘紀時討論」、本刊編輯部「呉虎鼎銘座談紀要」考古与文物一九九八年第三期、等参照。
(31) 永盂については、唐蘭「永盂銘文解釈」文物一九七二年第一期、伊藤道治「永盂銘考」神戸大学文学部紀要二、一九七三年、通釈第四八輯、一九七八年、永盂の条、等参照。
(32) 散氏盤については、両周録は矢人盤と名づく。両周一二九オ―一三二オ、王氏「散氏盤考釈」『観堂古金文考釈』、一九二六年成、趙万里・王国華等編『海寧王靜安先生遺書、五』台湾商務書印書館、一九七六年(初版、一九四〇年)、所収、通釈第二四輯、一九六八年、散氏盤の条、赤塚忠「散氏盤」『書道全集　第一巻』平凡社、一九五四年、等参照。
(33) 山林川沢等は秦、漢王朝以降には、それまでの「民」の共有地から、皇帝の占有による莫大な皇室財政の財源になったと云われる。増淵龍夫「先秦時代の山林藪沢と秦の公田」『中国古代の社会と文化』中国古代史研究会、東京大学出版会、一九五七年、所収、注(7)の好並氏前掲書「第四章、中国古代山沢論の再検討」(原論文は『佐藤博士還暦記念、中国水利史論集』中国水利研究会編、国書刊行会、一九八一年、所収)、等参照。
(34) 楊伯峻編『春秋左伝注』第二冊、中華書局、一九八一年、成公二年の条。
(35) 後の『周礼』天官・大宰の条に、「万民」の「民」の職種を分類して、「三農」、「園圃」、「虞衡」、「藪牧」、「百工」、「商賈」、

「嬪婦」、「臣妾」、「間民」とあり、「民」に九つの職種を挙げている。これらは、皆生産活動に従事する者である。

（36）なお、「土」については、宜侯の移封を記す西周前期の宜侯矢毁銘（集成四三二〇）に、王が宜侯に宜の「社」に南面して命じて「土を賜う、厥《そ》の川は三百□、厥《そ》の□は百又□、厥《そ》の□邑は三十五、厥《そ》の□は百又四十」とあり、そこに具体的な「疆土」の賜与が見えている。宜侯矢毁については、陳夢家「西周銅器断代」（断代と略称、後に同じ）（一）考古学報一九五五年第九冊、郭沫若「矢毁銘考釈」考古学報一九五六年第一期、等参照。

（37）注（2）の拙稿の後者論文に同じ、三九—四〇頁。同「成周王朝と上下考（下）—「上下を匍有して、迨わせて万邦を受く」の分析について—」（補訂して、本書の第四章に入る）鳥取大学教育学部研究報告（人文・社会科学）第四三巻第一号、一九九二年。五〇頁。

（38）尾形勇「中国の即位儀礼」『東アジア世界における日本古代史講座9、東アジアにおける儀礼と国家』学生社、一九八二年、所収、等参照。第六章注（45）の先秦王朝と漢との比較、参照されたし。

この邦々を超える（そこに神が必要）「受民、受疆土」は、邦国の君主がその邦国内の「民」に対する圧政に対し、又はそれを口実として、王朝の君主がその邦国に介入する根拠とはなろう。そしてそれと結びつく天命の内容の「上下の匍有」は、「万民」の違いを超えて、飢えないという経済的〝豊かさ〟を「民」の最大の望みとしてそれを神が与えるものとしている。それは、後世であるが、「民以食為天」（民は食を以て天と為す）等の言説を生み出したと思える。又、「経世済民」（世を経《おさ》め民を済《すく》う）（「経済」）の「民を済《すく》う」も、同じ文脈上にあるのかもしれない。本来、神は「民」の側にあったろう。

（39）注（9）の拙稿に同じ、二三五—二三六頁、注（2）の拙稿の後者に同じ、三八頁。

（40）両周一七オ—一八ウ。

（41）王氏「鬼方昆夷玁狁考」『観堂集林』（世界書局本）巻一三、一九二一年成、所収、陳夢家「第八章　方国地理」『殷墟卜辞綜述』（綜述と略称、後に同じ）科学出版社、一九五六年、二七五頁、断代（四）、考古学報一九五六年第二期、小盂鼎の条、八八頁。

（42）両周二六オ、ウ、綜述、三一〇頁。師旅鼎は断代（二）、考古学報一九五五年第一〇冊、八五頁、等には師旂鼎とする、小臣諫殷、両周二三オ―二四ウ、呂行壺、両周二五オ・ウ。

(43)『詩経』の雅頌の成立については、注(25)の白川氏前掲書、所収、「第八章、雅頌詩篇の展開」、等参照。

(44)注(5)の徐氏前掲論文、六一頁。殷末金文については、赤塚忠「殷金文考釈」『中国古代の宗教と文化』角川書店、一九七七年（原論文は、『稿本殷金文考釈』自刊油印本、一九五九年）、郭沫若「征伐」『卜辞通纂』，九三三年、一二三ウ、島邦男「第二編第二章　殷の方国」『殷虚卜辞研究』中国学研究会、一九五八年、等参照。殷墟卜辞における、方国を云う「方」、「邦方」等について、綜述の「第九章第二節　四土四方」に、卜辞中の「四方」は常に祈年の対象として用いられたとあり（三二〇頁）、島氏書の「第二編第二章　殷の方国」に、殷の方国は、或いは殷室に属し或いは敵国である（三八四頁）、などと解されている。

(45)注(2)の拙稿の後者に同じ、特に三八―三九頁。

(46)史墻盤銘に関する各氏の考釈は、注(3)の徐氏前掲論文、一四三頁、李氏前掲論文、一五三頁、裘氏前掲論文、二八頁。

(47)前掲注(3)の裘氏前掲論文、二六頁、李氏前掲論文、一五一頁、徐氏前掲論文、一四〇―一四一頁、通釈に同じ、三四七頁。

(48)拙稿「成周王朝と「賓」(1)―西周青銅器銘文に現れた「賓」について―」鳥取大学教育学部研究報告（人文・社会科学）第43巻第2号、一九九二年、特に一〇六―一〇七頁。

(49)注(2)の拙稿の前者に同じ、四〇五、四〇六頁、後者に同じ、三八頁。

(50)五祀㝬鐘銘は、穆海亭・朱捷元「新発現的西周王室重器五祀㝬鐘考」人文雑誌、一九八三年第二期、呉鎮烽編『陝西金文彙編』三秦出版社、一九八九年、上、三〇―三三頁、下、七四七頁。李家浩「説〝𧮫不廷方〟」張光裕・黄徳寛主編『古文字学論稿』安徽大学出版社、二〇〇八年。等参照。戎生編鐘銘は、李学勤「戎生編鐘論釈」《保利蔵金》編輯委員会『保利蔵金』嶺南美術出版社、一九九九年、同論文は文物一九九九年第九期、にほぼ同じ。裘錫圭「戎生編鐘銘文考釈」《保利蔵金》編輯委員会『保利蔵金』嶺南美術出版社、一九九九年、等参照。

(51)池田末利「一、崇拝の対象、四方百物考」『中国古代宗教史研究―制度と思想―』東海大学出版会、一九八一年（原論文は大東文化大学漢学会誌三号、一九三五年)、等参照。

(52) 拙稿「成周王朝とその儀礼―王と臣下、又は神との間の意志の伝達方法について―」(補訂して、本書の第五章に入る) 史滴十一号、一九八一年、注(48)の拙稿に同じ、参照。

(53)「四方」の中心については、注(9)の拙稿に同じ、一八九―一九一頁、参照。黄懐信等撰『逸周書彙校集注』巻五作雒解第四十八、上海古籍出版社、一九九五年、孫氏『周礼正義』巻十八、大司徒の条。

(54) 又、周王朝の君主が云うこの天上の天の神が居る「帝廷」天宮は、前掲注(53)の『逸周書彙校集注』巻五度邑解第四十四(周本紀に同じ)等にある、武王が地上の「四方」を治める「洛邑」(中国)の造営を、天保を定めるに「天室」に依ると云い、先の西周前期金文の大豊毀銘に「王、三方を凡す、王、天室に祀る」と云う「天室」と、天の祭祀の問題とからんでくるが、王権がその成立基盤とする「四方」の領域や、「上下」の神々に対するのと関係があるであろう。「天室」、「受民、受疆土」等の語句は、天命思想が現われた西周初期に見えており、そのこと自体意味あることのように思える。またこの「三方」は諸説あるが、地上の中心と方位とに関係があろう。これらは確釈はないが、後考に俟ちたいと思う。伊藤道治「周武王と雒邑―㺇尊銘と『逸周書』度邑」『内田吟風博士頌寿記念東洋史論集』同記念会編、同朋社、一九七八年、所収(後に、同氏「附論三　西周王朝と雒邑」『中国古代国家の支配構造』中央公論社、一九八七年、所収、に補訂・加筆)、等参照。また、主に春秋以後の都市構造について、楊寛氏の座西朝東説(同氏『中国都城の起源と発展』学生社、一九八七年)や、それに対する朝南説等の批判があり(谷口満「先秦都市の研究」平成元、二年度科研費報告書)、これも方位を問題としたものである。いずれにしても、自然の秩序に自らの秩序を配せんとしたようである。

(55) 河南省濮陽西水坡　仰韶文化墓葬(45号墓)に、既に先秦時代以前から、当時の宇宙理論や斗極崇拝を示すと云われる、北斗と東の(蒼)龍、西の(白)虎が対として墓葬に見えているとされる。馮時「河南濮陽西水坡45号墓的天文学研究」文物一九九〇年第三期、五三頁、にその図を載せている。

(56) 注(55)に見られる宇宙図は、後の随縣曾侯乙墓出土の漆器上に描かれた北斗を中心とする、東の蒼龍、西の白虎、周囲に二八宿の星座の図との関係が注目されよう。王健民・梁柱・王勝利「曾侯乙墓出土的二十八宿青龍白虎図象」文物一九七九年第七期、等参照。

（57）注（9）の拙稿に同じ、参照。

（58）拙稿「西周王朝と彤弓考――「四方の匍有」者（王）の性格について――」（補訂して、本書の第三章に入る）東方学第八〇輯、一九九〇年、参照。なお、武王の遺志に従った「四方」（「万邦」）に対する「成周（「中国」）の行政的機能が、王の出自する「周邦」や同姓邦国（諸侯）の重視等に対し、周初「成周」の後を任された武王の弟・周公以来の時代的経過があるが、王権に対してその権限の多少など、それが充分に働いたかどうかは問題であろう。更に考えてみたい。

（59）周代の即位儀礼については、注（38）の尾形氏前掲論文、等参照。『周書』顧命の読みについては、赤塚忠『書経・易経（抄）』（底本尚書正義により、顧命、康王之誥を二篇に分つ）平凡社、一九七二年、池田末利『尚書』（今文二十八篇訳注に、顧命、康王之誥を合篇とす）集英社、一九七六年、等参照。一部、私見を加えている。本篇は、今文系は顧命一篇とするが、古文系は顧命と康王之誥の二篇に分けている。これについては、陳夢家『尚書通論』商務印書館、一九五八年、等参照。注（41）の王氏前掲書巻一、所収「周書顧命考」。顧命の成立については、これらの書のほか、張西堂『尚書引論』西安陝西人民出版社、一九五八年、松本雅明『春秋戦国における尚書の展開』風間書房、一九六六年、等参照。顧命の冊命には、「周邦」と「四方」（天下）との二つの君主の位を命じているように、西周金文（大克鼎銘等）に見られる形が入っていると思える（注（2）の拙稿の前者参照）。

（60）蔡沈『書経集注』、顧命の条、江聲『尚書集注音疏』、顧命の条、孫星衍『尚書今古文注疏』、顧命の条、等参照。注（38）の尾形氏前掲論文、三九―四〇頁、等参照。

（61）儀式の場所の問題については、注（38）の尾形氏前掲論文、三九―四〇頁、等参照。注（41）の王氏前掲書巻一、所収「周書顧命考」「周書顧命後考」、曾氏『尚書正読』、一九六四年、尹氏「周原西周宮室址制度初探」文物一九八一年第九期、一四―一五頁、等参照。

（62）注（2）の拙稿の前者に同じ、四四五―四四九頁。周王朝の開設者・〝文王、武王〟の役割については、拙稿「周天子と〝文武の胙〟の賜与について―成周王朝とその儀礼その意味」史観第百二十七冊、一九九二年、八―十頁、参照。

(63) 又、陝西省鳳雛村西周甲組建築基址からその建築平面図や復元図が考えられており、それはおよそ西周時代初めの宗廟の建物と考えられ、顧命や冊命形式金文に見られるその儀式の箇所や（例えば東の阼階や西の賓階など）、儀式の立ち振る舞いとの具体的な比較が考えられている。楊鴻勛「西周岐邑建築遺址初歩考察」文物一九八一年第三期、二四—二五頁、等参照。

(64) 注（2）の拙稿の前者に同じ、四四〇—四四三頁。

(65) 注（41）の王氏前掲書巻一、所収「書顧命同瑁説」。

(66) 介圭、同瑁を圭瓚として考えるのは、注（65）の王氏前掲論文、注（59）の赤塚氏前掲書に同じ、注（59）の池田氏前掲書は同瑁を圭瓚とする、等参照。なお、古文今文系の解釈については、上記の王氏論文、赤塚、池田氏の書、等参照。

(67) 林巳奈夫「第一章、中国古代の祭玉、瑞玉」『中国古玉の研究』吉川弘文館、一九九一年、同氏「圭について（上）」泉屋博古館紀要第一二巻一九九六年、等参照。宜侯夨𣪘については、前掲注（36）に同じ。毛公鼎（両周、一三四ウ—一三九オ）、師詢𣪘、両周一三九オ—一四〇ウ、卯𣪘、両周八五ウ—八六ウ、庚嬴鼎、両周四三ウ—四五オ。又、李小燕・井中偉「玉柄形器名〝瓚〟説—輔証内史亳同与《尚書・顧命》〝同瑁〟問題」考古与文物二〇一二年第五期、等参照。

(68) 注（59）の王氏前掲論文に同じ。

(69) 『呉志』虞翻伝注に引く翻別伝、注（65）の王氏前掲論文に同じ、等参照。

(70) 宜侯夨𣪘、注（36）に同じ。注（58）の拙稿に同じ、一—二頁。

(71) 同瑁の瑁については、先の偽孔伝、王国維等の説があり、古文今文系の問題を含め定説はないが、諸侯の圭に冒せるものとすれば、諸侯の入見を云う「四方の匍有」者の立場にも関係していたことになる。しかし、ここの参列者は「卿士邦君」とあって諸侯だけでなく、その解釈が後世の説の可能性も否定できない。出土遺物の研究も含め、後考に俟ちたいと思う。

(72) 『儀礼』少牢饋食礼については、池田末利訳註『儀礼』Ⅴ少牢饋食礼、東海大学出版会、一九七七年、川原樹市『儀礼釈攷』第十二冊、少牢饋食礼の条、朋友書店、等参照。

(73) 注（44）の赤塚氏前掲書所収「殷王朝における上帝祭礼の復元」、五四二頁、（原論文は『二松学舎大学論文集、昭和四一年』一九六六年、所収）。

（74）注（2）の拙稿の前者に同じ、四四七、四四八頁、注（9）の拙稿に同じ、一九五―一九六頁。

（75）この体制において、その時その時の為政者らによって、それは富を収奪する手段にも容易に利用されたであろう。封建諸侯による方蛮諸族の住地への侵略も見られる（兮甲盤銘）。多様な文化等をもった独立的な邦々や人々を一つに合わせせんとした周王朝が、なぜ崩壊しやがて邦々を滅ぼして王朝下の諸侯である秦邦の皇帝支配を生み出すに至ったのか（例えば、なぜ西周王朝の西にあった「周邦」は復活しなかったのか、その時、後釜にすわる異族の秦邦の動きはどうであったのか）。西周王朝の衰亡について、およそ、おおまかに云えば、王朝開設の理念であったこの「万民」「万邦」におけるいわば経済的〝豊かさ〟と〝安寧秩序（平和）〟の逆、それらがなされない理由を考えればよいのだが、それにはさまざまな要因が考えられるし、又、血縁・血統関係の重視や世襲主義など、天命を受けた超氏族の「万邦」の君主としての体制内の矛盾やその広大な領域の問題もあったであろう。「王家」や「周邦」内部の争い、王の出自する「周邦」の君主中心或いは横暴に対する他邦、異族らの邦々の反発もそうであろう。そして王朝の飢えに対する対策等、邦々の支配される「民」の動向も重要である。それらを、「王家」と「周邦」、「周邦」や「中国」（「成周」）と「四方」（「万邦」）等を中心に考えながら、周王朝衰亡史については稿を改めて論じたいと思う。

しかしながら、これらの領域の多種多様性こそが、普遍性をもつ、人類の財産となる、東アジア地域の多くの文化的古典を生み出していったのであろう。

（76）（方蛮を含めた邦々をまとめる時）それは両者共にでワンセットであり、それぞれが単独に存在するものでない。例えば〝安寧秩序（平和）〟だけが存在するものでないのである。〝文〟と〝武〟の意味については、第四章の注（115）を参照されたし。漢字、即ち古く文字を表す〝文〟は、元来、卜辞や、「天地を経緯（秩序立てる）」する神を祭る祝文らとして、神々とつながるために必要なものとされたのであろう。

後　書　き

本書は、かつて二〇〇四年二月に早稲田大学に提出した学位論文の『周代史の研究』を元にして、更に、その後に新たに出土した青銅器銘文とその研究、出版された青銅器関係書らを加えて補訂し、又、論文に、その後の議論や新たな知見を取り入れて検討し、編集したものである。そして、新たに「東アジア世界における多様性の統合」という副題を付け加えた。

青銅器研究の手ほどきを受けた東京大学名誉教授の松丸道雄先生や、早稲田大学名誉教授の福井重雅先生、既に鬼籍に入られた早稲田大学教授の栗原朋信先生、そして東京大学名誉教授の尾形勇先生、東京大学教授の平勢隆朗氏、国学院大学教授の金子修一氏など、これまで研究をはじめてより多くの先生方、又諸兄に学恩を受けて来た。記して謝意を表したい。

本書の元になっている論文、書名を対照して示せば、

第一章は、「周王朝の君主権の構造について―「天命の膺受」者を中心に―」松丸道雄編『西周青銅器とその国家』東京大学出版会、一九八〇年、所収（原論文は、『東洋文化』第五九号、〝特集・西周金文とその国家〟、東洋文化研

究所東洋学会、東京大学出版会、一九七九年、所収）

第二章は、「周王朝と「成」の構造について――「成周」はなぜ「成」周と呼ばれたか――」東京大学東洋文化研究所紀要第一〇九冊、一九八九年。

第三章は、「西周王朝と彤弓考――「四方の匍有」者（王）の性格について――」東方学第八〇輯、一九九〇年。

第四章は、「成周王朝と「上下」考（上）――「上下の匍有」と「豊年」――」、「成周王朝と「上下」考（下）――「上下を匍有して、迨わせて万邦を受く」の分析について――」鳥取大学教育学部研究報告（人文・社会科学）第43巻、第1号、一九九二年。

第五章は、「成周王朝とその儀礼――王と臣下、又は神との間の意志の伝達方法について――」史滴十一号、一九八一年。

第六章は、「西周金文に見える「家」について――婦人の婚姻そして祖先神、領地や軍事など――」『論集　中国古代の文字と文化』汲古書院、一九九九年、所収。

第七章は、「成周王朝の君主とその位相――豊かさと安寧――」水林　彪・金子修一・渡辺節夫編『比較歴史学大系1　王権のコスモロジー』弘文堂、一九九八年、所収。

のとおりである。

今日、多様な文化や風俗・習慣らの違いを超えて（多くの異質なもの）、東アジアにおける邦々や人々の地域統合を考えるときに、昔、この東アジア地域において必要とされ、独自に生み出された邦々を統合する始源となる大きな枠組みは（「中国」を占有した秦、漢王朝の皇帝支配による冊封体制それ以前）、その上下面と、水平面という双方に対応する「豊年」と「静」と云う、およそ、先に邦の違いを超えてこの地域の「民」の〝豊かさ〟（経済的なもの、そこに神が置かれる）をまず第一にして、そして国際的安寧（平和）を元《もと》指向したものであったようである。それがおそらく「上下」、「四方」とも、秩序感覚をもつ、あり得べき〝調和〟した世界と考えられたのであろう。

啄木は「歴史は希望の義なり」と云ったが、往古のこととして、多様な邦々の人々（各邦の所謂支配される「民」）からの視点に限れば、この人々（各邦の違いを超えて行き着く所の「民」）の共有する両者の願望（利益）は、この東アジア地域の邦々やそこに共に生きる多種多様な人々にとって、時を超え文化らの違いを超えて意味あることではないかと思われる。

（微風吹動）

汲古叢書

1	秦漢財政収入の研究	山田　勝芳著	本体 16505円
2	宋代税政史研究	島居　一康著	12621円
3	中国近代製糸業史の研究	曾田　三郎著	12621円
4	明清華北定期市の研究	山根　幸夫著	7282円
5	明清史論集	中山　八郎著	12621円
6	明朝専制支配の史的構造	檀上　寛著	13592円
7	唐代両税法研究	船越　泰次著	12621円
8	中国小説史研究－水滸伝を中心として－	中鉢　雅量著	品　切
9	唐宋変革期農業社会史研究	大澤　正昭著	8500円
10	中国古代の家と集落	堀　敏一著	品　切
11	元代江南政治社会史研究	植松　正著	13000円
12	明代建文朝史の研究	川越　泰博著	13000円
13	司馬遷の研究	佐藤　武敏著	12000円
14	唐の北方問題と国際秩序	石見　清裕著	品　切
15	宋代兵制史の研究	小岩井弘光著	10000円
16	魏晋南北朝時代の民族問題	川本　芳昭著	品　切
17	秦漢税役体系の研究	重近　啓樹著	8000円
18	清代農業商業化の研究	田尻　利著	9000円
19	明代異国情報の研究	川越　泰博著	5000円
20	明清江南市鎮社会史研究	川勝　守著	15000円
21	漢魏晋史の研究	多田　狷介著	品　切
22	春秋戦国秦漢時代出土文字資料の研究	江村　治樹著	品　切
23	明王朝中央統治機構の研究	阪倉　篤秀著	7000円
24	漢帝国の成立と劉邦集団	李　開元著	9000円
25	宋元仏教文化史研究	竺沙　雅章著	品　切
26	アヘン貿易論争－イギリスと中国－	新村　容子著	品　切
27	明末の流賊反乱と地域社会	吉尾　寛著	10000円
28	宋代の皇帝権力と士大夫政治	王　瑞来著	12000円
29	明代北辺防衛体制の研究	松本　隆晴著	6500円
30	中国工業合作運動史の研究	菊池　一隆著	15000円
31	漢代都市機構の研究	佐原　康夫著	13000円
32	中国近代江南の地主制研究	夏井　春喜著	20000円
33	中国古代の聚落と地方行政	池田　雄一著	15000円

34	周代国制の研究	松井　嘉徳著	9000円
35	清代財政史研究	山 本　　進著	7000円
36	明代郷村の紛争と秩序	中島　楽章著	10000円
37	明清時代華南地域史研究	松田　吉郎著	15000円
38	明清官僚制の研究	和田　正広著	22000円
39	唐末五代変革期の政治と経済	堀　　敏 一著	12000円
40	唐史論攷－氏族制と均田制－	池 田　　温著	18000円
41	清末日中関係史の研究	菅 野　　正著	8000円
42	宋代中国の法制と社会	高橋　芳郎著	8000円
43	中華民国期農村土地行政史の研究	笹川　裕史著	8000円
44	五四運動在日本	小野　信爾著	8000円
45	清代徽州地域社会史研究	熊　　遠 報著	8500円
46	明治前期日中学術交流の研究	陳　　　　捷著	品　切
47	明代軍政史研究	奥山　憲夫著	8000円
48	隋唐王言の研究	中村　裕一著	10000円
49	建国大学の研究	山根　幸夫著	品　切
50	魏晋南北朝官僚制研究	窪添　慶文著	14000円
51	「対支文化事業」の研究	阿 部　　洋著	22000円
52	華中農村経済と近代化	弁納　才一著	9000円
53	元代知識人と地域社会	森田　憲司著	9000円
54	王権の確立と授受	大原　良通著	品　切
55	北京遷都の研究	新 宮　　学著	品　切
56	唐令逸文の研究	中村　裕一著	17000円
57	近代中国の地方自治と明治日本	黄　　東 蘭著	11000円
58	徽州商人の研究	臼井佐知子著	10000円
59	清代中日学術交流の研究	王　　宝 平著	11000円
60	漢代儒教の史的研究	福井　重雅著	12000円
61	大業雑記の研究	中村　裕一著	14000円
62	中国古代国家と郡県社会	藤田　勝久著	12000円
63	近代中国の農村経済と地主制	小島　淑男著	7000円
64	東アジア世界の形成－中国と周辺国家	堀　　敏 一著	7000円
65	蒙地奉上－「満州国」の土地政策－	広川　佐保著	8000円
66	西域出土文物の基礎的研究	張　　娜 麗著	10000円

67	宋代官僚社会史研究	衣川　強著	品　切
68	六朝江南地域史研究	中村　圭爾著	15000円
69	中国古代国家形成史論	太田　幸男著	11000円
70	宋代開封の研究	久保田和男著	10000円
71	四川省と近代中国	今井　駿著	17000円
72	近代中国の革命と秘密結社	孫　江著	15000円
73	近代中国と西洋国際社会	鈴木　智夫著	7000円
74	中国古代国家の形成と青銅兵器	下田　誠著	7500円
75	漢代の地方官吏と地域社会	髙村　武幸著	13000円
76	齊地の思想文化の展開と古代中國の形成	谷中　信一著	13500円
77	近代中国の中央と地方	金子　肇著	11000円
78	中国古代の律令と社会	池田　雄一著	15000円
79	中華世界の国家と民衆　上巻	小林　一美著	12000円
80	中華世界の国家と民衆　下巻	小林　一美著	12000円
81	近代満洲の開発と移民	荒武　達朗著	10000円
82	清代中国南部の社会変容と太平天国	菊池　秀明著	9000円
83	宋代中國科學社會の研究	近藤　一成著	12000円
84	漢代国家統治の構造と展開	小嶋　茂稔著	10000円
85	中国古代国家と社会システム	藤田　勝久著	13000円
86	清朝支配と貨幣政策	上田　裕之著	11000円
87	清初対モンゴル政策史の研究	楠木　賢道著	8000円
88	秦漢律令研究	廣瀬　薫雄著	11000円
89	宋元郷村社会史論	伊藤　正彦著	10000円
90	清末のキリスト教と国際関係	佐藤　公彦著	12000円
91	中國古代の財政と國家	渡辺信一郎著	14000円
92	中国古代貨幣経済史研究	柿沼　陽平著	13000円
93	戦争と華僑	菊池　一隆著	12000円
94	宋代の水利政策と地域社会	小野　泰著	9000円
95	清代経済政策史の研究	黨　武彦著	11000円
96	春秋戦国時代青銅貨幣の生成と展開	江村　治樹著	15000円
97	孫文・辛亥革命と日本人	久保田文次著	20000円
98	明清食糧騒擾研究	堀地　明著	11000円
99	明清中国の経済構造	足立　啓二著	13000円

100	隋唐長安城の都市社会誌	妹尾　達彦著	未　刊
101	宋代政治構造研究	平田　茂樹著	13000円
102	青春群像－辛亥革命から五四運動へ－	小野　信爾著	13000円
103	近代中国の宗教・結社と権力	孫　　江著	12000円
104	唐令の基礎的研究	中村　裕一著	15000円
105	清朝前期のチベット仏教政策	池尻　陽子著	8000円
106	金田から南京へ－太平天国初期史研究－	菊池　秀明著	10000円
107	六朝政治社會史研究	中村　圭爾著	12000円
108	秦帝國の形成と地域	鶴間　和幸著	13000円
109	唐宋変革期の国家と社会	栗原　益男著	12000円
110	西魏・北周政権史の研究	前島　佳孝著	12000円
111	中華民国期江南地主制研究	夏井　春喜著	16000円
112	「満洲国」博物館事業の研究	大出　尚子著	8000円
113	明代遼東と朝鮮	荷見　守義著	12000円
114	宋代中国の統治と文書	小林　隆道著	14000円
115	第一次世界大戦期の中国民族運動	笠原十九司著	18000円
116	明清史散論	安野　省三著	11000円
117	大唐六典の唐令研究	中村　裕一著	11000円
118	秦漢律と文帝の刑法改革の研究	若江　賢三著	12000円
119	南朝貴族制研究	川合　　安著	10000円
120	秦漢官文書の基礎的研究	鷹取　祐司著	16000円
121	春秋時代の軍事と外交	小林　伸二著	13000円
122	唐代勲官制度の研究	速水　　大著	12000円
123	周代史の研究	豊田　　久著	12000円
124	東アジア古代における諸民族と国家	川本　芳昭著	12000円
125	史記秦漢史の研究	藤田　勝久著	14000円
126	東晉南朝における傳統の創造	戸川　貴行著	6000円

（表示価格は2015年５月現在の本体価格）

著者紹介
豊　田　　久（とよた　ひさし）
山口県下関市勝安寺生まれ
早大大学院修了（東洋史）
鳥取大学名誉教授
文学博士

汲古叢書123

周代史の研究
——東アジア世界における多様性の統合——

二〇一五年五月十一日　発行

著　者　豊　田　　久
発行者　三　井　久　人
整版印刷　富士リプロ㈱

発行所　汲　古　書　院
〒102-0072 東京都千代田区飯田橋二-五-四
電　話　〇三（三二六五）九七六四
FAX　〇三（三二二二）一八四五

ISBN978-4-7629-6022-2　C3322

青　銅　器（金文）索　引

本書に引用した金文の青銅器名を挙げ、その器名の下に集成・近出・近出二編の器番号を付し、器名の右側に本書の頁数を記した（頁数の（　）は注の部分である）（器名につけた（　）の中の青銅器名はその別名、又同銘の別器種はそのように記している）。又、頁数の下側には本書に引用した両周録と集成・近出・近出二編にある断代をそれぞれそのまま記載した（但し、恭王は共王に改めている）。

二　画

十月敔𣪘（敔𣪘三）	5、(11)、96、111、112、(156)、(161)		
(4323)		夷王	西周晩期
十五年趞曹鼎（趞曹鼎二）	178、**184**、186、(198)		
(2784)		共王	西周中期
九年裘衛鼎（裘衛鼎二）	141		
(2831)			西周中期

三　画

三年痶壺	308		
(9726-9727)			西周中期
小臣宅𣪘	142		
(4201)		成王	西周早期
小臣伝卣（小臣伝𣪘）	(159)		
(4206)			西周早期
小臣単觶	144、(167)		
(6512)		武王	西周早期
小臣艅犧尊	342		
(5990)			殷
小臣静彝（小臣静卣、小臣静𣪘）	186		
		穆王	

小臣謎𣪘（小臣謎𣪘）　341、(364)
(4238-4239)　成王　西周早期

小盂鼎　16、(82)、101、(164)、(165)、175、**177**、183、184、185、187、(196)、(197)、323、**341**、(360)、(364)
(2839)　康王　西周早期

大克鼎　29、**46**、66、69、71、(87)、(88)、101、218、250、285、286、291、**295**、309、(314)、(315)、**328**、331、(361)、(367)
(2836)　厲王　西周晚期

大盂鼎　8、9、**16**、18、19、20、24、27、29、35、36、43、54、55、**62**、63、65、66、69、75、(80)、97、117、(164)、179、180、181、200、211、214、226、229、232、(245)、262、284、302、321、325、326、329、330、331、357
(2837)　康王　西周早期

大𣪘　308
(4165)　西周中期

大豊𣪘（天亡𣪘）　28、96、(156)、228、(246)、303、(319)、330、354、(362)、(366)
(4261)　武王　西周早期

子尊（子黄尊）　(282)
(6000)　殷或西周早期

四　画

王伯姜鬲　290、299、(315)
(606-607)　西周晚期

王伯姜壺　290、(315)
(9623-9624)　西周晚期

王作姜氏隮𣪘　290、297
(3570)　西周晚期

王作姜氏隮𣪘　297、(315)
(近出429)　西周晚期

王妊作𣪘　(315)
(3344)　西周早期
中甗　**259**
(949)　成王　西周早期
中齋（中方鼎）　**340**
(2751-2752)　成王　西周早期
公姞鼎（公姞鬲）　299、(317)
(753)　西周中期
兮甲盤　(247)、333、334、(363)、(369)
(10174)　宣王　西周晚期
毛公鼎　19、**23**、24、25、27、29、34、37、**38**、41、42、45、49、51、53、56、62、(82)、(83)、(86)、(87)、(90)、101、108、115、117、179、201、203、**205**、206、207、209、210、211、212、214、218、230、(238)、258、**286**、288、(314)、323、326、329、344、352、357、(360)、(368)
(2841)　宣王　西周晚期
文父丁𣪘（小子䍐𣪘）　342
(4138)　殷
不寿𣪘　301、302、(318)
(4060)　西周早期
不嬰𣪘　120、**174**、(195)、(196)
(4328-4329)　夷王　西周晚期
五年召伯虎𣪘（琱生𣪘一、召伯虎𣪘一）　293、297
(4292)　宣王　西周晚期
五祀裘衛鼎（裘衛鼎一）　323、333、334、335、(360)、(363)
(2832)　西周中期
五祀㝬鐘　25、**44**、45、52、(82)、201、344、(365)
(358)　西周晚期
六月戜𣪘（戜𣪘一）　297、301、(317)、326、(361)
(4322)　西周中期
六年召伯虎𣪘（琱生𣪘二、召伯虎𣪘二）　**134**、138、140、(165)、297、(317)
(4293)　宣王　西周晚期

五　画

史䛐彝（史䛐𣪘）　307、(319)
(4030-4031)　康王　西周早期

史頌𣪘　118、120、121、122、**123**、127、(163)
(4229-4236)　共王　西周晩期

史墻盤　4、(10)、15、25、27、**32**、33、34、35、36、37、**43**、53、54、55、58、65、74、(79)、(83)、(86)、97、100、101、108、117、124、(157)、(164)、179、193、200、**202**、203、205、206、209、211、216、219、220、228、229、230、231、232、234、235、(237)、(245)、284、321、323、326、329、**332**、337、339、**342**、347、355、(360)、(361)、(363)、(365)
(10175)　西周中期

史懋壺　**262**、264、265、(281)
(9714)　懿王　西周中期

井季㚸卣（井季㚸鼎、井季㚸尊に同銘）　308
(5239)　西周中期

井季㚸尊　（井季㚸鼎、井季㚸卣に同銘）　308
(5859)　西周中期

井季㚸鼎（井季㚸卣、井季㚸尊に同銘）　308
(2199)　西周中期

令𣪘（作冊夨令𣪘）　293、300、302、(316)、328
(4300-4301)　成王　西周早期

令尊（夨令方尊。令彝に同銘）　(92)
(6016)　成王　西周早期

令彝（夨令方彝。令尊に同銘）　**70**、71、(92)、109、110、(159)、(160)、(198)、228、(246)、356
(9901)　成王　西周早期

永盂　**334**、(363)
(10322)　西周中期

且子鼎（戍甬鼎）　53
（2694）　殷
四十二年逨鼎　23、（81）、（160）、（239）、**264**、266、（281）、（314）
（近出二編328-329）　西周晩期
四十三年逨鼎　23、（81）、（160）、（239）、（281）、（314）
（近出二編330-338）　西周晩期
卯𣪕　293、**309**、310、（320）、352、（368）
（4327）　西周中期

六　画

多友鼎　118、**121**、123、127、128、146、（162）、173、**266**、（281）
（2835）　西周晩期
同卣　191
（5398）　西周中期
伊𣪕　291、306、307、309、（315）
（4287）　厲王　西周晩期
呉虎鼎　**334**、（363）
（近出364）　西周晩期
戎生編鐘　6、（11）、**26**、（83）、（92）、**108**、110、（160）、（169）、188、（198）、214、（240）、（241）、344、（365）
（近出27-34）　西周晩期

七　画

臣辰卣（士上卣。臣辰盉、臣辰尊に同銘）　99
（5421-5422）　成王　西周早期
臣辰盉（士上盉。臣辰卣、臣辰尊に同銘）　99、（159）
（9454）　成王　西周早期
臣辰尊（士上尊。臣辰卣、臣辰盉に同銘）　99
（5999）　成王　西周早期

6 青銅器（金文）索引

八　画

周公毀（周公彝、焚毀、井侯毀）	28、39、**41**、45、48、49、50、52、62、(87)、101、		
(4241)	201、**205**、206、218、230、(238)		
		康王	西周早期
周柬鼎（新邑鼎）	98、(157)		
(2682)			西周早期
叔夨方鼎	227、(245)		
(近出二編320)			西周早期
叔向父毀	286、309、(314)		
(4242)		厲王	西周晩期
叔夷鎛（叔尸鎛）	(167)		
(285)		斉	春秋晩期（斉霊公）
叔夷鐘（叔尸鐘）	(167)、175		
(272-284)		斉	春秋晩期（斉霊公）
叔勉方彝（叔䰯方彝）	302		
(9888)			西周早期
叔勉尊（叔䰯方尊）	302		
(5962)			西周早期
叔隋器（叔毀、史叔隋器）	227、(245)、299、301、(318)		
(4132-4133)			西周早期
牧毀	29		
(4343)		共王	西周中期
者沪鐘（者汈鐘）	(167)		
(121-132)		越	戦国早期
者減鐘（者𢿢鐘）	41、47		
(197-198、202)		呉	春秋
曶鼎	(166)、191		
(2838)		孝王	西周中期
盂爵	227、301、(318)		
(9104)		昭王	西周早期

朋戈（倗戈）　25
（近出1197）　春秋後期

明公𣪘　328、（361）
（4029）　成王　西周早期

宜侯夨𣪘　**170**、172、183、192、（194）、（196）、（247）、352、353、（364）、（368）
（4320）　西周早期

免卣（免觶。免尊に同銘）　265、308
（5418）　懿王　西周中期

免𣪘　（320）
（4240）　懿王　西周中期

免簠　308
（4626）　懿王　西周中期

𨛭𦣞𣪘　（199）、256
（4197）　西周晩期

禹鼎　118、**119**、120、121、122、123、127、128、146、147、（162）、190、（198）、**208**、210、215、（239）、（320）、323、326、328、347、（360）、（361）
（2833-2834）　夷王　西周晩期

庚季鼎　256
（2781）　西周中期

庚嬴卣　299、（317）
（5426）　康王　西周早期

庚嬴鼎　298、299、（317）、352、（368）
（2748）　康王　西周早期

孟員鼎（孟狂父鼎。孟員甗に同銘）　（245）
（近出338）　西周中期

孟員甗（孟狂父甗。孟員鼎に同銘）　（245）
（近出164）　西周中期

九　画

単伯鐘	49		
(82)		厲王	西周晩期
過伯毀	(158)		
(3907)		昭王	西周早期
逆鐘	293、309、(315)、(316)		
(60-63)			西周晩期
段毀	306、(319)		
(4208)		昭王	西周中期
㝨尊（何尊）	4、9、(10)、**16**、17、18、19、20、27、35、(78)、(79)、97、**98**、**102**、103、104、113、131、(157)、(160)、**274**、(282)、302、321 、**325**、330、345、(360)、(366)		
(6014)			西周早期
南宮乎鐘	294、309、(317)		
(181)			西周晩期
邾公釛鐘	50		
(102)		邾	春秋
彔伯㦰毀	22、29、66、69、(81)、(91)、101、(158)、285、(313)、(314)		
(4302)		穆王	西周中期
彔㦰卣	5、(11)、**111**、112、(161)		
(5420)		穆王	西周中期
保卣	53		
(5415)			西周早期
㦰方鼎一	296、301、302、(317)、(318)		
(2789)			西周中期
㦰方鼎二	297、301、(317)、326、(361)		
(2824)			西周中期
㦰諸器	(317)、(318)、(361)		
			西周中期

匽侯旨鼎　297、(317)
(2628)　燕　西周早期
匽侯盂　(317)
(10303-10305)　西周早期
弭叔𣪘（弭叔師察𣪘）　(80)、(158)、252、253、(280)、(317)
(4253-4254)　西周晚期
𥃝伯𣪘（𥃝伯帰夆𣪘、羌伯敦）　19、20、21、22、23、29、(81)、217、**323**、(360)
(4331)　宣王　西周晚期

十　画

班𣪘　34、(84)、**114**、117、118、119、120、122、123、127、128、143、146、(161)、207、(238)、297、(317)、323、326、**327**、328、331、347、(360)、(361)
(4341)　成王　西周中期
格伯𣪘（倗生𣪘）　**139**、140、(166)、333、(363)
(4262-4265)　共王　西周中期
師克盨　**19**、20、21、23、24、27、29、35、66、(80)、(81)、101、(158)、285、(313)、(360)
(4467-4468)　西周晚期
師虎𣪘　252、254、291
(4316)　共王　西周中期
師旂鼎（師旅鼎）　**341**、(364)
(2809)　成王　西周中期
師害𣪘　(163)
(4116)　西周晚期
師湯父鼎　**185**、186、(198)
(2780)　共王　西周中期
師訇𣪘（師訇𣪘）　19、20、21、22、23、27、29、69、(80)、101、115、117、124、210、211、212、296、(317)、352、(361)、(368)
(4342)　宣王　西周晚期
師𤔲𣪘　29

（4324-4325）　宣王　西周晩期

師寰𣪘　29、（164）、217、（247）、323、（360）

（4313-4314）　宣王　西周晩期

師𩛥鼎　258

（2830）　西周中期（共王）

師𣪊𣪘（師獸𣪘）　291、309、310

（4311）　厲王　西周晩期

員卣　300

（5387）　成王　西周早期

晋公𥂴（晋公盆）　126

（10342）　晋　春秋

晋侯蘇編鐘　117、（162）、**175**、（195）、（196）、**263**、266、（280）

（近出35-50）　西周晩期

晋姜鼎　26、213

（2826）　晋　春秋早期

秦公𣪘　57

（4315）　秦　春秋早期

秦公鎛（新出器。秦公鐘に同銘）　25、126

（267-269）　春秋早期

秦公鐘（新出器。秦公鎛に同銘）　25、126

（262-266）　春秋早期

秦公鐘（秦公鎛）　57、115、329

（270）　秦　春秋

宰獸𣪘（近出二編441に同銘）　**308**、（320）

（近出490）　西周中期

宰獸𣪘（近出490に同銘）　（320）

（近出二編441）　西周中期

十一画

圉卣（圉𣪘、圉甗に同銘）　227、（246）

（5374）　西周早期

圉𣪘（圉卣、圉甗に同銘）	227		
（3825）			西周早期
圉甗（圉卣、圉𣪘に同銘）	227		
（935）			西周早期
奢彝（沓𣪘、公姒敦）	298、299、302、（317）		
（4088）			西周早期
望𣪘	**306**、310		
（4272）		共王	西周中期
陳侯因資敦（塦侯因資敦）	（167）		
（4649）		斉	戦国晩期
康鼎	**307**、308、310、（320）		
（2786）		懿王	西周中期或晩期

十二画

曾伯霥簠	211、343		
（4631-4632）		曾	春秋早期
番生𣪘	34、（84）、115、329		
（4326）		厲王	西周晩期
逨盤	23、25、71、（81）、（83）、109、**126**、127、**143**、146、147、（160）、（164）、（165）、（167）、209、211、（239）、（281）、285、（314）、326、329、（361）		
（近出二編939）			西周晩期
善夫山鼎	（199）、213		
（2825）		西周晩期	
散氏盤（矢人盤）	141、（199）、**335**、（363）		
（10176）		厲王	西周晩期
無叀鼎	（199）		
（2814）		宣王	西周晩期
無㠱𣪘	255、280		
（4225-4228）		厲王	西周晩期
盨鼎	300		

(2740-2741)		成王	西周早期
猶鐘（戡狄鐘）	303、(319)		
(49)		懿王	西周中晩期
揚𣪘	29		
(4294-4295)		厲王	西周晩期
禽𣪘	210		
(4041)		成王	西周早期

十三画

詢𣪘（訇𣪘）	19、20、21、22、23、29、(80)、(81)、101、(158)、(280)、296、(317)		
(4321)			西周晩期
農卣	(281)		
(5424)			西周中期
鬲攸従鼎	137、(166)		
(2818)		厲王	西周晩期
睘卣（作冊睘卣）	301、302		
(5407)		成王	西周早期
睘尊（作冊睘尊）	301		
(5989)			西周早期
裘衛盉	333、(363)		
(9456)			西周中期
頌壺（頌鼎、頌𣪘に同銘）	296、(317)		
(9731-9732)		共王	西周晩期
頌鼎（頌壺、頌𣪘に同銘）	29、**250**、252、254、255、264、(317)		
(2827-2829)		共王	西周晩期
献侯鼎	99、227		
(2626)		成王	西周早期
献彝（献𣪘）	**57**、(90)、307、309、(319)		
(4205)		康王	西周早期

十四画

盠方尊（盠方彝に同銘）　(93)、255、256、265
(6013)　西周中期
盠方彝（盠方尊に同銘）　(93)、255
(9899-9900)　西周中期
盠駒尊（馬形盠尊）　(93)、255、**262**、265、266、(281)
(6011)　西周中期
盠器　(280)
西周中期
静卣　**186**
(5408)　穆王　西周早期
静毀　186、(198)、211、212、297、(317)
(4273)　穆王　西周早期
㝬毀　25、44、49、51、(83)、(87)、117、(162)、208、209、
(4317)　(239)、**287**、303、**304**、312、(314)、(319)、**329**、332、
345、350、354、(362)
西周晩期（厲王）
㝬鐘（宗周鐘）　25、44、45、49、(83)、**116**、117、118、119、120、122、
(260)　123、126、127、128、146、(162)、208、**209**、214、217、
227、(239)、323、326、332、337、347、(360)、(362)
昭王　西周晩期（厲王）
䖵鼎　**309**、310、(320)
(2765)　西周中期

十五画

蔡侯鐘（蔡侯紐鐘。蔡侯鎛に同銘）　121、**125**、(164)、(167)
(210-218)　春秋晩期
蔡侯鎛（蔡侯鐘に同銘）　125
(219-222)　春秋晩期

十六画

噩侯鼎（噩侯馭方鼎）	175、186、**189**、（198）、**263**、266	
（2810）	夷王	西周晩期
遹𣪘	**262**、264	
（4207）	穆王	西周中期（穆王）
戴𣪘	191、（199）	
（4099）		西周中期
旟鼎	300、302	
（2704）		西周早期
縣妃𣪘	292、299、（316）	
（4269）	穆王	西周中期

十七画

趞鼎（趞𣪘）	29、297、（317）	
（4266）	穆王	西周中期
𧾅尊（遣尊）	297、（317）	
（5992）	成王	西周早期
豳公盨（燹公盨）	（362）	
（近出二編458）		西周中期
應侯見工𣪘	（197）	
（近出二編430-431）		西周中期
應侯鐘（應侯見工鐘）	181、183、（197）	
（107-108）		西周中晩期

十八画

噉士卿尊	98、145、（157）	
（5985）		西周早期
𪐐鎛（斉侯鎛）	（167）	
（271）	斉	春秋中晩期

十九画

二十画

二十一画

（画数等は原則として『金文編』（中華書局、1985年版）に準じた）

周代史研究——東亞世界中的多樣性之統合

第一章 周王朝的君主權的構造——以“天命之膺受”者為中心

關於周王朝的建立，根據西周前期的青銅器銘文中記載的王的誥文和命書，有如下兩種說法，“文王之天命之膺受”與“武王之四方之匍有”。這兩種說法換言之，神秘的天命授受和現實權力中的四方支配，這就是被賦予的兩個含義。到西周後期，“文王”和“武王”的功績統合在一起，變成了“文・武之天命之膺受，四方之匍有”，另外也有，本来有该文但是变成铭文时省略了“四方之匍有”這一部分，只有“文・武之天命之膺受”的情況。所以，对铭文的资料批判有着重要性。不管怎樣，總之，在這裡前期所載的“文王”和“武王”的功績合一所產生的。

因此，作為周王朝的建立的根據，只選取“文王”乃至“文・武之天命之膺受”，而漏掉“武王”之“四方之匍有”，或者乾脆省略後期金文的“四方之匍有”的結論，是有差錯的。周王朝的建立，像以前的学者考慮的觀點一樣，不只是“天命之膺受”，而是“天命之膺受”與“四方之匍有”這兩種說法（周王朝君主所持有的這兩種立場給人以正好對應着“天子”和“王”的稱號的感覺）。

另外，所謂“文王”的“天命之膺受”，在史墻盤銘中被轉譯成“文王……匍有上下，合受萬邦”。因此，和“武王”之“四方之匍有”一起考證的話，周王朝的建立可以說是“上下之匍有”與“四方之匍有”，而且“上下”“四方”也被認為是對偶之語。這在“四方（萬邦）”經營中是這兩個方面是必要的。

此“上下之匍有”是對殷代以來的“上下”之眾神祭祀的繼承，也是作為祭祀對象，緊密聯繫神意或天命，在金文等中被記載。然後，“上下之匍有”作為條件，成為天授“萬邦”或“民”與“疆土”之受命的紐帶，并以“天命之膺受”的形式出現。另外，這種“受命”也以“周邦”之“受命”的形式和根據血統的世襲主義結合在了一起。

而且，在王位繼承儀禮中，周王朝的君主被授命統治“周邦”和“四方”，在這種儀禮中，變成“周邦”的君主的時候，正因為“周邦”是被“受命”的，所以也變成了“天命之膺受”者，其次變成“四方(萬邦)”的君主時，自然也變成了“四方之匍有”者吧。

另外，一直在“序言”中提到的以前的學者所認為的《詩》《書》等中可見以周王朝的君主為核心的“天”和“民”這也可以說是上下面關係，以及“中國”和“四方”這種水平面關係，這兩種關係是從嗣於“文・武”的周王朝君主自身帶有的“天命之膺受”者和“四方之匍有”者兩種性格派生出來的。關於這兩方面有必要存在的，其理由在后章論述。另外，前者的“天”和“民”的所謂“受命”之關係是以在這種“受命”之前以“上下之匍有”為條件的。这一点特别重要。

第二章　周王朝和“成”的構造——“成周”(“中国”)為何謂之為“成”周？

周王朝成立的條件有被作為武王的功績的“四方之匍有”，以及被作為文王的功績的“天命之膺受”的內容“上下之匍有”，在其中“上下之匍有”與“四方之匍有”的“上下”“四方”是對偶之語。在以此被作為周王朝成立的條件的“四方之匍有”的這個“四方”為中心的區域，根據“武王”之遺志統治的中心地域就是“中國”。這個“中國”的稱呼，是在被賦予國號的含義的“周”前附上“成”成為“成周”，其“成”是被賦予什麼含義而命名的呢？關於此，從西周青銅器銘文中包含“成”字的實例中考慮一下吧。

於是，能看到最多的“成字”的實例是，對“中國”以外，即促使周王朝成立之條件的“四方領域”之中的“方蠻”諸族之邦與王朝之間所引發的國際紛爭平靜下來，其平定的成就和成功的意思。西周青铜器中“四方”的實例多伴隨和異族引起的紛爭一起出現。

所以，“成周”之“成”的意思就是，周王朝成立之條件的“對象疆域”，即縱都邑之“中國”來看所謂的“外國”，在這裡“周”的力量無法達到的“四方”領域之中的“安寧秩序”，這樣的成就就是“成”所謂的含義吧。在文獻中，“成”

被翻譯成“平穩”。這個“四方之匍有”就是有像這樣的含義，也有換成像“不廷方之率懷”“方蠻亡不𤊾見”這樣的說法。而且，在契約和土地紛爭等看到利害關係的裁定以及調停中賦予“成”的含義的實例和其自身之中消除這種紛爭的成就，成功含義之中“成”的例子都屬於同一範疇。“成”可以說是具有“調和”的意思。

因此，在中國史的演變中，探討一下從“外國”的角度看“中國”的稱呼不是“周”、“秦”·“漢”，而是變成了成“周”、“秦”、“漢”。周王朝的情況與以“中國”之內作為的支配作為王朝成立的對象疆域的秦、漢王朝的情況不太一樣，正是對“中國”之外，即所謂相當於“外國”一樣含義的“四方（萬邦）”的疆域的經營，而賦予了周王朝成立的含義，這種“四方”經營以“成”這個字表現出來。與此相同的例子能在周王朝之前的殷商王朝的開創者成“湯”中附加“成”字被稱呼的地方中看到。

第三章　周王朝和彤弓考——關於“四方之匍有”者（王）的性質

周初宜侯封建的時候，被賜予的“秬鬯，圭瓚”和“彤弓矢，旅弓矢”中，對有關“彤弓矢，旅弓矢”的賜予在西周金文中的事例進行了整理並進一步做了考察。在這裡賜予的例子被分為以下三類：1 對不服周王朝的“方蠻”諸族所引發爭亂的平定之功績的情況。2 諸侯分封的情況。3 在“射禮”中的情況。這三者緊密聯繫在一起和所謂周王朝成立條件的“四方之匍有”、“不廷方之率懷”“方蠻亡不𤊾見”一起，在如此背景下，成爲最大的結合點。而且具有着極強的軍事性質。

向太國噩侯賜予“矢五（束）”的情況一樣也是作為授予平定了周邊地域的“方蠻”諸族之亂的噩侯的權力象徵，就變成了像這樣的情況。另外，對“四方之匍有”來說，可以認為“射禮”的重要性也浮現出來了。

其次，另一方面祭祀中為了降神使用的“秬鬯，圭瓚”和“土”與“人們”之賜予的情況，與“四方之匍有”變成一體周王朝創立條件的“天命之膺受”，即以“上下之匍有”所說的“豐年”為最大的目的對“上下”諸神進行祭祀，並作為條件之一與之相結合，這就是所謂的從天而授，從而對應從事生產的“民”與

“疆土”(即土地與人民)一側。也就是說雖然有“祀”與“戎”的關係，以上的“秬鬯，圭瓚”和“彤弓矢，旅弓矢”，各自作為周王朝成立的條件，可以認為是為了對應“上下之匍有”和“受民，受疆土”以及“四方之匍有”的。

第四章　周王朝和“上下”考——關於“上下之匍有”者(天子)的性質

作為周王朝建立的條件，文王的功績“天命之膺受”的內容一部分所構成的，與“四方之匍有”對應產生對偶之語“上下”“四方”的“上下之匍有”，普遍來說被賦予“上下”諸神的祭祀的主体者的含義。這種祭祀的最大的目的體現在史墻盤銘中，同樣對“文王的功績”進行了說明，“萬邦(四方)”人們的共通祈禱的“豐年”即“年穀的豐穰”、也就是說在經濟上的富足。在這其中，包含了“方蠻”諸族的“萬邦”領域的“年穀的豐穰”被作為祭祀活動中最大目的“上下之匍有”的“上下”之眾神的具體的內容，被認為是維持祈禱同樣的“豐年”的殷王朝以來的系譜，主要是祖先神，山川之眾神，以及作為土地神的土(社)神等。

其次筆者認為“上下之匍有”和從周朝開始的“受命”思想結合在一起，文王的“天命之膺受”，即通過“匍有上下，結合在一起為天授“萬邦”或者 “民”與“疆土””(史墻盤銘等)”而成立的。所以，天之命作爲中國思想精髓的起源，以遺傳因子(DNA)的形式從最初變成了“上下之匍有”的形式。其後，以“上下之匍有”作爲媒介，像講述文王之“德”一樣，人間之“德”首次與“天”結合在了一起。

如“序言”所述，以前的學者所認為的，相對與“中國”和“四方”的水平面關係，上下面的“天”和“民”的一體化的觀點是以周王朝作為開端，一直被主張為天授“民”與“疆土”或者“萬邦”的所謂“受命”思想的產物。但是，作為這種“受命”思想的前提條件，殷代以來的“上下之匍有”即作為因為普遍的“上下之諸神”的祭祀而產生“年穀的豐穰”這一條作為條件首先被涉及到。對於這一點，是需要注意的。這兩者以“天命之膺受”的形式結合在一起。“天命之膺受”本來也是包含避免饑餓的“民之富足”的內容的。

在這種祭祀儀禮中，異族之邦和民眾的參加，祭品的入貢等也是可以想到的。

但是這種行為對支配者來說，容易變成強制性的，篡奪財富的行為也是可以想像的。

“天命之膺受”以“上下之匍有”為條件，並且和所謂的“受民，受疆土”（“受萬邦”）的“受命”思想一起結合成整體。所以，歷史上首次出現的天命中，流入了保證富饒的內容。

第五章　周王朝與其之儀禮——關於王與臣下、及其與神之間意志的傳達方法

在周王朝中，如果考慮一下王和臣下之間意志傳達的方法的話，能看到特別在金文中的官吏任命的冊命形式，王命之傳達者的存在，並能看到他們所處的位置等的儀式順序。王在堂上，臣下在堂下的廷上，王、臣下都在堂上，或者都在堂下等的儀禮上是被認為有區別的。另外，雖然有典禮化，為了祭祀祖先而讓受命者诉说：“作器”之语。從這裏，可以解讀當時的貴族的氏族制社會秩序建立的理念的背景。

其次，王沒有設置傳達者，在祭祀和軍事中，對於受命者，認為有直接的“親命”“親賜”等的意思。在這裡，這就是與王個人直接的接觸，從臣下一側來看的話，伴隨着親近感的培养，這是才能獲得認可等的重要的所在。

一方面，關於王和神之間意志的傳達的方法，針對殷王朝的王被解釋為“巫祝王”的情況，與之不同的是，周王朝的王應該沒有直接通神的情況，而是設置並使用了媒介者（巫祝等）。即王沒有成為唯一獨佔的直接去判斷神的意志。

第六章　關於西周金文中所見的王的出自“家”
——婦人的婚姻以及祖先神、領地等

周王朝的君主，被講到既要作為他自身出自之“周邦”和為王朝成立對象之領域的“四方（萬邦）”這兩者的君主的之外，更要作為其自身代表的“王家”“我家”之家有着重要的意義。查閱一下西周金文中關於“家”的實例會看到，婚姻夫婦即作為嫡妻的女性被提及到，其次，歷代的祖先神之中的“家”是如何解釋

的，以及可以看到作為家產直接被經營的領地等財產和“家”之間很深的關聯。另外，與女性相關的擔當管理“家”的“宰”的這個名稱也是一個著眼點。

當時，雖然有很多婦人曾經活躍着，但是在正統的王朝開設的兩個條件之“天命之膺受”和“四方之匍有”以及王位繼承儀禮的方面卻看不到，王的婚姻夫婦關係中的嫡妻作為“余一人”之“王（天子）”的執政行為的代行者，王和嫡妻的行為也是被視為同一的吧。這個是從王的祖先神和執政權威的源泉—天之朝廷（“帝廷”）之間密切的關係中考慮的。在對西周金文中出現的“個人的王家”之“家”的查閱中，自然的與女性關係聯繫到一起，這個方面自身就有着很大的意義。

以西周前半期為中心，可以看到顯示祭祀禮儀等與女性之間有着緊密關係的器物。另外，以“王家”為內容的器物，在西周中期時候有很多吧。進入這個時期的後期，特別以“王家”（也包含臣下側之“家”）作為問題出現的歷史狀況可以認為是王的出自之“周邦”內部不斷引起的。

另外，關於王的臣下一側的“家”，與王的情況一樣可以看到多層的類似性。

第七章　周王朝的君主與其之位相——富饒和安寧

作為周王朝的成立條件，被比作“文王”和“武王”各自功績的“天命之膺受”與“四方之匍有”這兩個方面都被提及到。所謂“天命之膺受”的內容裏從天接受的“受民，受疆土”中的“民”也包括“方蠻”諸族之多樣的異族的人們。然後，根據與“受民，受疆土”相結合的“上下之匍有”（神的祭祀），是任何一個邦和其人民共通的最大的願望，對於饑餓，土田（農耕地）和山林川澤等產出的富，即指向的是經濟上的富足，並把獨立的“萬邦（四方）”領域統合在一起。

一方面，“四方之匍有”就是解決因為異族而引起的國際的紛爭，安寧秩序，也就是說為“四方（萬邦）領域”和人民創造出“和平”的狀態。在這層含義上就是征伐性的軍事活動。

因此，作為周王朝成立對象領域的“萬邦（四方）”領域的統合，就是包括要應對“上下”與“四方”雙方，富饒的保證以及“安寧秩序”（平和）這兩者是有

必要的。正是為此，周王朝的君主的機能既對應着“天”和“民”的上下面與“中國”和“四方的水平面”，也應對着“上下”與“四方”這兩個方面。這兩者都很必要，是一個不可分割的整體。

但是，特別是“天命之膺受”先於“四方之匍有”而出現，並且避免饑餓而保證所謂經濟上的富饒被當作第一要考慮的問題，也就是說如果基於“文王”與“武王”各自功績時，“文”和“武”這一整體內可以看到更加重視“文”的這一姿態。從這也能看到東亞的特色吧。以上這些，變成了被支配的“民”的利益。

在周王朝的君主之君位繼承儀禮中，君主的“天命之膺受”者和“四方之匍有”者這兩種所體現的地位的確也在儀禮中得到了體現。

RESEARCH FOR HISTORY OF CHOU DYNASTY-A UNIFICATION OF DIVERSITY IN EAST ASIA

The conditions of the Chou（周朝）dynasty's establishment were based upon "receiving the mandate of heaven"（膺受天命）, attributed to King Wen's（文王）accomplishments. "Governing the four quarters"（匍有四方）has also been noted as another one of King Wu's（武王）accomplishments. Moreover, "receiving the mandate of heaven", which appeared for the first time historically, was composed of "establishing the order of *shang-hsia*"（匍有上下）and "*shou-min and shou-chiang-t'u*"（受民、受疆土）, or "*shou-wang pang*"（受萬邦）. Therefore, the conditions of the Chou dynasty's establishment were explained as a set of "the *shang-hsia*（上下）and the *ssu-fang*（四方）", which come from "establishing the order of *shang-hsia*"（匍有上下）and "governing the four quarters"（匍有四方）.

This "establishing the order of *shang-hsia*" means that the wide-spread worship of gods of "the *shang-hsia*", connected with the genealogical chart of the Yin（殷）dynasty and the biggest purpose of "*feng-nian*"（豊年）, which is considered in terms of "richness" in the average living conditions of "*min*"（民）. To meet the conditions of "*min*" and "*chiang-t'u*"（疆土）— both deemed to be received from heaven — it was necessary that there be a population which engaged directly in the manufacturing of products, in the cultivating of agricultural lands (and other productive activities), and in the appreciation and preservation of the natural landscape (e.g. mountains, forests, rivers, mountain streams, etc.). These activities are described as the salient qualities of that "richness" of life among the "*min*". That area which was under the worshipped deities' realm could be termed as myriad states（*wang-pang* 萬邦）",

the four quarters (*ssu-fang* 四方) including the different tribes such as "*tang-i*" (東夷) and "*nan-yi*" (南夷), and the deities themselves were considered to be located in the center.

Whereas, "governing the four quarters" pacified the riots caused by states and peoples in "the *ssu-fang*" and brought the people in those areas "peace", "governing the four quarters" could thus be interpreted as a type of military conquest or crackdown. "*Ta-i*" (大邑) (*chung-kuo* 中国), a big city was run as a center place of "the *ssu-fang*" and the *chung-kuo* 中国 was named "*Ch'eng-chou*" (成周). The purpose behind naming it such was that "*Ch'eng*" (成) meant to pacify riots; in other words, "*Ch'eng-chou*" meant that *chou* (周) ended the riots occurring in "the *ssu-fang*" (四方).

According to the above reasons, in order to unify the variety of independent-minded states and peoples (i.e. those who maintained a distinct cultural identity,etc.) in "*wang pang*" ("*ssu-fang*"), the establishment of a dynasty must have a set of two factors; the "richness" worshipped widely by the gods of "the *shang-hsia* (上下)" and pacification of "the *ssu-fang* (四方)". The monarchical function of the Chou dynasty was an aspect of the top-bottom relationship betweem the "*t'ienn* (天)" and "*min* (民), *chiang-t'u* (疆土)" and a horizontal aspect from "*chung-kuo* (中国)" and "*ssu-fang* (四方)" written on "the *Shih* (詩)" and "the *Shu* (書)". Furthermore, "receiving the mandate of heaven" (the relationship between "*t'ienn*" and "*min,chiang-t'u*") and "governing the four quarters" (the relationship of "*chung-kuo*" and " *ssu-fang*") were written in the inscriptions of bronze-ware from that era. Considering all this, the objective was to indeed receive both "*shang-hsia*" (上下) and "*ssu-fang*" (四方). Both "*shang-hsia*" and "*ssu-fang*" were probably regarded in the context of a world that had a sense of order and with occasionally necessary adjustments. However, compared to King Wu's accomplishment of "governing the four quarters", King Wen's accomplishment of "establishing the order of *shang-*

hsia" came first. One of the most important characteristics of the concept of "establishing the order of *shang-hsia*" with connected "receiving the mandate of heaven" was that it ensured "richness", or the guarantee of life without the people's starvation in the "*wang-pang*（萬邦）". In this way, a particular style of governance is found that reveals a distinctly East-Asian character.